ヒマラヤ巡礼

デイヴィッド・スネルグローヴ 著
吉永定雄 訳

白水社

(上・右) ティン村の寺の「ウェルセ」の像
(上・左) リンモ村の仏塔門の天井
(下) ティブリコットにあるマスタの祠

ムクチナートの噴泉

チャタール村のタルー族の若者たち

タバコをまわし喫みするアナ村の女たち

ヤンツェルの僧院全景

ムスタン全景（パサン撮影）

ラプギャルツェの砦の廃墟

(上・右)　サムリンのラマ。後方は「銅の山」
(上・左)　ピ村でのシャンのラマ
(中)　旅行中のニマ・ツェリン。テントはチベット人が普通に使う型のもので、中には羊毛の束が積んである。外にあるのは、この周辺では貴重な薪
(下)　シーメン村のゴンパ内での読経

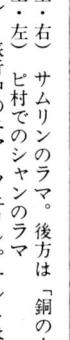

リンモ村のチョルテン

「山の神」の積石塚．ティブリコット方面への西望

「シェンラップ」（サムリンのタンカ）

「白光シェン神」（サムリンのタンカ）

（上）ティンキュウの寺。背後の山はクラ・クンと呼ぶ
（下）岩山を背に立つチョルテン。シーメン村にて
（一九七二年十一月　桑畑　茂氏撮影）

ムー峠からの南望。左から、パサン、私、タキ・バブ

サンダク峠への道を越えるツァルカ村のポーターたち

ニセール村上のゴルジュ。下流を望む

スネルグローヴ　ヒマラヤ巡礼

この書を
ネパールの友人と
旅の仲間に捧げる

David Snellgrove
Himalayan pilgrimage
a Study of Tibetan religion by a traveller through western Nepal
Bruno Cassirer, 1961

目次

序　文

ネパールという国は、いろいろな意味において素晴らしい多様性に富む国である。その豊かさは、そこに住むネパール人自身でさえ、この祖先から受け継いだ遺産に気づかないまま今日に至っている。海抜わずか一五〇メートルという南の国境から、北は、六〇〇〇〜八八〇〇メートルにも及ぶ高地に至るまでをあわせ持つことを考えると、この国が、著しく多様な人間のタイプと文化的類型を包含することは当然かもしれない。この事実は、たまたま南北の幅の最も広い西ネパールにおいてその相違が最大に達するのである。簡素なインドふうの、粘土と草葺きの家の集落に住む南部タライのタルー族、それに対し、石積み造りの家に住んでヤクや羊を放牧し、壮大な僧院を有する北方の生粋のチベット人、この二つの間に、人種的に、言語的に、あるいは文化的に、一体いかなるつながりが存在し得るのであろうか。たんに生理学的な観点から見ても、海抜一五〇メートルに住む人間と、四五〇〇メートルの人間との間には、なんらかの明確な違いがあってしかるべきであろう。しかしながら、ここに挙げた例は、その両極であり、ある意味では例外というべきかもしれない。何故ならば、すでにネパールの大部分では、様々な相違を超えた、一つの文化統合へのはっきりとした気運が、確実な足取りを見せ始めているのである。これら以外の数多くの種族、すなわち、ネワール、タマン、グルン、マガール、ライ、リムブー、シェルパ、ゴルカなどは、異種族というよりは、二〇〇〇年の長きにわたって、ヒマラヤの谷々に、北からのチベット系、南のインド系という、南北から浸透してきた二つの基幹からの枝葉にすぎないのである。例えばシェルパ族は、ほとんど純粋にそのチベット人的性格を保持している種族であり、ゴルカ族の中には、生粋のインドのクシャトリヤの後裔だと自称したとしても、ある程度妥当性をもってそれを認め得る人びとがわずかながらもいるようである。歴史的にも、文化的にも、最も古くからのネパール人と呼ぶべきネパール谷のネワール族は、この二つの基本的系統が、最も複雑に絡み合ったものの典型を示すものである(1)。

事実、十八世紀の終わりまでのネパールでは、ネパール人と呼び得るのはこのネワール族だけであって、現代のネパールに含まれる全ヒマラヤ地方は、当時数多くの群小王国の支配下にあった。やがて、一七六八年に、カトマンドゥの北西八十キロにあるゴルカの町の領主が、いわゆる《ネパール》すなわち、ネワール族の三つの小国であるバドガオン、パタン、カトマンドゥを支配することとなり、その後、数々の戦争と講和を繰り返しながら、ついにシッキムからカシミールに至る全ヒマラヤの群小王国のすべてをその配下に収めるに至った。このゴルカ王朝の勢力に対して、唯一の干渉を行なったのが英国であり、その結果として彼らの領土は、現在のネパール国境まで再び縮小することになったのである。このように、いまから一五〇年以前に形づくられた現代ネパール王国は、当時、まだ内部的になんの結束もなく、旧態依然として実質的には分離したままの統制のない群小国家の集まりにしかすぎなかった。至るところにあった城砦や僧院は破壊され、村は疲弊のどん底に喘いではいたものの、ほとんどの地域では、この「征服者」が大挙して一個所に長く止まることがなかったためか、ゴルカの王家から指名または認められた徴税吏から税金を取り立てられるようになったことを除けば、失われた財産の再建もいくらかは可能であったし、日常生活の秩序も大きく損なわれることなく、昔のままの生活を続けることができた。唯一の例外は、この新しい支配者が自分の土地に本拠を構えることになったネワール族で、この点では、彼らだけが恒久的被害者となったのである。

ネパール人が、彼ら自身の中に国家という意識を持ち始めてきたのは、一九五〇年の民主々義宣言(いまはまだたんに将来への希望にすぎないものだが)以来のことで、やっと数年にしかならない。彼らの行く手にまず立ち塞がる最大の課題は、いかにしてこの多種多様な人びとに、相互に相手を同国人として認めあう意識をもたせるかということであろう。事実、このまともな道もないネパールの山岳地帯を旅行して気づくのは、その住民が、驚くほど人種的に多岐多様にわたっていることで、しかも彼らの考える「同国人」意識たるや、その村単位か、せいぜい数か村のグループという非常に限られた範囲のものでしかない。ところが奇妙なことに、広い意味での統合に最も重要な役割をもつと思われる言葉の問題は、案外、すでにかなり都合良く整っているのである。現在、ネパーリーと呼ばれているグルカ周辺の低地方の言葉は、いまや中央ネパール全域で使われ、その他のタマン語、グルン語、マガール語などは、まだ使われてはいるものの、徐々に消滅の一途をたどりつつある。そしてこのネパール谷のネワール語すなわち現在のネパール語と、はるか北方のいくつかのチベット方言だけが、昔ながらに強い勢力をもって残っている。したがって、この二つの国語、ネパール語とチベット語だけを知っていれば、ネパール国内のほとんどの地域は、なんの不自由もなく旅行できるのである。これを逆に考えれば、種族の異なる人びとにしても、ネパール語が話せるかぎり(母語であると否とを問わず)、社会的に対等の立場で集まる機会さえあれば、それが自然な意志疎通の手段となって文化的統合への道が開かれてゆくであろう。しかし、現実にこのような状況が満たされるところはきわめてわずかで、物理的には巨大な山脈により、また人為的にはカーストというきびしい掟によって、彼らの住む世界は、相変らずたがいに遠い隔たりをもったまま残されているのである。そのような状況の与えられるところ、例えばロンドンのネパール大使館のような場所であれば、彼らたりとも、たがいにネパール国民であることの自覚とでも言うべきものを理解し得るであろう。あとは彼らがその母国において、この同じ意識をたがいにもち合える手段さえ見出すことができれば、世界中で、彼らほど、その将来に歓喜と幸運を期待し得る国民はいないのではないだろうか。

この本は、一九五六年に行なった、西ネパールのチベット人居住地域の旅行について書いたものである。本の題名は、私たちの通った国の人びとにとっては日常的な行為とも言える「巡礼」からとったものので、事実彼らも、私たちを巡礼者だと信じて疑わなかった。この種の旅行は、通常宗教上の利益を求めて行なうものであり、私たちの求めたものが知識と経験であったとすれば、それを同一視するわけにはいかない。旅の間中、私たちをもてなしてくれた人びとを欺き通したことに私は心苦しい思いを味ったものである。チベット語で、巡礼は文字通り「ほうぼうをまわって歩く」という意味で、これだけは私たちの旅を簡潔に示して誤りはない。あとはただ、その旅行がどれだけの宗教的な要素をもっていたかにかかるわけであろうが、これは賢明な読者の判断に委ねることにしよう。本文中、ところによっては読者諸氏の寛容を乞わねばならない部分がある。これはチベットの宗教に触れるとなると、どうしても膨大な哲学上、神学上の専門分野に巻きこまれるのを避けて通るわけにはゆかないのである。しかしながら、私の当初の目的は、旅行中に通った地方の人びとについての全般的な印象を書くことにあり、すでに専門用語については、私の前著に説明してあるものがほとんどなので、本書ではただ、一種の学者の紀行文として欠かすことのできない解説を加えるに止めた。

拙著『ヒマラヤの仏教』（*Buddhist Himālaya*）は、仏教が、いかにしてインドからチベットに伝わったかを書いたものである。これに対して本書の内容とするのは、ヒマラヤ奥地のいくつかの地域のことであって、そこに住む人びとは、チベットそのものの文明の中心からはかなり遅れた段階で、その文化と宗教を受け継いできている。このネパールのチベット人（Bhotia）が現在まで保ち続けている生活様式は、およそ現代世界では例を見ないものと言えるであろう。おそらく今日、巨大なヒマラヤはむかし以上に人間にとって大きな障壁となってきているように思われる。人間が、どこへ行くにも自分の足一つに頼らねばならなかったとき、平原と山地の旅の相違は、たんに程度の差にしかすぎなかった。ところが、私たちが速く走る機械で旅をすることに慣れてしまった現在、私たちの旅と、現地の山地人のそれとの間には、もはや程度の差ではなくて、旅の質に差異があると考えねばならないのである。一方私たちの生活のテンポも動きの速さにかみ合ったものとなり、わずかな人だけしか徒歩で山を越えようとはしないし、またその中でも、充分な時間的余裕を持ち得る人はさらに少なくなっている。

　私たちに先んじてこの地方を歩いた人たちの中では、次の四人の方がたの記録や助言を大いに利用させて頂いた。第一番には、二人の測量家、ジャグディシュ・ベハリ・ラルと、ラルビール・シン・タパの両氏である。非常に乏しい資料と、幾多の困難にもかかわらず、彼らの作り上げたこの地方の地図は、おおむね信頼するに足るものであった。つづいては、私のルートに当たる部分を二回に分けて旅行されたトゥッチ教授で、第一回目はカリ・ガンダキをムスタンまで、第二回はツァルカ（インド測量局図〔以下略号 SI〕：Chharkābhotgāon）、タラップ、サンドゥル（SI：Chhandul）を経由して、ティブリコットに出、そのあとジュムラに進んだ。[2] 最後は、英国博物館（博物学）の、L・H・J・ウィリアムズ氏である。彼は、私が気まぐれに採集してきた数多くの葉や花を、一つ一つ綿密に同定してくだ

さった。本文に出てくる植物名は、こうしてすべて彼の労によったものである。(3)

外国人でトルボを通った者は、きわめてわずかであって、その最初が、日本人河口慧海だと思われる。彼は今世紀の初頭に、ツァルカを通り、国境を越えて入蔵した。(4) それに続くのは、前述の一九二五〜六年にこの地に入ったインド測量局の二人の測量官である。戦後になって、スイスの地質学者、トニー・ハーゲン博士が、北西から南東に向かって、すばやくトルボ地方を横断した。続いて英国人のポルーニン、そして最後に私、という順序である。この地方については、まだほんの一部しか探られていない。この理由は、一つには、これだけの文化圏のあることをだれ一人知る者がおらず、トルボという名前に注意をはらう者もいなかったこと、同時に、トルボなる名前の地域を、同名の古代チベット西部の地方名だと思い誤っていたことにもよるのである。(5) したがってこのトルボ地方は、私の今回の旅行では最も興味をそそられた部分であり、勢い本書の内容においても、その大部分をこの地の記述が占めることになった。

この旅行に必要な休暇と支援を、惜しみなく与えてくれたロンドン大学の東洋学教室に対しては、今回もまた恩義を背負わねばならないことになった。あのヒマラヤの奥地を、自由気ままに歩く許可を得たことについては、ネパール政府に対して厚く御礼を申し上げねばならない。とくに、文部大臣であったカイシェール・バハドール氏、私がネパールを訪ねるたびに、常に最も有益な友人として振舞ってくれた彼の援助を忘れることはできない。そしてその他の、本文中に名の出てくる多くの人たちにも様々な形で私たちを援けてくださったことに対して感謝の意を述べたい。シェルパのパルワ・パサンに関しては、本文中彼の名が最も頻繁に現われることからもわかるとおり、彼の助力がなかったとしたら、おそらくこの旅をやり終えることは到底不可能であったにちがいない。また、この困難な旅の成功は、一に私たちが行く先々で受けた村人たちの善意の賜物であることを忘れることはできない。それは、本当に彼らの心からの親切による場合もあったが、時には私たちに対する猜疑心によってそれが曇らされたり、目先の欲心を露わにしたものだったこともある。しかしながら、内に秘めた強い意志と、持前の屈託のない人の好さで、淳々と説いて彼らの善意を目覚めさせたのは、常にパサンの人柄だったのである。最後に、コリン・ロッサー博士からは、彼自身のもつ、ネパールやヒマラヤについての深い造詣の生み出した数々の着想を、惜しみなく教示して頂いたことを付記しなければならない。

バーカムステッドにて、一九五八年十月二十九日　　D・S

(1) 非常に興味あることとして付記したいのは、ネワール族には、彼らにきわめて近い種族を大きく二群に分けて言い表わす言葉がある。すなわち、セン(*Sem*:フランス語の《*sain*》のように発音される)と、ケン(*Khem*)である。前者は、本来のチベット人および、チベット種の優勢な全種族、タマン、グルン、マガール、ライ、リムブー、シェルパ族を指す。そして後者は、ゴルカ族および周辺の低地の谷の人びとを指し、初期には、使用する言語すなわちケンバイ(*Khem-bhay*=Khaskura)をもって同定していたのである。この言葉は、グルカーリ(別名ネパーリすなわちネパール語)として、現在実際に使われているものと同じである。第三群としてマルシャヤ(*Marśya*:これは *Madhyadeśaya* の短縮形である)があるが、これはインド北部の住民、およびネパールに入って定住するインド人を表わす。
ネワールという名前そのものは、ネパールが音声的に変化したものにすぎず、したがってたんにネパール人を意味するものなのではあるが、厳密な意味で、かつてはネパールという呼称がそこだけに限定されて用いられたネパール谷（現在のカトマンドゥ周辺のみを指す）に属する種族にしか使わない。したがって、ネワーリ（*Newari*）すなわちネワール族の言葉と、ネパーリ（*Nepali*）すなわちゴルカ族ならびに低地方の人びと（Khas）の言葉は、実際には同義なのである。そして後者が、現代ネパールの八〇〇万の住民のうち、五〇〇万人以上がこの言葉を話している事実から、それは公式なネパール語とされる充分な正当性がある。

ネパール人の兵隊たちに適用されるグルカ兵という呼び名は、実際には誤用である。もともと彼らは、マガール、グルン、ライ、リムブー族なのであって、その中のただ一個連隊だけが、本来の意味でのゴルカ族であるチェトリ（*kshatriya*）から構成されている。英国がネパールと関係をもつようになったのが、たまたまゴルカの全国征覇の直後だったために、この「族名」が、後々までネパール人の軍隊全部に適用されることになったのである。本書で私が使用している「ゴルカ」の名は、一七六八年にネパール谷に君臨した、正しい歴史的な意味でのゴルカ族の人、および、現代の地図で示されているネパール王国の、疑いなき統治者であるその子孫のみにしか用いていない。

（2） 当面ここに関係のある彼の著書は、《*Preliminary Report on Two Scientific Expeditions in Nepal*, Rome, 1956》および《*Tra Giungle e Pagode*, Rome, 1953》である。

（3） 大戦後、数人の英国の植物学者たちが、西部ネパールを訪れた。ウィリアムズは、一九五二年に、広くティブリコットとジュムラ地方を歩き、北はシミコットやムグをも訪ねた。この探検隊の他の隊員は、W・R・サイクス、それに、東部トルボ地方の山々を越えて採集の旅を行なったオレグ・ポルーニンである。

（4） Ekai Kawaguchi; *Three Years in Tibet*, Theosophical Publishing House, Banaras and London, 1909. 同書六九―七三ページ参照。

（5） 一例として、Tucci; *Preliminary Report*, 五五ページ参照。

1　旅のはじまり

カトマンドゥ

ネパール・ヴァレーに入ろうとする人は、少なくとも一度は、自分の足で歩いてそこに入るべきであろう。この地の特異な歴史や文化の特色を心に刻みこむには、それが一番手っ取り早い方法である。そのルートも、一つならずいくつもあることを知っているなら、なおさら結構なことである。一つには、インド側からのルートがある。しかし今日では、これはあまりに短かすぎて、本当の意味での効果的印象は望みがたい。二つにはサンクーに下ってくる古いチベット街道がある。三つには、私が本書に記した旅行の最後の部分に当たる、ガンダキの谷を経て西から入るルート、それに、東部ネパールの諸地方を経てバネパに入ってくるルートもある。

足で歩く旅の楽しみは、一日一日の緩慢な行程を積み重ねて、日ごとに高まってくる行き先への期待に胸を躍らせながら、やっとたどり着く、その喜びである。そして、最後の峠に登り着き、自分の足もとに、この谷《ヴァレー》を見下ろすことができたときの、静かに身にしみわたる満足感と、物事をやっと成しとげたときのあの幸せに満ちた感情、それを私は、人生における最良最高の体験であることを信じて疑わない。このような旅の様態は、この国では、いまに至るまで少しも変わっていない。一〇〇〇年の昔、知識を求めてこの地にやってきた、チベットの僧侶や学者たちも、現代のわれわれとまったく同じ気持をもって、同じ峠から、このネパール・ヴァレーを見下ろしたにちがいないのである。

一九五六年のはじめに、私には三度目のことだったが、このネパール・ヴァレーを訪れた。しかも今回は、パトナからの空路により、あっという間に着いてしまうという空からの入国であった。待望するということの本質は、スピードのみによってまったく奪われてしまう。長い労苦と忍耐を経て、はじめて得られるものこそが理想の国なのであろうが、これでは、一瞬の幻覚に映る、まやかしの夢想の国でしかあり得ない。それも、飛行機の車輪が大地に着くまでの、はかない幻想、そしてその途端に、人生はまたもや、元通りの無味平凡な姿に戻ってしまう。

雲中を抜け出ると、樹林におおわれた山稜をすれすれに飛び越える。やがて、突然、眼下にネパール・ヴァレーが姿を現わす。樹の生い繁る丘、段々畑、その上に点在する箱庭のような赤土色の農家(Khas)、ギラギラ輝くバグマティの流れ、この町に粘り強く生きるネワール族の、薄黒く密集した街並み、そして、そこかしこに見えるラナ王家の擬似イタリア様式の宮殿。機が完全に旋回を終わったころに、ボドナートの大仏塔がチラリと視界をかすめたと思うと、もはや、このはかない夢は終わりを告げ、数分の後にはもう、入国手続きにまごついたり、税関吏のいやな目つきの前で鞄を開いてみせたりしているのである。

そのほかに、今回の入国が前と違っていたのは、このカトマンドゥに、私よりも一足先に来ている仲間がいたことであった。図書館に働いているブルフ教授、ネパールの舞踊と祭祀の歌の貴重な蒐集を続けているバケ博士、そして、コドリントン教授は、全ヒマラヤ山系の地質、植物、考古学に関する深い造詣と知識を閃かせながら、カトマンドゥの周辺を彷徨していた。私は、受け持ちとして、方角や距離を記録しながらカトマンドゥやパタンの街路を歩きまわったので、さすがに複雑な街も、徐々に、紙の上にその形が整ってきたし、前回に記録や写真をとった記憶のある社や寺も、前以上に確かな目で見直すことができた。私たちの仲間みんなにとって、やっていることはそれぞれ違ってはいたが、ネパール人の生活や文化が、追い追いくっきりと浮き彫りされ、興味深さを加えてきたのである。

このような状況の中で、西ネパールのチベット人居住地域をめぐって、長期間の旅をしようという私の計画は、やっとその最後の詰めの段階を迎えることになった。計画の概要は、すでにロンドンを発つ前から決めてあった。前回、一九五四年に私たちが東ネパールを旅したあと、イギリスに連れ帰っていたシェルパ族のパルワ・パサンが、その計画に従って、私たちのキャンプ用具、山地旅行用の衣服類、その他の必需品をもって、海路ボンベイ経由で、すでに私よりも一日早く、当地に到着していた。彼は携行してきた荷物を、出発に備えて、いつでも集めることができるように、ベナレスに残してきたのである。

私たちは、この計画の大要を、ヒマラヤの天候の特徴に基づいて立案した。その理由はこうである。私たちが、ヒマラヤ山脈の南側の、興味のある地方を訪ねるのは、モンスーンがその勢いを増す前の三月から五月の間でなければならない。したがってその後は、山脈の北側に越えて九月までずっとその地方を旅行すれば、うまくヒマラヤの高い山々がモンスーンの雨雲の障壁となってくれるであろうし、五〇〇〇〜六〇〇〇メートルはあろうと思われる、数にして十五もある高い峠を越えるにも、寒くなくて都合がよいであろう。そして、九月に入ってから、ヒマラヤをもう一度越えなおして、南の低地の谷に入りカトマンドゥに帰着するのである。この旅の出発点は、この国のずっと西の方にしたいと考えていた。そのためには、ここからいったんインドに戻り、印・ネ国境のしかるべき出発点まで、鉄道で迂回するのが唯一の得策であろう。このままここから西へ、ネパール領土内を横切り、ダウラギリ山塊の向こう側まで、しかも冬から春の季節に旅するなどは、とても実行不可能なことで、かなり南まで下るルートをとるなら話は別だが、これとて、数週間も余分な期間を無駄にすることになろうし、その通過する土地は、私にはまったくなんの興味も湧かない地方なのである。私たちが、ベナレスにほとんどの荷物を置いたのは、このように、どうしてもまた、インドに戻らねばならぬことがわかっていたからで、地図上では、その出発点となるインド国境まで、大変な距離のように見えるが、私は数日もあれば大丈夫と踏んでいたのである(巻末の折り込み地図参照)。カトマンドゥ周辺のわずかな部分と、そこからインド国境までの間に、最近建設されてきている自動車道路を除けば、ネパール国内では、縦にも横にも、およそ私たちの感覚で道路と呼べるような道はまったくない。あるのはただ、山道だけであって、時に荷を負った動物が通れることもあるが、ほとんどは人間が通るのが精一杯という道なのである。したがって、家財道具の類はすべて、駄獣の背か、あるいは最も頻繁には人の背によって運ばざるを得ない。この種の旅行には絶えず面倒がつきまとい、しかも、人間の考え出した他のどんな手段によるよりも、はるかに高くつくのである。私たちのような小部隊でも、一キロ当たりの費用は、優に三シリング以上見積らねばならないことになろう。

人夫について心配する前に、まだ決めなければならぬ問題が、いくつか残されていた。どこを出発点とするかということと、パーティの構成をいかにすべきかという問題である。前者については、ネパールガンジの町に白羽の矢を立てた。ここからならば、ヒマラヤ主脈の南側では最も私の興味をそそるベリ川の上流地域に、一番早く入ることができるというのがその理由である。このほかにも、もっと西のタナクプールからの出発も考えられる。ここからは、ジュムラやムグを訪ねるまでは可能ではあるとしても、私たちに許された七か月少々の間に、ベリ川まで足を延ばすとすれば、日数が足りないことになろう。このベリ川のルートが気に入った第二の理由は、インド国境から、ちょうど一直線に、ほとんどチベット国境の近くまで、ネパールを横断することになり、その途上の人種的、文化的な移り変わりを観察できることは、私にはとくに興味深いことに思われたのである。第二の問題に関しては、パサンと私の間で、人数はできるだけ少なくしようということで意見が一致していた。二人のほかに、料理を主にやってもらう使用人がいるだろう。ちょうどパサンが、故郷のシャール・クーンブに帰って、家族に一目会ってくることになっていたので、そのときにタキ・バブを連れてくることにしたらどうだろう。彼なら、マガール族[1]の男で、すでに一九五四年の東ネパールの旅で、充分信頼でき、とても調法な人間であることがよく分かっている。私は、そのほかにシェルパをもう一人加えて四人のパーティにしたいと思ったのであるが、ネパール政府がくちばしを入れてきて、この旅行が知識の向上に益するような「研究生」を一人、カトマンドゥから連れていくようにということだった。ところが、チベット人のことを「研究」している者などはどこにも見当たらず、ただ一人、年若い図書館員で、私がカトマンドゥやパタンの寺院の調査に助手として雇っていたヘムラージ・シャキャ君くらいだろうということになった。彼はこの話に大変乗気になったけれども、私たちにしてみれば、今度のような条件のきびしい旅行に彼が耐えられるかどうかが心配だった。ネワール族の上流階級に生まれ、街中で育った男だから、たった一度だけ、ここから北へ三日ほどのところにある寺を訪ねたことがある以外、この街を離れたことがない。高い山に登ったこともなければ、この旅行の万端を理解する知識もない。パサンは、彼にわかりやすく、どんな困難な状況が先々に待ち構えているかを説明して、引き止めるのに一生懸命だったが、ヘムラージは引き下がらない。「たとえ死んでも、私は行きます」とまで言い切られると、もう考える余地はなくなった。一度出発してしまえば、私たちにはもう途中で彼を送り返す手だてはない。どうしてもとなると隊の構成をぶち壊してしまうよりないのである。だから彼には、途中でどんなに参ってしまっても、私たちの通る経路がポカラに近くなる四か月後までは、途中から帰ってもらうわけにはいかないということをきびしく言い渡すしかなかった。また実際にもあとではそうなってしまったのである。しかし、随分高度影響に悩まされはしたけれども、彼は愚痴もほとんどこぼさず、私たちが想像していた以上によく頑張ったと言えるだろう。

ヘムラージと私が、何度か役所まわりをして、これからの計画の説明、旅行許可の手続きなど、カトマンドゥでの仕事を続けている間に、パサンは、彼の故郷までの徒歩旅行——九日間の山地の旅——をすませ、タキ・バブを連れてまっすぐ帰ってきた。このタキ・バブとの再会が、私にとってどんなに嬉しかったことか。一日に四十キロ、というパサンのおそろしく速いペースに、五日間従ってきたあとだったので、ほこりまみれの顔をしていた。すぐに風呂に入れ垢を落としてから、翌日彼のものをいくつか買ってやるまでの間、とりあえずパサンの衣服で身拵えをさせた。いまここではまだ自分のやるべき仕事がないことを知っているので、彼は別に不平もいわずに我慢していたが、山に入ってから彼にこんな衣替えをさせようと思っても、とても無理な相談だったろう。薪や水を運び、たき火や真っ黒に煤けたなべなどを触っていて、どうしてきれいな服が必要なのか反論するに決まっていた。私たちは彼のために、温かいフランネル地で、上等なネパール服を一揃い作ってやったけれども、旅の終わりになっても、それはまだ真新しいままであった。パサンは見て見ぬふりをしていたが、タキ・バブは、自分で一番安物のシャツとズボンを買ってきて、それをぼろ切れのようになるまで着つづけていた。防寒用に、織りの粗い毛布も一枚買っていたが、一日の仕事が終わったあとは、いつもそれを身体に巻きつけている。彼ほどタフな男には、私はまだ出会ったことがない。身体のつくりは小さくても、びっくりするほどの力があり、まったく疲れを知らない男だった。背中にどんな荷物が載っていようと、まったく無関心なのである。寒さにも強く、どんな苦労も厭わなかった。本名はラリタ・バハドール、彼の最初の子供である娘が生まれてから、タキ・バブすなわち「タキのお父ちゃん」と呼ばれてきたらしい。いま四十歳くらいで、六人の子持ちだった。彼が留守にしている間は、奥さんと家族がみんなで、畑や家畜の世話をすることになっているという。パサンの言い出すことにはまったく信頼をおいてはいるものの、時折は兄貴のような意見を差し挟むこともあった。困ったことがおきて、パサンと私とがたまたまひどい口論をやってしまったときなど、間に立って仲裁するのはいつも彼で、目に涙を浮かべ、私にどうか仲直りしてくださいと手を合わせて嘆願するのだった。

インドの通過

すでに三月一日になり、私たちの出発の日となった。パサン、ヘムラージ、タキ・バブたちが一足先に、ベナレスに向け陸路旅行している間に、私は飛行機でポカラへ出かけた。そこの病院の女医さんたちを訪ねるためだった。旅の途中で、何か困った事態に陥った場合、数か月先のことにはなるが、ここの病院が、私たちには最も近い避難場所となるはずである。私たちが、ベリ川の上流地域に達して、トルボに越えてしまうと、そこからポカラまでは、優に歩いて四週間の隔たりがあり、その後は、この距離がだんだん縮まることになる。もう一つ別の目的として、彼女たちに、私個人に来る郵便を受けとってもらうことを頼みたかったのである。その郵便物は、七月上旬になって、私たちがツクチェに到着したとき、ここにもらいに来ることができるだろう。三月六日の朝、飛行機で発って、わずか一時間でポカラに着いた。徒歩ならば十日間の行程である。(2) ポカラは、西部第三行政区の最も大きな町で、飛行場があるおかげで、急速にカトマンドゥにつぐネパール第二の重要な町になりつつある。しかし、いまはまだ、その中心となる道路沿いに、インドふうの商店が並ぶバザール(市場)をもっている大きな村といえる程度で、ここではまだ車輪のついた乗り物はほとんど見かけなかった。ちょうど一台だけ荷馬車があって、私は飛行場から村まで、他のもう一人の客と共にそれに乗ることができた。他にジープが一台あるという。時間があまりなかったので、この素晴らしい谷を見てまわることがほとんどできなかったのは残念だったが、ここはカトマンドゥのあるネパール・ヴァレーを小さくしたような感じである。しかし、ヒマラヤの高峰ははるかに近く、北にはアンナプルナの全山塊を目のあたりに見ることができる。その向こう側が、私たちの旅行のコースに当たるニェシャン(マナンボット)地方なのである。私は、町の北はずれにある病院まで歩いて行った。病院の建物は数棟のカマボコ型兵舎で、医者たちは、狭いわら葺きの小屋に住んでいる。この土地の所有者であるブラーマンが、その所有権を失うことになりはしないかと心配して、恒久的な建物を建てさせないそうである。それにしても、このアイルランドとスコットランドの女性たちの気高さよ。彼女たちの仕事は、もとより宗教的使命に基づくもので、その信仰心がなかったとしたら、ここで遭遇する幾多の苦難には、とても耐えてはゆけないであろう。彼女ら自身のことを除いて、ここではいっさいのキリスト教の布教活動は許されていない。やれば国法に触れることになって、この医療活動さえ不可能になってしまう。この一団の幹部に当たる方が、オハンロン博士と、スティール女史だった。彼女らは、ネパールがまだ外国人の入国を禁じていた時代に、インド国境のノータンワで、施薬所と病院の活動を開始した。やがて改革と、一九五〇年の「民主化」宣言があって後、この国に自由に入れるようになり、ヒマラヤ山麓の旅を続けて、このポカラで、いまネパールで最も活潑に医療活動の行なわれているこの病院を始めることに成功したのである。ここでは来診と入院治療を行なうだけではなく、求められれば、かなり遠隔の山地まで治療活動の旅に出ることもあるという。

彼女たちは、私の一夜の宿舎として小屋を提供してくれ、かつてここを訪れた人びと——その多くは私には旧知の人だったが——の思い出話に花を咲かせたりしながら、私は気持の良いもてなしを受けた。翌朝、ここの人たちの行なっている事業に深い尊敬の念を抱きながら、この病院を辞去した。そのあと飛行機で、ネパール国境のわずかに内側にあるバイラワに飛んだ。ここからは、インドの鉄道の起点であるノータンワまでは数キロしかない。パサンたちは、ベナレスからゴラクプールに行き、そこで私と落ち合って、いっしょにネパールガンジまで行く手はずになっていた。彼らのほうが私より遅くなるはずなので、バイラワから二十五キロほどはなれた釈迦の生誕地ルンビニと、それにゴラクプールの東六十五キロばかりの釈迦入滅の地クシナガラ（現在のカシア）を訪ねる時間の余裕があった。この両地とも、釈迦入滅二五〇〇年の記念式典が、この年の後半に予定されていて、そのときに集まる群衆のための宿舎や小屋などの建設工事が進行中であった。もともと静かな場所であるべきところなのに、いまはその静けさがほとんどなかった。

三月十一日の夕方、ゴラクプールの、インドの鉄道駅特有の雑踏の中で、パサンたち三人と出会うことができた。彼らには約三〇〇キロの荷が同行していた。そのすべてを、ゴンダ行の夜行に移しかえ、ゴンダからもう一度ネパールガンジ行に乗り換えるわけである。荷物の積み込みを済ませて、みんなで食事に出かけ、汽車が出るまでの間、おたがいの消息を報告し合った。ヘムラージは、ベナレスの郊外にあるサルナートを訪ねることができたと大喜びであった。ここは、釈迦が最初に仏の教えを説いたといわれる場所である。タキ・バブのほうは、生まれてはじめての大都会に驚嘆したという。ベナレス駅での混雑で、パサンは荷物の鍵の入った財布をなくしてしまったらしいが、私は予備の鍵を一組もっていたし、その話を聞いたときにはいろいろなことが頭にあって、ほんの一瞬眉を曇らせただけだったせいか、パサンも安心して、ベナレス大学のパドマナーブ・ジャイニ氏から大歓迎を受けた話を楽しそうにしゃべりまくった。彼は私たちの旧知で、一月からずっと荷物の保管を彼に依頼していたのである。

列車が遅れたので、ゴンダに着いたときには、朝の接続列車が出てしまっていて、次の便まで数時間の間、酷暑とほこりまみれの駅に放り出されることになった。もうこれからの七か月は、とても手に入れることはできないと思うとたまらなくなって、自転車の人力車を雇って市場へビールを探しに出かけた。やっと二本だけ見つけ出して、意気揚々と駅の食堂に引きあげ、注文してあった食事と共にそれを飲むことになった。インド国有鉄道では、原則としてアルコール類は厳禁である。そこを無理に頼んで、外のプラットホームの陰の見えないところに、特別席をしつらえてもらった。ところが、このようなせっかくの努力も、いざという段になってまったく骨折り損になってしまった。待望のビールはひどく質が悪くて飲む気もおこらない代物だったのである。やっとのことで再び車中の人となり、その日は平穏な旅が続いた。ネパールガンジ・ロードの駅に降り立ったころには、もうすっかり暗くなっていた。ここからネパール国境まで約二〇〇メートル、ネパールガンジの町までは五キロほどである。この時間では、町に出るにも遅すぎるので、駅の待合室で一夜を過ごすことになった。駅員が茶と一種のパン菓子（チャパティ）、それにカレー入りの野菜炒めをもってきてくれた。私たちは意気軒昂で、パサンの鼻唄とヘムラージの手拍手にあわせて、タキ・バブが踊り出した。まず出だしの面倒の多い旅の終点が目の前に近づいている。自分の足だけで前に進めるようになる日を、いままでどんなに待ち焦がれていたことだろうか。

ネパールガンジ

翌朝、例によって値切り交渉をすませたあとで、三台のタンガ（前後に席が向かい合った小型の馬車）で町に向かった。インド国境監視所でパスポートを、ネパール側では旅行許可証の検査を受けた。嬉しいことに、これで再びネパールに戻れたわけである。しかしここはまだ、海抜一五〇メートルにも満たない平原である。ヒマラヤの最初にあらわれる低い山並みが、四十キロほど北の地平線にひろがっている。私たちはこの山脈を越え、そのもう一つ向こうの山脈を越え、さらにいくつかの谷に沿って高度をあげる。さらにヒマラヤ主脈の六〇〇〇メートル近い峠を越え、その向こうにひろがるトルボ地方から、さらにその向こうのチベット高原を見渡すことになる。なんとはるかな旅の行途であろう。

町に着いて、さっそくここのバラ・ハキムすなわち地方長官のところに表敬訪問をした。会ってみると、なかなか魅力のあるネパールの青年紳士で、ビクトリア王朝ふうの調度品をそろえた部屋に通してくれた。話しているうちに、彼の実家がシャール・クーンブ地方にあるとかで、パサンとは共通の知人が沢山いるようだった。そのあと、宿舎として「ホテル」を探しに出かけたのである。あとで気づいたことだが、愚の骨頂とはまったくこのことだった。すごく狭い部屋に、梯子を登って案内されたのはよかったが、そこは市場の真ん中で、あたり一面の蠅が、私たちめがけて集まってきた。性急な馬車の馭者に急がされて、もう一度バラ・ハキムのところに戻り、彼に相談をもちかけたところ、庭の片隅にあるわら葺きの小屋が空いているので、使ってもかまわないという親切な申し出を受けた。おかげで、ネパールガンジ滞在の三日間を、快適にそこのキャンプで過ごせることになったのである。

居が定まると、私たちはさっそく、以後七か月間の調達品の補給にとりかかった。これらのうち大部分は、すでにもってきた荷物の中に用意されていたのであるが、まだ用意していなかった品目は次のとおりである。砂糖、石鹼、ローソク、燃料用アルコール、やかん、なべ、雨傘、粉ミルクかん、茶、米と粉類の買増し分。それと別に、かなり大量のコイン、しかもインドとネパール両方の貨幣が入り用だった。山岳地方では、紙幣があまり通らないと予想されたからである。これは、重量面で私たちの荷物量をかなり増やすことになってしまった。

輸送の問題

もう一つの大仕事は、私たちの荷を運ばせる人間を見つけることであった。当初、馬が使えるということを聞いてはいたが、この方法では、大迂回のルートをとらねばならないことがわかった。私たちと

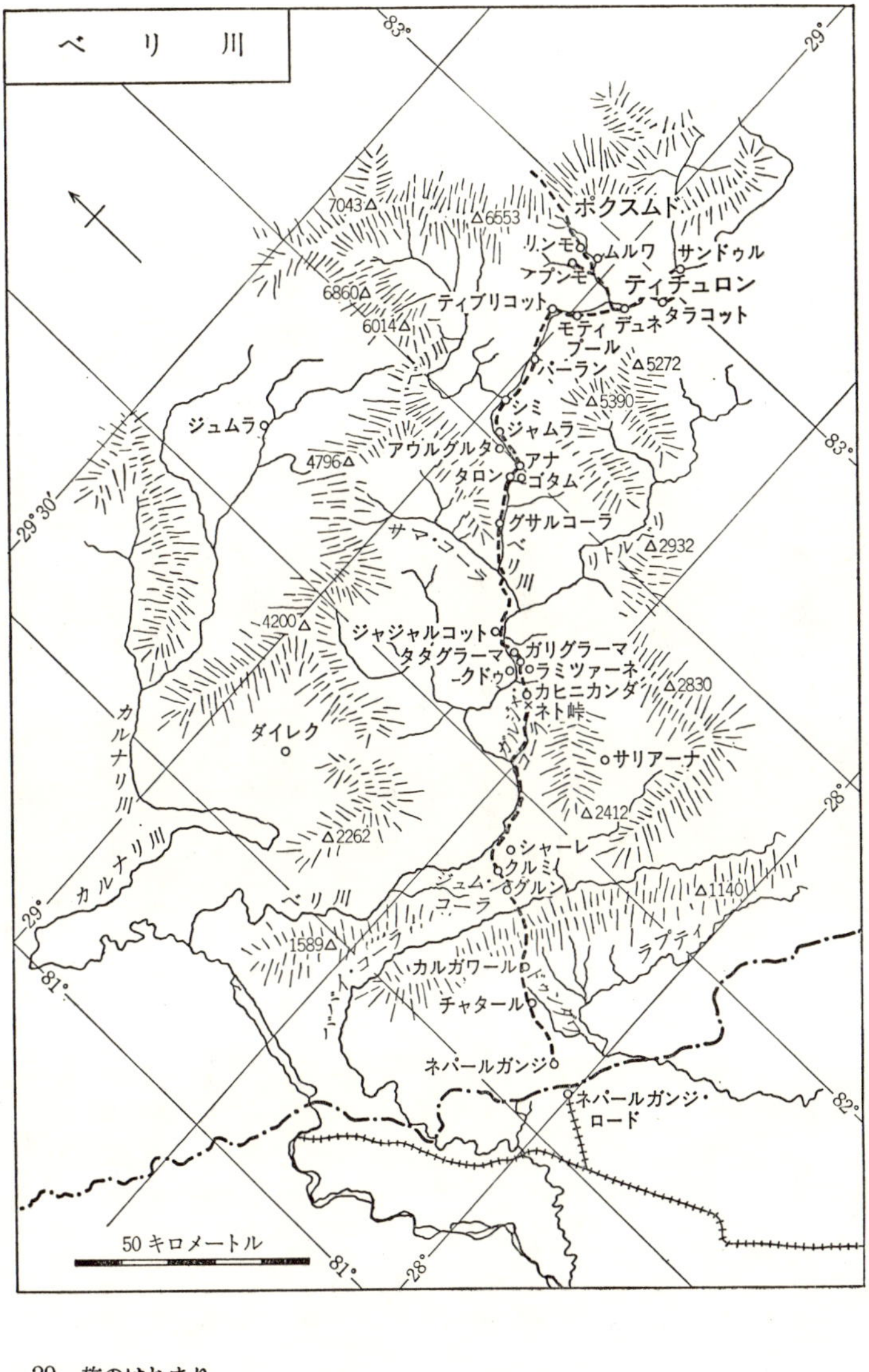
ベリ川
83°
29°
7043
6553
ポクスムド
リンモ
ムルワ
サンドゥル
アプンモ
ティチュロン
6860
ティブリコット
タラコット
6014
モティプール
デュネ
バーラン
5272
シミ
5390
ジュムラ
ジャムラ
83°
アウルグルタ
アナ
4796
タロン
ゴタム
29°30′
グサルコーラ
サマ・コーラ
ベリ川
リトルベリ
2932
4200
ジャジャルコット
ガリグラーマ
タタグラーマ
ラミツァーネ
クドゥ
カヒニカンダ
2830
ネト峠
カルナリ川
ダイレク
サリアーナ
28°
2412
2262
シャーレ
クルミ
ジュム・コーラ
グルン
1140
29°
カルナリ川
ベリ川
ラプティ
1589
カルガワール
81°
チャタール
ネパールガンジ
ネパールガンジ・ロード
82°
50 キロメートル
81°
28°

しては、ジャジャルコットへ直行する道を行きたかったのである。まず、町の北の長い屋根のある人夫溜まりに出かけて、私たちの募集を知らせることにした。そのときには、なんの反応もなく、希望者がいないようであった。二度目に出かけると、一人の男が興味を示して、ネパールガンジからジャジャルコットまで、一マウンド一人分の荷で四十インドルピーでどうだと言ってきた。彼の提案では、もしこの線で呑んでくれるなら、九人はすぐ見つけることができるという。この区間を八日間と見積っていたが、この要求を受け入れるとすれば、相当な出費となる。しかし、他にだれも来手がないことを考えると、これを承諾せざるを得なかったのである。私より前にネパールガンジを通ったヨーロッパ人は、スイスの地質学者であるトニー・ハーゲン博士だけで、彼も人夫はカトマンドゥから連れて来ていたのである。したがって、私たちが雇うことになったこの地の人夫たちは、まだ私たちのような旅行者にはほとんど慣れていなかった。通常彼らは、ネパールガンジとサリアナの間の商品輸送に携わっている。実際に表立っていたわけではなかったが、私と人夫との間では、出発時点から、おたがいに意見の相違があったようである。私にしてみれば、高い賃金を払っているのであるから、条件として、休憩や宿泊地の選定は当然こちらの権利だと考えている。ところが一方彼らの側では、金のことですぐに手を打ったほどに困っている人の荷物を運んでやっているのだから、彼らのペースで歩くあとを黙ってついてくればいいんだという気であった。もう少しネパールガンジに留まって、いい条件で応じてくる者を待つという手も残されてはいたが、できるだけ早く先に進みたかったし、この町にもいくらか飽きがきて、早く出なければいけないと思っていた。次の朝、九人の人夫がそろって荷物を下見にやってきた。彼らの言い分では、荷物の目方はきっちり九マウンドでないと駄目だという。そこでパサンは、大きな天秤を市場から借りてきて、一つ一つの配分作業にかかった。馬鹿げた手のかかる作業であったけれども、タキ・バブの担ぐ十八キロの荷を残して、ちょうど九人分に仕上げることができた。彼らは翌朝出発することには同意したものの、その晩に使うキャンプ用のベットやその他の品を元通りにしはじめると、荷物の量をインチキするのではないかと疑って、明日もう一度全部を秤り直してもらいたいと言う。私たちはこれを堪え忍んで承諾し、気を持ち直して買物や準備を進めた。私たちの小さなブリキのオーブンで、パンのかたまりを二つ焼き上げることができたのもその仕事の一つであった。

人夫たちの出発が遅いことは知っていたが、しかし今回は、私たちの最悪の予想さえ上まわるものだった。彼らは十時になってやっと現われ、彼らの満足のゆくまで、荷物の秤り直しをした。これでやっと出発に漕ぎつけたかという感慨を抱きながら、正午までにはバザールをあとにすることができた。ところが、人夫溜まりまで来て、私たちはまたもや人夫たちからいっぱい食ったことに気がついた。彼らは、まだ買物が残っていると言って荷物を放り出してしまった。遅れを最小限にするために、パサンを彼らにつけて行かせることにしたが、彼らの要求で、さきにそれぞれに支払っていた前渡金十ルピーの上に、さらに十ルピーずつが全員の手に渡ることになった。彼らが戻ってきたのは、それから二時間半もあとのことで、さらにもう一度相談が続いて、そのうちにまた二人が消えてしまった。結局、出発できたのはなんと午後四時、それから歩けたのは二時間だけだった。すぐに日も暮れてしまって、キャンプ地を定めるにも遅すぎ、これではひどい夜を送ることになりそうであった。人夫たちは、私たちも彼らといっしょに、道端の掛け小屋のわらの上で眠るものと思っていたのか、テントを張りはじめると、不思議そうにまわりをとり囲み、また私たちが荷物の量をインチキしようとしているのではないかと、警戒の目を光らせるのだった。

その夜、天の底が抜けたような大雨となり、外のテントは、雷、稲妻、はげしく吹きつける雨の中で翻弄された。呼んだわけではなかったが、人夫たちも手助けに出てきて、荷物を水浸しにならないように小屋の中に運び入れた。そのために、また翌朝の出発が遅れることになったが、十時までにはそこを発つことができた。歩きはじめに、荷物のこと、かんの油洩れなどで小さなトラブルはあったが、やっと順調に動き始めた。チャタールの村を通り過ぎた。ここの人びとは、人種的にはタルー族である（口絵参照）。午後になって、ドゥンダワという、ちょうど気持のいい程度に水の温かい川を越え、そこで心ゆくまで水浴びをすることができた。五時過ぎに、カルガワールの村はずれで止まり、その夜は万事がうまく進んだ。ヒマラヤ山麓の山々は、もうすぐ目の前であった。明日からははじめて山を登ってゆくことになる。

夜遅くまで、人夫たちが単調な繰り返しばかりの唄を歌い続けるので寝つかれなかった。それに朝の五時には、もう叫び声と口論で起こされてしまった。すぐそのあと、パサンが私を呼びに来て、人夫たちが荷を置いてネパールガンジに帰ると言い出したと言う。彼らの話を聞いてみると、私たちがいつも荷物の中味を変え、朝早く出発しようとしないのが気に入らないということらしい。そして、もし荷物一個を八十ルピーに上げてくれるなら行こうという。私たちはいままで、自分でもお目出たいと思うくらい人夫の扱いに譲歩してきたつもりであったが、今度ばかりは言いなりになるのはなんの益にもならない。これ以上先方の言い値を値切るのも問題外であった。パサンとタキ・バブは、ただ契約の条件を楯に呼び戻そうとした。幾人かが残る気になりかけたが、彼らのうちの、このもめごとの主謀者と思われる頭にきた二人が、とうとう席を蹴って行ってしまったので、残る者はいなくなってしまった。みんなそれぞれ二十ルピーを私たちに返していったのは、詐欺師だと思われたくなかったからだろう。やっと静かになった。好ましいジャングルの静けさであった。仕方なくテントを一張り立てて、タキ・バブが食事の用意をしている間に、パサンは近在の村に人がいるかどうかを見に行った。彼はやがて、水牛のミルクをもって帰って来たが、村中で家にいるのはわずか五人で、だれも人夫として出てくれる者はいないという。彼は次に、通りがかりの人に目をつけた。私たちは申し合わせて、人夫に置き去りにされたことは内緒にすることにした。きつい仕事をさせるからだと思われてはまずい。どうしてこんなところまで来たかと聞かれたら、牛車でここまで積んで来て、それがいま帰ったばかりだと答えることにした。だれもこの話を疑う人はいなかった。そしてついに、私たちの話を同情して聴き入れてくれる人に出会うことができたのである。彼は、七年間も軍隊にいたことがあるというマガールで、私たちを助けることに大いに意気を感じているようだった。すぐ連れの男と相談して、自分たちの荷物を近くの村の一軒の家に預け、荷を二つ担げる用意をして私たちのところにきた。二日ばかり北の、クルミという彼らの村まで行ってくれるらしい。つづく数時間、彼らもパサンに加勢して、道を通る人全部に宣伝に努めてくれた甲斐があって、午後おそくまでに、全部の人数がそろうことになった。賃金は、一日四ルピーということで折り合いがついた。これで明日からは間違いなくあの山を登ってゆけると、眼をあげて前方の山並みをいま一度ゆっくりと眺め渡すことができたのである。

朝六時に出発して、一時間ばかりで、もう開けた平原を私たちの背後に見るようになり、森の中の狭い道を、一列になって進んだ。やがて傾斜が出てきたと思うと、道端に岩が現われ、谷の激流の音が聞かれるようになる。二時間たって、朝食をとったときには、私たちはもうすっかり山の中に入っていたのである。私は、そのときのあたりの景色の推移が、なにか魔法にかかったかのように速く感じられて、驚き、喜んだことを憶えている。このときの私の心は、行く手になんの心配もなく、平和そのものであった。顧みると、これは不思議なことだった。何故なら、私たちの旅の前途は、どう楽観してみても、困難な苦労の多いものとなることは間違いなかったはずなのである。私たちは、とうとうと流れ落ちる急流の下の岩に囲まれた水溜まりで、子供のように騒ぎながら水浴をし、その間に、タキ・バブは飯を炊き、野菜のカレー煮を作っていた。人夫たちも、別のたき火のまわりにうずくまって、大きななべに仕掛けた飯の炊けるのを待っているのだった。私たちは生き生きとして旅を続けた。急坂もひたむきに登り続けて、翌日の昼すぎには、最初の山稜上に出ることができた。標高はまだ一〇〇〇メートル足らずだったが、振り返ると、うしろは一面霞のたなびくインド平原がひろがり、行く手には、明日私たちが越さねばならない次の大きな山稜が視界を阻んでいた。峠の頂上には、よく目につくような積み石があって、それに布切れを結びつけた棒が数本立ててある。樹林の間の道を下って、下の川に達し、それを渡って対岸にテントを張った。人夫の一人が連れている子供が、足を痛めて難渋していたので、診てやると、すねに大きな傷があって、足の甲と足首がひどく腫れ上がっていた。父親の頼みで、ペニシリンを注射することに決めた。私が指図してパサンが腕をふるった。翌朝には、すっかり腫れが退いて、嬉しそうな顔をして家に帰って行ったところをみると、注射がうまく利いたのにちがいない。

心の休まるせせらぎの音と、快い虫の音につつまれて、久しぶりにすばらしい夜であった。朝もそう快で、目の前の山稜をぐんぐん登る。昨日の登りよりもだいぶ長く、途中水場もなかったので、山稜の上にあるグルンガオンの村（約一三五〇メートル）までは食事ぬきで登り続けた。この村の人びとはマガールで、私たちには非常に好意的であった。かつて軍隊にいたことがあるという老人が眼薬をもらいにやってきたが、この人はとくに親切だった。前方には、また次の山稜が控えている。食事を済ませて、この村から北へ、サクラソウやスミレの豊富な、気持の良い道を下って行った。谷まで下り着くとチャルチャーレの部落があった。よく肥えた畑があって、非常に裕福な村のように見えたけれども、こここでは、まだあまり熟していないメワール（メロンに似た果物）と、サトウキビが数本手に入っただけであった。小麦、大麦、米、燕麦などを作っているということだった。野菜類もほとんどの種類のものが、作ればできるのだろうが、無知なためか、わずかな種類しか作っていない。ジャガイモ、キャベツ、トマトなどを見かけたが、まだ時期が少し早いようだった。チャタール、カルガワールなどと同様、この村もタルー族である。彼らは、このように決まって低地に住むのに対して、マガール族の住むのは山の上である。私たちは、川（Jum Kholā）までくだり、そこで日課の水浴をしたあと、また次の山稜の頂上（約一二〇〇メートル）を越えたばかりのところにあるクルミ村まで登った。日も暮れかかってきたので、すぐ人夫の賃金を払い、私たちはわら葺きの納屋に落ち着くことにした。ここは、あの兵隊上がりのマガールが提供してくれたもので、彼はすぐ近くのわら葺き粘土造りの、せまい一間の家に住んでいて、奥さんと娘、それになんと、にわとり数羽に、生まれたばかりの一頭の仔牛まで同居していた。私たちの泊る建物はどうやら牛小屋らしく、天気が良いので、彼の五、六頭の家畜はみんな外に放し飼いしてあるらしい。あたりは一面、灌木帯か段々畑で、道の上にでも張る以外にはテントの場所もなかった。

　次の日は、人夫の数がそろうまでの間、一日休養日とした。前の連中の中で、もっと先まで行ってくれるのが二人しかいなかったからである。またもや私たちの薬局は大繁昌だった。足の腫れ上がった男、樹から落ちたというひどい打撲傷の女、喘息もちの男など。しかしこのような善意の施しが非常に効を奏し、そのおかげでジャガイモ、卵、にわとりなどを手に入れることができた。ところが、さてパンを焼く段になって、驚いたことに、オーブンの中の網棚をババイ・コーラの川岸に置き忘れてきたことに気づいたのである。パサンは、村の鍛冶屋を引っ張り込んで相談し、こわれたコウモリ傘の骨を利用して、夕方までにりっぱな新品の網棚を作りあげることができた。

ベリ川を遡る

翌日、三月二十二日に、私たちはクルミの村から、下を流れるベリ川に向かって六・五キロばかり下った。この地点では、なだらかな樹林の斜面に囲まれた幅広い谷である。このあたり、人が住むにはまことに快適なところだと思われるのに、東方はるか高い山の上にサフレの部落が見える以外は、まったく無人地帯なのである。ここから、ベリ川は北西に向きを変え、約五十キロ余り流れて、カルナリ川に合流し、ゴグラ川となって、私たちが越えてきた麓の山脈を貫流して、ガンジス河に入る。一方、私たちがたどるベリ川に沿う道は、北方に向かって、ジャジャルコット、ティブリコット、タラコットを経由、最後はトルボの南部に至る。人間の居住するところとしては、地球上の最高所であるこの地方の北側が、カルナリ川の源流である。したがって、六〇〇〇メートル前後の分水嶺によってその源を分けられた二つの大河は、やがては、いま私たちのいるこのすばらしい緑の谷で合流することになる。私たちはその夜、この谷のほとりにある、旅人用の粗末なわら葺きの小屋に泊ることにした。しかし蚤が非常に多いことがわかったので、安全な距離をおいたところにテントを張った。ところが、パサンがパン作りにかかった。かった。粉をうまくこねるためには、穏やかで楽しい雰囲気が必要である。ところが、今回は人夫たちの騒動で、何もかもぶち壊しになってしまった。私たちが彼らの食料を用意しないなら、ここから先には行かないと、突然言い出したのである。この要求は悪質な契約違反で、私たちは彼らの食事代を含めた高い賃金を支払うことになっている。それに、クルミでそのことを何も言い出さないで、爾後四日間の行程であることを知りながら、一日分の食物しか携行していないというのも、じつに非良心的な行為ではないか。パサンは、当然怒り心頭に発して彼らの要求を拒絶した。結局、彼らも折れて、ついて来ることにはなったものの、私たちも彼らの食べる分まで賄う量の米はもっていなかったので、これからは、パサンが彼らの食料を、道々探してまわらねばならぬことになる。しかも、彼らの賃金からは、この購入費用の半分だけしか控除しないという譲歩もしなければならなかった。こんなはげしいやりとりがあっては、夕べの静けさもあったものではなかった。おかげでパンは、ふっくらとは脹らまず、真っ黒焦げになってしまった。そのうえに、せっかく距離をおいて立てたテントも、蚤の跳梁《ちょうりょう》からは逃れられなかったことが朝になってわかったのである。しかし、その日はベリ川沿いの木の多い岸辺に沿う道が非常に気分のよいところだったので、前夜からのトラブルのことも頭から消え、さかまく奔流のほとりで食べた昼食の黒っ焦げのパンも旨かった。谷はこのあたりから北に向きを変える。谷幅も狭くなり、両岸もきり立ってきた。私たちはその夜、川に近い小さな草地で夜を過ごした。

翌日、私たちの道は、このまま川沿いに進むと北に行きすぎることになるので、いったん川から離れ、東の支流（SI：Dudo Kholā）を溯ることになる。この谷は広く、畑が開かれて稲作が行なわれていた。パサンが、人夫たちの食料として前年の穀物の貯蔵されたものを探しにまわったので、随分待たされた。このあたりの農家では、売るだけの余剰の穀物をもっているところがほとんどないのである。やっとのことで、パサンが袋一つ分をもって帰ってきたので、それをみんなに公平に分けることにした。彼らは、共同で炊事をするときでも、おたがいの了解のもとに自分たちそれぞれの分量を出し合って、同じなべに入れることになっているのである。これでやっと、人夫の食糧問題も解決した。私たちはこの支流を溯り、右岸のかなり高いところでキャンプすることになった。その夜の変わった出来事は、バナナを売りに来た男があって、びっくりする本人を尻目に、私たちは彼のものを全部買いとった。次の日は、さらにこの谷を北に詰めて行った。振り返ると、緑におおわれた小丘がひろがり、その山腹がじつに根気よく開かれて、一様な段々畑の刻み目が、はるか下の谷まで続いていた。やがてネト峠（一三五〇メートル）の頂上に着き、そこから向こう側に、再びベリ川の谷が見えてきた。私たちは峠のすぐ下のカヒニカンダの村まで走り下る。ここはマガールの村で、みんなネパール語を話していた。家は粘土造りの平屋根で、チベットふうの印象を与える木摺の補強が見られるのは、チベットからはまだ随分離れたところであるにもかかわらず、その影響のはしりと見ていいのだろう。しかし、扉や窓枠は完全にネパール式のものであった。卵やジャガイモを手に入れようとしてみたが、うまくいかなかった。村の人たちは、私たちを役人と間違えて、品物を渡しても金を呉れないのではないかと警戒しているのである。しかし、一人の若い親切な男があらわれて、蜂蜜の手に入る家を教えてくれた。その家の老婆を見て、私はチョーサーのカンタベリー物語の尼僧の話に出てくる「年齢《よわい》進みし貧しき寡婦《やもめ》」の姿を思い浮かべた。折しも彼女は、その話にある雄鶏のチャンテクレールよろしく、庭を闊歩していたのである。説き伏せるのにだいぶ時間をくってしまったが、彼女はやっと近所の家からはかりを借りてきて、二ルピーで私たちの大きなシチューなべにいっぱいの蜂蜜をわけてくれた。色は黒ずんでいたが、山草の蜜で味は上等であった。さらに下降を続けて、一本の流れ (Marma Khorā) に下りたち、そこにキャンプを張った。

翌朝、わずかな下りで、再び私たちはベリ川の流れを横に見下ろしながら歩くようになった。少し上流にきたためか、谷が若々しく、小さくなったような感じで、激流が岩床を嚙んで流れていた。このあたりから、やがてジャジャルコット谷の領域に入ることになり、風景が優美になってくる。肥沃な赤土色の台地には、そこかしこに四月の終わりの収穫を待つ小麦が実っていた。南西にあるクドゥ村が一番大きく、そのほかに、南東部にラミツァーネ、真ん中にガリグラーマ、そして北にタタグラーマ村がある。さらにその北に、昔はこの谷一帯を睥睨《へいげい》していたと思われるジャジャルコットの砦町が、川からかなり高いところに宙に浮かび上がって見えた。私たちはガリグラーマの村で小憩して、女たちが、なかなか厄介な回転式の圧縮器でマスタード油をしぼりとっているのを観察した。一人の女が私たちのところへ来て、彼女の息子を診察してくれないかという。行ってみると、家の中の木の寝台に寝かされていて、首の片側に伸びた大きな傷があった。顔全体が醜いほどに大きく腫れ上がり、蝿が彼のまわりに群がっていた。女の話によると、この三か月間ずっと寝たきりらしい。私たちは、傷に当てられた不潔な紙の残りをとり除いて、すぐまた不潔にしてしまうのは明らかだったが、セタベックス軟膏を塗布し、繃帯をまいて、ペニシリンの注射をしておいた。二度と会うことはできないだろうから、これだけの処置でいま以上にひどくならないことを祈るばかりだ。このやさしい母親は、私たちにお返しとして「黒い米」を若干売ってくれた。この種の稲は、水中に立って育たないものである。米を食べ慣れている人夫たちは、この質の悪い米を嫌がったけれども、自分たちのものをもって来ないのが悪いんだというパサンの一言だけで黙ってしまった。米を常食とする彼らは、なかなか他の食料を口にしたがらない。パサンでさえも、できるだけ長く米を食べたがっている様子であったが、私たちがこれから入ろうとしている地方は、奥に行くほど稲作が困難になってくるところなのである。

　深く浸食を受けた谷を一本越え、焼けつくような暑さの中を、畑を横切って進んだ。小円を描いてまわる牛を使って、二人の女がレンズ豆の脱穀に忙がしそうに立ち働いていた。柄や葉のついたままを、このように牛の足ではげしく踏みつけるのである。タタグラーマを過ぎると、道はベリ川の左岸を高く捲くようになる。ここでベリ川は、平坦な冲積期の川床をさらに抉《えぐ》って流れている。ジャジャルコットのすぐ下で、川は北から西よりに、そしてやがて急に西に折れ曲がる。モンスーン前の乾期のいまでは、谷の片側には蒼砂の大きな堆積がひろがっていた。私たちは、林を抜けて下り、吊り橋で右岸に渡った。これは小さいがいまでもしっかりしていて、打ちつけられてある小さな銘板には、スコットランド製であることが英語で書いてあった。これを読める人が果たして何人ここを通るだろうか。橋を渡ったところにある、わびしい草地の上にテントを張ることにした。そこから三〇〇メートルほど上の大きな山稜に、ジャジャルコットがある。夜は、いつものように人夫たちの咳と唾を吐く音が気になって寝つかれなかった。朝になってしまってから、いつももう少し離れたところで寝るべきだったと悔むのである。彼らはとくに厄介で、四六時中物をねだり、私たちの理にかなった拒絶を受けては争いをおこしてきた。これからまだ何か月も山中にいなければならないので、タキ・バブや、私たちに協力的な人のためにもってきている貴重なタバコを、彼らにはもう一本も与えないことにした。しかしこの中でも、カルガワールで行き詰ったとき以来、ずっと私たちについてきてくれている二人には、感謝の気持を示すことは忘れなかった。

翌三月二十七日、この日はまったく静かな一日を送った。衣服の洗濯をしたり、川で水浴びもした。おいしい料理も作り、記録や写真の整理もすることができた。夕方になって、私たちはジャジャルコットに登ってみた。かつては難攻不落の砦だったにちがいない。いまでも結構悪い道である。ここの人びとは、ほとんどがチェトリーとタクーリであり、ネパール語を話す。行政は、ネパール政府によって指名された行政官（ditta）にまかせられている。(3) その上位にあたる郡長（suba）は、昔この地の統治者であった王家の後裔が世襲しているようである。このジャジャルコットは、かつてはヒマラヤの小王国で、直下の谷一帯にひろがる豊沃な土壌が、かなりの富と繁栄をもたらしていたのである。ちょうどスケールを小さくした「ネパール・ヴァレー」だと言えるだろう。しかしここには、古い時代の文化の名残りというものがまったくなくて、近年になってゴルカのもたらした、ドゥルガ神を祀る貧弱な寺が一つあるだけだった。ここの土着信仰は、マスタとよばれる山の神で、ティブリコットやロハガオンまで及んでいる。それについて耳にしたのはここがはじめてであり、その祠《ほこら》らしきものも見なかったのであるが、この周辺の村へゆけばどこにでもあると聞かされた。祭事にたずさわる人はジャクリ（jakri・僧侶）と呼ばれて、月が満ちてくる期間、彼らは神の所有するものとなって、予言や占卜《せんぼく》が可能になる。一七八八年と九一年のチベットとの戦争では、このマスタの神が、グルカの大勝を予言したので、兵士たちは、戦利品に混じえて、寺の幟《のぼり》、ラッパ、ほら貝、祭祀の皿や道具などをもち帰り、いまでもそれらがマスタの神社に保存されているという話を聞いた。それを見る機会はなかったけれども、おそらく、村人たちがいつまでも昔の出来事を記憶に止めているのは、このような物が残っているからであろう。彼らの先祖たちと同様に、いまは有名無実のブラーマンの血が、それによってなぐさめを受けるのであろうか。ここではイエティ（yeti・雪男）の同義語としてラムカナ（lamkana・耳の長い怪獣）があり、その所業について恐ろしい話が伝えられている。

ジャジャルコットの行政官は、私たちのもっていた政府の推薦状を見て、非常な好意をもって迎えてくれ、八人の人夫の手はずも整えてくれることになった。この町の商人たちが、その日の夜はいなかったので、食料を手に入れることは無理だと思っていたのに、下りの途中の家で、パサンがさんざん粘ったあげく、白い米を少々と、まだ熟れてないメワールをいくつか手に入れることができた。小麦粉は、当面の使用には充分な量をもっており、米と違って、これからの購入にも期待がもてる。また私たちは、携行の食糧梱包を、そろそろ開けてもいいのではないかと思ったのである。中には、小袋入りのスープ、干し果物、乾燥野菜、トマトジュース、ビスケット、チョコレートなど、すべてはこれからの数か月のために、小分けして詰めてあった。

このキャンプには都合三日間停滞し、三月三十日、聖金曜日(イースター前の金曜日)に、八人の愉快なタクーリを連れて旅を再開することになった。道はベリ川の川縁に下り、二キロばかりのんびり進んだところで、水の中を網と銛をもって動きまわっている漁夫の一群に出会い、魚を三匹買いつけた。パサンはそれを、焼けつくような日光に当てないように、雨傘の下に紐で吊り下げて歩いた。しかし、このままでは岩を乗り越すのにとても手が使えないので、さらに二キロばかり行ったところに繋っていたビャクダンの気持の良さそうな樹陰にすわり込み、魚を料理して腹に収めてしまうことにした。期待していたとおり、七か月の旅で味わった中での高級料理の一つとなった。パサンは、夕食のカレー料理用に、抜け目なくそのうちの少しを残して置いた。人夫たちはその間、川の中で勇敢さを競う遊びに一生懸命だった。私たちは午後も楽しく歩き続けて、その日は再びベリ川のほとりにキャンプすることになった。

その翌日は、川の悪い部分を、一二〇〇メートルも高く迂回せねばならなかったので、非常に辛い一日となった。そのうえ、向こうの川に下り着くまでは水場がなかったので、昼もたっぷりまわるころまで、食事もできなかったのである。ポーターたちにすれば、朝の六時前に歩き始めて、三時間くらいのうちには食事をとるつもりだっただけに、その苦しさは大変なものだったにちがいない。しかし、彼らは、一言の文句も言わずこれに堪えたのである。この八人のタクーリたちは、私たちの経験では、最良のチームだった。支払う賃金にはなんの異議も唱えず、渡した心付けにはちゃんと礼を言い、進むペースも速く、私たちの休憩地の選択にけっして反対するようなこともなかった。夕方までには、再びベリ川に着き、その翌日それを左岸に渡って、サマ・コーラの出合を越えた。暑さにぐったりとなり、かなり夜おそくに、グサルコーラの村の真ん中に泊った。ヨーロッパ人ははじめてだったと見えて、私たちの周囲は黒山の人だかりとなった。この日は復活祭の日曜日だった。

空が薄く曇っていたので、月曜日の行進は快適だった。道はずっと川沿いに続いていた。このあたりから、ベリ川は大きく変化を見せはじめる。両岸はだんだん険しくなり、木もまばらになる。ユーフォルビア（トウダイグサ属）が豊富で、大きなピンクの花をつけたハカマカズラ属（*Bauhinia variegata*）、黄色く咲くジャケツイバラ属（*Caesalpinia sepiaria*）、中でも一段とすばらしいのは、葉をつけないデイコ（*Erythrina suberosa*）の深紅の鶏冠で、川の水の乳緑色と、空の紺青に映えて色鮮やかに輝いていた。

タロンに近くなったあたりから、雨が降りはじめ、人夫たちが雨宿りに止まってしまったのでかなり遅くなった。その間に、パサンと私は先を急いで、明日のルートを偵察することにした。タロンからティブリコットへは、二つのルートがある。一般的なのは、ここから北に進んで、ジュムラからの道に合するもので、私たちも人からはその道を行くようにと教えられていたものである。いま一つは、大ベリ川（トゥリベリ川）を溯るもので、このほうがティブリコットにはダイレクトに達するように見える。ところが実際には、道が悪くて速くは進めないので、必ずしもこのほうが短いルートだとは言えないのである。しかし私には、このまま川沿いに溯り続けるほうに魅力があった。ジャジャルコットで聞いたときには、このルートでは、人夫が岩場から転落するかもしれないし、その人の感覚では、とても人夫の通る道ではないと言われた。タクーリの人夫たちはその道へは行かないことがはっきりしているので、私たちが強いてこの道をとるとすれば、別に人夫を見つけ出さねばならないわけである。そこで、タロンでそれを頼んでみることにした。ところが、折悪しく村のだれかが死んで、頼りになりそうな男たちは、ずっと川下のほうで遺体を火葬するために、みんな出払っていることがわかった。決断は急を要する。すでに時間もおそく、ポーターたちが追いついてくるまでには、どちらをとるかを決めねばならない。アウルグルタを通って北に向かう道か、川に下りてアナの村に向かうか、この二つに一つである。ちょうどそのとき、一人の農夫が通りかかった。見たところ、頼りにできそうな男だったので、話をもちかけてみることにした。彼はゴタムの男で、ちょうどアナに行く途中だという。この川沿いのルートで、何回もティブリコットへ行ったことがあり、八人くらいならすぐ見つかるだろうということだった。「賃金はいくらかね」「一日当たり二インドルピーでどうだね」「それならいいだろう」話は決まった。

パサンが人夫を待っている間に、私はこの男に案内されて、タキ・バブを連れてアナまで行くことにした。夕暮れが迫り、降りしきる雨の中を、天然の石でできたすべりやすい橋でベリ川を渡り、ぬかるみの道をアナに急いだ。村に入って、この男の世話で、空いた小屋を一軒借りて落ち着くことができた。薪と水を手に入れて茶を作っている間に、パサンと人夫たちが到着した。もうすっかり暗くなり、雨は依然として土砂降りだった。この狭い小屋は、しばらくの間ごった返したが、やがて灯をともし、みんないっしょに茶を飲んで、外にテントも張った。夕食にはチャパティを作った。このタクーリの人夫たちも、こんな悪い状況のとき以外なら、私たちと一つのたき火で食事をするなどということはけっしてしないのであるが、何事によらず不平を言わず、いつも朗らかないい連中であった。私たちの予定の変更を説明して、ここから帰ってもらう彼らには、精一杯の心づけを与えた。翌朝私が目を覚ましたときには、彼らはもう帰ってしまっていて、もう二度と会えないと思うと残念な思いがした。タキ・バブが、朝の紅茶をテントにもってくる。すぐに起き上がって、急いで寝床やテントを払わなくてもよいということは、なんとぜいたくで気分の良いものだろう。昨夜ここに着いたときは、雨も降っていたし、それに真っ暗だったので、まわりの様子がまったくわからなかった。テントの入り口からのぞいてみると、わずか数メートルしか離れていない家のベランダに女が三人かがみ込んで、短いパイプを次々まわし喫みしながら、だまって見物しているのを見てびっくりした（口絵参照）。急いでカメラをセットして、もう一度顔を出すと、今度は気がついて向こうが驚いたらしい。家は石積み造りで、二階は木造、屋根はわら葺きで、がんじょうな造りだった。なんと私たちは、そんな二十軒ほどの家の集まりのど真中にいるではないか。この村は、ベリ川の右岸の台地にあって、ベリ川もこのあたりでは、海抜一六〇〇メートルくらいの高さを流れている。一番近い村はゴタムで、この村よりは少し大きく、三キロばかり南の山腹を、三〇〇メートルほど登ったところにある。この辺の人びとは、ブラーマン、タクーリ、それに、マガールと南から徐々に谷に上がってきたと思われる平地種族の混ざり合った、身元のはっきりしない種族もいる。これは、カーストで言えば、サルキ（皮屋のカースト）、カミ（鍛冶屋のカースト）であるが、これらはたんに、卑賤の出であることを示すラベルにすぎないのであって、抑圧に苦しむ人びとだと考えるのはとんでもないことで、彼らのもっている土地はじつに豊沃である。春に小麦を作るとすぐ収穫し、畑に水を引いて稲を植えるのである。夏には、彼らの主食となるトウモロコシ、秋おそくにはソバのとり入れをする。家畜はあまり多くないので、主として種油を使う。この村には祠《ほこら》や社の類は見かけなかったが、マスタ神とか、シッダ、グプタ、チトラ、サイカムリなどという小さな神々に対する信仰はもっているようであった。しかしそのどれについても、あまり詳しいことを知らず、ただ年に三回、満月のときにミルクと香を供えることになっているらしい。ここの村の人たちは、自分たちの神について尋ねられると、非常に嬉しそうに、なんでも聞いてくれと言わんばかりに気軽に答え、その祭りのやり方まで話をひろげるのであった。チベット人たちとはなんという違いだろう。

村長はブラーマンであったが、私たちにミルクを売ってくれた。サルキの女からも卵を買ったが、半ば孵化していて食べられなかった。パサンは、蜂蜜を追加して買つけ、小麦も補充してタキ・バブがそれを水車小屋で粉にした。来るはずの人夫たちの用意のために、一日だけ出発を遅らせることにしていたが、さらにもう一日待ってほしいという申し出があって、二日間の停滞となった。朝から晩まであらゆるものに蝿が群がってうるさかったけれども、村の中のキャンプはそのままにしておいた。いまさら全部を村の外に移すほどのこともなかった。パンとチョコレートをナップザックに入れて、近くの野を歩いてみた。デイコ（*Erythrina suberosa*）の花がまだ残っていて、オリーブ（*Olea cuspidata*）や、ユーフォルビアの大きな叢が至るところに見られる。ヒマラヤのジャコウバラ（*Rosa brunoii*）はまだ花をつけていなかったけれど、ほかに黄色や赤い花をつけたものもあった（*Reinwardtia trigyna, woodfordia fruticosa*）。メギ属の灌木（*Berberis asialica*）には、紫色の実をつけた美しい小枝が垂れ下がり、まだ開かない花の房を垂れたもの（*Colebrookia oppositifolia*）もあった。黄色いオトギリソウ属や、小さなオランダイチゴ属（*Fragaria indica*）も多く、トウバナ属（*Clinopodium umbrosum*）がピンクの可愛い花をつけていた。

タキ・バブが木を切ってもち帰るのに出会い、いっしょにキャンプに帰って、昨夜挽《ひ》いたばかりの粉でパンを焼いた。手間のかかるパン作りは、彼にはいつまでたっても苦手な仕事だった。米を主食にしている地方の出だからであろう。彼は首をかしげて言ったものだ。「こんなまずいものを作るのに、よくもまあ、わざわざこれほど長い時間をかけるもんだね。」

三日目の朝になって、私たちはここを出発した。四月五日である。ブラーマンとタクーリが各一人、それに低カーストの者が六人で、これで八人全部そろった。三時間ばかりベリ川沿いに進み、食事の休憩とした。ここで、私たちの刃物類を全部入れた袋を村に忘れてきたことに気がつき、タキ・バブが一瞬顔色を失ったけれども、彼がすぐに引き返して行ったので、私たちはその間、ここで好きなように料理を作って待つことにした。彼が、腹をへらしながらも嬉しそうに袋をかかえて戻ってきたのは、三時間たったあとだった。空身で半分の時間で往復したことになる。村の子供たちが、ほこりまみれになってすわり込み、スプーンやフォークをもって上機嫌に遊んでいるところを見つけたらしい。タキ・バブの食事が終わってから、また歩きはじめた。道は相変らず川に沿っていて、ジャムラの村を過ぎたあたりの川べりでキャンプすることになった。

道が東向きに変わって、やっと困難なところがでてきたのは、その翌日からだった。谷がぐっと狭まってゴルジュとなり、岩場の登り降りを繰り返すようになる。英国の登山のグレードで言えば、三級（やや困難）くらいで、高度感もたいしたものではないが、人夫たちが四十キロ近い荷を背負っていることも考慮しなければいけない。しかもそのうち五つは嵩張った箱だった。彼らの足どりは驚くほど確かで、パサンと私が、ときどき上から手を貸そうとしても、かえって迷惑そうな顔をした。ナイロンのロープをもち出しても、こんなものはいらないから、道の悪い日には、少し賃金の割増を払ってくれたほうが良いという。私たちも心よくそれに応じることにした。足に割れ目ができて困るという不平をよく聞いたが、裸足だから傷ついて血でも出ているかと思うととんでもない。彼らの足の裏を見ると、五ミリほどの深さに裂け込んでも、血は出ないのである。草で編んだ草履のようなものをもってはいるが、使うことは少ないし、悪場ではけっして履かない。私たちの靴を見て、なんとうまく足場に乗れる履物だと感心していた。ヴィブラム底（固いゴム底）や、トリコニーの鋲を知らないのである。シミの村の下を通り、やがて、ベリ川とトゥリベリ川（大ベリ川）との合流点を見下ろすようになった。この日は、長くて苦しい一日だった。ゴルジュの中では休む場所も限られていたのである。大岩のゴロゴロした河岸に出て、その夜の泊りは、大きくかぶった岩のひさしの下だった。夜は蒸し暑く、蚊につきまとわれて難渋した。私たちのまわりは、ヒマラヤ杉や松に囲まれていたので、脂の多い薪をふんだんに使うことができ、その明かりで、ランプの油をだいぶ節約できた。

次の日は、ずっと左岸通しに、パーランの三キロほど手前の橋まで進んだ。この橋で、ルートがまた二つに分かれることになる。ポーターと相談したうえで、道は悪いが距離の短い右岸通しの道をゆくことに決めた。この日は、パーランのちょうど対岸に当たる、快適な場所でキャンプすることになった。ここは、南および南東から、二つの支流がこの川に注ぐ合流点である。南東の谷のゴルジュの奥には、雪を戴いた山（SI：五三九〇メートル）が視界を塞いでいる。あたりは石が多く、上のくずれやすい崖には猿が走りまわっていて、石が転がり落ちてきた。大声をあげて猿を追い払う。地面をならして、テントを二つ張った。人夫たちは、近くの洞穴で寝ることになった。

ここから先は、再び悪い道がつづくようになった。しかしそれを償うかのように、景色はまるで夢のように美しくなった。岩場から伸びたユーフォルビア、赤銅色の群葉をつけたエノキ属の低木（*Celtis australis*）、枝の先の葉が赤く変色して、遠くからみると、まるで赤い花と間違いそうな木々（*Pistacia integerrima*）、アナの村の周辺では、その他の灌木やオリーブ（*Olea cuspidata*）と背たけが同じくらいだったイチヂクも、ここではっきりとわかるくらい小さなものになってきた。私たちは流れに沿って登り、二つの支流を徒渉して、やっとティブリコットのすぐ下手にまで達した。ここで川は、目の粗いセメントのような堆積岩の岩床をくり抜いて流れるようになり、その壁が、私たちの頭上十五メートルくらいの高さに屹立して続いている。道は、この奈落を避けて、上の段丘に登ると、ちょうど上の方に寺の旗の先が見えてきた。急坂を登って村に着くなり、私たちは真っ先に村長の家を探した。彼は会った最初から親切にしてくれて、手に入るものはなんでもそろえてくれた。ただし金は引き換えである。このような習慣は、役人の多くが、その権威をかさに着て、旅行中の必要品をみんな無料で徴発して村人を困らせているのが原因であろう。村長は、寺の横まで登ったところでキャンプすればよいと言ってくれたが、そこは吹きさらしで、水のない場所だったので、村の西側に下って、北から流れ下る谷に架かった橋の近くに、テントを張ることにした。この橋がジュムラに向かう道である。私たちが人夫の支払をする段になって、彼らは紙幣は受けとれないと言い出した。この旅はじめてのことだった。貨幣はどうしてもとって置きたかった。それにここの村長が札を受けとったのを見ているので、人夫の申し出は、いったんは断わることにした。結局私たちのほうが折れて、貨幣、紙幣半々まで譲歩したが、それでもなお彼らは不満げに、私たちの側から離れようとしなかった。あとになって、私は自分の頑固さに、いささか後味が悪い思いをしたのである。私たちは、貨幣を一〇〇〇ルピー足らずしか用意していなかった。そしてこれから先の数か月の旅で、ちょうどその四倍の貨幣が必要だと計算していたのである。その馬鹿にできない重量のために、私は、途中でだれか紙幣を欲しがって両替えしてくれる人が見つかるにちがいないという賭けをしたのである。私の予感は当たったが、まだこの段階では、先がどうなるかまったくわからない。もし後々まで紙幣が役に立たないとなれば、私たちはまったく窮地に陥ることになってしまう。だから今日、現実に人夫たちにその問題を提起されて、私は深刻にならざるを得なかったのである。事実、彼らが、紙幣を受けとった最後の人夫となった。

ティブリコットは、五十軒ばかりの村で、海抜二二〇〇〜二四〇〇メートル、このあたりがヒンドゥ文化の浸透の最奥の限界である。有力者のほとんどは、ブラーマン、チェトリー、それにチェトリーのサブ・カーストであるゴザインギリからなり、彼らはみんな村の上部に住み、サルキとかカミは、寺のある丘の頂上のすぐ下に住んでいる。おそらく、こちらのほうがこの村ではより古い部分であろう。いま、寺の建っているところは、かつては砦であったことは疑いの余地がない。ここの寺は「官立の寺」だからと推奨を受けていたが、来てみてそれがはっきりわかった。むかしの砦を壊して、その跡にこの寺を建てたのは、おそらくゴルカ王朝だと思われる。この寺はトリプラ・スンダリの女神に捧げられたもので、その像が朝夕、ここのブラーマンの祭司（*pujāris*）によって礼拝されている。内側の社の壁には、粗雑な絵が描かれていたが、ニルカンタ、ナラヤン、バイラヴなどのヒンドゥの神々と肩を並べて釈迦牟尼が小さく出ていた。寺のすぐ麓には、ブラーマンやチェトリーは住まず、低カーストの者だけが住んでいるということは重要な意味がある。何故なら、だれにも察しがつくように、彼らこそが、ここがヒマラヤの小王国であったときからの先住民なのである。さらにまた、彼らはもともと、ヒンドゥ教とはなんの関わり合いもない。彼らの神は、マスタとか、ジャクリ・バビロで、その祠《ほこら》は、ジュムラ街道の橋の近くにいくつかあった。祠といっても、その一つの中は、ボロ切れをつけた棒が数本あるだけで、外側に、荒っぽい彫り物のある棒が、左右対称に並べられていた。真ん中の一組は、一本の背高い旗ざおと中くらいの四本と短い一本から成り、みんな一つに束ねられていた。両側の組は、長いのが一本、中が二本、短いものが一本になっている。また別の祠は、ケルンのような石積みの囲いの上に、平らな石をのせたもので、中は空っぽになっていて、東向きに開いたひさしからは、きまってあのボロ切れが数本垂れ下げてある。入口は、奇怪な人の形に荒彫りした木像によって守られていた（口絵参照）。ダウリヤとかドクパと呼ばれているもので、村人の説明によれば、あらゆる災難から守ってくれる神なのだそうである[4]。これとよく似た肖像は村中で見られ、家の屋根の上とか、壁とか、道端や畑にも立っているのであるが、それについての詳しい知識をもっている人もいなかった。すでにもう定着した習俗であるというだけで充分なのである。村長は、昔気質のブラーマンであり、自分の家にはこの種の肖像を立てていなかった。彼はそれを蔑視していたけれども、他のブラーマンやチェトリーの家にはこれがあった。マスタとバビロには、サルキのカーストから二人の祭司がでているが、ゴザインギリ出の者も一人いるのである。このカーストもまた、独自の祠《ほこら》をもっていて、上級カーストと低カーストの住居のちょうど中間に、小さな石の祠がある。祀っているのはバイラヴナートの神で、本尊のある場所には、大きな黒石や水晶の石を積んだ小山が築かれ、その上には、鈴のついた例の棒が何本か立てられていた。

　マスタやバビロは、明らかに土着の信仰であるのに対して、トリプラスンダリとかバイラヴナートなどの神は、ある意味ではよそ者である。ところが、地元の伝承によると、この後者の信仰もゴルカ以前の時代に溯るのである。村人たちが話してくれた物語は、次のようなものであった。むかし、あるティブリコットの王様が、使用人から不思議な話を聞いた。稲を殻竿で脱穀すると、いつも米が二倍になるというのである。普通、十シアー（インドの重量単位、約一キログラム）の稲からは五シアーの米しかとれないのに、いつやっても十シアーになってしまう。これを聞いた王様が、その地面を掘り返させてみると、そこからトリプラスンダリと、その八体の従者の女神の像がでてきた。そこで彼らは、砦の中に寺を建ててその神々を祀った。だから砦が壊れてしまっても、その信仰は続いてきたのである。バイラヴァについても同じような話がある。あるとき村人が恐ろしい動物や怪物の現われた悪夢にうなされて、それをジャクリ（たぶんバビロ神の祭司）に相談したところ、彼の言うには、それはバイラヴァの神の怒りが解けないからで、さっそく社を建ててそれを祀らねばならない。そこで社を建てて、一人のブラーマンがその世話をすることになった。ところがこの人の身辺に連続して不幸が訪れたので、このカーストの人はこの神には合わないとされて、ゴザインギリの人が代わってみると、すべてが昔どおりに戻ったというのである。

このような二つの伝承は、あとからこの地にやってきた民族が、自分たちの神をもち込んだことに対する作為的弁明であると受けとることもできる。私たちがいままで旅してきた地方全体、そこは公式に（政府出版物によれば）ヒンドゥ文化圏であるとされている地帯なのであるが、その中で私たちが見ることのできたヒンドゥの寺といえば、ジャジャルコットのドゥルガを祀った小さな社と、このティブリコットの二つの寺の、たった三つしかないのである。さらに言えば、私たちの通ってきたベリ川の谷筋も、ヒンドゥの浸透がなければならない地帯なのに、どの村でも、古くからの山の神々、バビロやマスタが完全に支配しているのである。山の上にはマガールが住んでいるけれども、ここにもヒンドゥの信仰の跡は、ほとんどと言ってよいほど見られない。したがって、本当の意味において、広くこの地方の人びとをヒンドゥと見ることはできないのであって、ブラーマンやチェトリーが、もともとヒンドゥであると言ったところで、彼らはごく少数でしかない。ヒマラヤの北側に広くゆきわたったチベット文化と対比して考えるとき、この南側のヒンドゥ文化というのが、いかに貧弱で取るに足らぬものであるかに気づくのに、何ほどの時間も要しないのである。

ティブリコットは、実際のその村の規模から受ける印象よりも、はるかに大きな重要性をもつ村である。それは、ここが広範囲にわたる交易の中心地であることを考えればよい。西ネパールの東西の主要ルートである、ジュムラからベリ川上流地方への交易ルート上の支配的な位置にあること、そして、ここから北のチベット地方にも、あるいは私たちの通ってきた南の谷にも結びつくのである。夏になると、ティブリコットの北方の峠が開かれ、トルボやさらにその北のチベット高原からくる羊毛や塩が、プンモ（SI：Pudāmigāon）の人たちによってここに運ばれ、それらが、ティブリコットやティチュロンの村人によって大量に買い占められたゴタムの谷の穀物と取り引きされるのである。米、小麦、トウモロコシなどは、ティブリコットの直下の畑にも作られてはいるが、耕作の可能な土地自体ごくわずかなものである。

ここに来て三日目の朝、すなわち四月十一日に、村長が手配してくれた、新しい八人の人夫と共にここを発った。彼は非常に協力的で、米、ダル（豆の一種類でスープに用いる）、ミルクなどの提供も受けたのである。彼は村の門のところまで見送りに来て、是非また会いたいものであるが、たとえそれができなくても、おたがいに忘れることはないだろうと、別れの挨拶を述べた。ティブリコットから東に向かって下り、ベリ川を渡って、その左岸の道を進んだ。谷の様子は目立った変化を見せ、私にはスピティ地方への道中にあるチャンドラ・ゴルジュを思い出させる風景だった。樹木があまり見られず、主にいじけたオリーブや松の低木がまばらにしかない。やがて杜松《ねず》が現われてくると、谷はまた岩床に変わる。ふり返ると、家畜を追う子供が二人、河岸で遊んでいるのが見え、彼らの山羊がその近くで、短くまばらな草を喰んでいた。この道を十キロばかり進んでから、私たちは、ルートから分かれて、少し登ってからモティプールの村へ迂回する細い道をとった。山稜の上には、山の神のための二つの積み石があり、やはり東向きに作られて、供え物が置かれるようになっている。供え物は、杜松の枝葉を焚いて香とし、時に応じて血やミルクの入った皿が置かれるのである。西方の眺めは雄大で、雪を頂いた高い山稜が連なっていた（口絵参照）。モティプールには、マスタとバビロの祠《ほこら》があって、私たちは一軒の家の屋根の上にも、小さな「守護神」が立ててあるのを見ることができた。

ポーターよりも一足先に急いでいたパサンと私は、三人の男と幼い娘一人のタクーリの一行と、ばったりはち合わせしてしまった。この小さな娘は、しくしく泣きじゃくりながら男たちのあとについて歩いていた。私たちは立ち止まって、彼らの行先と、娘が泣いている理由を聞いてみた。彼女は可哀想に、道の真ん中にすわり込んでいっそう大声で泣き出したのである。彼女はいま、その父親と、二十四歳になる花婿によって、モティプールにある彼女の新居に連れてゆかれるところだとわかった。男たちは、この可哀想な娘のことなどまったく関心がない様子で、私たちのことを熱心に聞いてきた。こんな場合、いったいどんな言葉をかければよいのだろうか。私の経験した他の似たような場合と比べて、年齢の違いははるかに少なかったが、たぶんこの子供も、間もなく成長して、いい夫をもったことに気づく日も来るにちがいない。

さらに八キロほど進んで、スリ・ガードの合流点を過ぎる。これは、北からベリ川に注ぐ川である。ポクスムド湖や、さらにその向こうのトルボへの道は、この川を溯るのである。デュネ（SI：Dunaihi）に着いてみると、村人たちが、バビロの広い寺と、ヒンドゥ教のサラスヴァティの女神の小さな寺を建てている最中だった。そこからさらに三キロほどで、デュネの上村に着いた。ここに政府のチェック・ポストが置かれているのである。村のすぐ下にキャンプして、待つほどの間もなく役人が来て、私たちのこと、これからの意図などについて念入りな質問を受けた。私たちの所持する政府の証明書がすべての疑惑を解消し、この監督官のクリシュナ・クマール氏は、私たちにとってこのうえない協力的な友人となったのである。

ネパールガンジを出発してから、ここまで二十七日間の旅であった。私たちはやっといま、チベット文化の及ぶ諸地域の戸口に差しかかったにすぎない。本来の目的とする旅行はこれからまさに始まろうとしているわけである。私の計画では、まずここから東に向かい、タラコット地区（ティチュロン・Tichu-rong）に入ろう。そしてその後再びデュネに引き返し、北方への旅を続けることになる。このためには、私たちはここで大量の小麦や米を手に入れねばならないだろう。それにバターも必要である。これはパンのためだけではなく、調理用である。これに代わるものとして種油があるが、慣れない者にはとても口に合わないだろう。これに関しては私の判断に誤りがあった。これだけは英国からもち込むべきであった。この地方では、あと二か月くらいしないと、チベットバターを無制限に買いつけるというわけにいかないのである。その時期の判断が、私の計画では早すぎた。肉類に関して言えば、私たちは出発以来、前に買った二羽と、今回デュネでの一羽のにわとり以外には食べなかった。しかし今後、にわとりを探して追いかけまわすのは止めにした。タキ・バブの手による斬首刑——を宣告され、殺されるのを待ちながら籠に閉じこめられた、あの憐れな生き物を私は見るに忍びなかったのである。同じ期間に、山羊の肉は食べることになるかもしれない。しかしこのほうは、私たちの隊は小規模だし、それにヘムラージはまったく肉を食べないので、まるまる一頭を買い取って屠殺するようなことはあるまいと思う。デュネのタクーリや、チェック・ポストの役人たちはみんな菜食主義者であって、私たちも彼らから買いつけた、ジャガイモ、カブラ、卵、ミルクなどで充分やっていけたのである。その男たちは、毎日のようにテントにやってきては、準備よく毛糸を紡ぎながら立ち尽くして、私たちの炊事のやり方を奇異の目で見つめるのであった。デュネまでやってきて、私たちははじめて体がかなり疲れていることを自覚したので、二日間ここで休息をとることにした。その間私は、衣類の洗濯やノートの整理、地図の読み取り、地元の呼称と地図上の地名との照合などをしながら過ごした。

(1) マガール族とは、政治的に現代ネパールを形成するいくつかの種族の一つである。序文9ページ参照。

(2) ネパールの国内航空路線としては、現在(本書の刊行された当時――訳注)このカトマンドゥ―ポカラ―バイラワ間と、東のカトマンドゥ―ビラトナガール間、の二本だけが運航されている。

(3) ネパールの種族とカーストの問題は、じつに複雑である。サンスクリット語の *kshatriya* からきているチェトリーは、僧侶の第二階級であって、その起源は、西洋で言う騎士《ナイト》の階級だと思われる。同じくサンスクリット語の *thakhura*、すなわち「神」または「貴族」を意味する語からきているタクーリの起源は、貴族階級、ことにラジプットの勇士が用いた称号であった。したがって、ジャジャルコットの人びとは、理論的には明らかに純インド系、すなわちこの山中に自ら小王国を築いた、ヒンドゥ系の剛勇の闘士の末裔であると言うことができる。遠い昔には、さらに先代の住民との間に血の交流があったことも事実であろうが、容貌から見ても、ブラーマンの中には、まったくのインド系そのままの外見をもつものが見られるのである。

(4) ドクパは、チベット語の *ldog-pa* と同語だと考えてよい。何故ならば、その発音も同じであり、同じく「敵対するもの」の意味をもつ。

2　ティチュロンとポクスムド湖

ティチュロン

四月十四日、土曜日の正午に、デュネの町長の家に荷の大半をあずけて、私たちは村の下にある橋を渡り、土地の人夫を二人だけ連れて、ベリ川を遡って行った。タラコットまでは、わずか十五キロくらいの道のりだったが、目の下に橋を見つけ、稜線の高みの向こうにタラコットが眺められたころは、夕闇があたりを包み始めていた。午後いっぱい私たちの歩いた道は、ずっと両岸の迫ったゴルジュ帯で、両側とも山はまったく見えなかった。やっと谷が開けて、山腹のはるか高いところに、タラコットと並ぶ、他の村々が見え出したのである。タラコットそのものは、土地ではたんに、ゾン（砦）と呼ばれている。昔そのような建物があって、ティチュロンというこの小王国の王様の住居だったことは明白な事実であろう。(1) ここには、その砦よりも高い位置に、バ、ツップ、リクンという三つの村がある。(2) ゾンは、約三〇〇〇メートルの高さにあるが、その位置が、完全にこの谷を見渡せる要地であることから、その中心となる村であったと思われ、かつては、この砦の持主の目をかすめて、この谷を通り抜けることは至難だったにちがいない。このように、いくつかの村が集まって、その一つが戦略的な位置を占めて支配しているという型の共同体の例は、ヒマラヤ高地の谷にはよく見られるもので、私たちがあとに、ツック（二二七ページ）や、ザルゾン（二六一ページ）で見たのも、まったく同じ型のものであった。

その夜、タラコットの下でキャンプした私たちは、やっとたどり着いたチベット文化の外縁に、一刻も早く接したい思いで心がいっぱいだった。道は、砦の下を大まわりして、大きな白い仏塔門を通り、北東側から砦に入るようになっている。チョルテン（仏塔・*mchod-rten*）は、文字通りの意味は「礼拝を助けるもの」であって、典型的な仏教建築物として、もともとインドの同型から由来する。(3) 仏教国ならばどこにおいても、それぞれ独得の違った形をもって発展してきているのであるが、その意味するところのものは、基本的に同じである。その始まりは祠《ほこら》であり、亡くなった人の遺骸を納めて、普遍のブッダの世界を象徴するようになった。そして時には、現実の遺骸に代わって、完全智（般若）をあらわす経文や、ブッダそのものの象徴としての仏像が納められるようになる。このように、ブッダの世界は、現世のすべての存在をも包含するものとして熱望されるのであって、したがって、チョルテンの外型は、図式的に、現象世界のすべてをあらわす五要素（五大）を、その各部の異なった型の中にあらわしているのである。すなわち、土台になっている四角（方）は地を、円は水を、上に細くなる部分（三角）は火を、弦月の形は風を、そして円盤（団）は空をあらわすのである。村の入口にあるチョルテンは、現地ではカンニ・チョルテンと呼ばれているが、必ずしも、まったくこの形式通り作られているわけではなく、円の部分に段がついていることが多い。建築学的に言えば、これはたんに、チョルテンの形式をとり入れた、玄関門にすぎないのである。普通、その内側は、天井と四方の壁に、実際にその地方で行なわれているチベット宗教の宗派を示す、一連の神々の絵画が描かれるのである。したがって、私たちがこのタラコットのチョルテンに入ったとき、この村の宗派が、チベット仏教の古派（*rnying-*

チョルテン

ma-pa）であることは、すぐにわかった。この古派の崇拝の中心となるのは、《蓮華生》仏（*Padmasambhava*）なのである。パドマサムバーヴァというのは実在した人物であり、八世紀の、チベット仏教の確立に大いに力のあった高僧で、その後継者からは、すべてに救いをさしのべる観世音（*Avalokiteśvara*）の、全き力をもつ化身であるとされ、その二つが、最高位のブッダ、普賢菩薩（*Samantabhadra*）の本質と見なされるのである。仏教の中においては、この古派だけが、その最高位の仏として普賢菩薩の名を用いているので、私たちは、その天井の仏画の中央に、左右に観音と蓮華生を置いた普賢菩薩を見た途端、疑う余地もなく、その仏画の示す宗派が古派であるという判断を下し得たのである。同じく描かれているのは、この三体の静穏相のブッダとは同族になる、忿怒の神である馬頭の守護神（*Hayagrīva*）、密教の伝導者たる一連の五体の女神たち（*ḍākinī*）である。後者は、五つの仏族を表わすもので、それによって宗派の実践が分けられる。西の壁には、三体の菩薩（*bodhisattva*）——ある意味においては、三つの基本的な仏族の原型（文字通りには、三つの守護神 *rigs gsum dgon-po*）——が示されている。すなわち、如来部の文殊菩薩（*Mañjuśrī*）、蓮華部の観世音菩薩（*Avalokiteśvara*）、そして金剛部の金剛手菩薩（*Vajrapāṇi*）である。東の壁は、過去、現在、未来の三体のブッダ、定光仏（*Dīpaṅkara*）、釈迦牟尼仏（*Śākyamuni*）、それに弥勒菩薩（*Maitreya*）が描かれている。北と南の壁は、五仏族の代表である五仏、と薬師如来であった。(4)

小さなチョルテンも数多くあって、すべてその造りから、仏教のものであることは明瞭であった。山の神々に捧げた積み石のように、さおや布切れは立てられてはいない。村まで登ってみると、驚いたことには、村の戸数はわずか二十五戸くらいで、土の平屋根をもった石積みの家で、どの家にも祈禱旗が立っていた。ここにはもう《ダウリヤの守護神》という、あの魔除けの木像は見当たらなかった。私たちが見たのは、デュネのものが最後だった。村長の家を探し出して、食糧の補給を頼むつもりで足を運んだところが、しばらくはここの村人たちそのものに興味をうばわれてしまった。彼らは、マガール族ではあるが、チベット語を話し、チベット服を着て、しかもチベットの宗教を信仰するほどに、まったくチベット化されているのである。しかしその性格は、非常に卑屈であって、北の方に住む本当のチベット人を、自分たちよりもカーストが低いものとして蔑視し、彼らとの結婚は破廉恥なことだと考えている。彼らの日常の主食は、ソバ、大麦、ジャガイモである。少し裕福な者は、ゴタムから運ばれてくる小麦や米を蓄えている。ほとんどが種油を使っていて、トルボから来るバターはあまり使わない。これは皮に包まれて縫い込められたもので、非常に悪臭があって、料理に使ってもとても口に合わない。

一時間ばかりじっくり登りつめると、十五戸くらいのリクンの村がある。ティチュロンの中では、この寺が一番大きく、この地方の人たちからは、たんにゴンバ（dgon-pa）すなわち「僧院」とだけ呼ばれている。ちょうど、タラコットが「砦」とだけ呼ばれているのと同様である。寺の正式な名前はダルサ、すなわち「仏の教えのひろまる所」という意味であろうと思う。別にデンサと発音する人もいるようであるが、これはネパール人の呼称らしい。この地のように、二つの違った文化圏の接触する地域においては、類別に大変苦労させられる名前がいくつかあって、時には、一つの場所が、まったく違った二つの名前をもっている場合がある。すなわちネパール名とチベット名で、たいていの場合、後者のほうで苦労することが多い。チベット語をしゃべってはいても、信用できる綴字を人に教えられるほど、しっかりした教育を受けている人がいないからである。一人の女が寺を開けてくれたが、一目見て中の貧弱さが想像できた。壁画はまったく無く、床も土間のままだった。本尊は蓮華生で、文殊と観世音の両菩薩が両脇侍だった。ここには《守護神堂》(*srung-khang*) があって、四臂の《大黒天》(*Mahākāla*) 像が安置されている。目をむいた恐ろしい形相をして、獅子頭のダキニ (*senge gdong-ma*) と、鳥頭のダキニ (*pho-rog gdong-ma*) の二体の守護神像を従えている。たいていの寺には、このように、本堂とは別の四角の御堂があって、一度は仏の道に敵対したが、いまは改悛して、仏を加護する役目をもたされている守護神たちを置いてある。マハーカーラ (大黒天) のようにそのうちの主だったものは明らかにインド起源のもので、これらは仏教がチベットに伝来するはるか以前から、このようなやり方でとり入れられてきたのである。そして、いまもなおその過程がチベット人の地に見られるのは、一方では仏教の優性を認めつつも、同時に古い神々への信仰をも保ち続ける方法としては、それが最も都合のいいやり方なのである。

リクンの寺の仏像は、どれも新しく、私たちが寺番の男から聞いたところでは、この寺全体がわずか五年前に再建されたものらしい。そしてこの再建は《シャンの尊師》(*shang rin-po-che*) という、あるチベットのラマ僧の非常な熱意によるものだったという。(この名前は、このときはじめて聞く名前だったが、その後、このラマのうわさは嫌というほど耳にすることになる。後には私たちも、その彼と出会うことになる。) 寺の一番向こうのはずれの、やや高いところに、一種の奥院のような建物があり、入口は左、出口は右扉で、中の仏像を右まわりに巡回しなければならない規則になっていた。これは、古代インド人の信心と尊敬を表わすやり方である。この中の中央の仏像は、なかなか立派な、結跏趺坐《けっかふざ》の青銅阿閦《あしゅく》如来（*Akshobhya*）像で、背丈は二メートルあまり。アクショービヤ（阿閦如来）は、金剛界五仏の一つで、金剛部の長たる仏である。その特徴となる姿態は、右手を垂れて、指先が地に触れる降魔触地印である。五仏はすべて、歴史的ブッダ釈迦牟尼の、それぞれ理想化された形をあらわすもので、阿閦は、もともと、さまざまな悪鬼の力に打ち克って、大悟に達したときの釈迦をあらわすものとされる。《沈着自若たるもの》(*skr. Akshobhya*) と名づけられるのはこのためである。この仏は、図像法の上ではさらに分けられて、ヴァジュラ（*vajra*）すなわち神力の象徴である金剛杵をもつものがある。たいていの場合は、左手の手のひらを上にむけて、その上に置かれる。

古派の崇拝は、もっぱら蓮華部の仏におかれる。その最高位の仏は《無量光》（*Amitābha*）で、これは、全善すなわち普賢菩薩と同体とされている。したがって、ゴルカ王朝がこの地を支配した十八世紀後半よりは、はるかに古いと思われるこの阿閦如来像は、それよりも以前にこの地で盛んであった、別なチベット仏教の宗派があったにちがいないことを暗示するのである。それは、あの十一世紀に創立された、チベットのサキャ寺で実践されていた、サキャ派ではなかっただろうか。この宗派は、私たちがこれから入ろうとする全地域にわたって、非常な勢いで改宗運動をひろげたのである。チベット仏教の宗派を、その基本的な教義や実際の宗教活動で区別することは容易ではないが、その伝承においては様様である。ある宗派は一つ系統の仏に対する礼拝に、あるものは、また違った系統の礼拝に集中して凝るのである。同様にして、彼らは、それぞれの宗派の歴史の記述、おのおの違った経典類の蒐集の蓄積などの文学的な伝承をも発展させてきた。大蔵経の経律部（甘殊爾《かんじゅる》）やその論部（丹殊爾《てんじゅる》）などは、これはもともとインドの原典から翻訳されたものであるが、もちろんどの宗派においても、共通に尊崇さ

れていたのである。(5)

この寺に見るように、チベットに近い辺境地域における仏教に対する信仰は、ここ一五〇年ほどの間に、誠に悲しいことではあるが、徐々に薄らぎつつあることは事実である。しかし、近年になって再びその復興のきざしが見え始めたと見ることもでき、その最も人気のある宗派は、人びとの視聴を集める蓮華生（*Padmasambhava*）のニンマ派（古派）であろう。この宗派は、仏教伝播以前のチベット人の宗教であったといわれるボン教（*Pŏn*・古典的チベット語の綴りは *bon* である）(6)とは、教義のうえで、いくつかの重要な類似がみられるのであるが、チベット仏教の中でも最も混濁堕落した宗派とされる。その詳細については、あとに述べることになろう。

ここの村人のうちの一人が、ある儀式を行なうために、プンモ（SI：Pudāmigaon）のラマに来てもらっているということを聞き込み、このラマに会うために出かけたが、これは思ったようには成功しなかった。その家は、飲み放題のチャンで浮かれ騒ぐ人たちで満ちあふれ、私たちは群衆にあと押しされて、狭くて暗い部屋に入った。そこには、ラマが、犠牲《いけにえ》の菓子（torma）の横に座を占め、二人の信者が両側にすわって、地酒の入った壺をまわし飲みしている。こちらにもそれがまわされてきたが、私たちはどうにかその難を逃れることができた。話の内容は、まったく仏教の利益とはかけ離れたことばかりで、まだみんなの行儀の良いうちに、私たちはこの家を出ることにした。あとで、このラマの本拠の寺に彼を訪ねることができたが、四十歳くらいの、人ざわりの良い、知性のあるりっぱな人であった（九六ページ参照）。寛容であるということは、人びとに良い導きを与えようとするラマにとって、わずかでも欠くことのできない徳質の一つなのであろう。

リクンという村は非常にすばらしい位置にあって、村に面して松林のある斜面がひろがり、南には、東のダウラギリの大山塊につながる大きな雪の山々が美しく眺められる。次の日、私たちはベリ川の谷に沿う道をさらに上流に向かって進んだ。小さな白いバラ (*Rosa sericea*) が道端に咲き乱れ、あちこちに、この地方で「百頭花」(*mgo-brgya-me-tog*) といわれる、葉のないブッドレイア (*Buddleia tibetica*) の群落があった。杜松《ねず》の木は、かなり高いところまで生育しているようであった。

サンドゥル

サンドゥルの僧院 (SI: Chhandul Gömpa) は、タラコットからさらに八キロほど先、ちょうどベリ川と、タラップ地方からくる川との合流点に建っている。だから、寺に行くためには、ベリ川を渡らねばならない。ひどく足場の悪い道が、大岩の間を抜けて川に下り、深く両岸の迫ったゴルジュに架かった丸木橋に通じていた。向こう岸の大きな岩には、どれにも、オム・マニ・パドメ[7]・フムの真言が彫り込まれていて、チベット人が好んで口にする、隠された桃源の谷間に入ろうとするかのような気持に満たされる。そこは人や動物たちが、平安と調和の中に、静かな生活を送ることができるとする彼らの理想郷なのである。これは、最初にここに庵《いおり》を構えた僧が、その意図をもって場所を選んだのにちがいない。そしてその庵を、サンドゥル (*sa-ʾdul*) すなわち「地を鎮めるもの」と名づけたのである。おそらく、シャンのラマの熱心な布教がなかったならば、ここには寺さえ残らなかったであろう。浄財を集め、いまの環境が許すかぎり昔のままに寺の再建を計ったのは、他ならぬ彼であった。古い寺の痕跡は、優秀な木工技術を示す、彫刻を施された数本の梁木に残っていた。現在の寺の裏側には、いくつもの古い建物の礎石を見ることができ、かつてはこの地が、非常に重要な場所であったにちがいないことを示している。昔どんな仏像が納められていたかを暗示するものは、なにも見当たらないが、おそらくこの寺は、ゴルカがこの地方を支配したころにとり壊され、その後は衰微の一途をたどったのであろう。いまの本堂の中央の仏像は、《蓮華生》(*Padmasambhava*)で、その脇侍には、その忿怒相の化身である《忿怒王》(*gu-ru drag-po*)と、獅子頭のダキニ(*senge gdong-ma*)が置かれ、いずれも、タラップの仏師による、モダンなテラコッタ像(粘土の焼物)であった。蓮華生は、供物台の左側に安置され、後方には格子があって、それを通して、リクンの村で見かけたと同じような、内院の中央に置かれた未来仏、弥勒菩薩の巨大な坐像を見上げることができた。供物台の右の側には、ゲールク派の創始者であるツォンカパの肖像と、《無量光》(*Amitābha*)のもう一つの姿である《無量寿》(*Amitāyus*)[8]が描かれていた。内院に入ってみると、マイトレーヤ(弥勒菩薩)の両側には、小さな十六羅漢像が並べられていた。反対側は、大黒天(*Mahākāla*)と、獅子頭、鳥頭のダキニが並び、つづいて、サンドゥルの古い三人のラマ像がある。一番右端には釈迦牟尼仏、右手の壁に面しては、一連の懺悔《ざんげ》の三十五仏の細密画が石板に描かれ、木の枠に入れられて並んでいた。現在、この寺はほとんどだれの世話も受けていないことは明らかであった。西の方に山腹を半時間ばかり登ったところに、カネ(SI: Khānigāon)という一番近い村があるにはあるが、ここの村人はマガール族で、仏教徒とは名ばかりである。最近にも、寺の祀る大黒天に、山羊の犠牲《いけにえ》を捧げた事件があり、この村の年老いたラマと二人の修行僧が、懸命に止めたが無駄だった。このことがシャンのラマの耳に入り、彼は村人たちに、再びこのような罪をおかせば、必ずや災禍がやってくるであろうと威しつけたほどである。私たちは、この寺の近くの木立の中にテントを張ったあと、食糧が少しは手に入ることを期待して、カネに登って行った。村長は荒っぽい男だったが、皮に包んだバターのかたまり、米やジャガイモを少しばかり、嫌がりはせずに売ってくれた。この男の話では、つい最近、カルカッタへの旅から帰ったばかりで、すぐまた北の方へ商売に出かけるつもりだと言う。さらに十キロばかり奥の、パーレ(SI：Baijubāra) の村に、ボン教の寺があるということを聞いて、そこへも行ってこようと思った。

ボン教

翌日、私たちはもう一度カネに登り、山腹を高く登ってゆく道をたどった。南の谷間の向こうの雪山の景色がすばらしかった。ゾンや、バ、ツップの村々が、その広大な山すその斜面の中に、小さく見えている。チャウリの小さな村が見えだしたあたりに、経文塚があって、その石の上に刻まれた祈禱の文句が、まったくなじみのないものであることに気づいた。そこには、次のような、わずか二つの文句が、何回も何回も繰り返されていたのである。

A A DKAR SA LE 'OD A YANG OṂ

OṂ MA TRI MU YE SA LE 'DU

二番目のものは、仏教徒の、オム・マニ・パドメ・フムに当たる、ボン教の呪文であることは知っていたので、仏教徒のものでなく、ボン教徒の祈禱句であることはすぐに想像できた。これから後、このオム・マティ・ムエ・サレドゥの文句には何遍でもお目にかかることになるのであるが、その最初の出会いで、私たちは立ち止まって、しばらくその意味を探ることにした。《オム》というのは、古代インドの密呪で、《マティ・ムエ》は、われわれには意味がつかめない。《サレドゥ》はチベット語で、おそらく「明澄ただ一つに」という意味であろう。その文句を誦み上げる人たちには当たりまえのことにすぎないその文句の意味を、後々まで執拗に尋ねまわったにかかわらず、結局はわからずじまいになった。私たちの質問に対する答えは、《マティ・ムエ》というのは、シャンシュンの言葉であって、もともとこの言葉はこじつけばかりだから、要するに、まったくなんの意味もないということを意味しているのだ、とざっとこんな答えであった。《ア・ア・カル・サレド・ア・ヤング・オム》というほうは、もう少しは満足な訳し方がありそうである。《ア》というのは、基本的な母音をあらわすものとして、密呪での意味を持ち、《カル》はチベット語の「白」、それに《サレド》すなわち「明澄が一つになって」が続き、もう一度、《ア》、そして《ヤング》は「恵みある」、最後に《オム》となる。チベット人は、私たちのように、その文字の意味を立ち止まって考えたりすることはけっしてしないであろう。うまく読めたとしても、ラマのだれかにそのわけを聞いてみようと考えるほど、気の利く人たちでもない。崇めて止まぬボン教の尊師、シェンラップ（七三ページ）の真言だから、ただ調子よく唱えるだけで、充分効き目があり、この真言を念じ続けていれば、その人自身が尊師シェンラップに合一し、輪廻からの解脱が得られるのだと信じているのである。

さらに半時間ばかり進んで、パーレに着いた。テントを張る場所を探しまわったが、どこにも適当なところが見つからない。この村は、道から離れた、山腹の傾斜地にあるために、わずかの平地もないのである。仕方なしに、村長の家を訪ねて、その家を使わしてもらえまいかと頼んでみた。主人は、何かの儀式をやっているとかで、寺に登っていて留守だとわかったが、その妻君が、快く屋上に私たちを案内して、そこを使うようにと言ってくれた。地面の傾斜は非常にきつくて、前から見れば二階建の高さがあるこの家も、裏にまわれば、わずか二段ぐらい上がるだけで屋上に上がってしまう。屋上には、部屋が二つ作られていて、私たちは、ムスタンからきている老婆と半々に使えることになった。屋上の土間にも、テントが一つは張れるくらいの余裕があったので、ペグを埋めなくても済むミード型のテントをそこに張った。支度がすっかり終わってから、標高にして四三〇〇メートルほどの山頂の崖の直下に建っている僧院に向かって登って行った。そこは、杜松《ねず》の小さな林の上にあるので、「杜松の森のまんじの寺」(*gYung-drung shugtshal dgon-pa*) と呼ばれている。

まんじは古代インドで、幸運をあらわす神秘な印とされ、非常に早くからチベットに伝わっていた。仏教徒は、鉤《かぎ》を時計まわりに曲げた卐を使うのに対して、ボン教徒は、その逆の卍を使う。同じやり方で、祈禱車は左まわりにまわし、経塚、祠《ほこら》、寺などを巡るときも左まわりである。このやり方は、最初は、仏教の仏像や寺を左まわりに巡ることが、それらに対する軽蔑をあらわす一番適切な方法だという考え、すなわち対立意識から始まったものにちがいない。しかし、現在までも、そのような恨みがもち続けられているわけではない。とくに私の記憶に残っているのは、ツァルカの村に入ってゆく道に、経塚が並んでいて、最初のものが仏教、次がボン教、その次がまた仏教のものだったが、私が観察したところでは、村の人たちは全部、最初のものはその左側を、次は右側を、三番目のものは、またその左側を必ず通っていたことである。まるで彼らは本能的にそれらを区別しているようだった。こんな例はそこだけではない。一目みてそれが仏教のもの (*chos-pa*) か、ボン教のもの (*bon-po*) かを見分けて、人夫たちがその決められた側を間違わずに通っているのを、私たちは何度も見かけたことがある。

ボン教徒は、仏教の伝わる以前のチベットの、古い土着宗教を受け継ぐものと言われるのであるが、その中には、仏教の教理や実践を非常に多く採り入れてきたものが多いので、仏教としては誠に異様なものではあるが、チベット仏教の特殊な一派と考えることもできる。(9) 彼らが、チベットの大蔵経の経律（甘殊爾《かんじゅる》）をまるきり書き直し、仏教徒のものをボン教徒に入れ替え、仏教そのものを彼らの祖師であるシェンラップのものにしてしまったことを考えると、彼らを世界最大の剽窃《ひょうせつ》者だとする風評もけっして誇張だとは言えないのである。もともとのボン教は、チベット西部のシャンシュンという国から伝わってきたものであるとする。(10) 非常に古い伝承があるので、彼らは、何百という、ボン教の経典とされるもののすべてに、シャンシュン語の「原名」なるものを与え、仏教の経典がサンスクリット語から訳されたとまったく同様に、あたかも彼らのものが、このシャンシュンの言葉から翻訳されたかのように思わせているのである。後日、たまたまこれらの経典を読む機会があり、やはりそれが事実であることがわかった。チベット人は非常に善良な性格で、物を疑ってかかるというようなことには、まったく興味を示そうとしないから、だれもその事実に疑念をもって悩む人もいなかったのである。仏教徒のほうでも、ボン教のことを、結局は自分たちの宗教とほとんどよく似通ったものと考えることだけで満足している。

しかし経典はそうであっても、これらの伝承は、その他の点では明確に区別されたまま残されているのである。その日の午後、私たちはこの「杜松の森のまんじ寺」に登って行った。途中には、数えきれぬほどの経塚と共に、カンニ・チョルテン（仏塔門）があり、私は、その内側にある仏画が、誠に見慣れない奇妙なものであることに気づいた。十体描かれている肖像のうち、過去、現在、未来三世のブッダに似ていると思われる三体以外は、いったいなんという仏なのか、私には判別できなかったのである。しかし、その象徴する持物はすべて既知のものであり、象、獅子、孔雀など、一つ一つ違った動物をその下に配している台座が見られることは、仏教でいう五仏と同様な、代表的な仏の一つのグループが、ボン教にもあるのではないかということを、ただちに思いつかせたのである。帰途には、もう一度落ち着いて調べることもできよう、そして時間がたてば理解もともなうであろうと考えて、寺に向かって進んだ。真っ暗い広間に入ってみると、儀式はまだ続いていた。二十歳を過ぎたばかりの若いラマ僧が、一列に並んだ大人や子供——子供はそのうち七人だけだったが——の一番前にすわり、全員で経を唱えていた。読経のあい間には、チベット人のやり方通り、鉦《かね》や太鼓、笛などの、けたたましい音楽が入る。私たちは、その本堂の反対側の低い台の上にすわり込んで、それが一段落するのを待った。ぐるりの壁は、全部壁画におおわれていて、先ほど私たちがカンニの中で見たあの仏たちの姿も認められた。しかしここでは、それ以外にも私の興味をそそるものがたくさんあった。供物台の上の本尊を見ると、それが釈迦牟尼の像であったのに、まず第一に驚いたのである。ボン教が優位だと思われるこの寺で、何故この釈迦牟尼が第一等の場所を占めていなければならないのであろうか。儀式が一段落するとすぐに、その男たちが、私たちが何者か、どこからきたのかを尋ねてきたので、私はその答えにうまく便乗して、私の疑問を質すことができた。

「あの真ん中の仏様はだれなのでしょうか。」

「あれは師 (ston-pa) である。」

「ということは釈迦牟尼だということでしょうか。」

「その通り。」

「しかし、それではシェンラップはどこにおられるのでしょうか。」

「それはどちらも同じである。」

このような短い問答が、ひどく彼らを楽しませることになった。釈迦牟尼が、シェンラップと同体であることを知らないで尋ねてきたやつがいる、と言わんばかりに笑い転げるのだった。彼らに、どんなお経を誦んでいるのかと聞いてみると、「導かれた心の成就を祈願する祈り（経）」(*gsol-'debs bsam-pa lhun-'grub-pa*) であると教えてくれた。次の読経が始まる前に、その一部を見せてもらったが、無数に辞句を短縮した、わかりにくい無頭字体[11]（漢字の行書体に当る）のチベット語で書かれた写本であった。印刷本は、この地方ではきわめてまれにしかない。

「エ・マ・ホ――偉大なる聖者、天界を行く者 (*mkhas-spyod*) よ。生ける者の繁栄が、不生不滅の覚《さと》りの教えにより成就されんことを。この末世の五〇〇年にあって、生ける者の聖なる導師たる、天の導師ギェルプン[12]に祈願する。わが導かれたる心の、たちまち成就され、その恵みのわが上にあらんことを。

「この時にあたり、最後の苦悩者たるわれわれは、病苦に苦しみ、オェギェルの天上[13]の幸福を知る機会は訪れることもない。おおギェルプン、最良の導師よ、憐みをもってわれわれを見つめ給え。（混乱に対して）三つの入口（身、口、意の）を閉じて、心から祈願する。わが導かれたる心の、たちまち成就され、その恵みのわが上にあらんことを。

「苦悩ある者の病苦に悩めるとき、心からの信仰と、不動にして一途の願いを聞き給え。薬王の導師と、《不分離なるもの》(*dbyer-med-pa*) の力によって、すべての苦悩と病苦を消滅させ給え。天の導師、ギェルプンに祈願する。わが導かれたる心の、たちまち成就され、その恵みのわが上にあらんことを。

「わが心の、悪魔とバルドー（中有＝死と再生の中間の状態）の悪霊に苦しむとき、怖れることなく、敬虔な心をもって聖者に祈願する。導師よ、その守護の神々（*yi-dam*）、小さい神々と共に、悪魔と悪霊を鎮め、彼らの地に去らしめ給え。天の導師、ギェルプンに祈願する。わが導かれたる心の、たちまち成就され、その恵みのわが上にあらんことを。

「我が身の、飢餓と災厄に苦しむとき、怖れることなく、敬虔なる心をもって聖者に祈願する。導師よ、富裕の神、幻化の神共々に、すべての苦悩と貧困と弱性を払い給わんことを。天の導師、ギェルプンに祈願する。わが導かれたる心の、たちまち成就され、その恵みのわが上にあらんことを。

「わが生の終わり、死の近づくとき、この敬虔なる祈願を、怖れることなくわがためになさしめよ。導師と知識の保持者たるもの(14)よ。生命の神と共に、わが長命の願いを聞き届け給え。天の導師、ギェルプンに心から祈願する。わが導かれたる心の、たちまち成就され、その恵みのわが上にあらんことを。」

このお経の内容は、チベット仏教での儀式に唱えられるものと、ほぼ似たようなものであるが、そこに出てくるものの名前には、随分変わったものがある。オェギェルという神話上の王の名が出てくるのは、最初にこの地上に王として変身した最高の宇宙神に集中する、仏教伝来以前のチベット人の信仰の一つを想起させる。この経の中で祈禱の対象となっている《天の導師》(*dran-pa namkha*) とは、すなわちこの宇宙神なのである。インドの仏教の影響を受けてからは、この神は、《全善》(*kun-tu bzang-po*) すなわち普賢 (*Samantabhadra*) とも呼ばれるようになり、この名前は、ボン教同様チベット仏教の古派（ニンマ派）においてもずっと使われてきている。ニンマ派では、これを、いま一つ別の、ロに言い表わせない仏性の称号としても用いるので、《全善》(*samantabhadra*) はすなわち、その属する蓮華部の長である《無量光》(*Amitābha*) と同じものとされるのである。しかしながら、ボン教徒がこの名前を用うるときは、いまなお、昔の宇宙神を心象として描くのであって、彼らの想念する神族の中には、私たちがこのパーレの寺ではじめてその肖像を見た、ボン教の神《幻化の姿をとった先祖の王》(*gong-mdzad 'phrul-gyi rgyal-po*) が、常に根づよく残されているということははなはだ興味深い[15]。肖像図法の上から言えば、サマンタバドラ(普賢菩薩)は、裸身で結跏《けっか》趺坐《ふざ》相、両手は冥想時の印契をもってあらわされる。裸身であることは、仏教の伝承よりはむしろ、ジャイナ教との結びつきが考えられ、ボン教が、仏教以外のものをとり入れていたということも充分言い得ることなのである。そしてこれが、青や白に彩色されて描かれるのは、その色が天界を示すものとされているためであろう[16]。次の四体は、その最高位の化身とされている。(口絵参照)

《シェンラップ尊師》(*ston-pa gshen-rab*)[17] ——宝石をちりばめた台座に坐し、右手は触地印を結ぶ。この手には、魔力をもつ投槍を握ることもある。左手は、手のひらを上にしてひざ上に置かれ、王冠、王衣をまとう。色は青または白色である。

《白光シェン神》(*gshen-lha 'od-dkar*) ——象に支えられた台座に坐し、両手はひざ上にあって定印、冥想の態をなす。右の肩越しに、反りの強い刀を突き出す。王服をまとい、色は白または黒色である。

《清十億万仏》(*sang-po 'bum-khri*) ——孔雀の支える台座に坐し、左手は手のひらを上に向け、ひざ上に置き、右手は白い傘をもつ。この仏も王服をまとい、色は白色である。

《清浄無垢のサトリク》(*sa-trig yer sangs*)――獅子の支える台座に坐し、両手は胸の前にあって説法印をなす。時に、花環の杖をもって右肩に掛けるものもある。左右には蓮花があり、一つは卍を、他は五杵鈴を支える。王服をまとい、色は黄色である。

図像法の上においては、この《全善》と、その四体の最高化身を合わせて、仏教の五仏に当たるもののように思われるが、本来これは同義のものではないのである。《シェンラップ尊師》は、ボン教の創始者と考えられており、明らかに釈迦牟尼と同一視される。《白光シェン神》は、《智慧の神》(*ye-shes-kyi lha*)の名を与えられ、ボン教の儀軌においては、観世音に相当する位置を占め、大慈悲観世音の役目を果たす。《清十億万仏》は《地上界の神々》(*srid-pa*)の主神とされるのであるが、儀軌においては、印象づけられるほどの性格はもっていない。《サリトク》は、ボン教の母神であり、仏教で言う般若菩薩(*Prajñāpāramitā*)と同等に扱われている。したがって、仏教の五仏との同義性をもって、五倍数を基とする構成には、どれ一つ当てはまらないのである。最高位の仏のグループを、五倍数を基に設定するという思考は、ボン教の中では、《合体の征服者》(*rgyal-ba 'dus-pa*)と呼ばれる神には、明白にとり入れられている。これは、《全善》(*Samantabhadra*・普賢菩薩)の初期の化身であり、五面十一臂をもつ。一番上の顔は青、次が赤、下列の真ん中は白、左側が緑、そして右側のものは黄色である。この五色は、もともと仏教の五仏の色であって、このボン教の神が、仏教に由来するものであることは疑えない。同様に、過去、現在、未来三世のブッダという思考も、ボン教にとり入れられている。しかし、その名前は変えられていて、前者と同様に、かすかにブッダ（*dus gsum sangs-rgyas*）にすり替えられたものであることが認められる。

時	（過去）	（現在）	（未来）
仏教	定光仏 (*Dipankara*)	釈迦牟尼 (*Sākyamuni*)	弥勒菩薩 (*Maitreya*)
ボン教	全知最高の征服者 (*rtog-rgyal ye-mkhyen*)	シェンラップ (*gshen-rabs*)	清澄なる光明 (*thang-ma me-sgron*)

その日の儀式が終わったあとで、私たちはこの地の仏画師と親しくなり、彼はこれらの仏の同定について、私に進んで協力してくれた。パーレのこの寺は、私たちの見た最初のボン教の寺であったにもかかわらず、幸運なことに、仏像仏画に限らず、ここにはボン教の基本となる神々が全部そろっていたのである。爾後、私たちは何回も何回も、これらの仏たちと出会い、その度ごとに、その肖像との親しみを増してくることになる。

《全善》の初期の静穏相の化身が、《合体の征服者》であるに対して、その忿怒身として、九面十八臂の姿をしたウェルセがある。(18) 一番上の顔は神話の鳥キュン（*garuda*）、次の二つは龍とワニ（*makara*）、続いてヒョウを真ん中にした虎が二つ、一番下の三つが、赤、青、白の醜悪な人面である。手は、上の方の二手が、勝利の旗（*rgyal-mtshan*）と人皮を高く掲げ、下方の二手が、その妃神である《天国に進む卑賤なる者の母神》（*gtum-mo bde-'gro yum*）を抱擁し、魔力をもつ投槍（*phur-pa*）をもつ。残りの十四手は、さまざまな武器をもっている。体の色は濃い青色で、妃のほうは緑に塗られている。妃神の手には、儀式用の供物鉢と皿が載せられる。ウェルセという名前の起こりがどうであれ、明白なことは、その肖像を作るうえでは、仏教における仏の域に達した忿怒神たち（*Heruka*）の形式が、常に念頭に置かれていることであって、同種のものには、他に、三面六臂の《口の裂けた最高主神》（*gtso mchog kha-'gying*）、四面八臂の《野性神トッパ》（*lha-god thog-pa*）の二神がある。

静穏相の神々のうちで特記すべきなのは、《勝利の王》（*rnam-par rgyal-ba*）と呼ばれるもので、青身、王服を装い、左手は触地印、右手は高く掲げて不屈の意志を示している。

また、赤い僧服をまとい、冥想位に坐す一人の高僧の肖像がある。《アッシャ[19]の書の奥義をきわめたる者》（*'a-zha gsang-ba mdo-bsdud*）として知られ、シェンラップの弟子であったとされている。《天の導師》（*dran-pa namkha*）の細密画もいくつかあって、二人の「息子」をともなった瑜伽《ゆが》行者の姿であらわされ、その二人の息子というのは、《蓮華生》（*Padmasambhava*）と、《長命灌頂智者》（*tshe-dbang rig-'dzin*）である。後にこの後者の遺した作品のすべてを入手することができて、《蓮華生》がチベット仏教の創始者とされると同様に、彼がボン教の教義をはじめて組み立てた人であるとされていることを知ったのである。ボン教においては、この二人を兄弟であると見ていることは面白い。

寺の裏壁には、一段格の落ちるとされる五神が描かれていて、これらは普通、守護神として祀られているものである。そのうちで主神とされるのは、《虎神》（*stag-lha*）と呼ばれる恐ろしい形相の赤色の神で、ニンマ派では、これを《忿怒王》（*gu-ru drag-po*）としてとり入れ、パドマサムバーヴァの化身としている。続いては神話の鳥キュン（*garuda*・迦楼羅《かるら》）、この特徴は明らかにインド起源であることを示す。それから、富裕の神とされるザンバーラ、仏教のヴァジュラパニ（金剛手）をボン教が模倣したと思われる《破壊神》(*rnam-par'joms-pa*) がある。そして最後には、十頭二十手の、怪物のような緑色の神があり、一番上の頭だけがキュン（迦楼羅）で、あとは全部醜い形をした人頭である。一番下の二手は、髑髏《どくろ》の椀と、勝利の旗をもち、その他の手は、気味の悪い数々の武器をもつ。《枷《かせ》をもつ者・ガナチャクラ》、あるいはもっと一般的には、《百頭千手の黒緑の神》(*ljang-nag dbu brgya phyag stong*)[20]と呼ばれ、この仏画については、後々何度も見ることはなかったのであるが、パーレの寺の画では、輪廻世界の王たち (*srid rgyal*) である、白、青、赤、黒の四つの身分の低い神々を従えていた。

儀式は、その翌日も続いたのであるが、その経の内容が難解で、ついて行くのがやっとの有様であった。多くの神々を呼び出して、供え物を捧げる儀式にも立ち会った。このやり方は、仏教の儀式にも見られるもので、静穏の神、忿怒の神にも捧げられた。祭壇の最上段の棚に置かれた三つのトルマ（犠牲《いけにえ》の菓子）は、《合体の征服者》、《虎神》、ガナチャクラにそれぞれ捧げられる。この寺の守護神たる《虎神》へ捧げる儀式がその圧巻であったが、これはこの村の守護が祈られたのである。その日が祈禱の最終日であったが、私たちがこの日に来合わせたことは非常に幸運であった。この儀式の最後には、一年に一度しか実施されない、祭式の舞踊が行なわれたからである。踊りに参加した人びとは、寺の中に輪をつくり、そのまま通路を旋回しながら、徐々に扉を抜けて外へでてくる。そして外の境内にある仏塔のまわりをまわり終えると、その向こうの草地へと下って行く。彼らの形づくる輪の真ん中には、大きなトルマが置かれ、この《虎神》に捧げる大きなトルマのために、いま一度彼が彼らのもとに現われることを大声で祈り、その周囲を踊りながらまわるのである。赤と黒のガナチャクラの一団の守護神たちをあらわす、恐ろしい形相の面をつけた二人が、不幸をもたらす悪鬼どもをその中に封じるための曼荼羅を紙に描いたものを手にして近づいてくると、踊り子たちは、輪を開いて彼らを中に入れ、また輪を閉じる。そこでラマが登場して、弓矢を持ち、その曼荼羅の真ん中を射抜くのである。勝利と歓喜の叫び声がたちまち起こって、そのあとは、村人が熱狂的に踊りに加わる。特別になんの災いも加えようとしない悪霊に対する供え物として、小さなトルマが、風に向かって投げつけられ、《虎神》のトルマは火にくべられる。この踊りは、はじめから吹雪の中で行なわれ、私には写真が撮れなかったのが残念であったが、その吹雪が、光景のすばらしさをいっそう効果的なものにした。私は時々反省するのであるが、本当に良い写真というのは、事実を多少とも歪めなければ良いものにはならない。もしここで、参加者の表情や振舞いを撮ろうとするなら、御堂の中で彼らが読経をするときの顔とか、儀式がクライマックスに達したときの、群衆の歓喜に満ちた表情などであろう。私たちの写真の追究は、どうもあまりにもあっさりと、生命の躍動感のない事物ばかりに向けられすぎるのではないだろうか。学者としての判断をあまり誤らせたくはないという理由もあるが。

村人たちが、彼らのこの若いラマ僧を非常に自慢に思っていることは明らかであった。きっと《化身のラマ》(*sprul-sku*)に違いないと彼らは言うのである。彼が子供のころから、ずっと仏門に入って精進を続けたことや、彼の父が、ここから北へ一週間ほどの、サムリンの僧院の、ある高僧のもとに彼を修行に出したことなどを話してくれた。いまはこの村でただ一人、不妻帯の誓願を守り、本堂の奥の個室に住んでいるのである。彼の父というのが、村でも有数の資産家であって、ここ数年の間かかって行なわれてきたこの寺の再建や内装に対しても、相当の金を寄進したのではないかと思われる。ここの村人は、全部マガール族ではあるが、母語としてもチベット語を話し、この若いラマ僧のように、チベット人としても充分通用する人たちも多い。次の日の朝、私たちが彼を寺に訪ねたとき、ちょうど四人の村人と一緒に勤行の最中であったが、私たちに、《静穏と忿怒の神々への祈禱書》のボン教版の写本を贈ってくれた。これは私たちには最高の贈り物であった。彼はしきりに私たちに、サムリンを是非訪ねるように勧めてくれたが、この地名については、すでに地図の上で大方の位置を知っていたので、とくに聞き尋ねる必要もなかった。

このパーレを発つころには、登りに通ってきたカンニ・チョルテン（入口の仏塔門）の内側のあの壁画も、もはや私たちにとって難解なものではなくなっていた。そのうちの三つを、三世のブッダだと思っていたものもわかったし、四人の化身や、《教義の秘伝者》の高僧についても、いまはなじみ深いものになった。ここには、さらに別の一人の僧の肖像画があった。「智慧の旗」(*shes-rab rgyal-mtshan*)と呼ばれ、ツォンカパをボン教がとり入れたものとされている。ここの村の人たちは、このように、自分たちにとっては異端の信仰と、仏教の教義と実践に熱情を傾けたことで名高い高僧とを結びつけることに、別に不調和を感じていないようであった。十体ある中の最後の画は、仏教での《阿閦《あしゅく》如来》に似せて描かれた、シェンラップの肖像だと思われるが、象ではなく、獅子に支えられた台座にすわっていた。

7	5	6
2	1	4
9	3	8

私たちは、ベリ川に向かって急激に下る道を通って、西に進んだ。村の下方、〇・八キロばかりのところに、さらに二つのカンニ・チョルテンがあって、中の壁画は美しく彩られていて、身についたばかりの知識を、ここでもまた試されることになった。最初のものの天井は、九つに

仕切られていた。

1 《全善》（*Samantabhadra*・普賢菩薩）の曼荼羅で、四方に対して四本の光背をもっている。
2 最高位の仏である《全善》。
3 《合体の征服者》。
4 《幻身の祖王》。
5 現在の勝利者たるシェンラップ。
6 過去の勝利者たる《全知最高の勝利者》。
7 未来の勝利者たる《清澄なる光明》。
8 ガルーダ（迦楼羅《かるら》）。
9 《虎神》。

四方の壁をめぐって、入念に描かれた侍者を伴なった四体の最高位の化身像があった。仏画のすべてが、私たちの新しい知識を確実なものにするのに役立ったわけである。二つ目の小さなチョルテンは、天井にはわずかの画が見られたにすぎないが、赤、黒、褐色のきれいな調子で、ガルーダがいくつもの輪になって描かれているのが判別できた。

私たちが再び川岸にでるまでの間には、道沿いにはもはや、これ以上私たちを手間どらせるものはなく、アカザをいくつか見つけたので、夕食のために採集してルックサックに入れた。少し雨がふり始め、とある洞穴をみつけてそこに雨宿りをした。ここで私は、パサンに向かって、カルカッタの中華料理店のことを、しきりにしゃべっていたことを憶えている。人間の性《さが》というものは、なんと意志薄弱なるものであろうか。

デュネのキャンプに帰りついてから、間もなく、すべての用意は調子よく進んだ。しかしまだスリ・ガードを溯る旅に出るのは、数日先に延ばさねばならなかった。私には、ノートに整理すべき新しい資料が山ほどあったのもその理由の一つであったが、何分にも、私たちの体も相当疲れていたし、穀物がまったく手に入っていなかったのも大きな理由だった。村長は、わずかなら米や小麦粉を分けてあげようと言ってはくれたものの、ここで手に入るのは、量があまりに少なすぎた。この地の人びとは主に、トウモロコシと、ソバを常食にしているのである。もう少し先に行けば、大麦が手に入るのは確かであったが、小麦については、なんとも言えなかった。私たちには、それぞれ約五十キロの、米と小麦の用意が必要だと考えていたので、タキ・バブが村長を伴って、モティプールの村の人たちのもっている貯蔵穀物から、どれだけ購入することができるかを調査するために出かけた。チェックポストの役人たちの助力のおかげで、二日間のうちになんとか必要量を買いつけることができ、パサンが、それを私たちの使用に適するようにする作業を始めた。米は、まず洗ってから、箕《み》でふるわなければならない。小麦のほうはもっと厄介であった。まず最初に、混ざり合った小石、もみ殻、ねずみの糞などを選り出さねばならない。そのあと、残りの大部分が、村の水車小屋で粉挽きされるのであるが、これがまたひどくゆっくりした仕事で、全部挽き終えるのに十二時間ほどもかかってしまった。私たちは、この小麦のうちの若干を、大きな平なべで煎《い》ってから、あとで粉にし、ツァンパ（麦こがし）に変えた。この「調理済みの粉」は、バター茶で混ぜて練るだけで簡単に食べられ、手に入る卵や、手持ちの乾燥果物を入れて、パンやケーキを作ることもできたのである。私たちは、ある意味で巡礼と称してはいたが（パサンは、私たちのことを説明するときには、いつもこの言葉を使ったのである）、骨つきの肉などは大歓迎であった。もっとも、ここではまったく手には入らなかったのであるが。私たちがはるばるカトマンドゥからもちこんだ、ランタン村製のチーズ[21]の、最後の五キロ近くもある大塊が、ここで一夜のうちに犬にもっていかれてしまった。

すべての用意が整ったのは、六日後のことであった。計算では、九人の人夫が必要である。茶、コーヒー、チョコレート、乾燥野菜スープ、トマトプリーのジャムのかん詰、蜂蜜、干し果物、ミルク、ピークフリーンのビスケット[22]などの入った、重たい箱が二つあった。これらは、少なくともあと四か月はもたせなければならないのであるが、重量はだんだん減ってくるだろう。砂糖と調味料で一人分、穀物類は二人半の荷になったが、これにテントの一つを組み合わせた。そのほかにまだ、ローソクや、石油、食用油、バター、キャンプ用の携帯ベットで一つ、寝具、衣類で一つ、そして最後の梱包には、タイプライター、用紙類、医薬品、フィルムや写真用具の入った私の私用箱を入れたが、重量調節のために、さらに二つ目のテントもこれに加えた。それ以外に、まだタキ・バブが担いでゆくものとして、湯沸しやなべ、一日分の食糧をいっぱいつめた籠が一つあって、まだその上には、雨具や毛布などが結びつけられていた。

かくて、四月二十七日、金曜日に、滞在中何かと私たちの面倒をみてくれた、この最奥のチェックポストの役人たちとお別れの食事をしたあと、デュネを出発することにした。ところが、私たちが村の上の方で彼らと話し合っている間に、下のキャンプサイトのほうはまったくなおざりになっており、予定通りには進んでいなかったのである。九人の人夫のうち、七人が現われただけで、止むなく残った二人分を割り振りして、賃金のほうも、二人分の賃金の処理は彼らに任せることに決めた。それでなくとも、それぞれの荷はかなりの重量だった。いち早くそのことを聞いていれば、二人の人夫の手配も間に合っただろうが、すでに後の祭りだった。かくて、荷を満載した人夫たちと一緒に出発できたときは、予定よりも随分遅れてしまっていた。人夫の進み方も非常に緩慢だったので、この調子で行けば、目的地に到着するのは、夜遅くになってしまうことは間違いなかろう。デュネの下村でベリ川の橋を渡り、対岸の山腹に高く登り、ほぼ北の方角に進むと、いつの間にか、私たちはスリ・ガード左岸の非常に高いところを歩いていることがわかった。そのままこの川沿いに進めば、三日ないし四日でポクスムド湖に着く予定である。パサンと私は、一足先に、ロハガオンの村人たちが冬村として使っている空家のあるところまで先行して、そこで、人夫たちがやっと現われるまで、たっぷり三時間も待たされた。そこから、私はタキ・バブと一緒に出発し、パサンは、できるだけ遅れをとり戻させるために、ポーターと一緒に来ることにした。わずかながら、リンドウや、スミレ、サクラソウなどが道端に見え、背の高いトウヒの類の木々が、まわりにびっしり密生するようになる。進みながら、ロハガオンの手前でどこかキャンプに適した場所を見つけたいと思ったが、谷沿いは依然として急斜面で、どこにも適地がないまま、ついに、平屋根の家の集まったロハガオンに着いてしまった。人夫たちが到着するまでは、張るべきテントもなく、村長の家を探し出して、その屋根の上にすわり込み、ただただ待つよりほかに為すべもなかった。夕闇からさらにすっかり夜になり、私たちは待ち続けて、やっと、谷のはるか向こうの山腹に、かすかなライトが見え始めた。この目の前の谷は、道を大きく断ち切って、ロハガオンのすぐ南でスリ・ガードに流れ込む、非常に急な谷である。私たちが、なんとか体を休められる態勢が整ったのは、もう真夜中も過ぎてしまってからであった。そのうえに、村に大勢がやってきたためか、犬の吠え立てる声がうるさくて、ほとんど眠れなかったのである。

デュネからきた人夫たちはみんな帰ってしまうというので、パサンは早くから起きて、村長と一緒に、私たちに同行してくれる九人の人夫の手配をしていた。私はその間に、この村を見てまわることにした。戸数はざっと二十五軒くらい。人びとは雑多な種族の集まりで、低カースト(サルキ、ロカーヤ、ウケロ、ブダティーキ)の者ばかりであった。ネパール語を話すが、チベット語も少しは理解できるようであった。ここには、ヒンドゥ文化も仏教文化も、共にその跡が見られず、村にあるただ一つの寺は、空っぽのマスタの神の祠《ほこら》だけであった。しかし、彼らは、死んだ一族の者のために、道端に沿って墓らしきものを建てるという、興味ある一つの風習を守っている。それらの中には、その真ん中の石面に、日づけと若干の弔いの言葉を彫り込んだものもあって、その刻銘の上には、荒っぽい《守護神》の形が描かれていた。その特徴は、私たちがティブリコットで見たことのある、あの屋根の上に立てられた荒彫りの肖像とすっかり似たものであった。彼らはこれを「ジュシェ」と呼んでいるが、それが守護を意味するということ以外は、それについてはあまり知らないようであった。ネパール語の文字も、この肖像画と同様に、彫りの荒っぽいものだし、もともとその石の表面も、そのために磨かれてもいないので、比較的新しいものでも読めるものがなかった。ほとんどの家の造りは、この地方では普通にある、平たい石を積み重ねて建てられたものであるが、ごくわずかに、粘土で外塗りして、赤い線と、ティブリコットの上流階級の家のやり方で、彫刻を施した窓枠をつけた家も見受けられた。

道は、昨日のリンドウや、スミレと同じように、今日は白いバラで彩られて、急な谷沿いの斜面を横切るように、ほとんどずっと水平を保ちながら、このスリ・ガードの上流の流れが道と並ぶようになるまで続くのである。私たちは、この道を気分よく進んだ。残念だったのは、気持の良さそうな草地、杜松や唐松の樹陰を楽しむには、まだ朝が早すぎることであった。やがて、谷が再び狭まってくると、両岸には、大きな岩の断崖がそそり立ち、私たちは、それらの上を大きく高捲かねばならなくなった。そろそろ、泊り場を探さねばならぬころになって、タキ・バブと私が先行して調べたが無駄だったので、さきに通り過ぎたときには、適地とは思えなかった、傾斜のある草地のせまい棚のところまで引き返すことにした。地面をならせば、テントの一張りはなんとか立てることができる。幸いにも、雨の降る気配はなかったので、残りの者たちは、気楽に樹陰に場所を見つけて眠ることにした。

翌朝は、やや赤みがかったふじ色のサクラソウ属（*Primula denticulata*）の点在する、高い斜面を横切って進んだ。時折、ヒナギクに似たムカシヨモギ属（*Erigeron bellidioides*）、アヤメ属（*Iris kamaonensis*）の花がわずかに見られ、あちこちには、ハコベ属の星形の花（*Stellaria chamaejasme*）の群落があった。私たちはいま、ほぼ三三〇〇メートルくらいの標高に達しており、次にこの植物を見ることができたのは、さらにここよりも一五〇〇メートルも高い、サムリンの僧院で、ちょうど同じように潤沢に咲き乱れていたのである。二時間ばかり進んで、もう一度、スリ・ガードの水際に下り立った。ここにも、すばらしいキャンプ地があったけれども、前日にここまで足を延ばそうとすれば、人夫たちが揃うまでには完全に夜になってしまっていただろう。まだ時間が早くて、陽光は私たちのところまでは届いていなかったので、谷の東側は非常に寒かった。私たちはたき火をして体を温め、朝食をとることにした。

川に沿って、さらに二時間くらい気持の良い道を進み、松林を抜けると、二つの谷の合流点に出た。ここには、私たちの訪ねる予定になっているプンモ(SI：Pudāmigāon)の方向に当たる、北西から来る川が合流する。もう一つの流れは、北東の方角、すなわち、ポクスムド湖から流れてくるのである。合流点の少し上流には橋があり、それを渡ってから、この川の右岸を、湖の岸の村人たちの冬村であるパラムという村を通り、急な坂道を登り切って、リンモ（SI：Ringmigāon）に達する道もある。リンモの村人たちは、自分たちのこの村をツォーワ（*mtsho-ba*）、すなわち「湖のほとり」というチベット名で呼ぶ。私たちの人夫は、遠まわりになると言って、その道を通ることを拒んだので、そのまま川の左岸沿いに進むことにした。そして、もう三キロあまりゆるやかに登ってゆくと、ここの同じ人たちが夏の保養地としているムルワというところに着いた。リンモとの間は、目の前の、六〇〇メートルばかりの高さに屹立する大きな山稜で隔てられているだけであって、その山稜の向こう側には、このムルワからは見えないが、大滝があって、これは上の湖から流れ落ちている滝である。この谷を登りながら眺める景色は、その長い行程の苦労を補って余りあるほどにすばらしいものであった。やがて夕暮が近づき、私たちはキャンプの用意をした。パサンは、明日もう一日だけ私たちと一緒に来てもらうように、人夫たちを口説くのに一生懸命だったが、彼らには全然その気がなく、さっそく賃金を払って解雇し、代わりの人夫を求めて一軒一軒訪ねまわらねばならなかった。幸い、村人の一人が、五頭のヤクをもっていて、進んで助けてもらえることになった。ほとんどの人たちは湖岸の村に上がってしまっているので、付近には人が居合わせなかったが、もし、この男に出会うことができなかったとしたら、上から助人《すけっと》が来るまで、ここでさらに待たねばならないことになっただろう。

ポクスムド

朝のうちに輸送の手段を変えなければならなかったので、急拠梱包をやり直すという厄介な仕事に、私たちは振りまわされてしまった。新しい私たちの助人たちの背に合うように作り変えねばならなかったのである。しかし、苦労の仕甲斐があって、ヤクたちはよく馴らされていたので、こんなに楽な道中ははじめてであった。彼らは、一言の苦情も言わないし、遅れることも、口やかましく議論し合うこともない。小さな支流を渡って、対岸の非常に急なジグザグ道の山腹を登って行くと、やがて、滝の上部の高みに導かれ、この山稜の上から、私たちははじめて、この谷の上流の北端を満たす湖を眺め下ろすことができた。それは、褐色の岩の断崖が連なるその下に、真っ青に輝いて見えた。湖の南の端にあるリンモの村に向かって、私たちはゆるい坂道をたどった。村のまわりの土地は耕やされて、ジャガイモ、ソバ、それにわずかながら小麦も作られ、数はそんなに多くはなかったが、ヤクや山羊の群れも見受けられた。湖の東南側の斜面には、松や杜松の林があり、まわりはすべて、五月のいま、なお残雪をまだらに残す岩の断崖に囲まれている。振り返って南方を眺めると、下流の谷の向こうの高い雪峰が視界を塞いでいた。

湖の南岸は、平らな草地になっているので、私たちはここにキャンプを設営した。《無量光》(阿弥陀如来)のおられるという極楽浄土とは、まさにこのようなところであろうか。私たちは、いまやっとその地にたどり着くことができたという感慨で胸がいっぱいであった。湖水を縁どる白樺の、その幹の真っ白い輝きが、この世のものとは思えないほどに美しい水の青さに映えて、その風景は、私の知る最も感動的なものの一つであった。湖の向こう側、その南東の一角に僧院があって、そこから先は、岸辺がけわしい断崖になってしまう。僧院はその最後の水際の台地の上に建てられていた。このように夢のような美しい風景に接すると、急いでやらねばならぬこととか、為さねばならぬ現実の仕事のことなどは、完全に頭から消えてしまうものであろうか。「ボートを作りましょうよ」というのが、パサンの最初の提案であった。この村の人たちの頭は鈍重で、想像力に乏しく、日々の仕事をするに精一杯で、とてもボートを作るというような発想は、彼ら自身には浮かばないであろう。私たちは、村長の家を訪ねて、必要な数の人夫と、どんなものが手に入るかはわからなかったが、食糧の手配も頼むことにした。日だまりの機《はた》の前にすわり込んで、色合いの鮮かな、長い毛織りの布を織っている女、黙って祈禱石に字を刻んでいる男、また、別の男は、ひなたで干し肉作りをやっていた。村長は、その妻と娘の三人で、家の裏のせまい畑で鋤《すき》を使って、野良仕事の最中であった。見せてもらうと、木製の唐鋤の刃のところに、先の尖った鉄をくっつけただけの単純な道具だった。二、三日待ってもらえれば、人夫の手配はできるということだったので、私たちはすぐに承諾し、彼は、いくつかのジャガイモを、贈り物として私たちにくれた。

この村では木材に不自由はないはずなのに、使っている道具といえば斧だけで、流れの速い川が、村の中を通っておりながら、いまだに、製粉は労力のいる手まわしの臼を使っている。彼らの話では、以前は水車を使っていたことがあるらしいが、完全に壊れてしまい、その後は、だれ一人として新しく建て替えようとする者がいないのだそうである。そんな有様だから、彼らが船を作ることを思いつくなどということは、とてもあり得ない。耕地はそんなに広くはないけれども、この上流の村を形成する十五軒の家は、どれもみんな良い場所に建てられている。彼らの常食は、ソバとジャガイモで、小麦から、酸味のある一種のビールも醸造する。山羊、羊、ヤクの肉は食用とするが、めったに食べない。干し肉にされているのを見かけたのは、私たちがここに着く少し前に、ヤクに殺された山羊のものだったのである。その持主は、この肉で悲しみの宴を催すことはしないで、このところ日差しの強い日が続いているのを幸いに、これで金儲けを企んだのである。その日、私たちはこの肉を少しばかり買付け、美味しく食べることができたけれども、二日後に、乾燥されたものを買ったときには、タキ・バブでさえ口にしようとしなかった。ミルクは、私たちの滞在中は買えなかったが、夏の間だけ少しはバターも作り、それ以外の期間はマスタード（からし菜）の油で満足しているようである。人種的には、ロハガオンやティチュロンと同様、チベット人化された雑種混合と思われるのであるが、自分たちのほうが、より高いカーストであると常に思っている。結婚は、部族内か、またはプンモ（SI：Pudāmigāon）の者としか行なわない。彼らは、パーレやティチュロンの人たちのことを、豚や鶏を食べるという理由でけっして良く言わないし、彼らの村では、そのどちらも飼っていない。

普通ならば、三か所に家をもっている人たちといえば、相当な家財を所有しているものと思うだろう。ところが、ここの人たちはほとんど何ももっていない。ただ、わずかばかりの食物の蓄えと、炊事用具に衣類が少々、それで全財産なのである。衣服はすべて自分たちで作り、その装いはチベットふうである。彼らは、春の間はこの湖のほとりの村で過ごし、五月の初めに穀物の種播きをする。夏になるとムルワに下って、そこの植付けをし、そして冬には、対岸のパラムに渡って過ごす。そこで彼らは、おそらく家畜の世話をするのであろう。

おおよそ一・五キロばかり、畑を横切り湖辺に沿って行くと、十軒の家が小さく集まった僧院がある。ここには、ラマが二人いるが、一人はここの地元の僧でもう一人のラマは、カム地方出身のチベット人であった。この人は、この地の女と結婚して、もう二十六年もここに住みついているそうである。そのほかに男が十二人住んでいて、妻帯している者も、そうでないのもおり、いずれもが多少とも宗教的な生活に携わっている。しかし、ここに住んでそのような生活を送っている理由というのも、はなはだ単純であって、たんに彼らの父親がかつてそうであり、その遺産である経文や仏画、仏像などの蒐集品と共に、その同じ生活を踏襲しているというにすぎない。彼らは、お経の念誦くらいはできるので、儀式には参加するけれども、本当に教養を身につけているのは、先述の二人のラマ僧だけであろう。しかしながら、彼らの所有している経文や仏像をみると、ボン教の教義に対して並々ならぬ関心をもっていたにちがいないことがわかる。彼らもまた、いまなおボン教に帰依していることを自認している。経文はすべて写本で、サムリンや、現在ではもう忘れられているチベットの古寺にある経文から写されたものであろう。いまでは、このカムのラマだけが、まだその蒐集を続けているだけで、彼は、タラップで描かせたかなりりっぱなタンカを幾枚かもっていた。彼のもっている粘土造りの仏像は、そんなに良いものではなかった。その昔、ネパール谷で買ってきたという、ブロンズの仏像を所持している者も何人かいて、それらは、それぞれ個人の仏間に置かれている。しかし、その仏間というのは、どれも真っ暗がりでほこりまみれだった。その真っ暗な仏間から、ひとたび屋上に登ると、戸外はうってかわって、あふれるばかりの陽光の輝きに満ち満ちていた。そこからは、真っ青な湖を隔てて、大きな雪峰(SI:カンジロバ・六九七四メートル)が美しく眺められる。ここには、一般向けの別の仏堂がもう一つあるけれども、間もなく崩れてしまいそうなほどに傷んだまま放置されていた。その周囲の壁にある壁画は、いまはもうだいぶ見慣れてきた、ボン教の主だった神々を描いたものであった。いまの段階では、まだ私たちは新しい肖像に出会うたびに、記録をとったり、その名称を調べたりするのに懸命であったが、この寺院では、寺の後ろの壁いっぱいに描かれた、ラマ僧や瑜伽《ゆが》行者たちの肖像以外には、ほとんどわからぬものはなかった。タンカには、ボン教の主神たち、すなわち《合体の征服者》、ウェルセ、四体の最高位の化身、釈迦牟尼としてのシェンラップ、《勝利王》などが、何度も何度も現われる。現在祀られているブロンズの仏像は、仏教のものが多く、ほとんどが、シェンラップに見合うものとして阿閦《あしゅく》、《白光シェン神》としての無量寿《むりょうじゅ》（阿弥陀）が祀られている。これらの仏像は、彼らの先祖の代に、ネパール谷からもち帰られたもので、もともとのボン教の仏像は、ネパール谷においても、特別に作らせるのでなければ入手できなかったのであろう。この種のものとしては、ここの地元のラマが、四体だけもっているだけであって、これは明らかに、ボン教で言う四体の最高化身の仏像であることがわかった。したがって、これらがたんなる女神像であると、この持主のラマから説明を聞いたときには驚いたのである。この四体がどれもみな男性像であることは、明確すぎるほどのことではないか。おそらく、最初の所有者である、この老人の祖父は、もちろん何の仏像であるかを知って作らせたにちがいないのであるが、このような浅薄な無知が、この地域でも、至極当り前のことになってきているようである。

ここで最も興味をひかれる人物は、やはりカムのラマだった。彼は、ツァンパ(麦こがし)や、バター茶を用意して、私たちを温かくもてなしてくれた。次の日には、彼のほうが私たちのテントに来て、私は彼から、写経本によくとられている、なじみの薄い短縮形についての知識や、この地方に関するいろいろな情報を得ることができた。その中で、私たちは次のような伝承のあることを聞いた。古い昔、いまちょうど湖のあるところに、一つの村があった。そのころはちょうど、《蓮華生》がチベット全土の改宗運動に専心した時代であって、奇蹟的な仏力をもった彼の逆鱗《げきりん》に触れた悪魔の女神が、洪水を起こさせてその村を沈めてしまったのである。彼女は、村の人たちにトルコ玉を与えて、その逃走の経路を追っ手に明かさないよう約束させた。しかし《蓮華生》の神通力はそれを見破って、トルコ玉を糞のかたまりに変えてしまった。それで、悪魔に欺されたと思った村人たちは、怒って約束を反古にし、しゃべってしまったので、引き返してきた悪魔が、復讐のために洪水を起こしたのだという。その話をしているときのこのラマは、私たちのテントの横にすわり込み、赤い色の粗織りの生地の服に身をくるんで、自分の髪に偽髪をつけ加えた頭髪を、ボン教徒特有の大きな髷《まげ》に結い、片手には小さな銅の祈禱車をもち、ひざの上に数枚の経文をのせてもっていた。私たちのポリエチレンのコップのバター茶を、音を立てて吸いながら、熱心に話をしてくれた。その態度は、すっかり打ちとけた様子の中にも、礼儀作法はけっしてくずそうとはせず、私たちのいままでの旅で出会ったチベット人の中では、はじめての教養のある人物だった。彼と座を共にしているだけで、私は非常に楽しかった。私たちのような旅行者に対しても、まったく動揺することもなく、彼らにしてみれば珍らしいはずの、テントや装備などにも、まったく好奇心をわかせることもなかった。ただ同じ仲間としての態度をもって、私たちと話合っているようであった。

この湖のほとりに三日間滞在し、その間、周囲のすばらしい風景を楽しんだり、村や僧院を訪ねたりして過ごした。湖からの道沿いには、いくつかのチョルテンがあって、そのうちでも、村の正門となっているチョルテンは、とくに興味深いものであった（口絵参照）。内側には、数多くの壁画が見られたが、その識別に助言してもらえるような人は、ここにはまったくいなかったので、私たち自身の限られた知識だけが頼りとなった。四方の壁には、八体の仏像が描かれていて、そのうちの三つは、過去、現在、未来のブッダ像、残りは、五部族を代表するブッダ、すなわち毘盧遮那《びるしやな》（*Vairocana*）、阿閦《あしゆく》（*Akshobhya*）、宝生《ほうしよう》（*Ratnasambhava*）、無量光《むりようこう》（*Amitābha*・阿弥陀）、不空成就《ふくうじようじゆ》（*Amoghasiddhi*）であることがわかる。ただ一つ変わっているのは、阿弥陀の台座を支えるのが、通例の孔雀でなく虎であることであった。これに比べて、天井の絵のほうは、はるかに複雑で、識別が困難だった。天井全体が、碁盤目に九つに分けられ、その一つ一つに、小さな仏たちの曼荼羅図が描かれているのである（ロ絵参照）。私たちが、この薄暗い天井をのぞき見るために、双眼鏡とランプの助けを借りて、具合よく一つ一つの仏が見られるように、あっちこっちと、そのたびに位置を変え、大奮闘している様子は、村人たちには怪訝《けげん》で、滑稽なものだったにちがいない。

その真ん中の曼荼羅は、またそれ自身が九つに分けられて、その真ん中、すなわち全体の本当の中心には、ボン教の最高の本性を示す《輝ける宝石》（*nor-bu 'od-'bar*）、と四体の最高位の化身の絵が描かれてあった。この中央の曼荼羅の中の残りの八つが、またそれぞれ碁盤目に二十五に分けられている。その中には、チベット語のアルファベットが一文字ずつ書いてあるようであったが、それ以上は、もう凝視の限界を越えていた。大きな区画の残りの八つは、磁石の方角によって位置づけると、次のようである。

北東１　《尊師》（*gu-ru rin-po-che*）（青）とその妃（赤）を、二十四神と四方守護神がまわりを囲む。

東　２　《合体の征服者》を、六体の静穏相の神々、八体の従者の神々、四方守護神がまわりを囲む。

南東3　《尊師》（青）とその妃を、青、白、黄、赤、最高化身、八体の従者の神々（おそらくダキニと思われる）[23]、四方守護神がまわりを囲む。
南　4　ウェルセ（白）を、五体のガルーダ、八体の従者の女神たち、四方守護神がまわりを囲む。
南西5　中央のガルーダを、八体のガルーダが囲む。
西　6　《尊師》（青）とその妃（白）、その上に《全善（普賢）》とその妃、それらを囲むのは、それぞれ妃をもった四最高化身、従者はダキニその他、そのうち二体は白馬に、一体は白鳥に乗り、四番目は、さらに二体のダキニを伴うラマ僧と思われる。
北西7　《尊師》（青）とその妃（赤）、青、白、黄、赤の四体のダキニがまわりを囲む。
北　8　ウェルセ（青）と、その頭上に《全善（普賢）》を、四化身（内円）と九体の瑜伽《ゆが》行者たち（中央および外円）がとり囲む。

これらのうち、四つの曼荼羅図の中央に描かれた、青色の肖像とその赤色の妃は、《尊師》（*gu-ru rin-po-che*）と考えられ、これはすなわち、プンモのラマの言うところによれば、パドマサムバーヴァ（*Padmasambhava*）なのである。このプンモのラマの寺で、後にこれと同じ肖像画を見ることになる。どの場合においても、歴史的人物としてではなく、高位の仏性をもつ、ブッダそのものとして描かれているのであって、この彩色は、すべての偉大な瑜伽行者たちが、最高の仏性を象徴するものとしているヴァジュラダーラ（*Vajradhara*・《金剛杵の保持者》）とその妃の色と同じであることからそれがわかる。なおもっと綿密な識別を要するものが沢山あったけれども、この天井の仏画は、私が今度の旅を通じて見たものの中では、最高の傑作であると思われ、これを見ることができたのが非常に嬉しかった。

それに、これを説明できる人が、この村の中にだれ一人いなかったということも、それ以上に驚くべきことにちがいない。ともかく、一五〇年余り昔には、この辺鄙《へんぴ》な谷あいにも、チベットの文化が絢爛《けんらん》と咲き誇った時代があり、それが南方からの異種文化の攻勢を受けて、その精神のすべてまでが、破壊の一途をたどってきたことだけは認めねばならないのである。

プンモ

村長の家に荷物のほとんどを残して、数日の旅に必要な荷を運ぶ男二人と共に、プンモへの短い旅に出発した。リンモの村から、道は右岸の高みを捲いている。まず最初の小さな登りでふり返ると、村の向こうに湖が見下ろせるが、岩の断崖をまわり込むようになると、それも見えなくなった。少し行くと、眼下にとうとうと落下する滝が見えてくる。このあたりから道はジグザグの急な下りとなって、パラムのさびれた家々を通りすぎると、また右岸沿いの道を歩くことになるが、滝はもう後方にかくされて見えない。やがてプンモ川（SI : Dojām Khola）に入り、二時間ほど歩くとチョルテンの列が見えてきて、私たちはプンモの村に着いた。途端に、非常にはげしい雨にあって、テント地を選ぶ余裕もなく、僧院を訪ねることも翌日にのばさざるを得なかった。村の中には、荒れ果てた小さな寺があって、中には大きな《勝利王》の像と、過去、現在、未来の《征服者》の小さな三像があった。村の入口のカンニは、リンモのそれとよく似ていて、天井には九つの曼荼羅があったが、あまりに薄れてしまっていて、よく判別できなかった。四方のまわりの壁にもまた、八つの像が描かれていたが、従来の私の常識といくらか違ったものが見受けられたことは、私たちにまた一つ新たな問題を提供したことになる。外側の四つの壁には、小さな額の中に、仏教画によく描かれる、方角を示す四つの動物の絵が描かれてあった。その動物とは、象（東）、馬（南）、孔雀（西）、とガルーダ（北）である。描き方が複雑なのは、仏教徒の画法とボン教のものとが混ざりあっている故と思われるが、このチョルテンそのものは、見ていて楽しくなるその造りが、じつに素朴であることから考えて、疑いもなく純ボン教のものであることをあらわしている。しかしどうであれ、この村の中には、私たちを啓発してくれるような人物は一人もいなかった。

その夜の休息は、夜通し吠え立てる犬の鳴き声と、蚤のために妨げられて、翌朝早くここを立ち去った。そして私たちの同行者をこの村に残して、村の横を流れる谷を西に溯った。これは南西にあたる五五〇〇メートルの峠を越えて、ティブリコットに達するルートである。私たちは、この谷の北岸を二時間ばかり進み、一本の小さな支流の上にある僧院にたどりついた。ラマがちょうど本堂にいることがわかったが、この仏堂は、いままで見た中では一番りっぱなものであった。彼は、三週間前に、リクンの村で私たちに出会ったことをよく憶えていたが、最初、私はまったくそのことに気づかなかった。いま見るラマは、そのときとは完全に別人のように見えたからである。彼は非常に親切で、静かな落ち着きのある男であった。私たちに年を尋ね、そのお返しに、彼が四十三歳であることを知った。彼から聞いたところでは、化身のラマとされていた祖父がこの寺を建て、父がそのあとを継ぎ、彼は三代目で、長い間独身生活を続けてきているということであった。この寺には、百巻ほどの写本があって、彼の祖父がのこしたものと、彼自身の手になる写本もかなりあった。写経はほとんどサムリンで行なったもので、しきりに私たちにそこに行くようにすすめるのだった。本堂の壁には壁画があって、四体のボン教の最高化身であることが識別できる。《合体の征服者》、ウェルセ、《虎神》、ともう一体、これは私たちがリンモの寺で見かけたものであったが、ここにきて、はじめてそれがなんであるかを知ることができた。この肖像は《宝槍をもつ神》(*phur-pa'i lha*)という名で、また《龍の王子》(*'brug-gsas*)とも呼ばれ、青、赤、白の三つの顔をもっている。像身は濃い青色で、少し薄い色の妃を抱いている。下方の二手は、妃の背中で一本の槍をつかみ、他の四本の手は、それぞれ槍をふりまわしている。またその体には、ガルーダのような翼をもつ。一番最後にあるのは《尊師》(*gu-ru rin-po-che*)で、リンモにあったものと同じである。像身は青色、六手をもち、上の二手は日月を、次の一手は髑髏と金剛杵を、そして下の二手は、赤身の妃を抱いて太鼓と鈴をもっている。

ラマは自分の家に私たちを招じ入れ、ツァンパとバター茶の接待をしてくれた。家は、この寺から五十メートルほどはなれたところにあって、老母と二人の兄弟、その子供たちが一緒に住んでいた。そして彼らの一族が、東部チベットのカム地方の出であることを聞いた。この家の最上階にも仏間があって、このラマが自分で造ったものらしいが、そこの仏画はかなり低級なもので、タラップからもってきたというテラコッタの仏像も、おおよそ美術的な価値には縁遠いような代物であった。この家の人たちは、みんなじつに親切にもてなしてくれたが、ゆっくりできないのが残念だった。彼らは山腹を刻んだような狭い段々畑を少しはもっているようであったが、主には商業で生計を維持しており、五十頭ばかりのヤクやゾウ(*dzo*・ヤクの交配種)も所有しているらしい。ラマのほうは、この周辺の全域から祭儀に呼ばれることもあって、その布施による収入もあるようだった。

午後になってからこの家を辞去し、村で人夫を集め、あわただしく昼食をとったあと、帰路の旅に出発した。夕方までにパラムに着き、そこで泊ることにした。人影のない空家の横で静かな夜を過ごし、翌朝、滝の上まで登って、あの美しい湖の眺めを楽しんだ。このような僻地であることを除けば、ここの人たちは、地球上で最も素晴らしい土地に住んでいるといえるのではなかろうか。しかし、ここの人びと自身はどうだろう。このような地に、強い憧憬を感じることができるというのは、われわれがいかに文明生活の恩恵に疲れ飽きてきているかという証拠なのだろうか。彼らの単純素朴な生活は、われわれとしてはそのままにして満足すべきなのか、何とかその原型を壊さない範囲で改善してあげられる方法はないものか、などと考えてみる。寺を修理し、粉挽きの水車小屋も建て直し、そしてもっと質のよい農具などもとり寄せる。湖のほとりに家を建てて、ヤクや羊を飼い、作物も改良して、何倍もの収穫をあげさせることくらいはできるだろう。しかしこれはすべて、私のとりとめのない空想である。現実には、私たちの旅は、これからシェーに越える次の段階に移らねばならないのである。

村長は、もうしばらくはここにいたほうが良いと、しきりに忠告してくれたが、私たちはこの湖のほとりに、もう二日間だけ滞在した。今年になってから、まだだれも峠を越えていないし、少々時期が早すぎると彼は言うのである。できるだけ荷物を軽くしてほしいという要求を受け入れたので、私たちが、五月八日の朝、この村を発つことになったときの、人夫のとり合わせは、まことに奇妙なものとなった。男が六人、かなり年長の女が一人、二十歳くらいの娘が二人、小さな子供が一人、それに六頭の山羊、という一隊である。他にもう三人の娘が私たちの一行に加わったが、これは彼女たち自身の用でついてくることになった。子供と山羊は、ちょうど村に居合わせた、シェラップと呼ぶチベット人のもので、彼は北方のチベット高原から来て放浪を続けている男で、村の畑で働かせてもらったり、ささいな商売をしたり、祈禱石を彫ったりして、結構生計を立てているのである。彼はいま、その山羊の背に、小さな鞍袋にきちんと荷作りをした、九キロずつの私たちの米や小麦を担がせている。そしてその十一歳になる息子が、背中の可愛らしい籠に父親の食糧を入れて担いでいる。その他の人たちは、全部リンモの村人で、担荷量はみんな三十キロ以内にしたので、にこにこ顔でいっせいに出発したのである。私には、この反対側からの湖の眺めがどんなものかが早く知りたかった。そして、シェー・ゴンバ(SI : Syā Gömpa)とはどんな僧院なのだろうか。一つの文化圏としてのトルボについても、私たちにはまだまったく知識がなかった。いや、このときはまだ、トルボという名前さえ、一度も耳にしてはいなかったのである。

(1) この地方名は、インド測量局の地図には出ていない。古典チベット語の綴字は、おそらく *dri-chu-rong* すなわち「芳香の水の流れる谷」であろうと思われる。
(2) この三村のネパール語名は、サルタラ、トゥパラ、デンサ (Sartara, Tupara, Densa) である。
(3) 英文の旅行記では、このチベット語を「チョルテン・chorten」としている。いまはほとんど使われなくなった英印語では「トゥペ・tope」であり、これの基になるのは、サンスクリット語の stūpa である。セイロン語の dagoba も、英文でしばしば使われる語である。インドやネパールでは、昔からストゥパと共に使われていた「チャイトヤ・chaitya」という語が一般的である。普通に使う場合には、やはり「ストゥパ・stūpa」が最も良く、これが最も正しい原語の形であり、ヨーロッパやインドの考古学者の間でも、広く用いられている。

(4) チベット仏教における神々の象徴するものの意味を探索しようとすると、嫌でも難解な形而上学的図様の迷路に引き入れられてしまう。それは、私が前著『ヒマラヤの仏教』の中で試みたように、歴史と宗教に関する一般概念の把握によって得られる特殊な表現を用いなければ、とうてい説明できないものであり、この意味では本書よりも前著のほうがはるかに専門的である。したがって、この本文に付加した簡単な説明で満足できない読者は、是非その本の索引を利用して参照して頂きたい。

(5) これらの宗派は、次の四つに大別できる。すなわち、ニンマ派＝古派（*rnying-ma-pa*）、サキャ派（*Sa-skya-pa*）、カギュ派＝《伝承された言葉の宗派》（*bka'-rgyud-pa*）、ゲールク派＝《有徳な宗派》（*dge-lug-pa*）である。最初の三つは一まとめにして、一般に《紅帽派》とされ、最後のものは《黄帽派》と呼ばれる。後者は十五世紀の初期に、偉大なる改革者ツォンカパによって創始された宗派である。

(6) これは、深い音調の英語の音節 *'pern'*〔プゥン〕のように発音すべきである。音声表iii～ivページ参照。

(7) この有名な仏教の真言は、サンスクリット語の祈禱句として訳出すれば、「おお、汝、宝珠をもつ蓮華よ」となる。ここではその神の名は女性形で与えられる。その理由は、このような明呪（サンスクリット語・*vidyā*）は男性神、すなわちこの場合はその属する《観世音》（*Avalokiteśvara*）、についての女性的視点をあらわすのである。この問題については、『ヒマラヤの仏教』の一一六ページに論じられている。

(8) 阿羅漢（《価値あるもの》＝供養や尊敬を受けるに値するもの・応供）は、最高の悟りを得た仏弟子である。十六という数字は、慣習上用いられている、秀れた仏弟子の数である。

(9) いまここに述べているのは《白（すなわち徳のある）ボン教》であり、これに対するものが、妖《あや》しい呪法を行なう黒ボン教である(この黒ボン教のさまざまな実践については、René de Nebesky-Wojkowitz ; *Oracles and Demons of Tibet*, O. U. P. London, 1956, pp. 481 以下を参照)。しかし、ボン教の呪法と仏教のそれの間に、なんら基本的な差異がないのと同様に、この白、黒両ボン教の間にも、決定的で歴然とした相違があるわけではない。タントラ仏教の経典や、そのインドにおける論疏の中には、すでにあらゆる種類の悪魔的な儀式に関する儀軌を含んでいるのである。

(10) これについては、『ヒマラヤの仏教』二九二〜三ページに詳しく述べてある。

(11) ここで言う印刷本というのは、チベットの書物、すなわち木版刷に限ってのことである。ヨーロッパふうの印刷本は、まだここではまったく知られていない。

(12) *gyer-spungs dran-pa namkha* : *dran-pa* とは《偉大なるもの》、すなわちブッダを表わすボン教の用語である。この術語を、私は《導くもの》と訳すことにした。これは、動詞の《*dren-pa*=導く》に結び付けるのが正しいと思う。*gyer-spungs* は《讃歌集》の意であろう。

(13) オェギェルは、神話上、古代チベットの王たちの先祖である。ボン教徒が、この最古の王の時代をもって最良の時代だと考えているのは興味深い(『ヒマラヤの仏教』一二八ページ)。

(14) この知識の保持者たちは、インド仏教の *vidyadhara* である。八十四人の成就者(*Siddhas*)の型の成就した瑜伽《ゆが》行者を表わす(『ヒマラヤの仏教』八五〜七ページ)。彼らはその肉体を不死不滅の《金剛身》に変えることができると一般に信じられている。

(15) これは、そのチベット語の名前そのものから引き出した連想である。*Gong mdzad* は、文字通りには《最初に作られた》の意。初期のチベットの王たちには、いずれも《幻化相の神》(*'phrul-gyi lha*) という名称が与えられていた。

(16) ニンマ派も、これと同様の図法を用いるが、普賢菩薩は青色、その抱合する妃神を白色とするのが普通である。

(17) シェン (*gshen*) とは、仏教伝来以前のチベットにおける説教者の意味に用いられる用語である。したがって、シェンラップはすなわち《最良の説教師》の意であろう。彼の奇行に満ちた伝記の概要は、次の文献に詳しい。Helmut Hoffmann; *Die Religionen Tibets*, Freiburg/Müünchen, 1956, pp. 76 ff.

(18) どの祈禱書にも、この名は *dbal-gsas* と綴られており、これは《頂の王子》と訳することができる。私にはこれが、神話上のチベットの王統の初代である *wal-wal sras-po* と結びつくとは思えないのである。これに関する記述は、『ヒマラヤの仏教』一三〇ページにあり、私はその中で、これらのよくわからない神々を、暫定的に《明澄なるものの息子たち》と訳しておいた。しかし、*dbal* と *wal* はどちらも《ウェル (wäl)》、*gsas* と *sras* は、共に《セ (sä)》と発音される。*sras* は、息子に対する敬語で、いまもなお使われるらしく、これを古い用語である *gsas* すなわち《先導者》または《王子》とするのは、けっして誤りでない。db- と w の一致については、《オェギェル》と発音される神話の初代王が、先述の後期のボン教のテキストには *dbod-rgyal*' 初期のものには *'od-rgyal* と綴られていることからも理解できる。

(19) アッシャとは、中国最西部に住んだ一種族で、七世紀にチベット人によって滅亡させられた。これについては次の文献を参照されたい。F. W. Thomas; *Tibetan Literary Texts and Documents concerning Chinese Turkestan*, Luzac, London, 1951, vol. II, pp. 34 ff.

(20) 《枷《かせ》を保持するもの》(*dam-can*) は、もともと、仏教をまもるために枷を入れられた、仏教に敵対する神である。したがって、ボン教の神としてここにあらわれるのは、いささか場違いのように思える。*Gaṇacakra* (サンスクリット語では、ガナチャクラと発音する) は、《供物の輪》を意味する。

(21) このチーズは、高潔な心をもったスイス人の一団が作ったもので、彼らは、ネパール人に酪農に対する目を開かせようと努力している人びとである。

(22) マーマイト・アンド・ピークフリーンのビスケットは、そのメーカーの温かい協力により寄贈を受けたものである。

(23) ダキニは、タントリック瑜伽《ゆが》における女性神で、現実に女性であることもあり、想像上の形をとる場合もある。これらは、相互に作用し合ってある結果を生ずる一組の合体（チベット語では *zung-'jug*）として観想されることにより、その神秘的体験を顕示させる手段となるのである。（なお漢訳では荼吉尼、または荼枳尼である——訳注。）

3　トルボ地方

ポクスムド峠

道はポクスムドの湖の西岸をまわって、頭上にそびえ立つ断崖の直下に沿って続く。岩の裂け目に打ち込まれたくさびだけで支えられた、白樺の幹の心細い桟道が信用できなければ、一歩も先には進めないところである。一キロほど先で、一本の水流がカンジロバの氷河から流れ出し、これが長くひろがる障壁を破る唯一の割れ目の谷となっている。この小さな谷を渡ると、道は断崖のかなりの高さにまで登り、その上からふり返って、湖水の南端と、その下流の谷のかなたにある、いくつかの美しい雪峰を眺めることができた。人夫たちの足は非常にゆっくりしたものであったが、重荷のない私たちは、湖と森と雪の山々の、本当に夢のような美しい景色を、何度もふり返りながら登ったためか、このけわしい登りもまったく苦にはならなかった。やがて道は下りとなり湖の北端に下り立つ。いまちょうど白樺の林がやっと新芽を吹き出したばかりであった。乳緑色の湖面には、快い微風が漣《さざなみ》を立てて、まるで故郷の海辺に立っているような錯覚にとらわれてしまう。同じ湖の両岸、しかもわずか三キロの隔たりしかないというのに、どうしてこうも違うものか。私たちはいま、幅広い平坦な谷の中に入り、ハリエニシダの群生する河床を、本流を離れて曲がりくねったいくつもの小さな流れを越えながら進んで行った。人夫たちがあまりに遅れてしまったので、パサンが残って彼らにつくこととし、私は、タキ・バブと一緒に、この日のキャンプの適地を探しながら先行することにした。ところが、間もなく私たちは、一面に密生した下ばえの群れと、水流のぬかるみにつかまって行きづまり、さんざん無駄なあがきを繰り返したあとで、今度は、増水して水量を増した奔流が渦を巻きながら流れる主流に出てしまったのである。間違った足跡を追いながらあと戻りをして、少しは足もとのしっかりした、小さな島のようなところに戻った。だれかがこの迷路から抜け出せる道を知っているかもしれないと思い、あとから来る者を待つことにした。しかし間もなく同じ道をやって来た彼らも、明日の朝までは、もうこれ以上は進めないだろうというばかりだった。いま融雪で奔流となってはいても、朝になれば水勢も弱くなって、徒渉できるようになるだろうという。私たちは、仕方なくその場所でキャンプすることにした。ここは、薪も不自由はしないし、濁った水で炊事をすることさえいとわなければ、まずは満足できる場所であった。

かくして、次の朝の第一歩は、氷のように冷たい水流の中の辛い徒渉から始まった。谷は、このあたりから急に両岸が狭まってゴルジュとなり、道は、その間をくねくねと曲がりながら上に続いている。道端には、青いサクラソウが咲き乱れ、いろいろな種類の柳が芽吹いていた。やがて、道が二つに分かれて、私たちは、右からの流れに沿って登るようになった。ちょうど北の方角である。たちまち道が悪くなって、最初は奔流の一方の側を進むと、次にはまた対岸に移らねばならない。この峠を越えるのは、今年になって私たちが一番最初だったためか、橋は全部壊れていて、タキ・バブと、シェラップが、その修理に忙しく立ちまわらねばならなかった。橋とは言っても、この種のものは非常に単純で、三本か四本の白樺の丸太を、そのまま両岸の岩に掛け渡して、あとはその両端に重い石を積み上げて固定させるだけである。丸太の上の足場が悪いときは、その上に平らな石を置く。このような橋を、私た

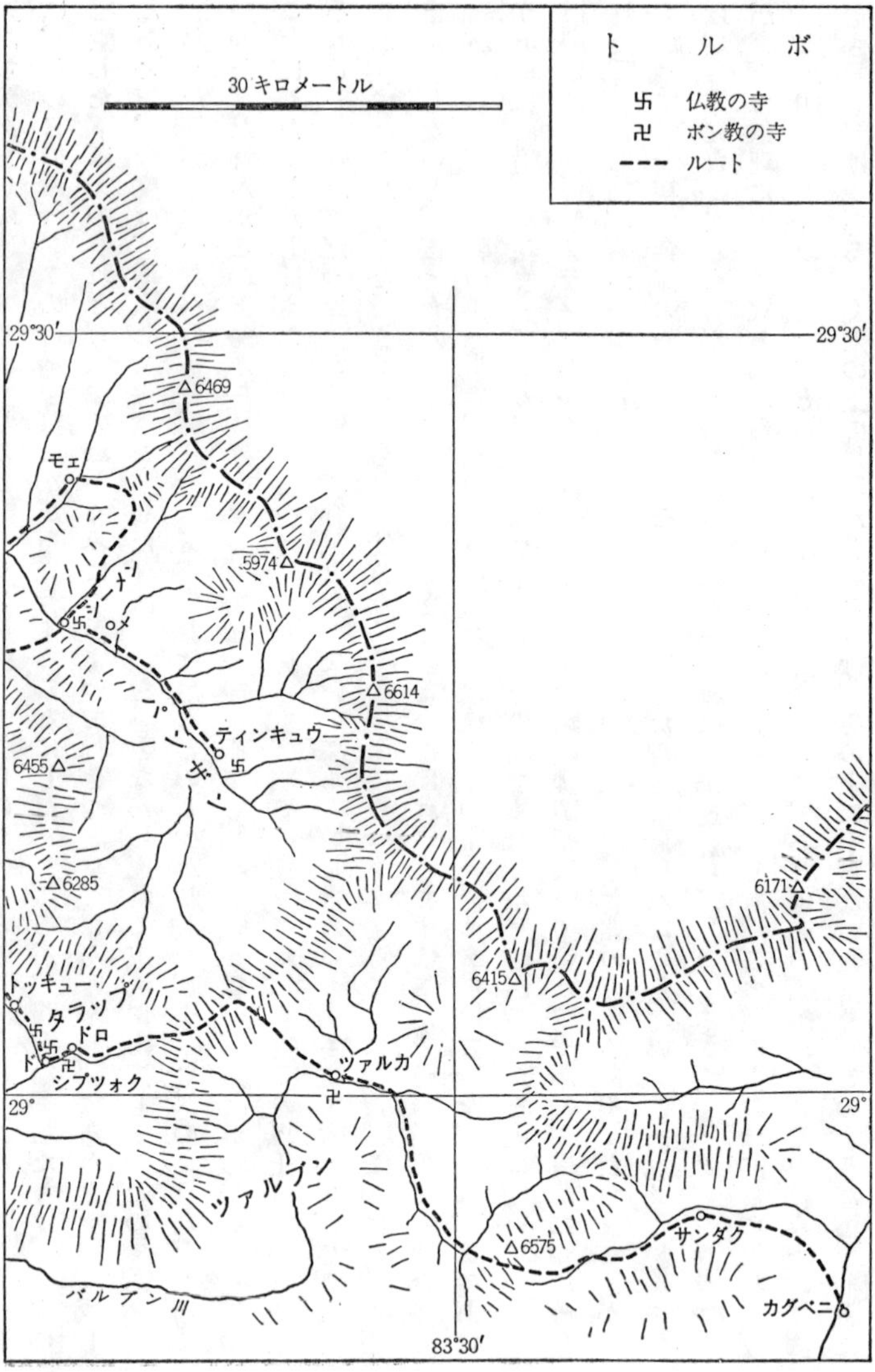
トルボ
30キロメートル
仏教の寺
ボン教の寺
ルート
29°30′
29°30′
6469
モェ
5974
メ
6614
ティンキュウ
6455
パンギン
6285
トッキュー
タラップ
ドロ
ド
シプツォク
ツァルカ
29°
29°
6171
6415
ツァルブン
6575
サンダク
カグベニ
パルブン川
83°30′

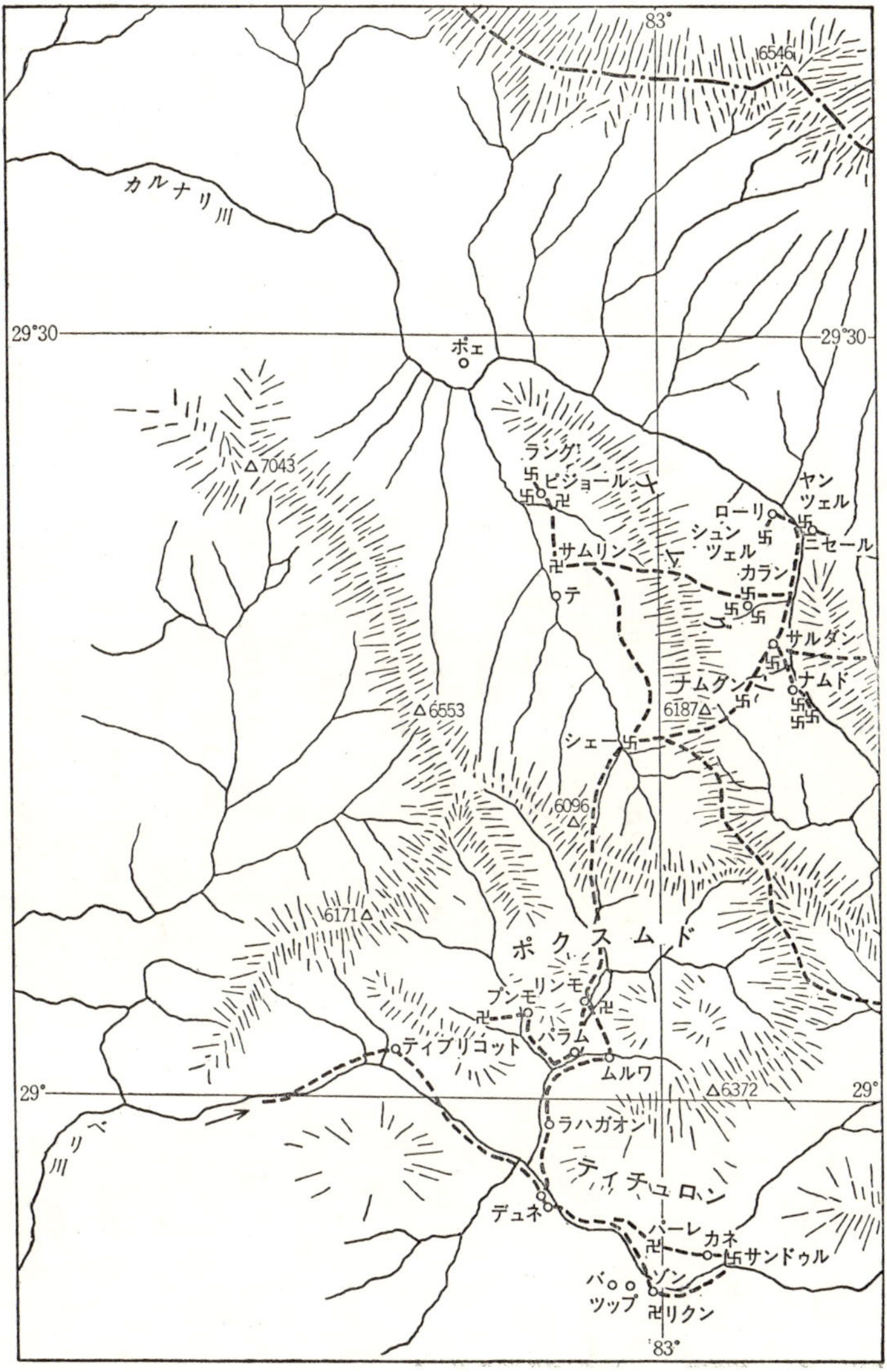
83°
6546
カルナリ川
29°30
29°30
ポェ
7043
ラング
ピジョール
ヤン
ツェル
ローリ
シュン
ツェル
ニセール
サムリン
カラン
テ
サルダン
ナムド
ナムグン
6187
6553
シェー
6096
6171
ポクスムド
リンモ
プンモ
パラム
ティプリコット
ムルワ
29°
6372
29°
ラハガオン
ベリ川
ティチュロン
デュネ
パーレ
カネ
サンドゥル
ゾン
パ
ツップ
リクン
83°

107 トルボ地方

ちはいくつも渡らねばならなかったが、途中で怖気づいた山羊が一頭だけ、激流の中に飛び込んでしまった。幸いこのときは、横にいたシェラップが危うく角をつかんで、暴れる山羊を引き上げたので、私たちにはなんの損害もなくすんだ。ただ、少々早手まわしに、まだ使うつもりのない一袋の米を水づけしてしまっただけである。このゴルジュの谷には、まだ他に、まったく予期しない楽しみもあった。それは野生のダイオウで、朝の食事に、砂糖とコンデンスミルクを加えて料理し、それを雪の中に冷やして食べた。このようなわびしい環境の中では、こんなものでも結構贅沢な一品料理となった。最後には、この谷も滑らかな氷河谷の様相を見せて、激流は谷全体を埋める雪渓の底に姿を消してしまう。そうなると、再び歩行が楽になってきて、谷の源頭にある崖下に、その日は気持の良いキャンプをすることができた。人夫たちは、若干の粗朶《そだ》を自分たちのために運び上げていたが、私たちは、石油コンロでスープを作った。私たちの現在いるところは、ほぼ五二〇〇メートル、湖からは九〇〇メートルほども高かったが、峠まではまだちょうど同じくらいの高距が残っていた。

　朝になって、私たちは最後の登りにかかった。南斜面であるせいか、雪もあまり残っていない。しかし、スレート状の岩屑が一歩ごとにずり落ちてきて、前進はきわめて緩慢であった。峠の頂上は雪におおわれて、向こう側の縁には、気持の良い堅雪が続き、大きな雪庇が陽光に輝いていた。いま横切ろうとしている稜線上には、いくつものピークが並んでいるが、どれもいま私たちが立っている高さよりわずかに高い程度のものしかない。北の方を見渡すと、一面に六一〇〇～六四〇〇メートルくらいの山々が幾重にも重なりあい、氷河で削られたいくつかの谷が、その間に深い溝を作っている。私たちのもっている地図が信頼できるとすれば、ここには、四五〇〇メートルを大きく割るような標高をもった村はないはずであり、ほとんどの村が、驚くほどの高さにあることになる。したがって最初私は、これらの村々には、一年中ずっと人が住んでいるわけではなかろうと思っていたのである。本当にいるとすれば、ここは、地球上で人間の常住する最も標高の高い地域だと言ってもよいことになる。

眼下にひろがる、ギラギラ輝く雪の斜面の上部は、パサンが一歩一歩足場を刻んで下った。そして、くずれやすい急斜面を過ぎたところから、グリセードでさっそうと滑り下りた。人夫たちも私たちのあとに従ってきたので、荷物を前に流して、ロープで確保しながら下らせることにした。今日は五月の十日、キリスト昇天祭の日、私たちが、はじめてヒマラヤ主脈の大きな峠を越えた日、そして、いまなお常に、喜びとなつかしさをもって思い出すこの地方にはじめて足を踏み入れた日であった。雪のあるところでは、かわいそうに山羊だけがみじめな思いをしていた。シェラップはその世話で汗だくになっている。やがて私たちは、この北側の谷の源流にまで下り着いた。この水は、シェーやピジョールの直下を奔流となって流れ下り、北に流れて、そこでまた、この広大な高地を源流とする一本の川を合わせて、西に向きを変え、あのカルナリ川の大支流の一つとなるのである。間もなく私たちは、その水流に沿って下るようになる。ふり返えると、北側からこの峠への眺望は、とても怖くて登る気にもなれないほどのきびしい風景であった。こんな早い時節に、重荷を負った人夫では、とてもこの道を通って越せようとは思えない。私たち自身、よくもこの早い季節に越えてきたものである。女たちは男に負けず劣らず達者で、頂上を越えたときでさえ、すっかり参ってしまった哀れなヘムラージに雪玉を投げつけたりしながら、喜々として大はしゃぎしていた。灌木が目につき始めたので、休憩して湯を沸かし、お茶を作って飲んだ。その後私たちは、ただひたすらにシェーへの道を下って行った。

シェー

シェー・ゴンパ(SI : Syā Gömpa)は、雪がなくなってから一時間ばかり下ったあたり、ちょうど、東から流れてくる一本の谷との合流点の右岸に立っている。[1] 地図の等高線では四八〇〇メートルくらいの標高に読めるのであるが、ほぼ順当なところであろう。ここには、経文塚やチョルテンの並んだ外囲いの中に、数多くの、赤く塗られた建物が集まっていて、じつに印象的な光景であった。しかしながら、私たちの期待に反して、どの家もすっかり扉を閉ざしたままだった。リンモの村長は、この月の下旬までは、まだシェーには人がいないのではないかと警告してくれたが、それが本当だとは信用していなかったのである。寺のすぐ近くに五軒、四〇〇メートルくらい川下の方に離れて三軒の家があり、私たちは、非常に数の多い祈禱石の列に驚きながら、荒れた建物のまわりを見て歩き、結局、寺の戸口の横にテントを張ることに決めた。ちょうど露台が一つ突き出ていて、その下が私たちの荷物を並べるのに具合が良かったからである。しかし間もなく、一人の詮索好きな子供が見つかり、この中の一軒には人がいることをしゃべってしまった。そこでパサンが、リンモの娘たちを連れて調べに行ってみると、確かに人声がして、子供の母親が戸を開けてくれた。私たちが近づいてくるのを知って、怖いのでかんぬきをおろしてしまっていたらしい。彼女の話では、元気のいい者はみんな、夏が近づいたので、北方のチベット高原のヤクや羊を連れ戻しに出て留守だった。残っているのは、この近くの年寄りのラマ僧と、向こうの家のうちの一軒に、足を痛めている女が一人いるだけだということだった。彼女はまだ、見慣れない人たちがいることを気にしている様子であったが、粗朶《そだ》を少々わけてもらい、大きな湯沸しを貸してもらうことができた。寺の戸口のキャンプに戻ったところに、パサンが、壁の間にまだ芽を出したばかりのイラクサが、たくさん生えているのを見つけ、タキ・バブが教えられてそれを集め、スープをこしらえた。ここは、私たちが訪れた最初のカギュ派の僧院である。著名なカギュ派の高僧であったミラ・レパは、孤独な冥想行のきびしさに耐えながら、このイラクサを食べて飢えをしのいだという。そのイラクサを、このカギュ派の寺にたどり着いた日の夕食にさっそく食べられたことは、誠にふさわしい出来事だったのである。もっとも、彼が食べたものよりは、ずっと美味く調味され、米の飯も添えられて、とびきりの御馳走のように感じられた。

翌朝、私たちは人夫を解雇し、彼らは空身で再び来た道を戻って行った。はじめから、シェーまでという約束であったし、彼らもそれ以上遠くには行きたがらなかったので、私たちがここで行きづまってしまうのは承知のうえで、帰らせるよりほか仕方がなかったのである。この三日間は、かなりがんばりを要する行程だったし、どっちみち、この日はシェーで停滞する予定だった。といって、辛抱強く待ってみても、どうなるということはだれにもわからない。しかし、この日のうちには、事態が好転するような出来事は何も起きなかった。ここの女の人からは、粗朶をまたわけてもらい、この寺の次の家に閉じこもったきりの老ラマ僧が彼女の父親であることを知った。私たちが、あとでまたこのシェーに戻ってくる予定であることを聞くと、彼女は、寺を見るのは次の機会にして欲しいと言ってきた。これに対して、きつくは抗議をしなかった。いま、私たちが組み始めた計画では、シェーは補給地として残してあり、一度ならずここに立ち戻ることになっている。この人が勧めるのは、サルダンに行ってニマ・ツェリンに会うこと、彼はこの地方で最も力のある実力者だから、私たちのために役立ってくれるだろう、という。このニマ・ツェリンの名前は、デュネからこちらでは随分耳にしていたので、私たちはすぐにこの計画を固めた。また、三十歳くらいのもう一人のラマが、一キロ近く離れた庵に住んでいるという話も聞いた。しかし彼は、この三年間、孤独の誓願を守っているので、私たちがその邪魔をするなどはとんでもないことであった。この一家の人たちは、もう一週間もすれば家畜を連れて帰ってくるらしいが、彼らがいま行っている「北」というのは、ここから六日ほどの距離で、国境を越えた向こう側のチベット高原であることが、いまやっと理解できた。動物たちは、毎年冬の間だけ、そこに送られて放牧されるのである。やはり、その日もだれ一人来合わせなかった。そこで、私たちは次の日の朝になって、わずかの必需品だけを担いで、サルダンに向かうより手がないことを知った。携行するものは、テント一張り、若干の衣類、四日分の食糧だけとし、荷箱や、穀物の貯えなどは、ここのラマの娘の家に預けてゆくことにした。タキ・バブは三十キロ、パサンが二十キロ、ヘムラージと私は、それぞれ十五キロずつ担ぐことになった。女が道を教えてくれたので、パサンはまったく躊躇せずにそのとおりに、彼の勘を働かせて進んだ。東の方へ谷に沿って登り、そのまま東にのびるタラップへの道とわかれて、小さな支流を北につめた。見渡すかぎり、峠よりこちら側には、木が一本も見当たらない。私たちは草の生えた山地を横切って歩き、岩の多い谷を登ってゆく。この五八〇〇メートルほどの峠への登りは楽なものであった。ちょうど、豊富な雪がまだあたりの山々に残る、故国の春の、ケルンゴルム（スコットランド中部山岳地帯東部の有名な山群）のなつかしい山々にいるような気分だった。ここも、周辺の断崖のガリーには、まだ雪がびっしりと谷を埋めていた。

ナムグン

その峠の頂上からは、まったく新しい世界の眺望が開けてきた。荒涼とした灰褐色の山々、真っ青に澄み切った空にくっきりと浮かぶ白い雲、そして樹木の影のまったくない世界——あのチベットの典型的な風景がそこにあった。峠の頂上にあるケルンの横で、凍てつくような冷たい西風を避けて休んでいると、小さな子供を連れた一人の女が、二頭の雑種のヤクを追いながら、向こう側から登ってきた。私たちの問いに答えて、彼女は、今朝夜明け前にサルダンを出てきたこと、ニマ・ツェリンの家までは、いまからではとても行き着くことは無理だから、ナムグンという村に泊るようにすればよい、ということを教えてくれた。ところが、この村の名は、私たちの地図にはまったく出ていなかったのである。

下りはいつも決まって北向きであるが、あきあきするほどの長い下りであった。しかしやっと、鷲の巣のように高く、あたりの岩山によく色が映えた、ナムグンの僧院の赤い壁が見えてくる。下ってゆくにしたがって、僧院の下の家並みも眺められるようになり、両岸の迫った谷を一つ越えて、最初の家の横で休憩した。この谷が、村を二つに分けていることが、ここにきてわかった。私たちは、その峡谷の向こう側にいる村人に声をかけてみたが、彼はただ手招きするだけで、こちらに来ようとはしなかった。これはほんの些細なことではあったが、これから私たちがつき合ってゆくことになる人たちの、自主独立的な性格の現われの一つと言えるのだろう。彼らは正真正銘のチベット人であって、政治的な国境の向こう側にいる仲間と、人種的にはまったく違いがない。ボティア (*bhotia*) という名称が、ある差異を想起させることがあるけれども、これは、一般的には、インドおよびネパールの国境の内側に住む、チペット種の人びとを指すものであり、インド・ネパール語の術語としては、たんにチベット人を指す名称なのである。ところが、この人たちのほうでは、自分たちが国境のどちら側で住んでいるかということを、非常によく心得ている。彼らのうちには、ネパール語を少しは話せる人もいるけれども、読み書きまでできる人には、私はまだ出会ったことがない。彼ら自身の言葉はチベット語――中央チベットの言葉からあまり大きくはかけ離れていない方言――なのであって、彼らと話し合うときでも、パサンならまったく意志の疎通を欠くことがなかったし、私でもほとんど不自由はなかった。みんな多かれ少なかれ、チベット語の読み書きもできるようであった。ところで、いまはその夜の私たちの宿泊にかかわる重大なときであったが、その村人は、全然こちらへは来そうになかったので、パサンが谷を渡って、彼と会うためにその家の庭に登って行った。その間しばらく、私は最初の家の囲いの壁に生えているイラクサ集めを、独りでやり始めた。タキ・バブは、この珍味にはあまり気が進まぬようで、手伝ってはくれなかった。他の村人たちが私たちのまわりに集まってきて、私たちがなんの害もない、友好的な一団であることを知って安心したようだった。彼らは、私たちを近くの小さな家に案内して、そこを使ってもよいと言ってくれる。ちょうどテントを一つ張れるような、小さな庭も近くにあったので、そこに落ち着くことにして、彼らがもってきてくれた粗朶《そだ》と、ヤクの糞で火を起こし、夕食の用意をした。家の中は、目を刺激するひどい煙が充満していたけれども、たちまち私たちのまわりをとり囲む、人の好い好奇心に満ちた村人の目から逃れることは不可能だったとしても、少なくとも、寒風からは身を守ることができた。この家は、雑役夫として、上の僧院に住み込んでいる人が持主だったので、すぐに明けなければならないわけではなかった。彼は、私たちの通ってきたルートや、これからの計画を尋ね、私たちが巡礼中の者であると知って非常に喜び、明日はさっそく寺を案内しようと約束してくれた。私たちが谷の向こう側へ大声で呼びかけた男は、桝にいっぱいのツァンパをもって来てくれ、近所の女の一人は、私たちの求めに応じて、チャンを瓶にいっぱい作ってくれた。

次の日の朝は、谷の向こう側の断崖に面して建っている寺を訪ねた。明らかに非常に古い寺であり、ナムグンという名が、ナムド、サルダン、カラン、ピジョールまでを含めた地域に与えられるべき総称であったということには重要な意味がある。シェーと同様に、ここも、カギュ派から分かれたカルマ派の僧院である。カギュ派という宗派は、チベットにおいて、ロプラクのマルパ（1012—97）によって確立された。彼は、偉大なる訳経家であり、また経典の蒐集家でもあった。何回かネパールへの旅行を行ない、そこで有名な瑜伽《ゆが》行者であるナローパに出会い、ヘヴァジュラの秘儀の手ほどきを彼から受けた。これは、精神集中と秘密の儀軌を組み合わせたもので、それによって彼は、その生命の中に、仏性を冥想によって生じさせることができたと言われる。ナーロパと、その師であるティーロパは、共に八十四人の大瑜伽行者（*siddha*）のうちの二人で、その中において、超自然的な教理や、タントラの秘術を受け伝えた。チベット仏教は、その象徴主義の中の非常に多くのものをこれらに負うているのである。彼らが最高位のブッダとして名づけたのは、《金剛杵の保持者＝持金剛》（*Vajradhara*）であり、これは頭に王冠を戴くブッダ像で、結跏趺坐《けっかふざ》して、二手を胸の前に交差させ、金剛杵と金剛鈴を持つ形であらわされる。金剛杵は慈悲の行動を象徴し、金剛鈴は、完全智

持金剛（*Vajradhara*）

(般若)の教義を澄み切った音色としてあらわす。マルパの一番の弟子は、有名なチベット人の瑜伽《ゆが》行者ミラレパであり、彼はブッダの最高の悟りと、彼の生命の中に相伴う奇蹟的な神通力を得たと信じられている。(2)そしてこのミラレパの主なる弟子たち(*Ras-chung, sGam-po-pa*)がさらに非常に多くの後継者をもち、ついには、カギュ派(《伝えられた言葉の宗派》)は四つの宗派に分裂してしまったのである。カルマ派の宗派は、シェーや、ナムグンにおいて示されているもので、ガムポパ(*sGam-po-pa*)の最大の門弟であった、トゥスム・ケンパ(*Dus gsum mkhyen-pa*)(《三世を知る者》)の創始とされ、彼はその後継者たち同様に、カルマ・パ(*Karma-pa*)(《カルマの人》)と通称された。(3)トゥスム・ケンパは、東部チベットの出身であったが、主として中部チベットの、ウ(衛)、ツァン(蔵)の両地方で活躍した。二代目の化身である、カルマ・パクシは、長年を蒙古や中国で過ごし、フビライ・ハーンも彼の弟子であったといわれている。彼の後継者たち、あるいは、その組織の一員が蒙古の宮廷に招聘されたというサキャ派をも含めて、一時中央チベットにおいて、大きな支配力を得たことは、この蒙古との結びつきを無視しては考えられないのである。十六世紀に入ってからは、新しくゲールク派(黄帽派)が、彼らの地位を奪って勢力を得るようになり、それ以後は、ずっとこの宗派がモンゴル人の支持を得てきた。サキャ派やカルマ派によって仏教への改宗が行なわれたこのヒマラヤ僻地の地方では、このようなその後のチベットそのものの発展による影響は、ほとんど受けないで残されてきたのである。むしろ私たちが見るところでは、分離主義者の傾向は、サキャ派やカルマ派を捨てて、より親しみのあるニンマ派、すなわちパドマサムバーヴァに信仰を集中するこの宗派を採用しようとする方向に傾きつつあるように思える。したがって、このナムグンの僧院の本堂では、まず最初に、この奇行のラマ僧の大きなテラコッタ像が、最も人目を引く位置に置かれ、そしてさらに、右側の釈迦牟尼像の次に並ぶ、ブロンズ像がまた《蓮華生》なのである。左側には、《呪力の勝利王》(*Jo-bo sngags-dbang rnam-rgyal*)というこの寺の創始者の像がある。ここにはまた、りっぱなタンカがあり、中でもとくにりっぱなのは、釈迦牟尼、無量寿如来(*Amitāyus*)、《般若菩薩》(*Prajñāpāramitā*)の三像であった。仏像を囲むように、写本で三十巻ほどにおよぶ大蔵経の論疏の一揃えが並べられ、その奥に、まったく美しい、青銅の《持金剛》(*Vajradhara*)の仏像が見えた。一段上の階には、もう一つ小さな仏間があって、ここにはタンカと、チベットの木版刷りの経文が蒐められていた。現在、この僧院にはラマがおらず、二人の兄弟が寺を守っている。このうちの一人が雑役夫で、家を貸してくれた男だった。ところが、彼らも世間一般的な見方をすれば、《ラマ》であり、祈禱も唱えることができ、儀式に参加することもできるのである。同じような意味のラマが、ナムドにも数人いて、特別な場合はここに招かれるらしい。サルダンの村人たちは、この僧院への布施として、定期的に穀物を納めている。

私たちは、そこから傾斜のきつい谷筋に下り、ゴルジュに沿って下る道に入り、三〇〇メートルほどで、もう一つ小さな寺があった。このほうは新しく、明らかにニンマ派の寺であった。中には、《合一した聖者》の形で顕示されている、色鮮やかな《蓮華生》、守護神である《合体したすべての神》、ヘールカ、などの壁画があった。(4) この寺は、十一年前に、シャンのラマの霊感的な教示によって建てられ、彼の弟子の一人である、ムグ地方からきている男が住みついているらしい。彼はいま、内の部屋にこもって、孤独の冥想に入っているので、私たちは会うことができなかったが、彼は、沈黙の戒律を破って、仕切り越しに、私たちに二言三言話しかけてきた。ナムグンの村の家は、その貧弱な畑の間に散在していて、その数は十五軒ぐらいしかない。とても五十人にあまる人間が住んでいるとは思えなかった。標高は、おそらく四八〇〇メートル前後であろう。

サルダン

午後になって、私たちはサルダン（Sl：Saldānggāon）に向かった。ナムグンのゴルジュの北に向かって、大きく山稜を越えてゆくと、傾斜の一様な長い斜面の上部から、はるか下の方に、羊の群れと、最初の家が見えてきた。急ぎ足で下り、ニマ・ツェリンの家を尋ね、教えられたとおりに、さらに山腹をまわって下った。彼の家は一番最後の家で、川から三〇〇メートルほど高い山稜の上に立っていて、遠くから見ると、砦か住居か見分けがつかない。深い浸食を受けた涸れ谷におちる裸の山稜をいくつもまわって近づくと、彼の財産を象徴するような、小さなオアシスがあった。斜面は平らに均して畑を作り、近くの小さな川から水が引けるようになっている。わずかながら、柳の木立があり、その上部だけは貧弱な草地となっているが、そのほかはまったく草木の生えている気配もない。五、六人の男女が、一緒になって大麦の植付けをやっていた。入口には、首すじの赤みがかった、どう猛な番犬がいて、私たちが近づいてくるのを知って、狂ったように吠え出した。男のうちの一人が手で合図し、それに従って、犬の鎖の届かない畑の上に出た。畑仕事を監督していた、六十五歳くらいの小太りの男が出て、どうやらしぶしぶ出てきたように思えたが、私たちに会ってくれた。かいつまんで私たちのことを話すと、その人がニマ・ツェリンだとわかった。パサンは、この荒野の真っただ中で、こんな肥沃な畑を見て驚いたことなどを彼に話しかけてみたが、この親しみをこめた前奏にも、まったく反応が得られなかった。キャンプする場所の了解を求めると、彼は、ぶっきら棒に、彼の土地の外側にあるチョルテンの横の、石ころだらけの場所を指さした。もう少しましなところをと穏やかに抗議すると、彼は私たちを畑の一隅に連れてゆき、そのまま何も言わずに行ってしまった。もっているただ一つのテントをそこに立てたものの、まともなキャンプができるだけの用具が揃っていないことは知っていた。タキ・バブが、水差しを借りにゆくと、穴のあいたものをもって帰ってくる。薪を分けてもらいにゆくと、わずか一摑みぐらいの粗朶《そだ》しかくれない。私たちは泣き出したい気持になった。ニマ・ツェリンなら、私たちが残りの荷物をもって来ることができるまでの間、少なくとも部屋くらいは使わせてもらえると思っていたのである。こんな無愛想な応待を受けて、私たちはお先真っ暗な気持になった。

あとからふり返ってみると、彼のこの最初の応待ぶりは、まったく信じられないようなことであった。というのは、これから後、私たちが彼から受けることになったのは、まったく深い友情と、思いやりに満ちた親切以外の何ものでもなかったからである。この理由は二つあると思う。第一には、このニマ・ツェリンという人の、反応が鈍くて頑固な性格——これは、一たび人を信用すると、とことんまで面倒をみる性格だ。第二に、私たちがここに来たときには、少人数で、しかも私たちのことが確かめられる近傍の村の人夫をまったく連れていない、見ず知らずの者ばかりの一団だったこと、である。さて、そこでパサンと私は、この大人物の前に戻って、丁重に、薪やそのほかの借り物の代金を払うつもりであることを申し出て、ネパール政府からもらっていた推薦状を差し出した。ところが、ネパール語の読める者がまったくおらず、仕方なく、私たちが自ら代わって、それをチベット語に訳して口伝えしなければならなかった。しかしこれもあまり利き目がないようだったが、なんとか薪を要るだけはもって帰ることができ、水差しも代わりのものを借りることができた。とりあえず、お茶をこしらえてから、パサンは、なんとか彼との間に友好関係を築きあげるべく、独りでまた出かけて行った。彼はニマ・ツェリンの家に入り、一時間ばかり帰らなかった。やがて勇んで帰ってきた彼の口から、全員家の中に入るよう招待されたこと、そして、ニマ・ツェリンは、やはり思っていたとおりの大人物だったこと、を聞かされたのである。

食事を済ませてから、私たちは、庭と一階の土間を通り抜けて、例によって丸太にステップを刻んだ階段を登って、真っ暗で煙い二階に上がった。部屋には、ニマ・ツェリンを含めて六人の人がおり、彼は私たちに、真っ黒になった壁に面した汚ない敷物にすわるように勧めた。火鉢には火が燃えており、背の低い燭台に、一つずつ松の木片がくべられると、部屋が一段と明るくなった。彼らはみんな、椀に入ったツァンパをバター茶で練って、夢中になって食べていた。私たちにはチャンが出されたが、きれいに澄んでいて、味も良かった。パサンの故郷の状態とか、中央ネパールや外国の事情について、はなはだ高尚な内容の会話が始まったが、ここの主人の、インドより外の世界に対する知識は、ほとんどないに等しいようなものであった。ここで知ったのは、彼が一年前に妻を亡くしたこと、息子が結婚して別に家をもったので、ここの仕事は孫たちに引き継がれていて、いまここで夕食を食べている四人がそれであること、などであった。彼自身は、ナムドからここに来た人で、向こうには、彼の兄弟のうち二人と、彼の息子が住んでいるらしい。彼が結婚した相手の義父には息子がいなかったので、彼は結婚したことによって、その財産を手に入れたことになる。どの村にも、一定の権限をもった村長がいるが、彼は村長ではないと言う。しかしそれとなく聞いてみると、彼はこの全地域でその実力を認められ、否応なく指導者とされてきたので、人びとは何事によらず、あらゆる問題を彼のところにもち込んでは助言を仰いでいるようである。八、九年前にも、この国を悩ませたある紛争で、天性の指導者ぶりを見せたことがあるらしい。この地方で「ハシカワ」と呼ばれる山賊の一味が、北のチベット高原からやってきて、村を荒し、放火、虐殺、略奪をほしいままにやり始めた。彼は村人を集めて守備隊を組織し、その侵入者を追い散らしてしまった。そのときの活躍が認められて、ネパールのラナ政府は、彼に一挺のライフルとその他の褒賞の品を贈ったのである。このライフルは、結局彼のもとに届いたが、他の品物は、送られてくる道中の人の手を経るたびに少なくなってゆき、最後に彼の手元に届いたころには、ほとんど何も残っていなかったという。平和的な事業においても、彼の名は知れ渡っていて、ナムグンで、私たちがその日の朝訪れた、あの新しい寺も、彼の寄進で建ったものであり、シャンのラマとの交際も深く、彼はこのラマを尊敬して止まない。サルダンとナムドの間の道沿いに、無数に並んでいる経文塚は、毎年彼が数を増やしていったものであり、いまも、サルダンの古い寺に納めるために、新しい大きな祈禱車を作らせているところだった。

じつは、「トルボ」という名前も、私たちがはじめて聞いたのは、ほかならぬこのときの彼との会話の中であった。私たちがポクスムドから越えてきた、あの大分水嶺を西の境とし、南はダウラギリの山塊、北西は、ムグ・カルナリ川の最も近い村からでも数日の厄介な旅を必要とするほどの僻地にあるポェの村まで、南東へは、山を越えたツァルカ (SI : Chharkābhotgāon) まで、そのツァルカも同様に、カリ・ガンダキの谷からは、荒涼たる山々で隔てられている。そして北と北東は、彼らがたんに「北」(*byang*) と呼んでいる大チベット高原で限られる。この広大な全域を指すのが、この「トルボ」であることを知ったのである。この地域に最も容易に入ることができるのは、北および北東のチベット高原側で、トルボの山々が放牧できなくなる、一年のうちの七、八か月もの間、彼らは家畜や羊をこのチベット高原に連れてゆくのである。そこでは、家畜の世話は遊牧民たちにみてもらう。その世話料は、羊は一頭について五ポンド（二・二五キロ＝$2\frac{1}{2}$ *bre*）の穀物、家畜類は一頭につき十ポンド（四・五キロ＝5 *bre*）の穀物と定められていて、後者の場合、ディモ（*'bri-mo*・牝のヤク）や、ゾモ（牝のヤクの交配種）に産まれた子に対しても適用される。もしこの間に、動物が死ぬことがあれば、その皮は持主に返さなければならないのである。羊は、夏になってトルボに連れ帰られる道中で、毛が刈りとられる。人間のほうは、一年を通じて全員が他所へ移動することはなく、この村に常住していることがわかった。主としてティチュロン方面に向かって隊商が出発するのは、七月に入ってからで、とくに元気のよい人たちが、冬にポカラやカトマンドゥに出かける以外は、冬期はほとんどの者が家にとどまって、糸を紡いだり、機織りをしたりして過ごす。そして夏よりもはるかに多くの時間を、彼らの信仰に当てるのである。私たちが、「トルボ」とは、本当に一つの地方を指す名前なのかどうか、くどいように問いかけると、それは四つの郡、すなわちナムグン、パンザン、タラップ、ツァルブンに分かれている、[5]とのことであった。そこで私は、ニマ・ツェリンに、われわれの地図には、ダーンバンサール、ツァルカボットという二つの名が出ているが、これはどうなのか、と聞いてみた。この後者のほうの名前は、すでに知ったように、「ボット」のつかないツァルカと発音して、彼もうなずいたが、前者のほうを、彼はダスタプラの間違いだと言った。これは「十か所の町」を意味するそうである。彼は、これらの名前は、みんな「ネパール人」がこの土地につけた名前であると答えた。[6]私は薄暗い明かりの下にすわり込んで、地図をのぞき込みながら、いままでまったくと言っていいほど知らなかった、いま私たちの滞在しているこの地方の輪郭が、おぼろげながら徐々につかめてきたように感じた。ニマ・ツェリンの助けを借りて、私たちはこのトルボを広く見て歩く計画を練り始めた。彼も、シェーに置いてあるもので必要なものがあればなんでも運んでやろうと約束してくれた。やがてその荷物が届いたあと、私たちは、ここから北に向かって、まずヤンツェルの僧院（SI：Yānjar Gömpā）を訪ね、東に折れてシーメン（SI：Simengāon）、ティンキュウ（SI：Tingjegāon）、そこから引き返して、コマを通ってサルダンにいったん戻り、引き続いて、カラン、ピジョールを経て、サムリンまで行くことに決めた。そこからであれば、再びシェーにも楽に行けるだろうし、いつでも荷物をとって来られるわけである。タラップとツァルカは、いずれ最後にトルボを離れ、カリ・ガンダキに向かう途中に通ることができるであろう。ヘムラージとタキ・バブは、そのまま彼の家の中で寝させてもらうために残り、パサンと私は、この夜の楽しい座談が終わったあと、深い満足感を味わいながらテントに戻った。

翌日、まだ朝も暗いうちに、馬をつれた男が一人現われて、私たちの必要な荷物をシェーからとってくるように、ニマ・ツェリンから言いつけられたのだという。パサンとタキ・バブが、この大切な仕事に、男と同行することになった。私は休養と書きものをするために、ヘムラージは私の話相手として残った。周囲の、緑のまったくない石ころばかりの風景に嫌気がさしたので、テントをもう一つ別の畑に移すことにした。そこからは、一かたまりの柳の木立が見え、川もずっと近かった。ここで私たちは静かな二日間を過ごすことになった。時々、留守を守っている村の人たちが顔を見せ、私たちの石油コンロは言うまでもなく、プラスチックのコップとか石鹼箱にまで、好奇と驚嘆の目を見張った。次の日の夕方になって、パサンが帰り着き、もう一つのテント、若干の食糧、写真用具やノート、薬などの入った私の箱をもって帰ってくれた。ニマ・ツェリンから大麦のツァンパを少し買い入れたが、私たちは、もっていた小麦や米をまだ使っていたのである。バターは、時期が少々早すぎて、手に入れるのが難しく、大きながちょうの卵を二つ、贈り物としてもらった。これはチベットからもってきたものらしく、そのうちの一つは腐っていて駄目だった。トルボには鶏がいない。それに、作ればできるはずなのにジャガイモがないのである。これから先は、どうも無味乾燥な食事が続きそうな予感がしてならないが、ピジョールでは、幸い小麦を作っているということだった。しかしここでは、なかなか本式のパンを焼くわけにいかない。わずかの粗朶《そだ》や、ヤクの糞の弱い火力では、オーブンが使えないし、石油コンロでやっても、火のまわりが限られていて駄目なのである。したがって、私以外の者にはツァンパが主食となり、私だけは、小麦粉を平たく焼いた菓子を主に食べることになった。米はぜいたく品として、とって置くことにした。

ヤンツェル

私たちは、最初にナムドを訪ね、サルダンで見残したものは、またニマ・ツェリンの家にもう一度帰ってきたときのことにしようと決め、その次の日の朝、ヤンツェルに向けて出発した。ポーターとして、パサンと一緒にシェーに行ってきたばかりのタルギェと彼の息子、それにもう一人、村の子供を雇うことにした。馬は、続けて使うには若過ぎ、前日の旅でかなり疲れていたので、今度は使わないことにした。ゴルジュに降りて(SI：*Nangung Khola*)、左岸を流れに沿って下って行くと、はじめのうちは、石ころだらけの荒地が続いたが、やがて可愛らしい黄色のキジムシロ属(*Potentilla bifurca*)が道端に沿って現われ、黄色い花をつけたハリエニシダ様の灌木の小さなやぶも出てくるようになった。サルダンからニセールに帰る若い女が一人、私たちのあとから追いつき、人夫たちが盛んに彼女の荷物の少なすぎるのをひやかしたので、頼みもしないのに、私たちのキャンプ用のベッドを担いでくれることになった。私たちにはなんの要求もしないし、こんな飾り気のない明るい気性の人に接するのは、非常に気持のいいものだった。あとで私たちは、彼女に銀貨を一枚献呈することにした。そのあとまた、北から羊の群れを追って帰るシェーの男たちにも出会ったので、私たちは、彼らに、荷物を村の僧院に預けてあることや、少しあとにもう一度シェーを訪ねるつもりであることなどを話して別れた。

　パンザンのゴルジュ(SI : Pānjāng Kholā)との出合にくると、しっかりした橋があって、この二つの川を渡り、東に折れて、ニセールに向かう(SI : Nisalgāon)。タルギェが、村に近い山腹にあるいくつものチョルテンのあるところを指して、ヤンツェルだと教えてくれたので、私は、この僧院がインドの地図の上で示されている場所とはまったく違っていることに気がついた[7]。少しばかり谷沿いに進んで、そこから山腹をチョルテン目指してまっすぐに登る。あちこちの乾いた岩に、小さな赤いトチナイソウ属(*Androsace muscoidea* または *A. rotundifolia*)が花をつけていた。寺は、河床からは一〇〇メートルほど高い、傾斜のない台地の上に建っていて、後ろを、大きな岩壁が囲んでいる。建物の立つ境内をとりまく経文塚をまわり、東の端にあるカンニ(仏塔門)を通り抜けて中に入った。ここでは、二人の修行僧の歓待をうけ、すぐに寺の台所を自由に使わせて貰えることになり、私たちが庭にテントを張っている間に、薪や水の用意まで整えてくれたのである。こんな早い時刻に泊りの用意をしたのは、いままでなかったことだった。少し早すぎたので、建物を見てまわることにした。(口絵参照)

　表の庭は、長さ五十メートル、幅二十メートルほどの広さで、大きなお堂が三つ(図上①、②、③)、大きな祈禱車の入った小さな御堂が一つ(図上④)、もう一つ尼僧の寺(*chos-mo' lha-khang*)(図上⑤)、それと厨所(図上⑥)があり、みんな庭に面して建てられている。この一群の建物と、南側の端に当た

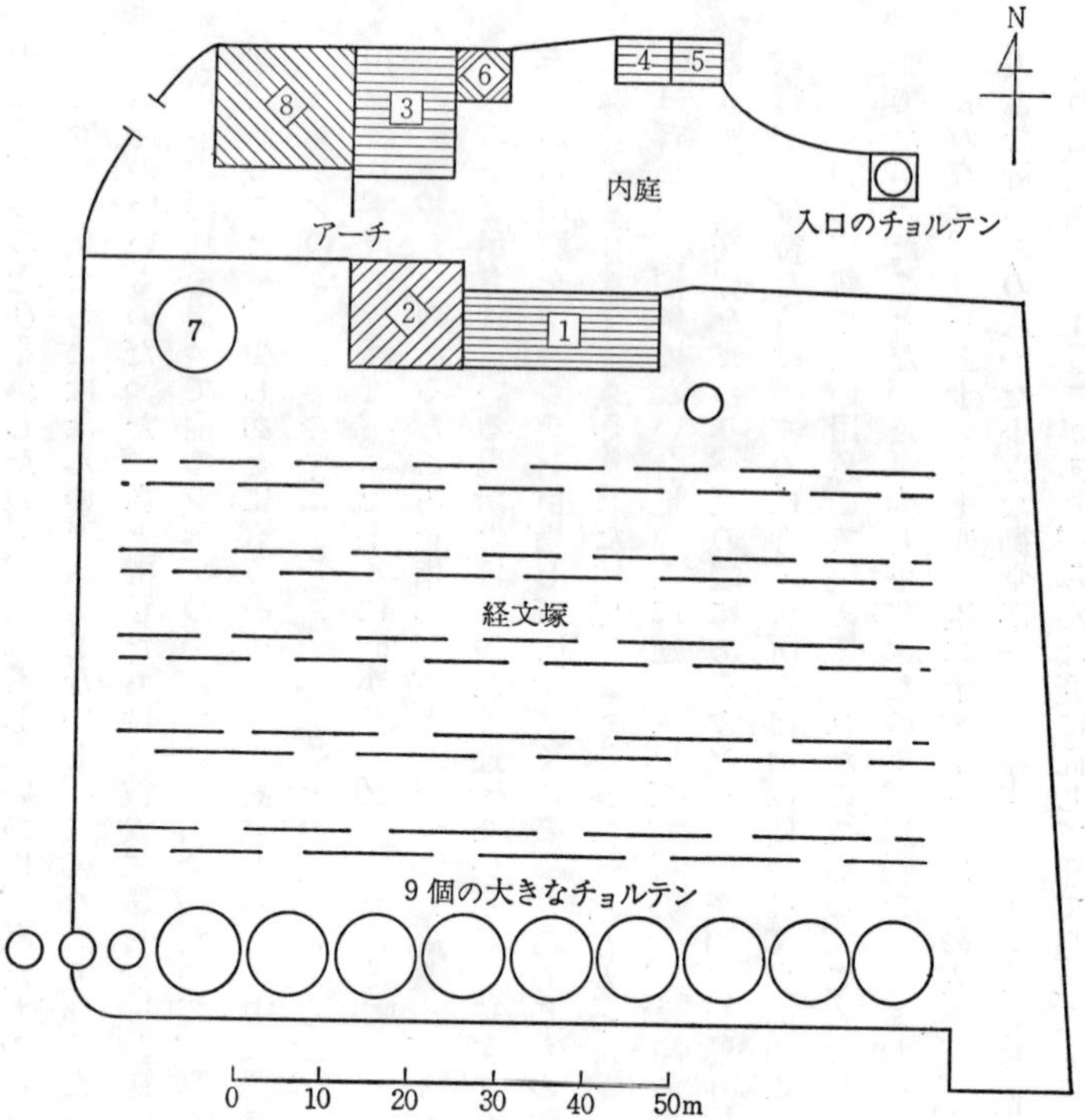

る、九つの大きなチョルテンの列との間には、石ころの多い広場になっていて、そこには、経文塚がたくさん並んでいた。もう一つ別に、大きなチョルテン（図上⑦）が、僧侶たちの住居（図上⑧）に向かい合っていて、このチョルテンには、この寺の創始のラマ、《栄光と幸に満ちた信仰の守護》(*chos-skyabs dpal-bzang*) の遺骸が納められているという。

①の本堂は、中に八つの仏塔がある大広間である。その壁は、すばらしい壁画でおおわれているが、その同定はそんなに難しくはなかった。左から右へ、ゆっくりと注意深く観察しながら見てまわった。

北の壁

《大慈悲観世音》（*Avalokiteśvara—mahākaruṇa*）

《蓮華生》（*Padmasambhava*）

《持金剛》（*Vajradhara*）

《釈迦牟尼》（*Śākyamuni*）

《全喜の精》（*kun-dga snying-po*）

《名声の幡》（*grags-pa rgyal-mtshan*）

《万物の貴い保護者》（*'gro-mgon 'phags-pa*）

《文殊菩薩——獅子吼文殊》[8]（*Mañjuśrī—siṃhanāda*）

《文殊菩薩》（正常な型で）

以上のうち、五番から七番までは、サキャ派のラマ僧である。

東の壁

《呼金剛》（*Hevajra*）

《阿閦《あしゅく》如来》（*Akshobhya*）

南の壁

《毘盧《びる》遮那《しゃな》仏》（*Vairocana*）

《大日如来》（*Mahāvairocana*）

《不《ふ》空羂索《くうけんじゃく》観世音》（*Avalokiteśvara—Amoghapāśa*）

《薬師如来》（*Bhaishajyaguru*）
《仏頂無勝天》（*Ushnishavijaya*）
《無量光如来》（*Amitābha*）

西の壁

《無量寿如来》（*Amitāyus*）
《無上天》（*bde-mchog*＝*Cakrasamvara*）

ヤンツェルの僧院は、サキャ派の寺として興されたもので、この壁画の各仏像のとり上げ方によってもそれがわかる。ここには、十三、四世紀の、サキャ派の三人の高名なラマの肖像や、各種の如来、とくに一つ一つ違った目的で祀られる菩薩がある。観世音（*Avalokiteśvara*）は広く一般に知れわたった仏であって、種々様々な型をもっているが、ここではそのうちの二つの型があらわれている。その一つ《大慈悲観世音菩薩》は、六道輪廻のすべての世界においても、万人に救いをさしのべることに懸命に努力し続けている仏であり、《不空羂索観世音菩薩》は、羂索（ワナ）をもって、悪業を為す者たちを捕縛せんとする仏である。《蓮華生》（*Padmasambhava*）が出てくるのは、いわゆる《紅帽派》の諸宗では共通なことで、ただニンマ派だけでは、彼を口にできない仏性の本質を示す最高の化身と見る。《持金剛》（*Vajradhara*）は、八十四人の大瑜伽《ゆが》行者たちにとりまかれる形で描かれている。この仏は、カギュ派が最も大切にする仏ではあるが、とくにカギュ派に限らず、チベットにひろく知られている。《無量光》《無量寿》の両如来も、同様どこででも歓待されている。これらすべての仏の中で、何はともあれ最も重要なのは、《大日如来》（*Mahāvairocana*）であって、チベット人たちはこれを《全智者》

(*kun-rig*) という簡単な名前で呼ぶ。この仏が、サキャ派においていかに重く扱われているかを示すのは、この地方一帯のカンニ・チョルテンの天井に、必ずといっていいほど描かれる、この大日如来の曼荼羅である。ここには、二世紀以来のインド仏教の傾向、すなわち、例えば釈迦牟尼のような従来の仏をさらに超越した、絶対的な最高神を考え出し、その超越者としての形の中に、悟りの境地を示そうとするような仏教思想の変質が見られるのである。釈迦牟尼は、紀元前六世紀から五世紀にかけて、その教えを説いてまわった、歴史上実在した人物であることを私たちは知っている。しかし、後期のインド仏教ならびにその時期に伝えられたチベット仏教においては、もはやその意味での釈迦は、第二義的なものとしか考えられなくなって、その道を選び精進を重ねる者には、すべて悟りの境地に至る道が開かれるとする。そしてこの思考から、チベットにおける仏教の確立に大きな力のあった《蓮華生》を、かつての釈迦牟尼と同様の如来の位置に置くのである。そしてこの如来の概念の上に、それを超越する絶対の仏をもち出す思想は、それぞれ個別的には一つの如来を示すものの集合である、[9]五仏の原理に、はなはだ簡潔巧妙にあらわされた。五という数字は、他の宇宙論や哲学的な着想と同様に中心および四方位（これはすなわち宇宙的普遍性を示す）に適合するのであって、五仏の中心に置かれる《毘《び》盧《る》遮那《しゃな》（光明に輝くもの）》(*Vairocana*) は、他の四つを包含統一するものとして思弁される。したがって、それは《偉大なる光明の輝き＝すなわち大日》(*Mahāvairocana*) と名づけられ、それをめぐる冥想と儀軌の経典が、いくつも体系づけられて発展したのである。これらが、いわゆるタントラ仏教の最も初期のものと思われるのであるが、おそらくは四世紀以降に、カシミール地方に発達し、それが十、十一世紀にわたって西部チベットに知られ始めるようになる。さらにそれは、サキャ寺の学派にとり入れられ、今日このように私たちが、このヤンツェルのサキャ派の寺で、その仏画を見ることができるのである。インド仏教の他の宗派においては、《自若たるもの》(*Akshobhya*・阿閦如来《あしゆく》)が、中心仏として尊められる場合がある。これは、それがヴァジュラ(金剛)部の仏の筆頭とされているためであろう。そしてこれは、力と怒りの思想に対する密教的結合を得ることによって、その化身とされるいくつかの忿怒形の仏を産み出し、それらのうちには、チベット仏教の説法者たちに受け入れられたものも多く、その中では、《呼金剛(ヘヴァジュラ)》と、《無上天》が、最も重要なものである。ことに、ヘヴァジュラはサキャ派では守護神としてとり入れられている。ここの東側の壁に、このヘヴァジュラと阿閦如来が、お互いに並んで描かれているのは、そのためなのである。

しかし残念ながら、現在ヤンツェルの寺に起居する人たちの信仰は、もはや、サキャ派のものでないことが、(前の図の)②の御堂に入った途端にわかった。ここの壁は、つい最近にこの地の絵かきによって塗り変えられてしまって、古い壁画の数々は、どぎつい色合いの塗料の下に消えてしまっていた。《蓮華生》と、その二つの忿怒相の化身に優位な位置を与えている仏の選択は、いまやこの地方一帯にひろがりつつあるニンマ派の信仰が実践されているという、何よりの証拠を示している。ちょうどまわりを見まわしているときに、その絵かきが入ってきた。活発で頭の良さそうな、三十歳にもならない男であったが、残念ながら専門の仏画師ではなかった。しかし彼には、そのでき映えについて惜しみない賛辞を贈ると共に、ヘヴァジュラが消されてしまったことがちょっと残念だと言ってやった。「この土地の者は、むかしはヘヴァジュラを、ずっと祀ってきたもんだが、もういまは私たちを守ってくれなくなったもんだから、《忿怒王》(*guru-drag-po*)にのり替えてしまったのですよ」と彼は答えた。

「ヘヴァジュラが、あなたたちを守らなくなったというが、それはあなたたちが、逆にそれを信仰しなくなったからではありませんか。」

「わたしたちは信じているけれども、向こうが何もしてくれなくなったから、いまじゃ、祈禱の儀式は忿怒王のほうにしているんでさ。」

あとになって知ったことであるが、彼らの日常唱えている祈禱の文句の中にも、このヘヴァジュラの名が出てくるのに、その祈禱の儀式は、すべて蓮華生の忿怒身に向けられているのである。

この御堂の中には、他にも非常にりっぱなブロンズの仏像がいくつかあって、その中の一組になった三体はとくに良いもので、この絵かきによれば、《三王子》像だという。これは、釈迦牟尼と、その向かって左の《蓮華手》、右の《金剛手》両菩薩を示す。しかしその持物は消えてなくなっていたが、この二体は、その印相から判断できた。[10]

密教の哲学に関する経典（般若波羅蜜《はんにゃはらみつ》 *prajñāpāramitā*・般若菩薩の言葉の上の化身として尊められている）が、片側の棚にきちんと積まれてあり、また《戒律》（*vinaya*）に関する経本が、木の棚の上に、ばらけたままほこりにまみれて置いてある。その各巻のカバーに当る長い板木には、いずれもその端に、すばらしい彫りものがしてあった。

（図の）③は、日常の祈禱儀式に使われる堂である。ニンマ派の様式に従って、真ん中に《蓮華生》（*Padmasambhava*）、向かって右に《観世音》（*Avalokiteśvara*）、左に《無量光》（*Amitābha*）の各像が置かれている。その後ろ側、ほとんど隠れて見えないところに、毘盧遮那《びるしゃな》仏、持金剛、釈迦牟尼のほこりまみれの青銅像が、そして棚上には、小さな十体の、これも同じく青銅の仏像が並んでいた。これは、無量光、無量寿、観世音、あとは全部釈迦牟尼である。二階に上がってみると、いままで見てきたものは、この寺の仏像のほんの一部にすぎないことがわかった。ほこりの積もった棚に、たくさんの仏像が、後ろのタンカにもたれさせて並んでいる。このタンカは、隆盛期の最もすばらしいチベット仏画の典型を示していた。ひび割れがひどく、ぼろぼろになっているものがほとんどであったが、ヘヴァジュラのすばらしいものが一枚あった。ほこりにまみれて、木版刷りの経典や写本類なども、うず高く積んである。その中では、ミラ・レパの《千歌謡》、《ヘヴァジュラ・タントラ》などのほか、数巻の密教経典を判別することができた。他にもまだ、巻かれたままのタンカがあり、まだきれいなもの、傷みのひどいもの、さまざまであった。過去の隆盛の跡に、このように見捨てられた、ほこりまみれの仏像、タンカ、経典などの数々。この寺の語るものは、まさに栄枯盛衰の悲哀の物語である。いま、この寺に多少とも創造的な歓びを見出すことのできる人がいるとすれば、それはこの絵かき一人だけであろう。彼の家に案内されて、彼が描いたという数枚のタンカ、古典チベット語文法の教本を見せてくれたが、目下それを懸命に独習中ということだった。前もって、私は彼に、大日如来の曼荼羅を一枚描いてもらうよう、試しに頼んであったのであるが、どうも彼の力ではうまく描けないようだったので、そのことにはもう触れないことにした。境内の庭に面した南側の壁は、祈禱車が並んでいるだけではなくて、多くの如来、菩薩、ラマ、僧侶などの肖像を描いた石板の額が、ずらりと掛け並べられている。どれもきれいに彫刻され、彩色されたもので、これだけが芸術的な価値を損わずに残されている唯一のものだということがあとでわかった。

この寺の「僧侶たち」は、境内を出たところにある十二軒の家に、ほとんどが結婚して別々に住んでいる。ニセールの村に、さらにもう一軒家を所有している者も数人いた。私たちの滞在中は、ここのラマをはじめ、村の主だった人びとは、みんな家畜たちを連れ戻すために「北」に出かけて留守だった。滞在三日目に、チベット月の毎月十日に行なうことになっている、お勤めの儀式が催された。祈禱の主神は《忿怒王》で、儀式のやり方はニンマ派のものであった。読誦をやり通せる者といえば、二人の修行僧しかいないものだから、式はいくらか寂しい感じであったが、女子供の一団が、お供えの分け前をもらうために、熱心にそれが終わるのを待ち構えていた。お茶（*mang-ja*）を期待して、多少の金を寄進したつもりだったが、配られてきたのをみると、大麦のビールだった。この辺では、チベット茶がほとんどないらしい。パサンが、このニセールで大麦のツァンパを買付け、その一部をお供え物として寺に差し出し、残りを私たちの食糧に加えた。式が終わったあとで、私たちも、そのお供えの菓子（torma）の配分にあずかった。

この地方の土俗信仰の神々のことを聞いてみると、ヤンツェルとニセールの神は、ワラギャップ、ムグ地方ではドバギャップ、シーメンではクンガギャップ、と呼ばれるらしい。これらは、土着の《山の神》のタイプに属するもののようである。この《山の神》への信仰は、チベット仏教にもとり入れられて、土地の守護神として残されており、この神にも定められた供え物が棒げられるのである。一軒の家の戸口の上に、石板に彫り込んだ《魔除け》が立てられているのを見たが、両手を上げた姿は、以前にロハガオンで見かけたものとよく似ていた。しかし肖像の彫り方は、余程このほうがりっぱで、平らな帽子を冠っている。《厄病からの守護神》（*rgyal-po nad-pa'i srunga-ma*）といわれる神で、パサンが、これはチベットのペハルの神ではないかと問い直すと、居合わせた人がみんなうなずいた。前に私たちがベリ川沿いの村で出会ったものと同種の、土着の習俗のようなものまでも、チベットの仏教文化が吸収しているのである。しかもそれが大分水嶺の北側に見られて、南のヒンドゥ側には、ほとんどその徴候がないというのも奇妙である。

一日を、ヤンツェルの下手の左岸、非常に高い場所に建つシュンツェル僧院の訪問に当てた。川の合流点のところで橋を二つ渡り、ローリの村（SI：Lurigāon）に登って行く。ローリは「南の山」（*lho-ri*）

の意で、十五戸くらいの家が、急な段々畑に散在している。その上をなお三〇〇メートルばかり登って、やっとシュンツェル（*zhugs-mtsher*）が山稜の鞍部のはずれに見えてきた。ここは、結婚した僧侶たちが集まっている小さな村であることがわかった。夫婦と子供たちが、日だまりにすわって穀物の干し替えをやっていた。よく見ると、トウモロコシであって、ティブリコットから買付けたものだという。私たちが急に現われたことにも別に驚かずに、女がすぐに寺を開けて見せてくれた。数は少ないが、いい仏像やタンカがあったけれども、寺中が汚なくて、タンカなどはもう腐朽寸前の有様だった。私たちは棚の裏に落ち込んだヘヴァジュラのタンカを見つけて拾い上げ、パサンがその縁の破れの修理を村人にさせながら、何故もっと大切に世話をしないのかと叱りつけていた。その間に私は、ほこりまみれになった経文の束に目を通した。この寺は、サキャ派の興したものであったろうが、現在では、ニンマ派の信仰に変わってしまっている。私たちは、ここでツァンパを少し買入れ、寺番の家の囲炉裏で茶を作ってから、やってきた道をまた引き返した。まだ日暮れまでには随分間があった。途中のローリの村では、子供を交えた男たちが、賑やかにアーチェリーをやっていた。

パンザン

私たちのもっている地図によると、ニセール（SI：Nisālgāon）からシーメン（SI：Simengāon）に至る道は、パンザン川（SI：Panjāng Kholā）の右岸沿いに記入されているけれども、私たちが人夫集めにかかったときに耳にしたところでは、そのような道はまったくないこと、この二つの村の間のゴルジュはとても通れないということがわかった。そこで私たちは、北東の方向に別の谷（SI : Mai Kholā）を、モェ（*mod*）という村まで溯り、[11] そこから南へ山稜を越えて、次の支流（SI : Chalā Kholā）を下ってシーメンに下るという迂回をせねばならないのである。ニセールの村の人たちの大半が、まだシーメンには行ったことがないと聞いたときにはまったく驚いた。私たちが人夫として雇うことができたのは、二人の娘だけだったが、彼女たちでさえ、わずか一日行程にも満たないモェ部落までしか行かないという。私は最後にもう一度僧院のあたりを散策した。そこは私にとって、何か一番心が通い合う場所のような気がした。偉大な宗教文化のオアシス——裸の岩山や荒々しく刻まれた大地に囲まれた、思いつくかぎりでは最も荒涼とした世界の真ん中にあるオアシスであった。このようなところにまで移り住み、敬虔と誠実さを傾けて自らの宗教を実践した、情熱と精力に満ち満ちた昔のラマ僧たちのことが頭に浮かんでくる。ここの寺は、その人たちの信念と指導の標準の高さを示す跡を残しており、この村からは、その生涯を心底から宗教生活に打ち込んだ男たちが、代々続いて出ているのである。

私たちは、ニセールの村の下を通ってゴルジュに下った（口絵参照）。荒々しい岩壁にとり囲まれた場所で、そこから高捲きして、モェの村に登る谷に入った。この谷はいくらか穏やかな谷であったが、それでも両岸には、灰褐色の草一本もない急斜面が続いている。やがて、村の先触れとなるチョルテンを通り過ぎると、間もなく、流れの両側に十五軒ほどの家が散在するモェ村が見えてくる。村のちょうど真下に、いい草地があったので、テントを設営し、すぐに村長を探しに出かけた。明日遅れずに出発するためには、ここで人夫の話をつけておく必要があったのである。ここでも私たちは歓待を受け、私たちのテントまで、村長と数人の村の人たちが、お返しに薪とミルクをもってついてきたが、その代金は受けとろうとしなかったし、必要な人夫は明日の朝には間に合わせると確約してくれた。氷のように冷たい風が吹き上げてきて、いままでにない寒さだった。野外で炊事をしたので、とても惨めな思いをした。その夜は、村長の家に寝させてもらったヘムラージとタキ・バブに比べて、パサンと私は、テントで震えながら横になったのである。朝方はひどく霜が降り、周囲の山々の上に日が上がってきてから、やっと体の調子が戻った。暦では、チベットの四月十一日、西洋式には、五月二十一日、白月曜日《ホワイトマンディ》（復活祭から七週目の月曜日）で、まだ夏のはしりである。村長はもう一度訪ねてきて、男と子供が一人私たちと一緒に行くことになったと知らせてくれた。ことのついでに、この村は冬の間も人がいるのかどうかを尋ねてみると、まったくいなくなることはないが、ほとんどの人はシーメンに下るという。このモェ村は、山を越えたシーメンの方に、より近い関係があるらしいのである。この村で私たちははじめて、特徴ある女の頭飾りを見た。彫りものをした、対になった銀とか真鍮のプレートを革紐で繋ぎあわせて、頭の上と後ろにつけたものである。ここと、東部トルボ地方一帯では日常に使用されているが、サルダンやピジョール付近の西の地区へ行くと、祭りとか休みの日でないとつけないようである。

　お別れの言葉を交わして、南に向かって山腹の道を登り始めた。長い登りであったが、わずかに目につく草の中には、小さなサクラソウ属（*Primula glandulifera*）、エーデルワイス（*Lentopodium himalayanum*）、その他の可愛いい岩に付着した草（*Androsace muscoidea, Oreosolen wattii*）があった。そしてやがては、岩と粘土の固まったような頁岩《けつがん》ばかりの風景に入ってゆく。この峠（五八〇〇メートル以上）への道は、稜線の最も高い頂上のすぐ近くを越えているのだが、私たちは荷物を置いて、東へ二〇〇メートルばかり登りつめてその頂上に立った。北側を眺め渡すと、いま私たちの目の前には、モェ村の谷の奥の源流域の全景が開け、そのかなたには、憧れのチベット高原まで顔をのぞかせているではないか。ヒマラヤの主脈を越え、なんとはるばるやって来たことか。この旅に出て以来の二か月間に通ってきた村々のこと、道中出会った多くの人たちのことが、走馬燈のように私の心に浮かび、胸がつまる思いだった。国境まではほんの一投足だが、私たちはここで我慢せねばならない。少なくとも、私たちはそのチベットの縁に触れることはできたのである。そこがいかなるところかという概念もつかみ得たではないか。西方は、昨日通ってきたゴルジュの谷を見下ろす。そして南から南西にかけては、かつて私が見たヒマラヤの高地とはまったく違った、この夢のようなトルボ地方がひろがっていた（口絵参照）。六〇〇〇メートルの山々といえば、相当な高さであるにもかかわらず、ここではその高さに近いあたりにまで村があり、人が住むのである。隣の村へ行くにも、そのように高い山頂近くを越さねばならない。見方を変えれば、それほどこの辺の山々は穏やかで、図抜けて大きな山もないということになる。下の村から、時には一〇〇〇メートル近くも登らねばならないこの地方の峠越えは、ちょうどスコットランドの山歩きとよく似たようなものである。私たちは、ネパールを横切って、ゆっくりと時間をかけて標高の高い地域に進んできたので、すでにこの程度の高さで生活するには支障のない高度馴化ができていた。しかし気の毒なことに、ヘムラージだけはいまだに調子が良くない。私たちの何回かの峠越えが、いつでも楽に越えられたことから考えると、インド測量局の地図に示された等高線は、ほぼ信用できそうだと思うようになった。したがって、この土地の村々の標高は、大体四四〇〇から五〇〇〇メートルの間だと思われるのである。一つか二つの村についてはもう少し高いかもしれない。とすればこのトルボは、人の居住するところとしては、世界の最高所にちがいないのである。[12] 一三〇〇平方キロばかりの広さの荒れた山地のそこここに村が散在し、人口はおそらく二千人を越えないであろう。私たちがいま立っている山頂からは、人の住む気配はまったく感じられない。村々は全部、深く切れ込んだ谷のかげに穏されている。そのためだろうか、この幾重にも重なり合う灰褐色の山稜、その上に落ちる陽光と陰影の明暗の中に、私たちだけがとり残されているかのような孤独を、ひしひしと感じるのだった。はるかかなたの地平線は、高い山々をおおう氷雪を示す白い一条の線で縁どられていた。

峠からの下りは、岩場まじりの、ガレと砂礫におおわれた歩きづらい長い道であった。ゴルジュ帯に入るまでは、とくに急な斜面で、ゴルジュに入ってしまうと、もう周囲の山々はまったく見えなくなり、この流れ（Sl：Chālā Kholā）に沿って、パンザンの谷のシーメン村（Sl：Simengāon）まで下った。川の左岸の非常に高いところに寺があり、その夜はそこに泊ることになった。この寺までの最後の登りの私たちの足取りはたどたどしくて、思うように足が進まなかった。狭い台地まで登りつくと、目の前に、小さな僧室と、庭と、数多くのチョルテンがあり、その付近に、テントを張ることができそうだった。眼下に、段々畑、広い敷地にゆったりと建った家並み、そこかしこに点在する柳の木立などを見下ろす。谷は相変わらず大きな断崖に囲まれてはいるが、川の長さにして二キロ近くの間は、谷がひらけているので、まだまだ人の住める余地はありそうだった。家の数を数えてみると、三十五軒ほどである。背後の寺の本堂から、おごそかな読経の声が洩れてきた。中に入ってみると、六人の村人たちが、濃い赤色の自家製の衣をまとって、《般若経》を読み上げている最中であった（口絵参照）。私たちの姿を見るとすぐ読経を止め、外に飛び出してきて私たちのことを聞きただし、すぐ近くにキャンプすることを了解してくれた。彼らはちょうど、ラサから、この新しい三十巻の木版刷りの経文を手に入れたばかりで、棚にしまい込む前に、いま、その全部を読み上げているところだという。しかしこの儀式もまったく形式だけのもので、いまここにいる人たちそれぞれが、何巻かずつを分担して読んでゆくのだから、そんなに日数はかからないのだと話してくれた。この本堂そのものは小さなものであったが、中の壁画は見事なものであった。カルマ派のラマ僧の肖像画、《蓮華生》《釈迦牟尼》《無量寿》《観世音》、それに《多羅観音》（*Tārā*）の二十一体の化身、四隅を護る四天王の画があった。

翌朝、モェから私たちについて来てくれた男と子供が、やはり帰ることになった。このあたりの村の人たちは、みんなたくましく、私たちともすぐ仲良くなってしまう。このように、毎日人夫を替えることは、私にとっては残念なことだった。毎朝、別れを言わねばならぬときになると、せっかく仲よくなった友達を、毎日のように失ってゆく感じがする。パサンは、人夫の代替として、馬を一頭連れた男とすでに話をつけていたので、私たちは寺から下り、道に入って先に進んだ。段々畑の間を通り抜け、灰色の石積みの家並みの横を通り、柳の木立の下を歩く。パサンは、朝早くからテントに来てそのことを話して帰った男の家へ、肉を買付けに出かけて行った。少し先の、柳の木陰にある小川のほとりで待っている間に、シーメンが、トルボの村々の中では最も素適な村のように思えてきた。それは、言ってみれば、沢山の木があるというだけの単純な理由でしかない。[13] 川のほとりには、スミレ（*Viola kunawarensis*）、アネモネ（*Anemone obtusiloba*）、小さな紫色のラッパ状の花をつけた草（*Lancea tibetica*）、チベット種のインカルヴィリア属（*Incarvillea younghusbandii*）、それに、切り株のような形の房状の花をつけたもの（*Solms-laubachia fragrans*）など、きれいな花が咲き乱れている。道が最後の家を通り過ぎ、そして経文塚の列をあとにしてしまうと、もはや草木の類はまったく無くなり、道は、ゴルジュの高い壁際に沿って急な登りになった。ここで、塩や羊毛の荷を背にした、二十頭ほどのヤクの隊商と出会い、私たちは、この小心なヤクたちがすれ違って通れるように、体を山側に押しつけていなければならなかった。シーメンから五キロ余り進んだところで、北から流れてくる一本の大きな支流を渡らねばならない。この谷を高く登ったところには、わずか六軒からなる、メという村がある[14](SI：Mājhgāon)。

向こう岸の、けわしい断崖を登ったところに、僧院の跡が見え、昔は相当大きなものだったにちがいない。さらに五キロほど登ったところにも、道端に、いまは廃墟となった村の跡があり、この先から、谷が開け始めて、道のすぐ上の岩場の斜面に、アンテロープ（カモシカの類）の大群が見えた。私たちがこの動物を見たのは、ここがはじめてであったが、トルボ中の山々を、自由に馳けまわっているらしい。だれ一人殺生をしたり、邪魔をする者もいないからである。もう少し行くと、また前のものよりも大きな村の跡に出た。いろんな形や大きさのチョルテンが、たくさん並んで立っていた。この谷沿いには、かつてはかなり多くの人びとが住みついていたことが、これではっきりしたけれども、この地図上わずか十五キロほどの距離にある、シーメンとティンキュウの間には、いまはもうだれ一人住む人もいないのである。

ティンキュウに近づくにつれて谷はひらけて、幅は一キロ近くにもなってきた。ここで二本の谷が落ち合うのである。一つは南東方向のチベット平原から、他は南の大分水嶺から流れ出してくる。その向こう側がタラップやツァルカである。南東からの谷は、幅広い、氷河ののこした谷であって、中を穏やかな川が流れ、谷いっぱいが丈の短い草で敷きつめられている。(15) ここの標高は約五〇〇〇メートルもあり、付近には一本の樹木も見当たらない。三十軒ばかりの家が集まって村を形づくり、北斜面の麓に並んでいた。私たちはその横を通って、古い砦の近くに幕営することにした。この砦を見て、現在のチベットとの国境がもうすぐ目の前にあることを、あらためて感じたのである。村長の家はすぐ近くだったので、恒例に従い、食べものを求めて訪問した。外囲いの門から声をかけると、男の子がおりてきて私たちを入れてくれたが、すごく大きな番犬が吠え立てているので、ちょうど戸口までのばしてある犬の鎖を締めてもらい、足場を刻んだ丸太の階段をのぼって二階の部屋に入った。部屋の中では家族が炉を囲んですわっていた。茶の接待を受けたが、私だけはこれを丁重にことわった。このバターのたっぷり入ったお茶が嫌いだというわけではなかったが、私は、パサンかタキ・バブの作ったもの以外は絶対に飲み食いをするまいと自制していたのである。このように大山脈のかなた、病院へといっても四週間はかかるような僻地では、ほんのちょっとした病気が重大な結果をもたらさないとは限らないのである。しかし時折は、あまり断り続けることが相手の気分を悪くすると思ったときにはこの戒律を破ったこともあるが、用心するに越したことはない。パサン、ヘムラージ、それにタキ・バブも、みんなその面では強い体質をもっていることは有難い。トルボの人びとの人の良さ、ほどよい人情味については、このころになってやっと目を開かされてきた私ではあるが、彼らの日常が、どこのチベット人についても言われていると同様に、まったく不潔であることは正直に述べておかねばならない。しかし彼らの家で、蚤や蚊などにやられることはまったくなかった。これはその土地の高さによるものだろうと思う。かくして炉の火からあがる煙以外には悩まされる何物もなく、快適に部屋の暗がりにすわり込むことができた。居合わせたのは村長とその妻、息子と義理の娘で、バター茶を飲みながらツァンパを食べるところだった。(ここで気づいたのであるが、私はまだツァンパとバター茶以外のものを彼らが食べているのを見たことがない。確かに彼らは、時に応じて肉汁のようなものを作るし、そば粉で平たいパンも作るのであるが。)私たちのことについての彼らの質問にも答え、村長の奥さんからは、オレグ・ポルーニンのことも聞かされた。もちろん彼の名前をだれかが知っていたというわけではないが、彼女のちょっとした口振りから察すると、彼のことに間違いなさそうだった。熱心に草を蒐めてばかりいたことから、医者の部類だと思われていたらしい。彼のやっていたことを説明するにはそのほうがピッタリだと思ったので、そのままにしておくことにした。第一、この人たちに植物学の純粋な研究について講釈することと自体無意味だと思ったからである。私たちのことは巡礼者だということで納得したらしい。巡礼とは、宗教的な功徳を求めるものであるし、彼らにとっては、至極日常的な行為であったからにちがいない。

彼らの生活のすべては、チベット抜きでは考えられないようである。冬の期間の放牧を、国境の北側の草原に頼っていることもその理由の一つである。チベットの文化の中心となる町とは、随分離れているけれども、彼らの巡礼の行きつく先はこれらの町であり、宗教的な学問を修めるために行くのもチベットである。南のネパール谷へ行ったことのある者は非常に少ないし、私の会った人たちのうちでインドまで行ったことのある者は皆無だった。この土地の人たちにとっては、ネパールやインドというのはまったくの遠隔地であって、私たちがまだそのもっと向こうからやってきたなどということは、説明の仕様もないことだった。ここでは新しいヤクの肉を手に入れることができたので、テントに帰り、ぶつ切りのカレー煮にして、久しぶりに豪華な食事をすることができた。

テントのまわりの見物衆の中に、顔一面、ひどい傷だらけの若者がいた。薬をつけてあげようかと尋ねたら、すぐ嬉しそうにうなずいたので、不潔に汚れた顔を洗わせたあと、かさぶたをとり除いてセタベックス軟膏を塗り、繃帯をしてやった。すると彼は、それはもういいからこちらもやってくれとばかりに横になって股をひろげてみせた。これも一面にたち悪くただれた傷だった。こんな傷をもちながら平気で辛抱しているというのは、誠に恐れ入った人たちである。このような例はけっして彼一人ではなかった。全身を洗わせて、できるだけの手当をしてあげた。二日後に私達が出発する直前に、彼はもう一度やってきて二回目の薬の塗布をうけたが、その後すっかり良くなったということは、ずっとあとになってから私たちの耳に入った。

ティンキュウの上の山腹には寺が二つあって、一つは荒れ果てて廃墟となっており、もう一つのは新しい寺だった。古いほうには、ヤンツェルの第一号の御堂にあったのと同じ様式の壁画がいくつかあり、おそらくサキャ派の寺だったにちがいない。新寺のほうはロールン・ゴンバ（*sgrol-lung dgon-pa*）すなわち《救いの土地の寺》、という名で呼ばれている。年寄りのラマが一人そこに住んでおり、私たちを快くもてなしてくれた。彼は姪夫婦に面倒をみてもらっているようで、その夫のほうはこの地方の仏画師で、私にはヤンツェルの絵かきよりは数倍腕が良いように思えた。ここにはまた、トルボでは珍しいことだったが、正真正銘の修行僧が一人いる。私たちは、狭い屋上の庭の日だまりにすわり込んで、頂戴した乾チーズのかけらをかじりながら、彼らのもっている本をみせてもらった。寺そのものは明らかにニンマ派のもので、その壁画の《普賢》《蓮華生》《観世音》《阿弥陀》《釈迦牟尼》、ヘールカ、《金剛薩埵》などの描き方で区別できた。祭壇には、たくさんの小さい仏像が安置され、彩色された木柱には奇妙な面がいくつかかかっていた。鉦《かね》や太鼓や笛などが、いつでも使えるように置かれてある。どの場所もよく手入れが行届いていた。燈明料を支払って寺を出たのは、午後もまだ早いころで、暖かくてまぶしい日射しの中を、テントに下って行った。テントからほど遠くないあたりに、浅くゆるやかな川が流れており、朝方はとびきり冷たかったが、いまはもう生温かいくらいだったので、とうとう水浴びまでやってしまった。六週間前にティブリコットを出て以来だった。果たして四か月後にブリ・ガンダキに達するまでの間に、この山の水の冷たさを我慢しながら水浴する楽しみを、再び味わう機会があるだろうか。

夕方になって、私たちは砦の方を見てまわった。築かれたときに、ある角度をもたせてあるせいか、石を積み上げた壁は、いまでも頑丈なもので、現在は使用されずに放置されている。途中で、十二人の村人が石を割り、新しい祈禱石の文字彫りをやっているところを通った。この並べられたマニ石のすべては、この人たちが功徳の行為として費用を自ら負担しているのである。この役務を伴なう計画は、村の会議できめられるらしく、喜んでこの仕事に参加する者はほとんどいないらしい。

私たちは後日タラップやツァルカを通ることになるので、その翌日はシーメンにあと戻りして、寺のそばにテントを張った。この日はチベット暦の四月十五日（満月）であった。村の人びとは、すでに新着の経文三十巻の読み上げを完了したので、きめられた儀式をやっている最中であった。礼拝の中心は、《無量寿》すなわち阿弥陀如来の、超人格的な顕現である《絶対実在の統合》に向けられる。長い祈禱と請願は、長寿と繁栄のためである。私たちまで非常に公平な供え物の分配にあずかったが、中でもチャンはニマ・ツェリンの家のものと同程度の上物であった。さらに念入りな演出は、ほとんど皆既に近い月食があったことである。祭りの祭司たちは、ほら貝や笛を吹き鳴らしながら寺のぐるりを順番にまわりはじめる。ラクラ（*gza-lha*）すなわち天の悪鬼が餌食を失うように祈るのである。寺のうちでは、だれ一人、月が欠け落ちてゆくことにおびえて騒ぎ立てる者はいなかったようで、供え物の分配と最後の祈禱が、いつものとおりに進んだ。

シーメンからは、けわしい道が谷をはなれて西に向かう。コマ（SI：Komagaon）の部落の上にある山稜を越え、その先でナムドへ行く道と、サルダンに向かう道に分かれる。私たちは前に食糧の一部を残してきた、ニマ・ツェリンの家に一度帰らねばならなかった。いまや私たちの食糧の手持は底をつきかけていたからである。ツァンパは順調に手に入れることが可能だった。二度目にシーメンを発つときに、日干しの羊肉を買ったが、私はこのような貧困な環境にあっても、小麦粉なしで長く耐えることはできなかった。米や砂糖があればなおさら結構である。私たちに同行した男と女は、次の村までしか行かなかった。これは土地の習慣である。そこで、代わりが見つかるまで、私たちはコマの村の上で待たねばならなかった。やっとのことで、活潑でよく笑う少女が二人あらわれ、私たちはまわりの者を巻き込んでしまうような彼女たちの朗らかさに、まったく生きかえったような気持で旅を続けることができた。しかし、すでにだいぶ行程が遅れてきていたし、広大な高原台地の横断は、随分長く感じられた。私たちがその縁にたどり着き、目の下に谷を見下ろすようになったときは、すでに夕刻であった。そこからさらに、川までの長くて急な下りがあり、サルダンの村の下には橋がなかったので、夕闇の深くなってゆく中で冷たい激流を徒渉し、暗闇の中をニマ・ツェリンの家への道を探さねばならなかった。こんな悪条件にかかわらず、二人の娘の賑やかさは最後まで変わらなかった。テントを張り終えたころに、十六夜のわずかに欠けただけの月が昇り始めた。食事の用意をととのえて、心ゆくまで食べた。なつかしいキャンプサイトに帰り着いたときには、いつでも故郷へ帰ったような気分になるものだ。娘たちは家の中で夜を過ごし、朝になってから賃金をもらいにやってきたが、まだまだ冗談や笑い声が絶えなかった。

ナムド

その日、私たちはタキ・バブをキャンプに残して、ナムドの向こうにあるいくつかの寺を訪ねることにした。サルダンの下部の家々の横を通り抜け、川岸の高みをからみながら、ナムグン村からの川が流れ落ちる小さなゴルジュのところで、道は川に下る。対岸を登り、急な川沿いの山腹を横切ると間もなくナムドに達する。十五軒くらいの小さな村であった。岩の多い小さな丘陵を越して一キロ半ほどのところに、サル・ゴンバ（*gsal dgon-pa*）がある。門に立って声をかけると、女が出てきてわれわれを案内し、内庭を通って、足場を刻んだ丸太梯子を登って二階の小さな仏間に入った。壁には仏画はなかったが、いくつかのきれいなタンカが垂れ下がっていた。祭壇の上の、真ん中に位置を占めるのは《蓮華生》で、供物皿とバターの燈明がきちんと並んでいる。この寺がニンマ派の寺で、新しく、よく守られていることは明白だった。四十歳くらいのラマが入ってきた。私たちはすでに、このラマが《化身のラマ》であることを聞いていた。彼は席をすすめてくれ、私たちが、どこからやってきたのかを尋ねた。私たちがネパールを横断して、いまこのトルボの村や寺を訪ね歩いていることを話すと、彼は、それは奇特なことだとその実行を奨めて、援助を申し出てくれた。

「リンポチェ(16)よ。私たちはあなたの寺を訪ねて、燈明を捧げたいと思ってやって来たのです。すべてのものに、あなたは非常によく世話をなさっておられる。ここには長年お住いなのですか。」

「六年になります。ここにはずっと昔僧院があって、まったく荒れ果てていたのですが、ニマ・ツェリンから、ここに来て住むように頼まれ、金もくれたので、いままでにわずかばかりのことがやれたのです。」

「あなたのお生れはどちらなのですか。」

「私はローリの村で生れました。」

「シャンのラマとはお知り合いなのですか。」

「私をこの道に導いてくれたのが彼で、よく滞在していたポェでは、数年一緒に過ごしました。」

「まだ会ったことはありませんが、そのお方のことはよく耳にしております。」

「彼は偉大なラマで、この地の隅々まで彼の教えが及んでいます。いま彼はロー（ムスタン）に滞在しています。」

このラマは口かずも少なく無口なので、あまりしつっこい質問を浴びせることは失礼かもしれなかった。先に会った女は、彼の妹だとわかったが、熱いバター茶のポットをもって入ってきた。ラマは私たちに無理矢理にお茶をすすめる。

「リンポチェよ。あなたの寺の名前はどう書くのですか。」

「サル寺 GSAL（清澄の意）と綴ります。」

「なるほど。同じ語がたくさんありますね。サルダン（*gsal-mdangs*・清澄な輝きの意）、ニセール（*nyi-gsal*・太陽の明澄の意）など。」

このようなことについて、彼はいままで気づかなかったらしく、手はじめにちょっと示された知識が、ひどく気に入ったようだった。トルボ地方の地名はすべて純チベット語である。しかしその多くは、インド測量局の地図ではひどくゆがめられているので、その地図だけでは正しい発音をすることは不可能である。土地の者は、もちろんその名前を正しく発音するけれども、めったにその綴り方までは知らない。このラマにその手助けをしてもらおうという私ののぞみは裏切られず、ここですべての地方名をチェックすることができたのである。このためには当然、私の純正なチベット語の知識が披瀝されることになって、ラマは驚きを隠すことができなかった。この地方の僧職以外の一般人で、チベット語の正確な知識をもっている者などは、ほとんどいなかったからである。

「インドには僧侶がたくさんおりますか」と彼は尋ねた。

「インドにはあまりおりません。私の国はインドよりまだ遠い、海の向こうにあるのですよ」と私は答えて、パサンにもっとくわしく説明するように促した。

彼は、幾日も陸の見えない、とてつもなく広い海を渡る旅のこと、数百、数千の客を運ぶ大きな船のこと、八〇〇〇キロもの距離を一日で飛んでしまう飛行機のこと、などを話した。ネパール谷では、イングランドという名は知られないまでも、ビレイト（Bilait）という名なら知っている者もいる。この名は、「ブライティ（Blighty）」としてイギリスの軍隊仲間で使われている、彼らの本国をさす言葉の訛ったものである。しかしここでは、そのビレイトも通用しない。いま一つ、教養のあるチベット人の間で、私たちの国を指す言葉として、インジ・ルンパ（*Inji-lungpa*）、すなわちインジの国、というのがあるが、これもここでは知られていない。西ネパールの全チベット人居住地域では、外国人をあらわす用語は二つだけである。一つはロンパ（*rong-pa*）で、「谷の住人」を意味し、低地方の山あいに住む種族か、私自身のようにその方向からこの地にやってきた旅人に対して用いられる。他は、広い土地の人を意味するギャミ（*rgya-mi*）で、中央チベットや、古い時代の言葉では、とくに中国人を指している。しかしこの周辺では、遠いところからやってきた異国人には、すべてギャミが用いられ、インド人でも、ヨーロッパ人でも、中国人も日本人（三一九ページ参照）も、すべて区別なくギャミと呼ばれる。中国人はとくに、ギャミ・クンテン（*rgya-mi kung-teng*）と呼ばれるそうである。クンテンはもちろん国民党（*Kuo-min-tang*）の訛りであり、現在、国境を越えてくる中国人といえば共産兵に限られているにもかかわらず、いまでもこの呼び名が使われている。したがって、私に対する最も正しい呼称は、ギャミ・ロンパ——すなわち南の谷の方角の、ひどく遠いところからやってきた外国人——とするべきだろう。私の国のことを説明するには、何から始めたらいいだろう。これはパサンにはうってつけの仕事だった。なぜなら、パサンがはじめてボンベイからイギリスに旅立ったときの彼の頭の中にあったイギリスは、このラマのそれとそんなに差はなかったはずである。

パサンが話したのは、まず農作物や家畜のこと、じゅうたんをいっぱいに敷きつめた家のこと、人のたくさん住む町のこと、トルボにもすこしは似ている山のこと、などであった。また、教会や寺院のことも話したが、それらがキリスト教のものだなどと言わなかったのは賢明だった。ただでさえややこしくなってきている話が、そんなことを言えば余計にこんがらがってしまったにちがいない。この地の人たちにとっては、宗教といえば——その宗教というのは即チベット仏教なのであるが——あるいはそれに非常に近い関係をもつボン教のことしか知らない。そしてネパールからインドにかけての低地方の谷に住む人びとは無宗教だくらいに思っているのである。「宗教をもたない谷の人」のことを、非常に気の毒だと彼らは言う。私たちは、そのさらに向こうの、本当の宗教が行なわれている国からの巡礼だということにされたので、おかげで問題はおきなかった。バターのかたまりを三つばかりいただいて、私たちは感謝の意を述べて、そこを辞去した。

もっと上流の、川べりの高みにはシャムタック (*shel-brag*) 僧院がある。登って行って声をかけると、小さな女の子が戸を開けてくれ、二階に導いてくれたが、そこには一人の男と女がいて、男はたくさんの量のツァンパを挽き、女はチャンを濾している最中だった。聞いてみると、翌日行なわれる予定の、死んだ彼らのラマ僧の一周忌のための準備だということだった。私たちの来訪は、まったく特別な扱いを受けることもなく、彼らはその仕事の手を休めはしなかった。男は真正のチベット人で、僧院の世話をするために、もう長い間そこに住みついている。婦人のほうは、ラマ僧の奥さんで、彼女の言うところによると、以前にも結婚歴があり、すでに大きくなったそのときの息子がいて、ちょうどいま、家畜をつれて北の方面から帰ってきたところだという。ラマとの間には二人の子供があって、先ほどの女の子と、もう一人は男の子らしい。次のラマにはだれがなるのかと聞くと、この息子が儀式には参加してラマの代わりを勤めているので、このまま熱心にやってくれるようなら、結局彼が次のラマになるだろう、ということだった。私たちのことも説明したうえで、寺をみせてもらえまいかと頼んだ。いくつかの仏像とタンカ以外は何もなく、あまり収穫もなかったので、私たちはそこを出て、サルダンに向けて引き返した。この例のように、行けばどこにでもえらい坊さんがいたり、素晴らしい寺があったりするとは限らないのである。文化の調査ということに関する限りでは、博学なラマ僧や、値打ちのある古寺がないということを観察することも、同様に重要なことなのであって、何があるかを調べるために旅するのである。見るに値するものが本当になければ——そんなことは非常にまれであるが——次の予定の場所に歩を進めれば良い。常に大切なのは、じっくり落ち着いた観察と、せっかちに知ることを急がないことであろう。

サルダンの寺

ナムドからサルダンへ向かう道端には、数えきれないほどの祈禱石（マニ石）が並んでいる。たんに並べるだけに満足せずに、村人たちは経文を彫り込んだ石を積み上げて方陣を作っている。オム・マニ・パドメ・フム・リという定文句が最も一般的であるが、中には、彼らの信条とする経典とか、仏教哲学の論から抜粋した文句を刻むこともある。そして繰り返しそれを読むことによって心の安らぎを求め、ブッダに対する賛美と、心の礼拝を行なう。道を歩きながら充分にその思考を心中に行なえば、たとえわずかな道程のところでも、本物の長い巡礼と同等の功徳があると考えるのである。サルダンの村はずれには、その村の入口となるチョルテンがあり、その天井には大日如来の曼荼羅が描かれていた。近傍の寺はサキャ派のものにちがいないと予想していたが、間違っていなかったことがわかった。四方の壁には古い時代の壁画が残され、供物台のうしろの壁の中央には、《獅子吼文殊菩薩》(*Siṁhanāda-mañjuśrī*)がある。文殊《マンジュシュリ》は一般には智慧の王者と考えられているが、その本当の意義は、仏教初期の伝承によれば、釈迦牟尼に代わって説教することのできた、仏の教義を極めた第一の聖師であるとされる。そして文殊は如来部(すなわちブッダの眷族《けんぞく》)の最高の原型となり、一方では、観音は蓮華部の、また金剛手は金剛部の原型となったのである。マンジュシュリはまた、如来部の長である毘盧遮那《びるしゃな》仏とも結びつけられるようになった。仏教の教理がますます発展してくるにつれて、それらは共に釈迦牟尼の極限の理想をあらわすものとされるようになる。「妙吉祥なるもの」(*Mañjuśrī*)あるいはその本来の「妙なる声音」(*Mañjughosha*)というのが、もともとの称であり、仏典において、その名が最初に出てくるのは、聖なる菩薩行への求道者としてである。輝けるもの(すなわち大日如来 *Vairocana*)の名は、菩薩の行きつく理想像を示すもので、これら二者は、大乗仏教においては、非常に密接に結びついている。それらのまわりに織りなされた冥想と儀礼の形式は、非常に類似しており、同じ教派の内において入念に仕上げられたものであった。事実、カシミールを中心とした、初期のタントラ時代の仏教が、それを代表するものである。そこを起源としてそれらは中国や日本に伝わり、西部チベットには、ややおくれて伝播した。したがって、これをもって、後期のタントラ派が好んで用いた異様に騒々しい儀礼をもつものだと見なすのは、当を得たことではない。偉大なチベットの宗教改革の実践者である黄帽派創始のラマを、その宗派の後継者たちが文殊菩薩の化身であると見なしてきたことは、非常に重要な意味をもっている。改革の当事者たちにとっては、古い仏道が、非常に好ましからざる様式で行なわれることは、憂うべきことであったにちがいない。チベットの旧派は、当時かなりの比率をもって、その教義の熱心な実践者をあつめており、その中には、大日如来と文殊菩薩に対する熱心な信者が数多かったのである。このトルボのサキャ派の寺のいくつかが、かつての時代には、その人びとの信仰を高める役割を果たしていたことは明白である。

文殊菩薩の右側には、釈迦牟尼仏と未来仏である弥勒菩薩、左側には、偉大な救世主、観世音菩薩が並んでいる。両側の壁には、ブッダの五族の長である五仏が描かれていた。このように、文殊菩薩は常に、いくつもの尊仏の中心として観想されていたものが、今日ではその姿は、大きな蓮華生の姿のうしろに隠されてしまっており、蓮華生は祭壇のすぐ上に置かれるようになったのである。ここではそれを写真に写すことはできなかったが、ここのものは、カランにある仏像が示すものと同じである。

キャンプに帰りついた私たちは、今日一日の収穫に満足すると同時に、かなりくたびれてしまったので、翌日は一日を休養と、資料のノートの仕上げに当てることにした。これで私たちはトルボの中央部と東部をすべて訪ねたことになり、残されているのはもう、西部のピジョール、シェー、そしてタラップと、南のツァルカだけになった。

カラン

五月二十八日、月曜日。私たちはニマ・ツェリンに別れを告げて、カラン（SI：Karāng）に向けて登って行った。彼は茶碗に何杯もチャンを注いで私たちを見送ってくれた。四人のサルダンの子供たちが私たちに同行して荷を担いでくれた。カランは二十戸足らずの小村で、サルダンの北、五キロほど先で東から大ゴルジュに向かって流れ下る川（SI：Nāngung Kholā）のほとり、傾斜のゆるやかな台地に位置している。西方に向かってせり上がる谷は、約六〇〇〇メートルの山脈に至り、その向こう側に、ピジョール、サムリン、テ、シェーなどの村が散在している。私たちは、とある泉のほとりの小さな草地に快適なキャンプサイトを見つけた。ここには、この地方の水霊（*klu*）を祀るケルンが積まれてあり、供えられた穀物が、清く澄んだ水溜めの底に散らばっていた。

カランの僧院は、村の一番低いはずれにあり、そこへゆく道にはチョルテンが並んでいる。その中の一つの天井には、大日如来の曼荼羅が目についた。これから判断すると、この寺はサキャ派によって興されたものらしく、古くて美しい壁画などが他にも見つけられるかもしれない。その期待は裏切られず、小さな脇寺の一つに（現在の住職にとっては非常に恥ずかしいことだろうが、物置として使われていたが）、一場面ごとに分かれた蓮華生（*Padmasambhava*）の生涯を訓話的に示す壁画が、どの壁にも描かれていた。この種のものは、全トルボ中にも他に見たことがなかったが、年代の古さと、粗末に扱われてきたためか、残念なことにすっかり薄れてしまっている。本堂のほうは、六メートル四方くらいの部屋で塗替え作業が行なわれていた。そこの古い絵画には、赤、青、黄色などの塗料が塗りたくられていて、私がいままで見てきた中では最もまずい画になってしまっていたが、村人たちは、真面目に寺の中の改装をやろうとしているらしい。彼らが古さというものの価値を評価できないことを知っても、いまさら驚くことはない。部屋の一角には、まだもとのままの蓮華生と持金剛像の壁画が残されていたが、これも明日までもたないだろう。供物台の上には二体のブロンズの仏像があったが、一メートル半くらいの高さの坐像で、弥勒と獅子吼文殊と思われる。その形式の文殊は、よく弥勒と間違われやすいのであるが、二つが一度に見られたのはありがたいことであった。弥勒は普通のポーズで、両手をあげた説法印をなし、文殊は左手を裳上に休ませて、右手をあげた施無畏印であった。

カランの一五〇メートルばかり上の北の山腹には、さらに小さな二つの僧院がある。上の方のペルディンとよばれるものは、かつてはサキャ派のものだったらしいが、いまはニンマ派ふうに塗り変えられている。以前には一体どんなすばらしいタンカや仏像があったのだろうか。付近には、それを囲むように数軒の家があり、夫婦者が住んでいた。下の僧院はヤブ・ユムと呼ばれ、ニンマ派のもので新しい。ここは独身のラマが所有している。

カランに滞在した短い間にも、村長は私たちに非常な好意をもってくれ、乾肉やバターの包みを分けてくれた。人夫のことを頼んでも嫌な顔はしなかった。この手配がうまくゆかなければお手上げになるので、私たちは当然の権利のようにきつい要求をしたものの、一方では、村人たちには迷惑なことにちがいないと思っていたので、すばやく手配が整ったときには、かえってこちらが驚いたほどであった。

私たちは、男二人と馬一頭を連れて、ゆっくりと西の谷を登って行った。一歩一歩しっかりした足取りで進みながら、連れの男たちからはひどく厄介な峠だよと、冗談まじりに聞かされてきた。高さは六〇〇〇メートルもある峠だったが、ベン・ネヴィス（スコットランド西部にある英本土の最高峰）の登りを少し難しくしたくらいなものだった。カランの村自体が、すでに四八〇〇メートルもの高さなのである。谷の上部に登るに従って、華やかな色どりの草もだんだん姿を消し、岩のゴロゴロした広い斜面を横切って進むと、やがて風景はすっかり変わって、岩屑と雪と黒い断崖ばかりの世界となる。私だけは列を離れて、傾斜の一様な雪の斜面を斜上して、直接に、峠のすぐ上にぽつんと離れてある高台に登り着いた。西方の眺望は、眼前に並ぶシスネ・ヒマールの高峰が視界を奪う。峠のすぐ南には、インドの地図にある六四三九メートルの山が目の前に見えた。この山は、峠から楽に登れそうだったが、ムクポ・ロン（*smug-po'i rong*）(17) すなわち「紫色の山」と呼ばれ、ピジョールやサムリンを睥睨《へいげい》しているので、この地方の「山の神」の住みかとされているのである。振り返って東に目を向けると、トルボ一帯の眺望が眼下にひろがっていた。峠に下りて、再びみんなと一緒になった。ヘムラージはひどい頭痛で苦しんでいた。他の者は全然平気であったし、むしろ滅多にないくらい楽しい峠越えだと感じていたほどであった。「紫山」の山腹を捲いて、私たちは草の見えはじめる山稜に下り、それに沿って夕陽の沈む方向に(18)進むと、右手下方にピジョールの村が見えてきた。ここから道が分かれて、シェー川（SI：Sibu Kholā）に向かって左に下る道をたどると、やがて目の前に、サムリン僧院の寺や家の群れが、ゴルジュの上にへばりついたような草の台地に散在していたのである。

私たちの近づくのを知って、真っ先に犬がすさまじく吠え立てた。パサンは先に行ってしまったので、私はゆっくりと、感慨に耽りながら道をたどった。私たちにとって、ここは待望久しい土地だったのである。私が着いたときには、パサンはすでに一軒の家に陣取って、ラマや僧侶と交渉の最中であった。「この家を使わせてもらえないものでしょうか。」「すぐに寺を見せてもらえるとありがたいのですが、どうでしょう。」まず私たちのことに関する一通りの質問に答えるのが先だった。それよりも前に、私たちがニマ・ツェリンのはからいでここに来たことを、すでに人夫たちが説明していたのに、あまりのくどくどしさに、私はもどかしくて何度か嫌になりかけたほどだった。しかしここで、私がなんとか最後まで礼節を保ち得たことは、なんと幸運なことだったと言うべきであろう。なぜなら、あとになって、このサムリンこそ私の今度の旅の目的に最も適った土地であることがわかったし、この老ラマ（口絵参照）との間に真の友情を結び合うことにもなったのである。やっと彼らが席を立ったので、私たちはくつろいで泊りの用意を始めることができた。

私たちはすでにこの家の二階に居ることになり、そこは長さ七メートル半、幅四メートル半ほどの小さな庭になっている。小さな部屋が二つ、この庭に面していて、一方の部屋は、台所用に作られたものらしく、屋根に穴があけてあった。タキ・バブはさっそくここでお茶の用意を始めた。ラマ付きの少年が、柴とヤクの糞と、いささか濁った水の入った青銅の水差しをもってきてくれた。この子供は、名をユン・ドゥンと言った。もう一つの部屋は、ラマが現在住んでいる家ができるまでは、主人である彼の居室であったらしい。それ以来、定期的にやってくるパーレの若いラマが来たときの客室として使われていた。しかし、この二部屋とも、窓がなく、入口から入る光が頼りなので中は真っ暗だったし、それにとても汚なかった。庭の一方の端からは、穴をくぐり抜けて、本堂の屋根の上に出られるようになっており、明かりをかざして、屋根の真ん中にある大きな四角の穴からのぞき込んでみると、ほこりをかぶった仏像、本、タンカなどが乱雑に置かれているのが見えた。庭のもう一方の端には、普通のチベット式の便所があった。庭から刻み目のついた丸太の階段を登って、台所と居間の上の、土の平屋根に上がることもできる。私はここにテントを張ろうと考えた。家の中の暗闇はどうも苦手だった。ヘムラージとタキ・バブが居間を使い、パサンと私がテントに入ることにした。

すでに夜の幕がおり、私たちはひどく疲れを感じていた。ヘムラージは、相変らず高度影響による頭痛が止まず、気むずかしい顔をしていた。彼には、このごろ好んで用いていたコデイン錠を与え、私たちは、タキ・バブの作った飯とクノールスープに手をつけた。ヘムラージは、しばらくたってから熱いココアを飲んで具合良く寝入ってしまった。いつも高度にやられるのは彼だけというのも不思議なことである。彼はいままでずっと海抜一二〇〇〜三〇〇〇メートルのところで生活してきているのである。これは私などの場合よりはるかに高い。文明の進んだ都会生活者のもつ、野外生活への先天的な不適性の好例を彼が示しているようである。そしてこれは、パタンやカトマンドゥの人びとが山地の人たちに対して抱いている、あらゆる面での嫌悪感にも通じるのではないだろうか。可哀想なヘムラージ。私たちについてゆきたいという熱意はりっぱだったが、現実にはこんな苦しみを味わうことになった。出発前に、予想される事態については最善を尽くして彼に説明したつもりであったが、体が馴れていないということは明白であった。しかし、一度も弱音を吐いたこともないし、問題を起こしたこともなかったが、今度だけは自分の去就について真剣に考え込んでいるようだった。これは、数日たってから私たちが知ったことである。

翌朝、庭から例の梯子を使って、一階の暗がりに下りてみた。床は堅い土で、ここは、家畜小屋と物置に使われているらしい。いまは空っぽであった。この部屋には、普段は鍵の掛かった扉があって、寺の本堂に通じている。要するに、この客間は寺に付属して建てられているのである。まず最初にやらねばならないことは、ラマに挨拶にゆくことだった。彼の住居はこの建物のちょうど隣にあり、建物は少し大きいけれども、造り方はまったく同じであった。一階は真っ暗だったが、かすかに薪や不要な水がめなどが置かれているのが見えた。刻み目つきの丸太を登ると、四角な庭があり、一方の隅に敷物が置かれ、ラマがその上にすわっていた。ユン・ドゥンが、アンテロープの毛皮を私たちのために敷いてくれた。私たちは、ラマに白いスカーフを捧げ、贈物としてわずかばかりの銀貨を差し出して席についた。彼は再び私たちの旅のことや、私の国のことを聞いてきた。チベットへの旅はしたことがあるが、インドやネパールへは行ったことがなく、海の向こうの土地のことなどはまったく知らないのである。彼の頭にあるのは、仏教の宇宙観で言う《四洲》（須弥山の四方の海に浮ぶ勝身洲、瞻部洲、牛貨洲、倶盧洲。彼らの世界は瞻部洲にあるとされる）であって、私の国に行くには、海上を十六日間も行かねばならぬと話したときに、彼は真っ先に、英国がこれら四洲の一つだと想像したことは明らかである。私たちは庭の地面に図を描いて、できるだけうまく説明した。ユン・ドゥンがバター茶をもってきて、向こうの家にいるタキ・パブを呼んで、私たちのコップをもって来させた。どうも何もかもがほこりだらけで、ユン・ドゥン自身も驚くべき汚なさである。ラマのほうは、体はそれほどでもないが、眼炎がひどく、涙目で、それをまた汚ない袖で拭きながら、私たちに施薬を頼むのだった。パサンが、硼酸とガーゼ、それに眼科用の軟膏をとりに行っている間に、私は台所へ入って、少量の水を入れた湯沸しをとってきた。部屋の真ん中の囲炉裏には火がくすぶっていて、五徳の上に土瓶が置かれている。トルボの人びとは、すべてこの暗がりとほこりと煙の中で、茶を飲み、語り、食べ、そして寝るのである。窓といえば、ほんの四角い小さな穴があるのみで、これに蓋をするだけで、容易に冬の冷たい外気を遮断できるようになっている。私たちは夏の間のことしか知らない。その期間は、男はたいてい外に出払っており、女はひなたにすわって機織りをする。しかし冬の間は、ほとんどの時間を、煙のくすぶる火のまわりで過ごすことになるので、むしろ目をやられないほうがおかしいくらいなのである。金属製の柄杓《ひしゃく》を、湯できれいに洗った。この仕事はユン・ドゥンに任せるわけにはいかない。そして硼酸を溶かして硼酸水を作った。この作業の間、ラマは忙しそうに数珠を数えていたので、私たちはそれが終わるのを待つことにした。「あなた方の薬を信用しよう。きっと良くなるにちがいない」と、まるで私たちの腕を見通しているようなことを言った。洗眼と軟膏の塗布をすませ、もう袖では絶対に目を拭わないように頼んで、そのためのガーゼを渡した。パサンは、手短かに、そして丁重に、清潔にすることの大切さを説教したのである。ユン・ドゥンにも、彼は笑いながら、体を洗うように叱りつけていた。

ラマは、私たちを庭の向こうにある部屋に案内してくれたが、ここが彼の仏間だった。随分たくさんの本をもっているようだったので、私はとくに、『チベットのタントラ』(*bod-yul rgyud*)を見せてもらえないかと頼んだ。これは、前にプンモのラマに一度見せて貰ったことがあった。それと、このサムリンの寺の古記録も見たかった。彼が出してくれたものを見ると、すっきりしないチベット語で書かれた写本で、かなりの字句の省略が目についた。これではとても読めないと思うほどだった。その他に儀軌に関する本が多かったが、私に興味があるものとしては、『最勝成就――大究境界』(*rdzogs-pa chen-po yang-rtse klong-chen*)、『大成就根本伝承論』(*rdzogs-pa chen-po zhung-snyan-rgyud kyi nyams-rgyud*)、『明呪集講』(*rig-'dzin'dus-pa'i man-ngag*) などがあり、もう少し親しくなったうえで、借りられればありがたいと思った。ここには、小さなブロンズの仏像があり、これらはすべて、正真の仏教のものだったが、ラマが呼ぶのは、ボン教式に、釈迦牟尼をシェンラップとし、無量寿を《白光シェン神》と言うのである。私がこれについて意見を述べると、彼もすぐ、それは同じものだと同意した。

やがて、その間に顔を洗ってきたユン・ドゥンが鍵をもって来たので、私たちはみんなで、私たちの泊った家の一階を通って本堂に入った。この本堂は、十二〜三メートル四方の広さだったが、蓋をしてある天井の穴から、かすかな光が洩れているだけで、真っ暗であった。パサンがライトをつけて、私たちはぐるりを見まわした。四本の彫刻を施した木の柱が天井を支え、その後面の壁の一つには、古い壁画の跡がみられたが、それは別として、建物自体一般の住居と変わらぬほどあっさりしている。左右と奥の壁には、非常にでき映えの良いタンカが数枚掛かり、その中には、例のボン教の仏たち、すなわちシェンラップ、《清十億万》、サトリックなどの肖像も見えた。祭壇の上には、普通ならば本尊仏のあるべきところに、大きな荒っぽい作りの戸棚が立っていて、たくさんの犠牲《いけにえ》の菓子（Torma）が蓄えられている。右よりの棚には、シェンラップと、三世の征服者の肖像が置かれており、左よりには、ほこりにまみれた大量の経文が納められていた。チベット式に、布で包み部厚い板で挟んだもので、何しろ数が多いので、次々と幾重にも、積み重ねてある。その内容は、ボン教の経典が多く、おそらく二度とこれほど大量に蒐集されたものを見ることはできまいと思うほどであった。またこれだけ膨大な量に目を通すとなると大変なことだろう。しばらくして、ラマは私たちをうながし、本堂を出て施錠した。つまずきながら梯子を上がり、私たちは自分の部屋に戻ったのである。

私たちのいる庭から上に伝ってゆけば、先ほど訪ねた本堂を見下ろすことができるので、なんとか下に降りる工夫をしさえすれば、あの経典を一巻ずつ持ち出して調査できるのではないか、と私は考えた。しかし、パサンはそんなことは反対だという。そしてもっといい方法を提案したのである。すなわち、経読みの儀式を行なうようラマに頼んでみる。読経は、悪を払い、誓願に力を与えるという功徳を求めてしばしば催されるので、読むことが尊いのであって、理解が伴うか否かにかかわらず効果があるという。これをやってもらえば、確かにあの棚の経典は、一度はとり出されて、ほこりを払い、包みも解かれるだろう。そのときに、だれかに頼んで中味をあらためればいい。私たちはすぐにこのことをラマに申し出た。彼は、ちょうど四日先の、チベット暦の二十五日が吉日だから、儀式はその日にしようと、さっそく同意してくれたのである。

今の私たちには、もう一つ片づけねばならない問題があった。食糧の多くは、まだシェーに残してあり、私がサルダンで待っている間にパサンがとってきてからもすでに十七日にもなり、手持ちが底をついてきたのである。シェーの僧院は、このサムリンから二十キロ余り川を溯ったところにある。しかし川沿いのルートは、ゴルジュの水が凍ってしまう冬の間しか通れず、夏道は、高い山越えのルートで、たっぷり一日の強行軍である。いずれパサンに行ってもらうつもりであったが、こんどはタキ・バブを残して置きたかったので、ほかに人夫を一人雇う必要があった。この辺では、二時間ばかり山を越えて北東に行ったところにあるピジョールか、川沿いに南へ一時間ほどの、テという小村でないと人が見つからない。サムリンからは、地面が急激にゴルジュに落ち込んでいるために、川がまったく見えない。そこで、私たちは一先ずテ村まで行って、この周辺の探索を試みることにした。反対側のピジョールへは、またあとに行く機会もあろう。テへの道は、ゆるく登りながら山腹を迂回する。途中の一か所から、南の深いゴルジュの谷が見えた。テ村は、サムリンと同様に、川からかなり高いところに開けた狭い草地に村があり、同じように、うしろには山の急斜面が迫っている。ここには、灌漑に使える小川があるので、十二軒ばかりの小さな村ができたのであろう。サムリンには川がなく、小さな泉の湧水が水溜りを作っているだけなので、外から物資の補給をうけている僧院の飲用には充分であっても、灌漑によって畑を作るほどの水量はない。テの南側は、大きな岩壁にさえぎられているので、ここからシェーに至るまでの間は、まったくの無人地帯である。村に入って最初の家で、村長の所在を尋ねた。小麦は、まだ芽を出したばかりで、ソバもちょうど植付けの最中であった。小川のほとりに小さな御堂があって、中に大きな祈禱車が据付けてあった。それはボン教のものではなく、ニンマ派のものだった。村長の家までくると、大きな黒犬が戸口におり、鎖がついてないので、パサンがピッケルをかざして立ち向かった。牙をむき出してうなりながら、いったんは後退したものの、距離をおいて猛烈に吠え続けた。この種の動物には、中途半端な態度は禁物である。こちらが先手に出れば向こうは逃げるけれども、ぐずぐず迷っているといつまでもつきまとって離れないものだ。やっと戸口に立って声をかけると、内から戸が開いた。手探りで真っ暗い家の中に入り、丸太梯子を登って、陽光のふりそそぐ上の庭に出ると、そこで村長がもう一人の村人と話し込んでいる最中だった。見なれぬ服装をした私たちを見るなり、彼らは話を打ち切って、私たちにすわるようにすすめ、奥さんが火鉢から茶瓶を持ってきて、コップを持っているかと聞く。ちょうど持ち合わせていなかったので、丁重に茶を断わり、かいつまんで私たちが人手を探していることを説明した。村長はこれを聞いて納得したらしく、屋根の上から大声で、ギェルチェンという名の男を呼んで、「あの男は可哀想な奴で、宿なしの放浪者だから、いくらかでもルピーが稼げるなら喜んで行くでしょう」とつけ加えた。あとで知ったことだが、このギェルチェンのように、国境の向こうのチベットから仕事を探して放浪している者が、トルボにはかなりいるらしい。まれにはトルボで結婚して住みつく者もいるが、たいていは、ここで他所者の扱いを受けている。

彼らは常に仕事と金を欲しがっているので、私の見るところ、裕福な村人たちから、彼らはうまく搾取されているようである。数分後に、ギェルチェンが姿を見せた。快活そうな男で、翌朝に、シェーに行く準備をしてサムリンに来てくれることになった。(思った通り)前渡金はちゃんと要求してきた。用件をすませたので、私たちはここを出ることにした。犬は相変わらず私たちを待ち受けていたが、距離をおいて吠え立てるだけで、そのまま村はずれまでつきまとってきた。

サムリンに帰ってみると、冬を過ごした北のチベット高原から帰り着いた、非常にたくさんの家畜、ヤク、ディ(牝ヤク)や、ゾウ(ヤクの交配種)などが、女子供に連れられて、僧院の周辺で草を喰んでいた。ここには彼らに荒らされる畑がないのである。私たちはこのごろになって、やっとこの地の人びとの社会構成が少しはわかりかけてきた。だれもが私たちに好奇の目を向けるのは当然だったが、女や子供たちは、毎日のように梯子を上がって、この「客室」で私たちがどんなことをしているかをのぞきにくる。ピジョール、サムリン、テの三つの村は、彼らの社会生活上、単一の村とみなしてもよいのである。裕福な村人は、この三つの村に家を持っている。ここのラマの家系も金持の一つで、彼の甥などはピジョールで一番の有力者だと聞かされていた。このサムリンの十二戸の家は、おそらくこのラマの家系のうちの一人が宗教の実践に没頭したときに建てられたもので、現在は、ラマ以外には、二人の独身僧が常住しているだけである。したがってこの村にいる他の者は、手のすいたときにこの寺に来て祭式を行なう臨時の僧侶か、長い冬だけをここに過ごす人たちである。その期間は、畑も家畜も面倒をみる必要がない。夏の間の仕事は、男たちは畑、女子供は家畜の世話と、はっきり分かれている。ここの人たちは、相変わらず私たちにいくらか猜疑心をもっているようであったが、気持よく接してくれて、家畜が僧院の近くにいる間は、新鮮なミルクや、バター、クリームチーズなどを売ってくれた。一週間ほどして、この動物たちは、シェー方面のきまった放牧場へ移動して行った。

パサンは、次の日の朝、ギェルチェンと一緒にシェーに発った。私はタキ・バブと、病人のヘムラージと共に、ここで止まることになった。ラマを訪ねて目の治療をしたが、だいぶ良くなってきたというラマの言葉に、勇を鼓舞して、もう一度彼の仏間を見せて欲しいと頼み込んだ。その中で、この僧院の古い記録（*gdung-rabs*）の話題を引き出すことに成功して、私はそれを貸してもらえないだろうかと頼んでみると、彼はすぐ同意してくれた。私はそれをテントに持ち帰って、その日は終日かかって、いくらか読みとることができた。省略が非常に多く、字も読み難く、はじめての名前がたくさん出てくるので、遅々として進まなかったけれども、第一章の初期チベット諸王のことにはひどく興味が湧いて熱中した。一日中、まったく静かだった。寺の壁の向こうにテントを張って、食事のときだけ庭伝いに家に上がってくるようにした。次の日の夕方になって、パサンが帰ってきた。持って帰ってきたものは、米、粉末スープの袋、濃縮トマトの罐詰、ビスケット、チョコレート、コーヒー、茶、貴重なジャムの罐詰などであった。

翌日は、本読みの儀式を行なうことになっていた二十五日だった。いま一度、目の治療をするためにラマを訪ねると、彼の甥や、他の村人が数人、ピジョールから来ていて、みんなで茶を飲んでいた。パサンに助けられながら、尋ねられることにできるだけうまく答えられるように気を遣った。彼らからは、私のチベット語の読解力について、盛んにお世辞を言われたが、ラマは、すでに私がチベット語を読めるだけではなく、その意味を理解できることを知っていたのである。ボン教の教育を受けたことのない者が、直接的にその意味を理解できることが不思議だと言ってきかなかった。私たちの学習方法が、彼らのやり方と大きく違っているのは事実で、不思議に見えるのも当然かもしれない。彼らは、あるいくつかの経典を何べんも何べんも口ずさむことによって、機械的にそれを暗記する。そしてまず文章を憶え込んでから先に進むのである。その意味を理解できるようになったとしても、その憶えた章句から、一つ一つの意味を分離して、違った用語でそれを訳読できる者はほとんどいない。私たちのやり方は、まず単語や接続詞の意味を憶えるので、知った語彙の範囲ならば、どんな経典であろうとその意味を摑むことができるのである。しかし、これらのボン教の経典の中には、意味のわからない語句が出てきて困ったが、大部分は理解できた。そのうちに、私にはこのラマが非常に知識の深い人物であることがわかってきた。いくつか難しい部分を尋ねたときでも、ラマには、私の理解の進み方の程度をちゃんと心得ているようだった。パサンの如才の無さや、私の驚くべき（村人の感じ方によれば）教義の理解力によって、私たちは、彼らの最も好ましい客人の立場に変わっていった。ラマは、私のことを「ボン教の化身」(*bon sprul-sku*) と専ら呼ぶのだったが、そんな折にはいつも目をしばたたかせるのである。近在の村から出た「化身」たちについての話は、すでに彼から聞かされていた。予定の人が揃うまで一時間ばかりすわって待ち、やっと始めようということになった。タキ・バブは、ユン・ドゥンから大きな釜を借りて、充分な量のバター茶を作るのに懸命だった。パサンは、ミルクとバター、干ぶどうに砂糖を加えた特製の米のプリンを作っていた。米だけでもこのトルボでは贅沢な食べものだったが、砂糖はさらに貴重品だった。干ぶどうにいたってはだれも知っている者はいなかったのである。

儀式は、まず一般的な祈禱 (*gsol-'debs*) で始まり、やがて棚から本が持ち出される。一番最初には、十六巻もある大判の『母』(*yum*) であった。各ページは、黒地に金銀の文字で書かれ、測ってみると、長さ約六十センチ、幅十五センチほどもあった。各巻とも三〇〇ページ以上あり、一巻ずつ布に包まれて、彫りものをした厚さ一センチ余りの板にはさんで束ねられていた。どこもかしこもほこりだらけだった。この経は、もともと《大界》(*khams chen*) と呼ばれ、チベット大蔵経の般若部に当たるもので、大蔵経もまた《母》という俗称で呼ばれているのである。私は他のところで、智慧の世界(＝般若)の基本的性格を女体だと感じたことがある。大乗の教えでは、それはすべての物の生まれ出る普遍的子宮であり、すべてのものの滅する普遍的虚空である。この仏教の基礎的な概念は、チベット人の土着信仰の一部である、シャーマニスティックな宇宙空間のとらえ方と符合するところがあるように思われる。したがって、仏教、ボン教どちらの寺においても、この『母』が常に優位にとり扱われ、よほどの小さい寺でないかぎり、ほとんどの寺がこの全巻を持っていることは事実である。私たち西洋人が本を読むと同じ意味で、彼らが読書に熱心だと思うのは間違いである。村人だけではなく、ほとんどの僧侶についても同様だった。彼らにとって読むということは、本そのものを絶対智の公式な顕現として尊崇しているのだから、その本来もっている力を瞬間的にでも生じさせるような儀式であれば良いのである。たしかにこの場合の読経も、まったく形式的なもので、各自がそれぞれ一巻ずつを目の前に置いて、各ページのほこりをはたきながら、最初は朗々と読み始める。ところがそのリズムが段々速くなり、各ページのめくり方も速くなって、読んでいる者は、とてもついてゆけないで、ただアー・オム・フム——オム・マティムエ・サレドゥを繰り返すばかりである。やがて三ページほどが一緒にめくられるようになり、さらにそれが十ページにも二十ページにもなってきて、なんとこの大巻を十五分で読み終えるのである。しかし私の目的にはいい具合であった。彼らの読み終わったものに目を通し、その概要を自由にノートに書き込むことができた。この『母』というのも、仏教の経典の完全な模倣であることが、これではっきりした。「シャンシュンの言葉によれば——」という出はじめの文句は、チベットの仏典における「インドの言葉によれば――」をとり替えたものであり、《ブッダ》は《導師》(*dran-pa*)に、《菩薩》(*byang-chub-sems-dpa*) が《永劫なるもの》(*g Yung-drung sems-dpa*) に替えられているだけであった。人間の個性を構成する五蘊《こうん》、すなわち色受想行識をもって一切空となすこと、布施・持戒・忍辱・精進・禅定・般若の六つの完成（六波羅蜜《ろっぱらみつ》）、倫理的、論理的な観念もそのままのものであった。このようにして、膨大な量の経典であるにかかわらず、半時間ばかりで読み終えたとする人たちよりは、私のほうが余程熱心だと言える。その大巻の本は、再び包まれて棚に戻された。次に下ろされたのは、八巻の『十万頌』である。この本の完全な表題は、『遍在真髄のボン十万頌』(*bon-nyid snying-po bdal ba'i bum*) といい、これも読んでゆくうちに、『大般若十万頌』(*Śatasahasri-kaprajñāpāramitā*) の模倣以外の何物でもないことがはっきりした。たちまち、これも片づけられて、元に戻され、このあとには、大きな一巻ものの『論叢』(*mdo-mangs*) がとり出された。ボン教の主たる神々、すなわちサトリック、《清十億万》、シェンラップ、《白光シェン神》などに関する短い論文がいくつか含まれていた。他に『八道ボン経典』というのを記録に止めたが、これも仏教の八正道の教義の焼き直しであった。『方便経』というのは、仏教の般若六波羅蜜の手引であった。もう一つ『キシャ王の悲嘆からの離脱に関する経』というのがあって、物語は、一人息子を失って悲嘆にくれている王のうわさを聞いたシェンラップが、都を訪れ、民衆に喝采で迎えられた。そして王に一切の無常なることを説くという筋である。このテーマ、とくに「諸行無常」の文句は、明らかに仏教の教義をあてはめたものである。たちまち数巻の経典を終わって、やがてタントラにかかったが、これは内容がはるかに難解なものなので、いままでのように簡単にはいかなかった。その中で重要なものは、『宝槍のタントラ』(*phur-pa'i rgyud*) と呼ばれるもので、三部に分かれ、ボン教の曼荼羅図の神々に関するものであった。真ん中に位置を占める《裂口の守護神》(*mkha-'gying-kha*) またの名を《宝槍を持つ神》(*phur-pa'i lha*) とも言われ、ガルーダ (*mkha-lding*) や、《龍王》(*'brug-gsas*) と同じものとされる。四方の神々としては、《鷹の王子》《火の王子》《山頂の王子》《光の王子》がある。[19] また、『無碍自在のタントラ』(*nyon-mongs rang-grol dug-lnga rtsad-gcod kyi rgyud*——これらはすべて仏教用語である) という題のものもあるが、出てくる神々の名前は、すべてチベット土着のものであった。その他の表題や固有の名前なども、簡単に訳せないものが多く、これらのタントラには、さらに研究されるべき価値のあるものが多い。いまはただ将来のために、その表題を記録に止めるだけにした。

しばらくして、お茶が出され、米のプリンの入った椀が持ち出された。ラマは、少し食べただけで残したので、彼の好みに合わないのかと思い過ごしてしまったのである。経読みがやっと終わったあとで、彼はユン・ドゥンにそれを家に持って帰らせたので、ここでもまた、ユン・ドゥンにやろうとしているのだと間違えてしまった。目的の儀式は完全に終わって、私はここの蔵書の概要を明らかにすると共に、何がもう一度見なおす価値があるかも知ることができた。もう一度見たいのは、ラマの仏間の本と、本堂のタントラであった。夜まではまだ間があり、私たちは食事の用意に家に引き返した。しかし、とても私たちだけになるというわけにはいかなかった。みんなが、自分の目で私たちの食事の仕度を見るために、ぞろぞろついてきたからである。

翌朝早く、五日前に私たちの人夫としてきていた男が、カランからやって来た。彼の妻も一緒で、つい最近死んだ父の法要のために、読経の式をやってもらいに来たのだという。私は、カランにもラマがいるのに、何故わざわざここまで来たのかと質問すると、ここのラマのほうがずっと上手なんだと答えた。彼の言うことはもっともで、チベット人の祭祀というのは、基本的にそれを行なう者の心構えで効果が違うのである。一般に信じられているような、独断的、魔法的な効果などはあり得ないものであって、祭司の技術が秀れていないと呪文の効果はあらわれない。だから、高名なラマほど頼まれることが多いのである。私もラマの仏間での祭祀に参加した。二人の僧侶が助手としてきていた。六道の輪廻を描いた長い巻物が床にひろげられ、故人の霊を意味する名札が用意された。儀式の進行は、かつてジウォンで見た仏教のものとまったく同様に進められ、違っているのは、名指しされる神が、仏教の観世音菩薩から《白光シェン神》に変わっているだけである。[20] しかしこの式の途中で、私はこのボン教が、たんに仏教徒の模倣という以上のものであるという気がしてきた。彼らの深遠で真摯なやり方は、けっしてまねごととは思えなかったのである。ラマはお経を誦げながら、左まわりに祈禱車をまわしていた。このまわし方は、私にはいつも故意の依怙地としか思えないのであるが、しかしここにいまいるのは一心不乱の祈禱者で、あたかもそれが自然のままに行なわれているかのようにまわされているのである。このようなボン教の様式は、宗教の比較研究を行なううえでとくに興味を覚えるものであろう。何故ならば、それは歴史的趨勢から、完全に分離されてきた、ある種の仏教の姿を示しているからである。人によっては、その宗教の創始者の実在性、すなわち、釈迦牟尼が歴史上実在の人物であったかどうかは、その宗教が、普遍的な形而上学的伝承を論じ、一説法者、一時代を超越したものと考えられるかぎりでは、仏教のその後の発展とはまったく無関係であるという論議が行なわれてきている。それぞれ違った時代の人びとに対応する形で示されねばならぬ絶対的真理の観念というものは、確かにきわめて純粋で体系的に整ったものではあろうけれども、それは、特殊な伝承にはまったく目を向けようとしない、西洋の思想家たちの勝手な言い草であるようにも思えるのである。[21] インドの仏教の歴史を通じて、常に中心的位置を保っていた釈迦牟尼は、チベット仏教の初期にも、そのままの姿が受け継がれていた。あとになって、彼は、一般には数多くの仏たちの一つとしか見なされなくなったのであるが、これは、その歴史的な存在の可否が問題にされなくなったからであるというのは根本的な誤りであって、非常に多くのブッダや、将来ブッダとなるべきもの（菩薩）が、その時代を背景として現われる妥当性をもっていたのである。チベット仏教の、種々相違をもつ諸宗派は、その歴史的な発展の過程を意識しつつ残されてきたものである。ところが、ボン教の場合、これはその発展をまったく感じさせない宗教であると言い得るのではなかろうか。仏教の哲学的、道徳的思想をそのまま自己のものとし、その実践をもとり入れて、これこそが、まだ歴史的な実体も明らかにされていない尊師シェンラップによって啓示された、真実のボン教であると、あっさり言ってのけたのである。そして、このようにある人物を作り出すことが必要と感じられるようになると、八世紀から九世紀にわたって、チベット全土にひろがりつつあった仏教の典型としての、歴史上の釈迦牟尼を最も重要な中心と見なすことを、ますます固定させることになったのである。《白ボン教》の創始者といわれる《長命灌頂智者》(*tshe-dbang rig'dzin*)（彼は《蓮華生》(*Padmasambhava*)の兄弟と考えられている）は、たぶん八世紀に実在した人であろう。私が他のところでも述べたことがあるが（『ヒマラヤの仏教』一四〇ページ）、チベットは、当時数世紀にわたって、仏教国にとり囲まれていたので、それ以前にインド仏教の教理がまったく知られていなかったとすることは、とても不自然に思えるのである。さらに、《蓮華生》の最も忠実な後継者と自認する古派（ニンマ派）が、一連の経典をもたらしたが、これらは後世になって、まったくの偽作、すなわち、もともと仏教でないもの——という烙印を押されてしまった。これらの経典は、前日に私たちがそのうちの一部を見たボン教の全経典と同じように、カイラス山の西にあるシャンシュン地方の言葉から翻訳されたものと考えられている。しかし、これらの経典に引用されているシャンシュン語の表題が、完全な作りものではあるにしても、インド仏教の教義や経典が、カシミールからシャンシュンを経由して、中央チベットに達したということは、たぶん間違いのない事実なのである。そして、ある種のインドの仏教思潮が、チベットのそれとはじめて混ざり合うことになったのも、このシャンシュン地方だったにちがいない。そのいくつかを識別するのは難しいことではなかろう。このように、ボン教が、初期のチベットの王統を、『マハーバーラタ』(古代インドのサンスクリット大叙事詩)に出てくる有名なブラフマンの王朝のパーンダヴァ(物語の主人公となる五王子のこと)と一線に結びつけたことも意味がある。もし、インド側にガルーダの伝承がなかったとすれば、チベット神話上に現われるキュンがこれほど重要にとり扱われることもなかったであろう。古派とボン教では、いずれもが、最高神として裸のジャイナ教の苦行者を肖像化する。その《全善》(*kun-tu bzang-po*)は、明らかにインド仏教の仏(*samantabhadra*・普賢菩薩)すなわち、最高神毘盧《びる》遮那《しやな》仏の称号の一つである。ボン教では、最高神として、神聖な父神《長命灌頂智者》(*Tshe-dbang rig-'dzin*)を重くみる。このチベット的性格をもつものが、《天の導師》(*gnam-mkha dran-pa*)であることは疑う余地がない。ボン教の主神たちの特性は、天(空間・宇宙)と光である。したがって、それらが形を与えられた場合、上空の生き物が、まずその表象となる。すなわちインドのガルーダと同一視される神話の鳥キュン、そして、禿鷹、それに龍である。古来のボン教の概念には、始祖の思想は見当たらない。それは、当初の神性をもって地上に現われたのは、たぶんシャーマン(呪術師)であったろうし、その後の段階では、一連の統治者である王であったにちがいない。彼らは天から降下したものとされていたからである。したがって、シェンラップは、釈迦牟尼を模して完璧に作り出されたものと考えられるのである。二番目の重要な神である《白光シェン神》(*gshen-lha 'od-dkar*)は、古いボン教の伝承に基づくものであったが、この本来の性格は、仏教の神々、すなわち《観世音》《無量光》《無量寿》と結びつけられることによって消え去ってしまう。結跏趺坐《けっかふざ》して、両手を裳の上におき、禅定印を結び、長命の壺（*tshe-bum*）を支えているという、月並な《阿弥陀仏（無量寿）》の肖像は、ボン教徒がみると、おしなべて《白光シェン神》だと同定してしまうのである。もう一つ興味のあるボン教の神は、《幻化相の最古の王》（*gong-mdzad 'phrul gyi rgyal-po*）と呼ばれるものである。これは《観世音》と同一視されるものであるが、本来の起源は、初期のチベット王の神性を表わすにすぎないものであった。この種のボン教は、初期のチベット神話、雑多なインドの思想、それに仏教の倫理と哲学が混ざり合ってできたもので、その成立の過程を追うことは可能であるのに、何故か歴史的な考慮がまったく無視されたまま祀られているのである。宗教的に価値をもつもののすべては、明らかに仏教起源のものであって、いまだにその基本的な相違を如実に示している。しかし私は、このように宗教の仮面は容易に剝がすことはできるけれども、実際に行なわれている実践活動こそが、その有効性を示す最も大切な尺度ではないかと思うのである。そして、このボン教を、たんに仏教を模倣しただけの馬鹿げた宗教であると考えるのは誤りであることを、いまやはっきりと知ることができた。彼らの宗教的実践は、事実、トルボのどの僧院よりも優れたものだと思われる。

正午ごろまでに儀式が終わったので、本堂にある『宝槍のタントラ』と『論叢』を貸してもらえないだろうかと頼んでみた。ラマはユン・ドゥンに鍵を持たせてとりに行かせた。そしてその日からは、見たいと思うものはいつでも借りられることになった。パサンの策謀が、まさにぴったりと適中したのである。それからは、私はいつもテントに本を持ち込んで目を通し、そのあとラマのところに行って、不明なところを質問するのが日課となった。まことにうまい手順でことが運ぶ。彼の目もすっかり良くなってきたが、その喜びようは大変なもので、「こんなに良くなったんだ。さあ見てくれよ」と言い、これが毎日の口癖になった。私たちは彼に小さな鏡を一枚贈り、自分でそれを見られるようにしてあげた。おかげで、それからはピジョールの村の目の悪い患者をどっさり抱えこむことになってしまったが、みながみな、そんなにうまく治療できたわけではなかった。

次の日、私たちは、ラマと二人の修行僧を食事に招待することにした。私たちのいる家の屋根は、宴を設けるには絶好の場所であった。そこで、緑色の小さいテントをとり払い、ラマの家から小机と敷物を借りてきて、なんとか恰好が整った。パサンとタキ・バブが、米の御飯、カレー入りの野菜、薬味入りのチーズ、それにバター茶をたっぷりと用意した。トルボで手に入る生野菜といえばカブラだけであったが、私たちには、まだ乾燥野菜の手持ちが残っていたのである。ピークフリーンのビスケットを最後のデザートに出すことにした。ところが、客たちの様子を見ていると、またまた、全部を食べないで、少しだけ残すのである。そして今度は、ビスケットをもう三枚だけ、御供え(*tshogs*)としてもらえないだろうかとラマが聞いた。前回の米のプリンなどを、少々残して持ち帰ったわけが、やっとわかったのである。おいしかったものはなんでも、どれかの仏像の脇に供えてから、貯えてある犠牲《いけにえ》の菓子と一緒に棚に置いておくことにしているらしい。パサン、ヘムラージ、私の三人は、客と一緒に食事をした。おしゃべりは少なかったが、日中の暖かい日ざしの中、この明るい屋根の上で静かにすわっているだけで、じつに楽しかった。雪のまったくついていない「銅の山」(*zangs-kyi rong*)が目の前に見える。この山の、「山の神」の名は、僧院で行なわれる儀式にはかならず出てくるのでよく知っていた。これは、サムリンの土地の守護神(*gzhi bdag*)なのである。私たちは、その山が雪におおわれ、その下の川も固く凍りつく冬の季節のことを話し合った。サムリンの「信徒」であるこの村の人たちは、その季節は全員滞在して、三か月間はずっと宗教的な生活を送らねばならない。もし留守にすれば罰金を支払うことになっているらしい。村にいるときは、糸紡ぎや、機織りが彼らの主な仕事となる。食料は、夏の間に貯えた、ツァンパにした穀類、干し肉、バター、それにお茶である。ヤクや羊などの家畜は、北のチベット高原へ放牧に出されているので、わずかな数のゾウ（ヤクの交配種）だけが家の一階で飼われ、貯蔵の乾草を食べさせて冬を過ごし、村の人たちにミルクを提供するのである。雪の降り積もる間は、交通も不便となり、たいていは途絶することとなるが、それもあまり長い期間ではなく、やがて、タラップ、ツァルカ、あるいはその先のカグベニへの峠越えの道も通行が可能になってくる。この二人の僧侶は、その年の巡礼の旅としてネパール谷を訪ねる予定だと言う。私は、チベット月の十月（十一月）にカトマンドゥに着くようにすれば、そのころならまだ私たちもそこにいるはずだから、と彼らにすすめた。しかし彼らは、十二月になるまでは、カトマンドゥはまだ彼らには暑いので嫌だという。十二月なら私たちももういないだろうから、写真を、ボドナートのモンゴル人のラマに預けておくことを約束した。写真は彼から二人の手に渡るだろう。私たちは、このままここに住んで、トルボの春夏秋冬を是非味わってみたいと思った。この土地の日々には、時間というものがあって無きに等しい感じであった。もっとも、私の時計はもう数週間も故障したままで、もっぱら日の高さで見当をつけていた。スミスズ時計会社から贈られたパサンの時計は、調子は良かったのであるが、一度ネジを捲くのを忘れてからは、太陽に合わせるより他に方法がなかった。番犬のほうも、もう私たちを寺の一員と認めてくれたのか、はげしく吠え立てることをしなくなったし、猫も私たちのいる庭に大胆に近寄ってきてすわり込み、バターのかけらを投げてもらうのを待つようになった。この七か月の長い旅の中で、私たちが、最もその土地に溶け込むような気持になることができたのは、このサムリンにいたときだけであった。もはや、列車や船や飛行機などは、別世界のことのように思えた。それがどんなものかをラマに説明する私たち自身、このラマと同じ世界にいる自分が、お互いの知らない別の世界のことを話し合っているような、不思議な感情を味わった。

食事が終わったころ合いを見て、私は、話題をいま最も身近にやり遂げたいと思っている仕事のほうに移した。この間から、『チベットのタントラ』と、『サムリンの記録』の二つの本を丹念に読み、その写本を是非手に入れたいと思うようになっていた。私たちは、この二人の僧が、一日のほとんどを写本に費やしているのを知っていたので、彼らにこの仕事をやってもらえるかどうかを頼んでみることにした。ところが、彼らはいま、この冬にカトマンドゥに発つまでに『母』の経典の写経をやってしまわねばならないので、とても手がまわらないという返事だった。私たちのために、一か月も無駄にすることは無理だというのである。ラマは、私たちのために彼らの説得に当たってくれ、とうとう『サムリンの記録』と、もう一つの中から選んだ二章分だけをやってもらえることになった。

ツール・ティムと、ラキエという名のこの二人の修行僧は、それまでも、じつに気持よく私たちをもてなしてくれていた。二人共、二階に狭い庭と仏間と台所のある、ラマの住居を小型にしたような自分の家に住んで、ほとんど一日中、写経のために、庭の日溜りか、仏間の中にすわりきりだった。しかし、時々は私をテントに訪ねてきて、私は彼らから難しい写経の秘訣などを教わることができた。私のタイプライターを大層面白がり、私の持ってきていたヨーロッパの本を手にとって、珍しそうに眺めまわすのだった。

二日後の六月七日、私たちは山越えして、ピジョール（SI：Phijorgāon）に行くことになった。かるい夕立が、トルボ一帯をさっと通りすぎると、草地の斜面の、種々の花の色どりが一段と鮮やかになる。中でも一番よく目につくのは、ロハガオンの上で見たことのある紅白の房状になった星形の花（*Stellera chamaejasme*）、白いアネモネ（*Anemone rupicola*）、紫がかったインカルビリア（*Incarvillea grandiflora*）などであった。あたりの風景は相変わらずで、樹木のかげは一本もない。ピジョールは約五十戸からなり、「紫山」の方角から流下し、サムリンから三キロばかり下でシェー川に合する小さな水流のほとりの集落である。サムリンから、道は僧院のうしろを登り、前述した二つの川の分水嶺となっている山稜を越えて通じている。二時間でピジョールに着き、村の南端にある小さなボン寺の横にテントを張ることにした。寺の台所が使用できたので、テントは一張で充分だった。本堂の内側は、つい最近塗り変えられたばかりで、記録すべきものは何もなかった。ここにはラマが居らず、自ら寺の信者と名乗る数家族の者が寺を守っている。そして、チベット月の毎月十日、十五日、二十二日には、そのうちの男たちの数人が集まり、祈禱をあげるのだそうである。村の北端にあるサキャ派の小さな寺にも、次の日の朝訪ねてみたが、ここには、チベット大蔵経が一式揃っており、なかなか立派な、金色の弥勒菩薩像が一体納められていた。ちょうどここも塗り替えの最中であった。私たちは、村長の家を訪ねて、この日の夕方サムリンに引き返すために必要な、人夫の手配を頼み、そのあと、ラマの甥の家に立ち寄って、小麦の補充調達を引き受けてもらった。

つづいて訪ねることにしたラングの僧院（*glang dgon-pa*）は、ピジョールから一キロ半ほど下流の、東の山から直接切れ落ちる小さなゴルジュの谷の源頭に立っている。木や草のまったくない岩の上の、さびしい場所であった。声をかけると、一度は女が出てきたが、すぐ姿を消し、しばらくしてラマを連れて現われた。このラマに、全部の御堂を心よく案内してもらえることになった。そのうちの一つには、私たちがヤンツェルの僧院で見たものと比べられるほどの、仏像やタンカが蒐められていたが、このほうがはるかに手入れが行き届いていた。最近塗り替えの終わったばかりの御堂がもう一つと、多数の書物経典を納めたラマの仏間があった。私は機を見て、《大日如来》の儀軌書を見せてもらうよう頼んでみた。このトルボ地方には、かつてサキャ派の大きな僧院が二つあり、それがヤンツェルとこのラングなのであるが、ヤンツェルのほうには、もうこのような経典類は残っていなかった。すでにニンマ派に変わってしまったからであろう。最高位の仏である《大日如来》(*Mahāvairocana*)への信仰が、不思議な魔力をもった仏《蓮華生》(*Padmasambhava*)にそっくり置きかえられてきたのである。同時に、インド仏教での守護神であるヘヴァジュラが斥けられて、その位置に《虎神》(*stag-lha*)という土着の神がおかれるようになった。この《蓮華生》と《虎神》は、どちらもニンマ派とボン教で尊崇されるものであり、このラングの寺の新しく塗り替えられた御堂には、ニンマ派の神々だけしか姿が見えないのも自明のことなのである。しかしここのラマは、そんな古い経緯についての知識はもっていないようであったが、私の要求した経典をさっそくとり出してくれた。これを見て、あの古いサキャ派のチョルテンの壁画にあった曼荼羅図の仏たちを、やっと理解する手掛かりをつかむことができたのである。タキ・バブが、先ほどの女に頼んで、寺の台所を借りて準備していた食事の用意も整い、私たちは食事をとりながら、ここの人たちのことをいろいろ聞いてみた。ラマは妻帯者ではあったが、私たちの予想に反して、ここにいる女は、彼の女房ではなく、たんにこの寺の世話をするために住み込んでいる人だとわかった。ここのラマは、私たちがこの前会ったことのある、テ村の村長とは兄弟で、ピジョールにも家を持っていて、奥さんと老母がそこに住んでいるらしい。彼は私たちに、是非帰りにその家を訪ねて、母親に眼薬をやってくれないかと、しきりに頼むのだった。あとになって、結局彼も所用で私たちと同行することになった。この人は、まるきり教養がないというわけではないが、どちらかといえば、宗教人というよりは世事にたけた感じの男で、他のトルボのラマと比較して、私にはあまり好ましく思えなかった。ただ世襲をうけていまの地位にいるだけで、その宗教生活では、彼の力になってやれる者がほとんどいないらしい。このトルボでは、すでにサキャ派の信仰は姿を消し、その後継者もニンマ派や、その信仰が非常によく似ているボン教に転向してしまって、そのほうが圧倒的に熱心な信仰と人びとの人気を得ているのである。午後になって、私たちはラマと一緒にピジョールに戻った。彼の母親に施薬を済ませてから、村長の家にゆくと、ちょうど手配を頼んでいた若い男が私たちを待っていた。テ村のギェルツェンと同様、彼も、トルボに職と金を求めて歩いている渡り者であったが、名をシーショク（*srid-srog*）、すなわち「世界の生命」といい、その名に比してどことなく物悲しい感じの、女性的な男であった。あとで聞いたところでは、彼には若妻と小さな子供がいて、いくら働いても、ピジョールで家を一軒借りて妻子を養うに充分な金を稼ぐのは大変なことだとこぼしていた。パサンは、ラマの甥のナンギェル・ワンディの家に手まわり品を持ちこんで、小麦の製粉ができるまでそこに腰を据えるつもりだった。

私のほうは、ヘムラージとタキ・バブ、それに新しい人夫のシーショクを連れて、サムリンに引き返した。サムリンは、もう私たちの家のような気がしていたので、峠の道から下にサムリンが見えてくると、無性に嬉しくなって駈け下り、私たちの家に落ち着く前に、ラマのところへ挨拶に立ち寄ってから夕食の仕度にかかった。夕闇があたりを包み始めるころになって、私は黄色いテントを、前よりもいい位置に張り替えた。祈禱石の輪の外側の、あの星のような花の一面に咲き乱れる中だった。今日はチベット暦の四月の最終日、月は新月で、星のきらめきのすばらしい夜空を支えるように、「銅の山」の黒く大きなシルエットが、目の前に横たわっていた。このような風景の中にいると、ひしひしと孤独感が迫ってくるようだった。

その日と、その次の二日間は、目を通さねばならない本もまだたくさんあり、ラマはいつでも近くにいて質問に答えてくれるので、私にとっては至極満悦な日々であった。夕方になって、パサンが、迎えに行ったタキ・バブとシーショクと一緒に、それぞれ大きな粉の入った袋を担いで帰ってきた。そしてパサンは私のテントにやってきて、ルックサックから二冊の本をとり出した。それは、『チベットのタントラ』と『大成就根本伝承論』であった。ナムギェル・ワンディが、伯父の許可を得て贈ってくれたものだという。それに、彼らは他に写本を持っているので、これは私たちのものにしてもよいとのことだった。これらは、私たちがとりわけ欲しいと思っていたボン教の本であった。これで、大事な二章の写本を、この寺の二人の僧に頼んだものが、原本ができたので要らないことになる。しかし私は、あえてそれを言わないことにした。というのは、ラマがたんに私たちを援助するつもりでしたことが、村の口さがない人たちにかかれば、金が欲しくて寺の物を売ったといううわさをひろげることになりかねないであろう。私はパサンと相談して、よく考えた末、相応の金額をこの僧院への一般寄進として贈ることにしたのである。翌日、さらに若干の金を、私たちのうけた親切に対するお礼としてこれに加えた。ラマは、またすぐにこれに対して、別の写本をとり出して贈ってくれるのだった。これは冥想に関する内容の写本だったが、あまり部厚いものではなく、『無上大念虚空（天の導師）知論』という題名である。彼はまた、私たちに入り用なものがあれば選んでみてもらってもよいと言ってくれた。これは何にもまして私には嬉しいことだった。さっそく、私たちは掘り出し物を探す仕事にとりかかり、おかげで、ラマに教えられながらも、さらにいくつかの抜粋本を読むことができたのである。

このまま秋になるまで、私たちはこのサムリンに滞在してもいいとさえ思った。ここに止まるか、先に残された旅を続けるか、私はしばらくの間決断を下しかねた。食糧の補給はうまくいっていた。小麦粉も、欲しいだけは充分手に入るし、時々は、村から羊肉の一片を買うこともできた。例の寺の付近にいた家畜は、二時間ばかり上がった山腹の放牧地に移動していたが、パサンはそこまで出かけて、バターやチーズを買ってきた。このバターは、毛が混ざったり、蛆がわいたりしているけれども、彼はそれを水洗いし、塩を加えて、私たちの固いパンにうまく合うような上物に仕上げてしまった。昼食と夕食は、主に米の飯か小麦粉のケーキを作った。添え物は、即席スープにビスケットを少々、あるいは小さなミートパイ（ここの羊肉は、細かく刻んで味つけするとうまかった）とか、手を加えて、タマネギと香辛料で風味をつけたチーズを添えることもあった。思い出してみると、結構いいものを食べていたものである。ことに、毎日午後になると、いつもタキ・バブがテントに持ってきてくれたダージリンの紅茶と、ピークフリーンのビスケットなどは、サムリンのような僻地にいることを思えば、まことに贅沢なものだった。私以外のものは、すべてチベット式に、バターのたっぷり入り、塩を利かせた茶を、大きなヤカンに作っていた。それは、だんだんとヘムラージの口にも合うようになり、彼はミルク代わりに、それを好んで飲んでいた。

しかし、ヘムラージにとっては、サムリンでの滞留が延ばされることは気に入るわけがなかった。それとなく不満の意を洩らすようになり、時々、もめごとを起こしたりすることがあった。彼がこの四か月間、よく我慢してくれたことは知っているので、できるだけ早くカトマンドゥへ返してやりたいと思う。しかし、どうしてそれを実現するかという段になると深刻にならざるを得なかった。もちろん、私としては、彼を一人で帰るように説得するつもりもなかったので、唯一の方法は、この際、パーティを二つに分ける以外にはない。私にとって、パサンを行かせることは、私の両手を失うのも同然であるし、かといって、ヘムラージとタキ・バブでは心もとない。両人共チベット語が話せなかったし、このようなチベット人村での交渉には、多少ネパール語のわかる者もいるだろうが、不慣れであることは否めない。この地の人で、信用のおけるだれかが同行してくれれば一番好都合なのだが、そんな人はいないようだった。ちょうど数日後に、私たちはシェーに行く予定になっていたので、うまくいけば、そこでだれかを見つけることができるかもしれない。タキ・バブを先行させるということは、私自身にも好都合だった。そのころには、郵便物がポカラに届いているはずだから、タキ・バブがそれを拾って私たちと出会うことにすればいい。彼とは約一か月別れて暮らすことになるが、どのようにでも、おっしゃる通りにしますと、彼はすぐそれに同意してくれた。そんな具合で、私たちがシェーに出発するまでは、別にこれといって変わったこともなく過ぎたのである。

シェーの祭

今度の目的は、チベットの五月十日から十五日（満月）にかけて行なわれる、年に一度の大祭を見るためであった。これがトルボの代表的な春祭であると聞かされていた。このあたりは冬の間、人の足跡も絶えてしまい、五月になって、やっと人びとは、北のチベット高原への旅に出かけるのである。これは、夏の放牧を彼らの土地でするために、ヤク、ゾウ、羊などを連れ戻しに行く。五月の終わりまでには畑仕事を始め、彼らの生活が落ち着くのは六月に入ってからである。このころがちょうど、チベット暦の五月に当たり、祭に最適な日は、どの月でも同じように満月の日が吉兆の日とされている。

八日の早朝、一日でシェーに着くつもりで出発した。道は、サムリンのうしろを登り、「紫山」の西面を捲いてゆく。ピジョールやテ村の女子供が、その山腹で家畜の番をしていた。このような場所には、簡単な石囲いの小屋が二つ三つ造られ、冬の間はそのまま放置されるが、夏になると再びそこに住めるようにしてある。家畜番は、もっぱら女子供の役目で、男はその時分畑に出なければならない。私たちはそこでしばらく休憩し、彼らからもらった新鮮なミルクでココアを作った。そこから道はさらに高く登り、川からはうんと離れてしまう。断崖の迫るゴルジュの谷が、時々はるか右下に見えることがあった。いまちょうど花ざかりのお花畑の斜面をいくつか通り過ぎ、やがて荒々しく裂けた山脈を登るようになる。全体として、ルートは四八〇〇から五〇〇〇メートルの間の標高にあるが、ちょうどケルンゴルムの中心部のどこかにいるような風景であった。海抜こそ違え、周囲の山や谷はそっくりである。進むに従って空模様が怪しくなり、冷たい風が吹きつけるようになった。一面のガスの中を支流の谷に下り、やっと対岸に渡ったころから霰《あられ》が降り始めた。どこにも身を隠すところがなく、一段とはげしく降ってきて、雨具で体をおおいながら、寄り合ってうずくまっているよりほかに方法がなかった。寒さもきびしく、体も濡れてきたが、この嵐がおさまるまでは動けない。やがていくらか弱まってきて、私たちは歩き始めた。しかし、今日中にシェーに着こうという気はなくなってしまい、パサンが下の方に放牧のテントをいくつか見つけたので、進路を変えることにした。見かけたことのない人たちだったし、パサンにもだれだかわからなかったが、彼は確信にみちて近づいていった。最初のテントの人たちは、好意をもって招き入れてくれた。フラップをくぐって滑り込み、火のぐるりにすわり込むと、煙いのを我慢しさえすればいくらか暖がとれた。湯を沸かし、タキ・バブが茶を作って、やっと人心地がついた。ポーターのギェルツェンとシーショクもたどり着いた。彼ら二人は私たちよりだいぶ遅れていたが、幸いうまく体を隠せるところを見つけたらしい。嵐もだいぶおさまってきたので、ここのテントの間に、私たちのテントを立てさせてもらうことにした。会ってみると、彼らのうちの数人はサルダンの人たちで、私たちを知っている者もいた。ここは彼らの夏の放牧場の一つである。彼らから乾いた小枝とヤクの糞をもらい、食事を作り、私たちはいつもと同じように気持よく眠ることができた。翌日は快晴で、山を越えてシェーに下り着いた。

シェーの寺の正面の扉は開け放されていたので、まっすぐに入ってゆくことができた。男と子供が集まって、濃い紅色の手織りの着物を着て、トルマ（祭用の犠牲《いけにえ》の菓子）を作っている。いまや、トルボでは私たちのことを知らない者はいなかったので、私たちを見ても別段驚かなかった。ここの寺の内部を見るのは、今度が最初である。ポクスムドの峠を越えて、五週間前にここに来たときには、開けてくれる人がいなかった。壁画は比較的新しく、おそらく五十年くらい前のものだろう。非常によく描けていて、色も鮮やかであった。この僧院は、一応はカルマ・カギュ派の寺とされていて、後壁に大きなカルマ派のラマの肖像があるけれども、その他はすべてニンマ派の優勢を示す仏画ばかりであり、これからあと、ここで行なわれた儀式でも、それが明白になった。数あるブロンズの仏像の中では、カギュ派の最高神とされる《持金剛》（*Vajradhara*）が最も記憶に残る立派なものであった。

このシェーの僧院は、二つの川の合流点にあり、東からの支流のほとりに、狭いが平坦な草地があったので、そこにキャンプすることにした。テントを張っている最中に、サルダンから来る道を通って、最初の巡礼の一団がやってきた。私たちと同様、祭の数日をシェーで過ごすためにやってきたのである。歩いているものがほとんどであったが、荷物はヤクやロバの背にのせていた。いままで私たちがこのトルボで見てきたのは、染めていない粗織りの普段着を着た人たちばかりだったが、いま見る村人たちは、男はダンダラ模様の新しい着物を着、肩には、色鮮やかな肩掛けをかけている。女は非常に派手な図柄の着物を身にまとっていた。みんな彼らの羊毛から自分たちで織ったものであろう。男女共、同じような軽いウールの下着を着て、ひざ下に横縞の模様がついた袴をはいている。その下には、短いシャツか、絹または木綿のブラウスを着ていた。これはおそらく輸入もので贅沢なものだろう。そして一番上に、女は袖なしの、男は長袖のガウンを着ている。既婚の女性は、多色の縞模様の入った前掛けをするのがチベットの風習である。このように、彼らは見るからに華やかな一団であった。動物の背につけた鞍袋には、例の粗い毛織りの、きれいな条模様のついた袋が使われていた。トルボの全域から来る人たちの数がだんだん増えてきて、この寺の建物にはおさまりきれないほどになってくる。ピジョールの顔見知りも沢山やってきた。ボン教徒も仏教徒も、とくに区別がないようであった。

昼をまわるまでに、寺の中央に立てられた木の段の上に、トルマ、バターの燈明、供え物などが並べられ、やがて読経が始まった。僧侶たちの先頭には、かなり老齢のラマが座を占めていて、この人がこの一帯の長老的役割をもち、長年の信心でラマの称号を得ている人だと教えられた。彼は寺の横の自分の家からは、ほとんど出ることがないらしい。次にすわっているのは、八歳の少年ラマで、ティンキュウのラマの息子であり、かつてのシェーの長老ラマの化身だと言われている。人びとの中には、まったくの別人だと言って、この再来化身の正統性を疑っている者もいるらしい。この先代の長老ラマというのが、このシェーの寺を開山したテンジン・レパ (*bstan-'dzin ras-pa*) の化身と言われた人であった。現在この地位にあるラマは、三十歳くらいだということで、ここ三年間ずっと、シェーの近くの小さな庵にこもって冥想行に入っており、彼の姿を見ることはできなかった。この祭に、もしかすると出てくるかもしれないというもっぱらのうわさだったが、まだ姿を見せていなかった。テンジン・レパのことについては、それ以上くわしく知ることはできなかったが、この寺に彼の伝記があると聞いたので、いずれその複写を手に入れるのは難しいことではなかろう。三番目は、少年ラマの先生であるティンキュウの僧であった。シャムタックのラマの姿もそこにあった。その他の八、九人の祭の祭司たちは、みんなシェーの男である。結婚して家を持っている者もおり、信心深いので評判の男もいた。せまいトルボ地方だとは言っても、色々な種類の僧侶がいるわけで、まず、化身ラマといわれる人が五人いて、その中で公式に認められているのは、ここのシェーのラマだけである。他のラマ、すなわち、ナムドの上にあるサル寺院のラマ、カランの上のヤブユム寺院のラマ、シェーの少年ラマなどは、たんに人のうわさでそのように呼ばれているだけで、この言葉は、一般的な意味では、死んだラマの再来と思われるほど、宗教的に際立った才能をもつ人に使われている。だれがそうであるかは人が決める問題なのであって、そのための試験が行なわれるわけでもない。人のうわさがそれを決めるだけである。その次に、世襲によってラマになる者もいる。シャムタックやラングの僧院のように、寺の所有者としての場合が多く、結婚して息子をもうけ、自分の職務上の権利とその財産権を、その子供に移譲する。この場合、ラマ (すなわち優れたもの) とは、その宗教的な資産の多寡でうんぬんされるらしい。サムリンのラマも、現実的にはこの範疇に入るのかもしれない。彼は比較的富裕な家系の一員で、サムリンだけではなく、ピジョールにも、テにも財産がある。しかも彼は自ら選んで宗教の世界に身を投じ、独身を続けて、世襲の場合と同じ信仰の上でのラマとなった人である。シェーの年老いたラマや、まだ会ったことはないが、ヤンツェルのラマなども、同じ立場の人であろう。また、生粋の僧侶というのもいて、数は少ないが、いま少し段階をふめばラマとなるべき人である。この場合は、その家族が、サムリンであろうと、ヤンツェル、ティンキュウであろうと、その住んでいる土地の寺院の財産権を持っている場合である。シェーにこの種の僧がいないのは、たまたまこの土地の人がその寺を選ばなかっただけであろう。その次には、僧院の中に家を持つ平の信徒というのがいて、便宜上儀式にも参列するのである。おそらく、かつての先祖の中に信心深い人がいて、寺に家を建てて僧侶として生涯を過ごしたのであろうし、現在の彼らもそれを認めて、宗教上の任務を果たしているのである。いままさに始まろうとしている祭祀を行なう参列者にも、ざっとこれだけの、さまざまな人たちが集まっているのであった。

読誦に使われているのは、『一切の災障除去して無量長寿に到るラマの教え』(*bla-ma'i thugs-sgrub bar-chad kun sel*)であった。この場合の「ラマの――」というのは、《忿怒王》(*gu-ru drag-po*)に顕現された形で祈念される《蓮華生》のことであり、その内容は、表題で明白なように、最初の障害は、敵対する悪霊、悪魔たちであり、次には宗教的修行を続ける中に現われるすべての精神的な心の障害である。この祈禱は、一〇八回繰り返されるので、その日の夕方から次の日いっぱい続いた。その間、私たちは時には寺の中の、僧侶の列の端にすわっていたり、時にはテントに帰って食事をとったり、絶えず私たちの生活を見にやってくる人びとの相手をしたりして過ごした。どこへ行っても、にこやかな笑顔ばかりで、うわさでは、夕方には祭の舞踊('*cham*)が行なわれるだろうと言われていたが、あとになって、今年はやらないということになった。そこで私たちは、寄進の金を持ってゆき、是非踊りをやって欲しいと頼んでみることにした。この要求が通ったらしく、それまでにすっかり夜の帳《とばり》がおりてしまっていたので、寺の内部で行なわれることに決まった。全員が寺の中に殺到して、四方の壁に沿って何列にもなってひざをかかえてすわり込み、パサンはアラジンのランプを持ってきて、屋根からぶら下げるようにした。その俗っぽい、ぎらぎらした輝きと、幾百とも知れぬ燈明のやわらかな黄色い光とが覇《は》を競うようだったが、なんとか踊り子の姿は見ることができた。まず、《忿怒王》(*gu-ru drag-po*)、《獅子頭のダキニ》(*senge gdong-ma*)、《忿怒青王》(*gu-ru drag-mthing*) の仮面をつけた三人が出て、狭い空間いっぱいに輪を描いて何度もまわった。この場面で、私はいままでこの種の集まりでは味わったことのない、自分自身がそれに実際に参加しているような錯覚に陥った。この奇怪な面相の神々は、供え物の山を見て歓喜し、見物人たちは固唾を飲んで、神々がその供え物を受け入れるのを見守るのであった。

次の演し物は、八段階の悪魔の神々を平定する儀式で、ここでは縄囲いが作られ、これは通常の人の住む宇宙と、とくに悪鬼の好む世界を表わす。そして彼らを、そのまわりに積まれた供え物によってその中に誘い込むわけである。この木と縄で組まれたものは、鳥籠のように悪鬼どもを入れたまま寺の外に持ち出され、壊されるのである。ここで使われる祈禱には、「(密教の基本経典から) 抜粋され、八段階の高慢なる者の縄囲みの儀式の祈りを加えた深く濁った淀みを清める祈禱[22]」という意味の表題がついている。ほとんどはごく普通の祈禱文の反覆であるが、最後の一、二ページに、この儀式特有の意味が含められている。

「この世界に猛り狂う不遜なる者たちよ、われわれは、お前たちに静かに立ち退いてもらいたいために、ここに客として迎えたのである。この世界には、お前たちの住む場所はない。どうか、眷族《けんぞく》のすべてを引き連れて立ち去ってもらいたい。ここに縄囲みへの道が示されてある。どのように？ そこは四方位とその中間の四方位、天頂と天底のすべてに住まう精霊たちの集まる国である。彼らに断わる必要はない。太陽、月、月の住みか、星、土の王、地中の精霊（*klu*）、地上の精霊（*gnyen*）、すべてはこの縄囲みの中にあることを喜び、入ることを熱望する。彼らは供え物の山に喜び飲み騒いでいる。だから、われわれの客としていまここに来ている神と、この世界の悪霊たちよ、この世界を模して作られた、限りなく豊かなこの縄囲みの中に入って、お前たちの場所を求めよ。

「傲慢にして執拗な災いをなす者の怒りを鎮めるために、偉大なる静穏への清明なる祈念を捧げよ。

「繁栄に満ちた長寿、幸運のために、強靱なる心と、肉体の力を作り貯えよ。

「三世世界を超越する力を得るために、赤光の風の輪を投ぜしめよ。

「敵意あるものを根絶させるために、忿怒の魂のはげしい力を発出させせよ。

「これら、四つの儀式によって湧き出る作用により、この模疑の縄囲みにすべてを集めよ。(23) シャ・ラ・ラ！

「さあ、すべてここに集まった。シ・リ・リ！

「さあ、気高き者の真実の声を聞け！

「三つの根元(24)の神々の束縛を続けよ！

「縄囲みの側に捧げた褒賞を受けよ！

「模疑の囲みに入ることを喜び笑顔を見せよ！

「誤ることなき因果の法を思考せよ。ここに集合してはいけない。害を与えず、われわれに善を残すために、何処へか立ち去るのだ。もし耳を貸さず、われわれを害し続けるなら、《髑髏の蓮の花環》（*pad-ma thod phreng rtsal*）の形において、また、鎮世の激怒の形において、われわれは、天国と地上と中間宇宙をとりまき、お前たちの心臓を裂き、生命の力を抽出するであろう[25]。」

この纒囲みと模疑の供え物は、そこで外に持ち出され、遠くにほうり投げられるのである。

この儀式のあと、私たちはテントに帰り、集まった人たちも、寺の内外の宿舎に退いた。おそらくかん詰の鰯のように、びっしり並ばないと寝られなかったにちがいない。その翌日は、まる一日、供え物の献上の儀式が続き、最後に、一般の供え物（*tshogs*）の分配が行なわれた。そして酔っぱらいの数がどんどん増えてきた。その間も、寺の中では僧侶の読誦が続き、外の庭では、平信徒たちが輪になって踊っていた。私はしばらくの間、寺の入口に立って、この二つの生き方、一つは信教の、一つは世俗の声に耳を傾けていた。しかし、彼らの声の中の、間と調子こそ違え、私には、その双方が、単一の文化、単一のものに集約された人びとの関心に結びつくものであることが感じとられたのである。

この祭では、もう一つの儀式が残っていて、それが今日行なわれるのか、明日になるのか未定だったが、全員がそれを待ち焦れていた。これは、皮相的には、キリスト教の聖餐式に当たるもので、「長命の灌頂《かんじょう》」（*tshe-dbang*）の儀式と言われる[26]。私はまだこの儀式には出会ったことがなく、なんとか参列して見たいと思った。夕方近くなって、シェーの老ラマが、「長命灌頂」の儀式が明日の朝行なわれることを告げたので、人びとの間には安堵の声が流れた。もしかすると、今年は中止になるかもしれないというわさがひろがっていたのである。この決定にもまだ疑いの言葉を出す人たちもいたが、それほどにこの儀式が待ち遠しく思われている証拠でもあった。

翌朝、みんなが寺の中に集まり、儀式は、恒例に従って、主神とその侍従の神々に対する祈りと賞讃の読誦で始まった。この主神は、相変わらず《蓮華生》であるが、この場合は、《無量寿（阿弥陀如来）》

(*Amitāyus*) と同体のものと考えられている。《蓮華生》は、普通、王衣をまとい、角張った帽子を被り、ヴァジュラ（金剛杵）を持つ手を胸に、左手には、長命の壺を入れた髑髏のカップを持ち、左腕に魔法の杖を抱える。さらに経軌の説明によれば、《知識あるもの、無量寿》を、《歓喜身》(*sambhoga-kāya*) に相応させて、体は赤く、自ら発する知識の輝きの世界にあって、円月に坐すとされている。この自ら発する知識の光は、蓮華生の魔法の杖 (*khaṭvāṅga*) の三つの先端の上に顕現するものと想像されるのである。

「おお、守護神の王たる無量寿よ、
わが優れたる息子たちに汝の恵みを垂れ給え。
その生命の限りなく、知識の汎く現われんことを。」

祭壇の第一の供え物は、酒を満たした髑髏のカップで、《菩提心》(*bodhicitta*) への捧げ物、すなわち輪廻界にあまねくゆきわたる再生の液体とされるのである。

「大楽の浸み入るとき、父と母 (*Amitāyus* とその妃 *Pāṇḍuravāsini*) の覚心より溢れ出る一つの香気と混合する。それは見えざる天国より舞い来り、髑髏のカップの中に輪を描くのである。汝の喉頭においてそれを風味すれば、全身に安楽がゆきわたり、三界をクリヤライトの中に消滅し、動脈、呼吸、活液を絶対の智となして成就させよ。(27)」

供え物の酒は、そこであたり一面に撒布される。菩提覚心の灌頂《かんじょう》が終わると、祭司は、適当な演技(*mudrā*)を行ない、「智慧」の灌頂(*prajñājñānabhisheka*)の真言(*mantra*)を唱える。その次には、「智界」の灌頂(*jñānadhātvabhisheka*)の儀式が行なわれる。これには聖なる水晶が用いられる。

「もとより清澄にして透明なる《金剛薩埵》(*Vajrasattva*)の自ら創れるこの鏡をもって、汝、おお、優れたる息子たちの上に、その恩寵のあらんことを、そして天界の知識、二而不二なる双入の化身が究極に実現されんことを。」

このような月並な儀式は、村人たちには興味の薄いことで、彼らの待ち望んでいるのは長命の酒と粒が分配される儀式なのである。彼らが、この儀式が物質的な意味での長寿と健康を彼らの上にもたらしてくれるものと信じていることは明白である。そして、菩提に至る過程を説明する難解な術語などは、彼らにとって無意味なものでしかない。事実、いま始まっている「長命の灌頂」の儀式も、昔のものに比べて、その質的な変化があり、確かに世俗的な解釈が加えられてきていると思われる。その意図するところは、生けるものすべてに、「天上の生命」(*bla-tshe*)を及ぼすことにある。この天界の生命は、人びとにこの世での健康と幸福をもたらすものとはなるが、日常の生命力とは区別される何ものかである。そして、それは人の死がなくとも、災いとか突然におきる恐怖の感情の結果として失われてしまうものでもある。私の知る範囲では、仏教のサンスクリット語にはこの同義語はなく、純正なボン教の思想が確かにそこにあると言えるのではなかろうか。(28)

「おお、その天上の生命のさまよい歩き、そして消え失せるものよ。土と水と火と空の四元素の清澄なる精髄、三界の三方のひろがりに住むものの幸福と華麗さ、過去、現在、未来のブッダの海のごとく優しい慈愛から生まれるすべての精髄、すべてここに多彩な光線となって調合され、神の美酒となる。それは汝の身体の汗腺の小孔より滲み入り、リー（HRĪH）なる音節と同様とされる汝の心臓、智慧の清浄なる力そのものである心臓の中心に至って消滅し、汝天上の生命の善なるものが蓄えられ、不死の完成を得るであろう(29)。わが前に横たわる生命のあふれる品目に滲み入れば、そのすべてが不壊の精髄を得るに至る。かく、わが心を集中すべきである。」

祭司はそこで、多色の吹流しのついた杖をうち振る。生命のあふれる品、すなわち水を満たされた供えの壺、酒を満たされた髑髏のカップ、粉を練った小さな粒を盛った皿の上にそれが振られる。この朝は、特別に、老ラマはお供えの壺の向こうに、少年のラマは髑髏のカップの向こうに、その先生の僧は皿の向こうに席をとった。祭司が第一番に、つづいて他の僧侶が、そして最後に集まった人びとが列を作って、ラマの前に一人ずつやってきて、すべてがこの聖餐を受けるのである。

犠牲の壺の灌頂《かんじょう》

「生命の住みか（*tshe-'brang*）、智慧の五光の聖殿、不生不滅の蓮華生と後継の神々の住居たるこの犠牲の壺より神の美酒があふれ、汝の頭頂より中に滲み込む。その体内に充ち満ちて、金剛不壊の身体たらしめる長命の灌頂を受けよ。」

祭司は、お辞儀をした男の頭に壺を置き、頭においた男の手のひらに聖水の一滴を注ぎ、サンスクリット語の真言を唱える。

KĀYA-ADHISHTĀNA ABHISHIÑCA OṂ〔強き身体の授からんことを〕

長命の酒の灌頂

「汝の喉頭に、静と動の万物の精髄たる長命の酒（*tshe-chang*）を注ぎ、無上円満なる神の美酒に調合してこれを味わい、障害なき不壊の言葉たらしめる長命の灌頂を受けよ。」

祭司は、小さな柄杓《ひしやく》をもって、少量の酒を男の手に注ぎ、これを飲ませる。

VĀG-ADHISHTĀNA ABHISHIÑCA ĀḤ〔強き言葉の授からんことを〕

長命の粒の灌頂

「長命の粒を食べよ。それは不死の種子として顕現されるものの根源の純粋な精髄である。それを摂取して、金剛不壊の心たらしめる長命の灌頂を受けよ。」

祭司は、彼の前に歩み寄った男に粒の一つを与え、それを食べさせる。

CITTA-ADHISHTĀNA ABHISHIÑCA HŪṂ〔強き心の授からんことを〕

「純粋なる生命の精髄を、汝の心臓、不死不滅の生命を示す音節リー（HRĪḤ!）の中心に滲透させよ。

汝の身体を金剛の知識の五光の帯をもって結び、不動なる七つの教理の鎧に身をつつめば、永劫《えいごう》にゆるぎなき封鎖を得て、生まれ出でては貧窮に、死しては破壊に導かれることなき安寧を得るであろう。(30)」

老若男女、すべてが前に進みでて、この灌頂《かんじょう》を受けた。来られなかった家族のための分を貰った者もいた。すべての行列が終わってしまったあとにも、まだいくらかの粒と、柄杓《ひしゃく》に何杯もの酒があまっていた。なくなってしまうまで、また何人かが二度目の灌頂を受けに殺到したので、最初は整然としていた儀式に混乱が起きた。最後の読誦によって、この大祭のすべてが終わりを告げた。

参詣者の多くは、もう帰り始めたけれども、すでに昼も過ぎてしまっていたので、ピジョールの方からやってきている私たちなどは、翌朝まで待つよりほかなかったのである。その間に他の人びとと、私たちのこれからの計画について話し合った結果、ヘムラージやタキ・バブについてツクチェまで行ってやろうというシェーの男を、パサンがやっと見つけることができた。この男が、六日目には出発できるよう用意すると言うので、ヘムラージは、サムリンに帰るよりは、ここに一人で残っていたいと言う。私たちは、出発まで彼を一軒の家に寝起きさせるようにはからい、鍋や食糧を持たせることにした。もはや人かげも見えなくなり、この村の人たちは家畜の群れの世話を始め、シェーは再び、私たちが六週間前にここに辿り着いたときと同じように、寂しい姿にかえっていた。われわれの一行は、私とパサン、それに、テント、衣類、道具類を担ぐタキ・バブ、ギェルチェン、シーショクの五人だけとなった。荷物が軽かったので、やがてピジョールへ帰る先行の一団に追いついて、しばらくは彼らと一緒に歩いた。私は、またあの美しい彼らの衣裳を見ることができて楽しかった。数日前に霰《あられ》でひどい目にあった川に、急ぎ足で下り、それからは、「紫山」の山腹の放牧地までは、ゆっくりと時間をかけて登って行った。ここで少憩し、ミルクを買い付けたり、求められるままに薬を与えたりした。しばらくはさらに高く川より離れて進むと、もう足元にサムリンの建物が見えてくる。私たちは道を駈け下って、ラマに挨拶をし、彼にシェーでの大祭礼の模様を話して聞かせたのである。

最後の日々

その後、私は静かな三日間を、主にテントの中で、ラマと彼の甥が留守中に探し出してくれてあった写本に目を通しながら、のんびりと過ごしたのである。彼らはまた、買物のたびに、ここでは使えないインドルピーの紙幣を受けとってくれただけではなく、高額の紙幣も、私たちに必要なだけネパールの貨幣と交換してくれた。この札は、彼らがこの次に南へ交易に出かけたときに使えるからということだった。

いよいよ、私たちにも出発の時機が迫ってきたようだった。ニマ・ツェリンが、間もなくポクスムドへの恒例の旅に出かけることになった。これは同時に、他の村人たちが商用の旅に出る前ぶれと決まっているらしい。これだけいっせいに男や動物たちがいなくなってしまうと、少なくとも数週間は、私たちの旅への援助は当てにできなくなる可能性があった。当初の予定からは、すでにだいぶ遅れていたこともあって、私には立ち去り難い思いではあったが、パサンに、ヤクの手配にかかるよう命じた。何はともあれ、タキ・バブはヘムラージを連れてポカラへ出なければならないので、彼の出発のほうが急務である。パサンも、彼らの出発を見届けるためにシェーに行かせることにした。彼には、サムリンに帰るのは数日遅れてもよいと言っておいた。ところがその後急に、ヤクを借りられるのが六月二十五日だけしかないということがわかり、やむなくその日に出発することにした。ヘムラージへの約束は、二十五日にシェーを出発できるように、タキ・バブを二十四日にはシェーに着かせるということだったので、私はまる一日だけサムリンでひとり過ごすことになってしまった。しかしそれは、写本の写真撮影の仕上げや、寺の祈禱旗の復製を作るのに、私にはかえって好都合だった。

サムリンでの最後の日は、気持の良い一日であった。ユン・ドゥンが、食事のときには水汲みや火作りをやってくれた。私はテントの横で本を写真にとり、そのあとラマの家に行って、印刷にかかった。木綿の布がなかったので、寝具用のものを引き裂いて、僧侶に手伝ってもらって祈禱旗に作りかえた。僧院の木版を使い、インクは、煤《すす》とニカワを混ぜ合わせて作った。

夕方、テントに帰ると、一群のアンテロープが近くの丘から出てきて、私の足音で逃げ出した。こんなに近くから見たのははじめてだった。夜になると、きまってこの寺のすぐ下にある水溜りにやってくるらしい。ここが唯一の水場なので、人がいなくなるのを待っているのであろう。最初に牡鹿がやってきて、そのあとから牝と仔鹿が恐る恐る出てくる。このサムリンは、動物と人間が友として共存できるような、寺院としての理想の環境をもっている。私が仲間と離れて夜を過ごしたのは、この一夜が最初で最後だった。自然環境は言うに及ばず、そこに住む人びとの生活をも含めて、このトルボはなんと平和な土地であろう。ここには警官も兵隊も居らず、盗みも暴動も人殺しもない。私たちのここでの滞在は、ほんの短い期間ではあったが、得たものは大きかった。この地の人たちから学ぶべきことはまだ山ほどたくさん残されているのに、私は自分の意志に反してここを去らねばならない。当初の計画と、現在の立場からは、他に選択の余地がなかったのである。

翌朝、ピジョールのドルジェという男が、二頭のヤクを連れてやって来たが、予定よりもだいぶ遅れていた。二人の僧侶とラマの甥が荷作りを手伝ってはくれたものの、こちらにとっては迷惑以外の何ものでもなかった。荷の一つ一つを抜き出しては、これは何だ、何に使うものかなどを問いただすのである。あまりうるさいので、いらいらしてきて、パサンやタキ・バブがいないのを残念に思った。私はラマのところに行き、白いスカーフを交換して別れの言葉を述べた。ところが、帰ってみると、私が最近わざわざ買った色模様の毛布に、なんと小麦粉やツァンパの袋をつめ込んで、ヤクの背にくくりつけている最中だった。この種の毛布は、普通そのような目的に使われているものだったから、私がいまさら文句を言ってみたところで始まらない。彼らの進んで手伝いを買って出でくれた好意に対しても、すでにかなり遅れてしまっている出発を、荷作りをやり変えるために、さらにこれ以上遅らせるということもできなかった。彼らにとってはなんということのない、この手織りの毛布が、英国に帰ってからの私にとって、何物にも代えがたいほどの価値をもつものだということを、一体どのように説明できるだろうか。一頭のヤクは、二度も荷物を振り落としてしまったが、やっと出発にこぎつけた。ドルジェがそのうちの一頭に、私が他の一頭について、僧院の上の山稜にあるチョルテンまで行ったとき、シェーから出発したはずのタキ・バブが引き返してくるのに出会った。何故帰ってきたのかと詰問したい気持と、再会の歓びが混ざり合う。聞いてみると、ツクチェまで同行することになっていたシェーの男が、約束を履行しなかったらしい。ヘムラージと二人だけでは出発するわけにゆかず、私が不自由しているだろうと思って、すぐ引き返して来たのだと言う。まだ暗いうちに向こうを出て、まだやっと昼をまわったばかりだった。最初に彼がしてくれた仕事は、梱包に使われたあの毛布を、彼自身の木綿布と取り換えることだった。(ちょうど私は彼に、似たような毛布を一枚やろうと思っていたところだった。これは、私のものを手に入れた同じ日にパサンが買ったもので、色の好みがよくないと私がパサンを叱っている尻から、チベット語のわからないタキ・バブが勝手に決めてしまったという曰くつきのものだったが、このように、結局はそれが自分のものになってしまったので、彼のほうが驚いていた。)このような奥深い山地の生活では、やはり彼のような者がいないと万事うまくいかない。私に代わって、彼が先頭に立ち、私は当面の心配から免がれてほっとしたのである。放牧地のテントのところで小憩し、茶を作って飲んだだけで、すぐまた歩き出した。この前ここを通ったときに遭った霰《あられ》まじりの悪天は、どうやらトルボ地方の夏雨のはしりだったらしく、あれ以来、天候はほとんど曇りがちで雨模様の日が多かった。ヒマラヤ主脈の南面の谷に比較すれば、まったくとるに足らぬ雨量ではあるが、私はこんなに雨が降るとは思っていなかったのである。この数日もずっと時折雨が降り肌寒い天気——これもまた英国の山とそっくり同じ——だった。しかし、それを償って余りあったのは、そこかしこに開きはじめたばかりの、多種多様な六月の花の美しさだった。灌木の中では、小型のシャクナゲの赤い花をつけたもの(*Rhododendron lepidotum*)、白花のもの(*R. anthopogon*)、それに黄色の鮮やかなキジムシロ属(*Potentilla arbuscula*)の花があった。可愛いい白いサクラソウ(*Primula involucrata*)、フウロソウや、アネモネ(*Anemone obtusiloba*)、シオン属の野菊(*Aster flaccida*)、小さなニオイアラセイトウによく似たエゾスズシロ属(*Erysimum melicentae*)、ヒマワリを小さくしたようなクレマンソディウム(*Cremanthodium arnicoides*)、青いマイクロウラ(*Microula sikkimensis*)、白い房をつけたムシャリンドウ属(*Dracocephalum heterophyllum*)、紫の房になったイヌハッカ属(*Nepeta pharica*)、気味の悪いシオガマギク属の花、捲いたキケマン属の花など、小さな白いヤマハハコ属、それに、キリンソウ、ユキノシタ、イヌナズナなどの岩につく小さな花もあった。山腹の崩れたあたりに、野生のダイオウが根づいていた。かつてポクスムドからの旅の途中で味わった風味を忘れかねて、摘んで食べてみたが、茎が固くなってしまって、とても口に合わなかった。道がこれからシェーへの長い急な下りにさしかかるあたりから振り返ると、谷の断崖の向こうに、あの「紫山」から伸びる緑の山稜、そしてその尾根上の小さなアルプに点在する赤い建物が見える。これが私たちにとって、サムリンへの最後の一瞥となった。

シェーでは、パサンが寺の入口の横のベランダの下で、快適にキャンプをしていた。狭い家の一間を借りるよりも、このように外で屋根のある場所を選ぶほうがはるかに気分がいいと私も思った。彼からは、今後の輸送について嬉しい知らせを聞いた。タルギェという、前にサルダンで雇ったことのある男が、五頭のヤクを連れてくるのに出会い、パサンとの間で、翌々日に出発して、タラップまで私たちの荷を運ぶ話がまとまったらしい。したがって私たちは、少なくともツァルカまではこのまま全員で旅を続け、そこで改めて、ヘムラージとタキ・バブを先行させる方法を考えることになった。ポカラまで行けば、そこからカトマンドゥまでは問題がないので、ヘムラージのことはもう気懸かりはなかったが、それよりも郵便物のほうがむしろ気になっていた。すでにかなり前にポカラの病院に着いていて、女医さんたちが心配してくれているのではないかと思ったのである。タキ・バブをうまくポカラに直行させ、引き返して私たちと落ち合えるように手配できれば、こちらのほうはとくに急がずに途中の興味を惹くところに立ち寄りながら旅を続けられるだろう。

かくして、衣類の洗濯をしたり、テントの中で休んだり、梱包をやり替えたりという仕事は別として、急いでやっておかねばならぬことが一つあった。前に触れた、この寺の創設者といわれるテンジン・レパの自伝と著作の複写を手に入れることである。その版木がこの僧院に死蔵されたままだと聞いていたので、簡単に片づく仕事だと思っていた。二〇六ページ分の紙と墨が手に入れば自分で一冊分を作れるのである。ところがその材料がないことがわかって、あとはただ村のだれかから現物を譲り受けるしか手がないことになった。当たってみて驚いたが、その版木が彫られた当時わずかな数が印刷されただけで、その後はまったく手をつける人がいなかったので、ほとんど所持している人がいなかったのである。サムリンのラマが一部持っているのはすでに見たし、シェーの老ラマのところにも一部あると聞いたが、ラマの所持しているものをねだる気にはなれなかった。幸い、このシェーで一部持っている人が見つかったのであるが、数ページが欠落したもので、十ルピーで心よく譲ってもらえることになった。やっともう一人持っている人がいることを聞き、抜けたページの部分の写真を撮らせてもらうよう頼みこんだ。すでに夕方になり、雨がはげしく降り出したので、私たちがベランダの下ですわっているうちに、本を抱えたその村人がやってきた。私たちが見せて欲しいページのことを話すと、彼はでたらめにページをめくって、単調な調子で誦み始めたのである。やがてそれを中断して言うには、「わしは読めるだけじゃなしに、意味もちゃんとわかっておる。」私たちは答えた。「そうでしょうとも。しかし私たちはこれを貸して欲しいのです。」彼は私たちの頼みを無視して、怒っていらだったように誦むのを止めなかった。彼の持っている本には、私たちのものにはまったく欠けている二節がまだ最後についているることがわかり、それだけでも四十六ページ分もあった。なんとか私たちのものを完全なものにしたいと思い、木箱の中をかきまわして、やっと欠落した数ページを印刷するのに間に合うだけのネパール製の紙を集めることができた。最後の四十六ページについては、タラップで本を探して、写真に撮るより仕方がないだろう。

次の朝、パサンが梱包を仕上げて、ヤクに積む用意をしている間に、私は僧院の版木を整理して、必要な部分を選び出しにかかった。チベットの本というのはすべて木版刷りで、一個の版木がそれぞれ一ページ分になっている。想像していたように、それは高度な技術で彫られたもので、いったん彫り上げられたものは、大切に扱われれば何百年でも使えるのである。寺守の人に手伝ってもらい、天井の梁の上から下まで届いている、仏像の棚の下から、版木を積み重ねた束をいくつも引き出して、それぞれの章に分ける作業を始めたのであるが、調べてみると、この版木も抜けた部分がかなりあることがわかった。村の主だった人に尋ねまわり、一時は絶望かと思ったが、どうにか残りの部分の入った大きな箱を見つけることができた。しかし混ぜこぜになったものの中から必要な部分だけを見つけ出すことは不可能に近く、もう一度全部を各章ごとに積み替えねばならなかった。パサンが荷作りをすませて、集めてあった紙と、私の持ってきていたブルーブラックのインキを届けに来た。この木版刷りに使われるのは、煤《すす》とニカワを混ぜて作った、漆黒のチベット墨であるが、持っている人はだれもいなかった。私たちは、それぞれ彫り込まれた文字面に、順番にインキを塗り、その上に紙をひろげて、布を使って一様に押さえつけるようにした。普通チベットの寺院で使っている、木とフェルトを重ねたローラーが欲しかったが、ここにはないようであった。このようにして、版木を一つ一つ選び出しながら、紙が無くなるまで続けた。寺の住み込みの人たちも、版木が使われるのを見るのははじめてらしく、まわりをとり囲んで見物していた。

楽にあとから追いつくことができると思ったので、他の者を先に出発させて、私はこの仕事に熱中した。ところが、半時間ばかりしてヘムラージが引き返してきた。ヤクがこの向こうの山の斜面で暴れ出し、私たちの木箱を二つ振り落として、そのうちの一個は口が開いてしまったと言う。私は印刷をそのままにして、現場にとんで行った。タイプライター、フラッシュ、フィルム、医薬品などを入れたほうの箱は無事だったが、もう一方は、最近手に入れたチベットの経本を詰め替えたばかりの箱で、とび出した本のページが、岩や灌木の間にばらまかれていた。風や雨がなかったのが幸運だった。パサンを木版刷りに帰らせて、私は、まず全部を拾い集め、一枚一枚の内容を調べ直して、各ページを順序通り重ねるという気の長い仕事にとりかかった。あとでパサンが箱を修理して、結局ひどく遅れてしまったが、なんとか出発に漕ぎつけたのである。この間にタルギェが、遅くなってしまったことをまるで私のせいのように言うので、私もかっとなって、ヤクの扱いが悪いことを棚にあげて何を言うかと怒鳴り返し、損害がないかどうかを全部調べて、元通りになってからでないと、絶対に出発しないと言い渡した。このときは、パサンもタルギェの側にまわったので、それが私を一層怒らせたのである。しかし、出発して数分もたてば、すべて元通りのなごやかさに戻った。このような境遇にあるとき、人は一時的な短気で長い将来を見誤ることが絶対にあってはならない、ということである。

私たちは、東に向かって草地の多い穏やかな谷を溯り、ナムグンへ越える峠に通じる支流を渡ると、はるか上のもう一つの谷の出合の草地に、大きな白いテントがあるのが見えてきた。近づくに従って、そのまわりに人が数人いて、首すじの赤い、見憶えのある黒い大きな番犬がいるのがわかった。テントに入ると、ニマ・ツェリンがいて、敷物の上にすわり、バター茶をすすっているところだった。彼の横には簡単な仏壇が作られ、小さな箱に入った三体の仏像と、七つの供え物の鉢、花、香などが置かれていた。恒例の夏の交易のためにプンモへ出かける途中で、テントには羊毛の束が積み重ねてあった。彼が連れているのは、孫のうちの一人、供の者数人、サルダンの人でことのほか宗教に熱心な人、それにナムグンからきている若いラマであった。このラマは、私たちが彼の寺を訪ねたとき、仕切りの向こうから話しかけてきた人である。私たちの翌日のコースが、ちょうど彼らと同じになるので、この近くに泊り、翌日は行動を共にすることにした。夕方遅くなってから、私たちは、テンジン・レパの本を見せて、あのまったく欠落しているところを探している旨を告げた。すると若いラマが、その本なら完全なものを持っているので、喜んで差し上げたいが、いまはサルダンの家に置いてある、と言う。さっそく志を受けて、パサンが明日、サルダンに迂回してとってくることにした。速く歩けば、あとの者と大差なくタラップに着くことができるだろう。若者が一人、パサンについて行ってくれることになった。

パサンを除いて、その翌日は、沢山のヤクを連れたニマ・ツェリンの一行と共に旅を続けた。この日は、まったく長い一日だった。谷を東に向かってそのまま源頭まで登りつめ、一つの峠（約五九〇〇メートル）を越えて、ナムドとサルダンの川（SI：Nāngung Kholā）の源流に入った。ここから南に向きを変え、山腹を十二、三キロほど捲きながら進んだ。棘のある、やや赤みがかったふじ色のケシ（*Meconopsis horridula*）が、シダの中に花をのぞかせ、野菊の類（*Aster flaccida*）や、時々、ヒエンソウの類（*Delphinium caeruleum*）も目についた。そしてさらに、ベリ、カルナリ両川の源流を分ける大分水嶺の峠（約六一〇〇メートル）を登り、向こう側の水流が始まるところまで下った。この道は、このまま谷を下り、さらに峠を越えて、ポクスムド湖の下流のムルワに通じ、ニマ・ツェリンのたどる道である。およそ七〜八キロほど下って、木のない草地に全員キャンプすることになった。次の日の朝、ニマ・ツェリンに最後の別れの言葉を述べ、真東にあたる別の峠に向かって私たちは登った（口絵参照）。道端には、再び棘のあるケシが姿を見せ、初夏の花であるタネツケバナ属（*Cardamine pratensis*）、可愛いい黄色のキジムシロ属の花、エーデルワイス、ノミノツヅリ属（*Arenaria polytricoides*）、野生のオランダぜりの小さい花などがあった。この峠も六一〇〇メートル近くの高さがあるが、登りやすい峠で、向こう側の残雪と岩屑を踏んで谷への下りは、非常に楽しい道であった。

タラップ

やがて私たちは、多くの花におおわれた草地の谷に入り、気分のいい道がそのまま、タラップに通じていた。トッキュウの上流の方の村にたどりついたのは昼をまわったころだった。(31) 雨が強く降りはじめたので、私たちは村長の家に雨宿りをし、彼の奥さんは私たちの求めに応じて、屋上とそれに面した二階の別部屋を貸してくれた。二段に続いた刻み目つきの丸太梯子を通り、荷の箱を引きずりあげて、やっとくつろぐことができた。彼女は薪と水さし、それにありがたいことに、大きなガチョウの卵を一つ持ってきてくれた。ちょっと頼んだだけで、すぐさま部屋を空けてくれた村の人の歓待ぶりが、私には不思議だった。私はすぐに、私自身の誕生日の祝い用に、とびきりのご馳走としてプディングを作りにかかった。残りものの乾燥果実や、ガチョウの卵が材料では、それ以上のものは望めなかったからである。ちょうどそのころに、パサンがテンジン・レパの本の写本を持って追い着いてきた。それは、湿気でひどく変色していたり、虫にくわれたページが多いことを、パサンはひどく残念がった。しかしこのコピーのおかげで、私たちの持っているものにはない、最後の二節を全部チェックできることになったわけである。

翌朝、川を下って、トッキュウとドの下流村との中程にある寺を訪ねることにした。「教えの全善なる島」(*kun-bzang chos-gling*)という意味の名がある寺である。私たちは、ここのラマがタラップ第一の仏画師であり、博学の士であるということを聞いていたし、あるいは私の欲しがっている本も持っているかもしれなかった。途中でチャンバ寺(*byams-pa lha-khang*)に立ち寄る。トッキュウのすぐ下、谷の右岸にある「弥勒寺」で、建物は新しいものだった。この地点で、二つの谷が合流する。一つは私たちが下ってきた北西から、いま一つは北方、ティンキュウの方角から流れてくる谷である。ずっと小雨が降り止まなかったけれども、このおだやかな谷は、まだまだそのすばらしさを残していた。地質学的には、幅広い氷河谷といえるのかもしれないが、上部の斜面はすっかり草におおわれ、平坦な谷底は耕やされて、大麦やソバが植えられている。樹木が一本も見られないのは、ここがまだ四八〇〇メートルほどの標高をもっているからであろう。ラマは五十歳くらいで、非常に心よく私たちをもてなしてくれ、二階の、ひどくちらかった広い部屋に私たちを案内した。例によって一通り、私たちのことについての質問に答えたあと、私は彼に仏画のことについてたずね返した。彼自身の描いたタンカを三つばかり見せてくれたが、みんな相当な出来映えで、思わず讃辞がとび出たくらいである。とても若い世代の仏画師では、この標準に達するのは難しいことだろう。彼は私の欲しかったテンジン・レパの木版ばかりか、その写本まで持っていて、すぐさま私の前に持ってきてくれた。時間がなかったから、私はすぐさま、私の持っているコピーの不明瞭な部分を、それによって補筆しかけたが、彼は、そんなにせかせかやらずに、貸して差し上げるから暇々にやればよいではないかという。彼の居間に面して小さなお堂があり、『啓示宝蔵』(*rin-chen gter-mdzod*)六十三巻があった。これはニンマ派における最も重要な蔵外経典である。真ん中には《蓮華生》像があり、壁には非常に新しいチベット製と思われるタンカがかけられていた。このラマは、私たちが非常に遠いところからやってきたことに感激し、是非もう少し長い間ここに滞在して欲しいと言う。彼の奥さんがバター茶とチャンを一杯、それにツァンパを一皿持って出てきた。この歓待は非常に嬉しかったが、そんなに時間を費やすわけにはゆかない。タルギェが私たちのもとを去ってしまったので、輸送方法について何か他の手段が必要だったが、トッキュウではポーターが得られないので、ここから三キロばかり下流のド村までパサンが下って行くことにした。ドはいずれこれから通過せねばならないので、ここから再びトッキュウに引き返して、やりかけの木版刷りの本を仕上げたり、ノートの書き込みを片づけたりした。

ほとんど雨が降り続いていたので、私ははじめて風邪をひいてしまった。トッキュウの上流には、さらに二つばかり小さなニンマ派の寺があり、一つは前日の私たちの通った道沿いにあったシャーリン寺、他はタックルン寺といい、小さな支流の上手に見えていた。二つともヘムラージが訪ねたらしいが、興味を惹くようなものはなかったという。

他の何物にもまして楽しかったのは、谷の流れのほとりに、色とりどりに咲きみだれるたくさんの花だった。黄色いキジムシロ属の小さな群落、サクラソウには、背の高い黄色のもの（*Primula sikkimensis*）、優美で白い花（*P. involucrata*）、それに桃色のもの（*P. tibetica*）もある。小さなフウロソウの仲間たち、豆科のいろいろの種類、艶やかな毛におおわれたアネモネの類、黄金色のクレマンソディウム（*Cremanthodium decaisnei*）、ひな菊のようなムカシヨモギ属（*Erigeron multiradiatus*）、ほっそりと立つ小さなキムポウゲ属（*Ranunculus affinis*）などがある。さらに黄色いウマゴヤシ属（*Medicago edgeworthii*）、桃色がかったモリナ（*Morina nepalensis*）と青いマイクロウラ（*Microula sikkimensis*）、ムシャリンドウ属（*Drococephalum heterophyllum*）や、ウルップソウ（*Lagotis glauca*）の花の房、黄色いベンケイソウやイヌナズナなどもあった。岸辺の小高い斜面には、一面にセンニンソウ属（*Cle-*

matis orientalis）のお花畑がつづき、イギリスの海岸によくある、ツノケシのような花（*Dicranostigma lactucoides*）が、可愛い黄色のつぼみをつけていた。

翌日もまだ雨が止まなかった。パサンが、ポーターとなってくれる女を三人、ドから連れてきたのと、トッキュウからは、さんざん頼んだあげくに、やっと四人の男がきてくれることになって、朝の出発は遅くはならない手はずができていた。私は、木版刷りが仕上がったので、朝の出発後、寺に立ち寄って、ラマの本を返却した。半時間くらいで私たちはドに着いた。入口には、二つのチョルテンがあり、一つはボン教のもの、他はニンマ派のもので、前者が新しく塗りかえられていたのに、もう一つのほうは手入れもされていないようだった。村の上の斜面に小さな寺があり、古くはサキャ派のものだったらしいが、いまはニンマ派の寺である。横の御堂がちょっと変わっていて、普通のチョルテンの形式で建てられてはいるが、中にまたもう一つの小さなチョルテンを内蔵している。全体として非常に良くできており、内壁の壁画も秀逸だった。この寺からは、谷全体が一望でき、本流は、ここから南西に向きを変えて、サンドゥルの方に下っている。サンドゥルは、ここから二日の距離である。私たちの進む予定の道は、北東に向かって谷を溯り、私たちをもう一度、ベリ川とカルナリ川の分水嶺に導くのである。

この谷を一キロばかり溯ったあたりの左岸に、シップツォク（*Zhib-phyogs*）という名のボン寺があった。本堂と数棟の家屋からなり、十五人の人が住み込んで、共同生活を送っている。既婚者ばかりとは限らないようだった。この点では、リンモの寺に住む人たちとよく似た組織のようであるが、外見は、こちらのほうがはるかに活潑な宗教生活を送っているように見える。寺は最近塗りかえられたらしいが、なかなか良くできている。壁に沿って右側に、尊師シェンラップ、《白光シェン神》、《清十億万》

およびサトリックが、左側には、《宝槍を持つ神》、ガナチャクラと、《天の導師》が、《長命灌頂智者》(*tshe-dbang rig-'dzin*) と《蓮華生[32]》の二人を脇侍として描かれていた。三体の仏像が供物台のうしろの台座に置かれている。すなわち真ん中に尊師シェンラップ、その左側が《勝利王》、そして右がサトリックで、右手に生命の瓶をかかげ、左手に鏡を持つ。これらの像と、横にならぶ小像は、こまかく模様づけされたわくの中におさまっていた。この寺に住む五人の僧が私たちを囲んで、質問を浴びせてきたので、写真を撮るのに造作はなかった。彼らはサムリンの老ラマをよく知っていたので、私たちがしばらくサムリンに滞在していたと聞くと、非常に喜んでいた。

再び川を向こう岸に渡ると、また一つほんのわずかの数の家と、これも小さなニンマ派の寺があった。ここはドロと呼ばれていて、タラップ東部最奥の部落である。ここからあと、道は急になり、谷は狭まってくる。ここまでですでに正午をたっぷりまわっており、その日のうちに峠を越えることは、まったく望みがなくなったが、ポーターたちの話では、ゴルジュの上部に岩小屋があるという。雨は絶え間なく降り出したので、一晩を過ごせる小屋を期待していた。しかし、その「岩小屋」なるものは、少し傾斜した岩壁に、わずかばかりの石垣の壁を向かいあわせた程度のもので、二、三人の旅人が無理をすれば入れるくらいの余裕しかない。私たち十一人の人間と、八個の荷物ではとても無理だった。付近には、テントの建てられそうな場所もなかったので、もう少しましな場所を求めてさらに登りを続けた。石ころだらけで、囲いのない場所だったが、失望することだけは免がれて、なんとか場所だけは見つけることができた。パサンが、ドロの部落を通ったときに、うまく手に入れてくれた羊の腿肉二本が、私たちの気分をほぐしてくれる。もう長い間、肉らしい肉にはすっかり縁がなかった私たちであった。

ツァルカ

次の日の朝、私たちは夜明け前にそこを発った。私にはツァルカ（SI: Chharkābhotgāon）まで着ける確信があったが、ポーターたちは、とても無理だと言う。五八〇〇メートルくらいの谷の源頭までは、まだまだ長い登りがあった。そこには紫色の美しい毬果《きゅうか》をもった花の群落があり、私たちはそこで休憩した。最後の七〇〇メートル近い岩とガレの登りが、嫌でも目の上にそびえているのが見えると、ポーターたちも、たっぷりと長い休憩をとってから再び歩き出すことに同意した。かくて、峠を登りきり、その向こう側の雪のないところまで下って休憩できたころは、もう正午をだいぶまわっていた。流れのあるところまで下ると灌木があらわれ始め、そこで昼食をとった。いまや私たちのいるところは、パンザンの谷の源頭にあたるところで、遠くティンキュウの方角に下る谷を見下ろすことができる。私たちのこれからのルートは、南方へその谷をつめ、もう一度、ベリ川とカルナリ川の分水嶺を越えて、向こう側のツァルカに下ることになる。私たちの登ってゆく谷は、穏やかで、草地が多く、比較的楽に五九〇〇メートル余りの峠の頂上に着いた。向こう側は、旅のはじめ以来、ずっと私たちの友であったあのベリ川の、源流のゴルジュの谷（SI: Barbung Kholā）をいま再び見下ろすことになったのである。やがて夕暮れが近づき、私は、なんとか今日中にツァルカに着きたいと思い、パサンと共に先に下ることにした。しかし暗くなってくるのに、ポーターたちは随分おくれてしまい、どこか途中で泊ってしまいそうな気配だったので、パサンだけを先行させて、村長の家を見つけ出し、泊り場を探しておくよう命じた。私はその間引き返して彼らについて下ることにした。やっと彼らと出会ったときには、日もとっぷり暮れて、この男女の列をいちいちライトで足もとを照らしながら導かねばならなかった。道は長くて果てしがないように思えた。一本道だから迷う心配はなかったが、このように過重の荷を背負った男女の列を、しかも真っ暗がりの中で狭い谷を下り、流れを渡って誘導することに、私は落ち着きを失い、自己反訴の気持をも拭うことはできなかった。彼らには、列から遅れることがあったら大声で知らせるように言い、何度も人数をチェックしてきたのに、若者が一人行方不明になってしまったときには参ってしまった。探しに戻るために、他の者にはそこで待っているように言いつけたが、おそらく彼らの性格からいってじっとしてはいるまい。道をとって返すと、彼は道端にうずくまって、うめき声をあげていた。もうとても歩けないし、ここで死ぬという。私は彼の荷をとってやり、こんな山中で夜を過ごすのは馬鹿なことだと声をからしてせき立てるしかなかった。私がこんな役をしたところで、パサンの一声にもかなわないだろうと、自分の不適性を嘆くばかりだった。しばらくしてやっと彼も立ち上がり、私のあとについて歩き出したが、なんとその足どりは私よりもはるかにしっかりしていた。もとの場所まで下ってみると、案の定他の者たちはいなくて、私たち二人だけがとりのこされたまま下り続けた。とうとう、ツァルカが近づいたことを示すチョルテンが闇の中にあらわれ、その先でポーターたちが休んでいるのが見えた。私たちは一緒になって、広くなった道をなおも下り、やがて下方に、パサンのライトの光が見えてきて胸をなでおろした。これでやっと悪夢のような夜道が終わったのである。

ツァルカは、他のどのトルボの部落とも違っていて、川の右岸に砦（かつてそうであったことはほぼ間違いない）のように立っている。昼間なら、砦の名残りなどどこにも残されていないことがよくわかるはずなのに、その夜、この村に入ったときの私の印象は、まったく数世紀前の中世の砦の中に入ってゆくような感じだった。村の入口となっている石垣の列は、砦の囲りにはりめぐらせた防護柵のように思われ、傾斜をもたせて立つ大きな石造りの家々の壁が、頭上の闇にとけ込んでしまう。そんな壁の間を、何か秘密の使命を帯びて私たちを導き入れるために遣わされてきたかのようなパサンに案内されて、私たちは進んだ。低い戸口を、一人ずつくぐり抜けて、中に眠っていた山羊たちの間を分け、刻み目のついた丸太梯子を二つのぼると、天井の低い部屋に入った。中では炉火が、真っ黒にすすけた梁や、落ち着かない私たちの顔を照らし出す。チベット人の土地での生活は、しばしばヨーロッパの中世を思い起こさせることが多いものであるが、このツァルカの最初の夜ほど、ひしひしとそれを感じたことはいままでになかった。まるで私たちが、その古い世界に生きているかのようだった。私は、もう一階上の、屋根に出てから入れるようになっている、小さな仏間にも通してもらった。家の持主は、村長とボン寺のラマを兼ねている人で、私たちと親しげに短い言葉をかわした。おそい夕食のあと、私たちは眠りについた。

次の日の朝、その家の屋根から、ツァルカの他の家々を眺め渡した。戸数は二十五軒くらい。川の向こう岸にはボン教の寺が孤立して建っていた。あとで私たちは、この川の激流を、ロープで確保し合いながら渡渉した。大きい寺のほうには、とくに興味を惹くようなものは何もなかった。小さなほうの寺は手入れが充分行きとどかず、湿気と泥に汚されてはいたが、その壁画は珍らしいものだった。左の壁は、仏教（ニンマ派）の仏たち、そして右の壁はボン教のものだった。村のラマは、毎日ここに渡ってきて、バターの燈明をともしてお経をあげる。他の村人たちも、時折は儀式に参加するらしい。彼の話では、毎冬、年に一回、この小さいほうの寺を使用して、仏教徒とボン教徒合同の大祭が行なわれるという。村の西側の入口に通じるところに、仏教、ボン教の二種の経文塚があり、通りかかる人びとはみんな、仏教のほうはその左側を、ボン教のものはその右側を通るのがよくわかった。

おそらく最初の夜があまりに奇妙だったせいか、いままで泊った中では一番不潔な村だったにかかわらず、ツァルカは私をひきつける魅力を失わなかった。ツァルカに泊っている一人のラマ僧が、ちょうどツクチェに向けて旅を続けている途中で、旅の道連れとして是非一緒に行きたいという。私たちは、ヘムラージとタキ・バブを、彼と共に先行させることにし、その翌日に出発させた。パサンと私は、一日おくらせて、その間にポーターを集め、七月七日の土曜日にそこをあとにした。私たちの荷は、この村の若者八人が担いでくれることになった。

ベリ川（バルブン・コーラ）の谷を溯るのが、旅の初日の行程であった。苦労をいとわない若者たちは、非常に活発で、氷のように冷たい流れを五回も渡渉して平気だった。たき火に使う灌木が得られる最後のところでその日のキャンプをし、翌日は、峠に向かうゆるく長い道を登った。前方には三キロばかりもある、長くてだだっ広い峠の草原がひろがっている（口絵参照）。標高は約五五〇〇メートル、両側には、そこからさらに一〇〇〇メートルを越える高さの山が連なる。これらの山の高さは、私たちがいままでずっと見慣れてきた、いままさにそこを去ろうとしているトルボの山々とそんなに大きくは違わない。道端の草花も、トルボでよく見かけたものと同じだった。小さな毬果をつけた紫色の花(*Phlomis rotata*)、可愛い黄金色の眼のような野菊類（*Aster flaccida*）、黄色いキジムシロ属（*Potentilla argyrophylla*）、紫がかったウルップソウ（*Lagotis glauca*）、捲き毛のようなヤマキケマン、奇怪な感じのするシオガマギクの類（*Pedicularis, sp.*）、カラスノエンドウ、ベンケイソウ、ユキノシタ、イヌナズナなど。峠の上からは道が二つに分かれる。一つは北側の山腹を三〇〇メートル余り登ってからグンサに下る安全なルート、もう一つは、直接ケハ・ルンパのゴルジュを下って、サンダクにゆくものである。ツァルカの若衆たちが、上のルートはヤクのキャラバン用のものだというので、私たちは安心して彼らに従って狭いゴルジュに入って行った。このルートのおおい被さるようにきり立った壁が崩れ落ちて、最近は利口な村人なら危険なので通らないということを知ったのは、じつはあとになってからであった。先行したヘムラージとタキ・バブも、一度はこのルートに入ったが、あと戻りして道を変えたということも、あとで聞いたのである。人によれば、この谷の下りを、非常に面白いものと書く人がいるかもしれないが、道がまったく壊れているところでは、しびれるような冷たい奔流の中を、腰まで浸りながら、今度はここ、次はあそこと、何回となく渡らなければならなかった。またあるところでは、上の懸崖から垂れ下がった、いまにも落ちそうな岩を気にしながら、きり立ったガレの斜面を横切らねばならなかった。上からの落石さえなければ、ロープを使えば危険なところではなかったが、ずっと時間をくっただろうし、もし使っていれば、明るいうちにただ一か所しかない泊り場に着くことさえ難しかっただろう。叱咤激励の声をかけることも、荷物のことを考えればのど元で抑えねばならない。数か月もかかって得た資料、ノートやフィルム、写本などの貴重な荷物をつまらぬ危険にさらすようなことは、だれだってやる馬鹿はいないだろう。しかしこの道は、一度ふみ出したらもう引きさがれない。ツァルカの若衆たちは、こんな場面ではうってつけの技能をもっていた。その動作は、スピードとバランスが完全に調和して、ツァルカを出発した直後とまったく同じように、陽気におしゃべりをつづけ、笑い声も絶えず、危険などにもまったく無頓着だった。やっと、オーバーハングした大岩の下の泊り場に着いたころには、もう私には、前の日の晩に彼らの不注意で引き裂いてしまったテントのことで、彼らを責める気持にはなれなかった。

翌朝、私たちはさらにゴルジュを下りつづけて、やっと南側の山腹に逃れ出たのである。振り返ると、きのう私たちの越えてきた峠の上の山々を見上げることができた。ここからはもう、楽な下り道がパーリンの村へつづいていた。この村は、サンダク (SI : Sangdah) という名でも呼ばれている。

(1) シェー・ゴンパ、すなわち「水晶の僧院」(*shel dgon-pa*) というのは、私たちの越えた峠の上にある「トルボの水晶山」(*dol-po'i shel gyi ri bo*) の名からつけられたもので、インド測量局図の綴字《Syā》は誤りで、これについては付録にも説明したとおりである。

(2) W. Y. Evans Wentz; *Tibet's Great Yogi Milarepa*. *O. U. P.*, 1928 参照。

(3) Roerich; *The Blue Annals*, pp. 473–80, 485–7 および、H. E. Richardson; 'The Karma-pa Sect. A Historical Note,' *Journal of the Royal Asiatic Society*, 1958, pp. 139–164 参照。

(4) 《合一した聖者》というのは、《蓮華生》の特別な化身で、古来の三宝すなわち、仏、法、僧を同体とみる(一体三宝)ものである。《合体したすべての神》は、インドの伝承における《踊る蓮華王》(*Padmanarteśvara*) であり、その起源において、これはヒンドゥのシヴァ神と、密接に結びつけることができる。ところが、ニンマ派ではこれを観世音 (*Avalokiteśvara*) の形で受け入れている。このように、チベット仏教では、各宗派の間の差異には、それぞれの好みが関与していることに気づくのである。これらの神々については、その全部を『ヒマラヤの仏教』二二八ページに詳述した。

(5) ツァルブン (Tsharbung) というのは、ツァルカ (Tsharka) とバルブン (Barbung) の合成語である。このバルブンという地方名は、ベリ川の上流域に対して、インド測量局の地図上に記入されている。パンザン (SI : Panjāng) と、ナムグン (SI : Nāngung) も、同様に、川の名前として出ているのである。

(6) ネパール人に対するチベット語は、古語のモン・パ (*mon-pa*) で、漠然としてではあるが、チベットより南の谷に住む人びとを指している。

(7) ヤンツェル (*g Yas-mtsher*)、すなわち《右岸の居住地（村）》は、六〜七〇〇年前に、この僧院が建てられる以前からの古い地名である。宗教上の名前は、「悟りの島」(*byang-chub gling*) という。インド測量局図にある Yānjar Gömpā の位置は、シュンツェルの寺院の場所と混同しているものと思われる。

(8) 顕現された智慧の原型としてのマンジュシュリ（文殊菩薩）は、無知をその根元から切り落とさんとする剣を右手に、蓮華の上に支えられた書物を左手に持つ。この書物は《智慧の完成、すなわち般若》を表わす。またその化身である《獅子吼文殊》については後述する。

(9) 初期インドの宇宙観では、宇宙は、中心をなす聖なる山（スメール＝須弥山）と、それを囲む四つの島（四洲＝勝身、瞻部、牛貨、倶盧の各洲）からなる。また、現象界は五大（地、水、火、風、空）より成り、人間個人の心身は五蘊（色、受、想、行、識）をもって構成されるなど。『ヒマラヤの仏教』六四ページ参照。

(10) この三体の組み合わせは特別なもので、種々の仏教の考えもこれから来たものと思われる。『ヒマラヤの仏教』六二〜四ページ参照。

(11) インド測量局図上にある Mai という川の名 (Mai Kholā) は、村名である Mö (*Mod*) を聞き違えてつけたものと思われ、地図上にこの村が記載されてないのは、おそらく測量官がここを訪れなかったためであろう。

(12) 南米アンデスの高地においては、このヒマラヤの散在する村々よりもはるかに多くの人びとが、高い標高の地域に居住していることを知っておかねばならない。例えば、四三五〇メートルの標高にある、ペルーのセロ・デ・パスコの町の人口は、二五〇〇〇人である (Jean Brunhes; *La Géograph e Humaine*, édition abrégée, Presses Universitaires de France, Paris, 1947, p. 96)。トルボ以外のヒマラヤ地方では、五八〇〇メートルを越える小村も見られるが、それらは、夏の短期間だけ人が居住するものである。(S.D. Pant;

The Social Economy of the Himalayas, London, 1935, p. 41)。トルボの場合は、通年居住である。

(13) シーメンは、「樹の多い場所」(*shing-mang*) の意であろうと思われるが、確認することはできなかった。現地で用いられている綴字は *shing-sman* とも、*shing-man* とも書かれるようであるが、これではどちらもぴったりした意味をなさない。

(14) チベット語の *mad* は、英語の *met* の最後の *-t* を省いた発音である。インド測量局図はこの名を川名に適用している (Met Kholā)。図上の Mājhgāon というのは、なんら根拠のない地名であろう。

(15) ティン (*gting*) は「深い場所」、キュウ (*'khyu*) は「走る」または「流れる」を意味する。

(16) リンポチェ (*Rin-po-che*・高貴なるもの) は、化身のラマに対する称号である。

(17) チベット語のロン (*rong*) は、本来「深い裂け目」を意味することから、もっぱら「谷」の意味に訳されるのであるが、トルボ地方では、よく山名に用いられる。

(18) インド測量局図上にあるシブ (Sibu) の名は、シェープー (*shel-phu*) から導かれたもので、シェー (*shel*) の上流の「谷の源頭」(*phu*) の意である。もちろん作られた名前であって、現地では通用しない。

(19) この「王子」というのは、いずれもチベット語の *gsas* をそのように訳したものである。

(20) この死後の意識を導く、ニンマ派の儀式については、『ヒマラヤの仏教』二六二ページ参照。

(21) この説を最もよく説明しているのは、Aldous Huxley; *The Perennial Philosophy*, Chatto & Windus, London, 1946 である。

(22) *sde brgyad khengs mdos [khol phyungs bltas chog tu bkod pa rtsub 'gyur rnyogs ma gting dwangs* (*Rin-chen gten-mdzod, vol. phi*).

(23) 四つの儀式とは、すべての悪の鎮静、繁栄と長寿の獲得、超能力の習得、障害の破壊に対する祈禱である。詳しくは『ヒマラヤの仏教』二五七〜六〇ページ参照。

(24) 三つの根元 (*rtsa-gsum*) とは、身、口、意である。

(25) 「縄囲みの儀式」に関する一般的解説は Nebesky-Wojkowitz; *Oracles and Demons*, pp. 369 以下参照。

(26) Waddell; *Lamaism*, pp. 444 以下参照。

(27) この加持の過程の本来の意味に関しては、拙訳校訂の『ヘヴァジュラ・タントラ』を参照されたい。(漢訳『大悲空智金剛大教王儀軌経』大正十八、No. 892、邦訳『国訳一切経・密教部二』三三七〜三九一ページ——訳註)。

Hevajra-Tantra, O. U. P., 1959, とくに vol. I, pp. 35–7.

(28) Nebesky-Wojkowitz; *Oracles and Demmons*, pp. 481–3.

(29) HRĪH とは、観世音の曼荼羅において、その中心に置かれる音節である。この曼荼羅は、輪廻界を象徴する六つの弓形からなり、これが観世音の明呪である六音節、すなわち、OṂ MA ṆI PAD ME HŪṂ に結びつけて考えられるのである。この曼荼羅の中心は、神聖なる智慧そのものであり、そこからすべての現象界の存在が展開するのである。したがって菩薩道に励む者は、究極にはそこに到達しなければならない。したがってそれが成就者の心臓と見なされるのである。

(30) この引用は、次の儀軌に含まれるものである。

dbang gi cho ga tshe dbang dang bcas pa 'chi med ye shes chu rgyun ces bya ba——*Rin-chen gter-mdzod*, vol *cha*, folios 10 *b*, 12 *a*–13 *a*.

(31) トク (*tog*) は「最も上の」、キュウ (*'khyu*) は、「走る」または「流れる」の意。ティンキュウと比較せよ。インド測量局図では、この村はアターリ (Atāli) と記入されているが、この名前は現地においてまったく正当性を見出し得ないものである。また、タラップという名の村がないことにも留意すべきであろう。この名称は、本文にあるとおり、この区域の村々、僧院などの全体を指すもので、地図上タラップガオン (Tarāpgāon) と記入されているところは、ド (*mdo*) と呼ばれる村で、これは「谷の最も下流の場所」の意である。この誤りの原因は単純で、南のサンドゥル (SI : Chhandul) から入ってきた者は、このドにきてはじめてタラップに着いたと思うのが当然で、そのまま無造作に最初に見た村にタラップの名を当ててしまうのである。河口慧海は、もっと大きな規模で同じ誤りをおかしている。彼がツァルカ（Tsharka・彼の綴りではツァカ Tsaka である）に着いたとき、トルボ（Dolpo・彼の綴りでは Thorpc）という名称をたんにこの村の名前と考えたのである（*Three Years in Tibet*, p. 73）。

(32) これらの神々については、七三ページ以下を見よ。

4　カリ・ガンダキとロー地方

谷の上流地域

ツァルカの若者たちは、パーリンよりも向こうへは行こうとしなかった。この村には、まだ彼らの顔見知りや親戚がいるが、それより数日先のカグベニまで足を延ばすことは、彼らにとっては、自らの安全限界をこえて、未知の国に足をふみ入れることを意味するのだろうか。村はずれに、人のいない石小屋があり、脱穀用の前庭もあって、私たちの荷物置場とテント場にはうってつけだった。人夫たちは荷を小屋の中におろすと、知人をたずねてみんな姿を消してしまった。私たちがテントを張っている間に、パサンは、彼らのあとを辿って食物を探しに出かけ、やがて一束の薪と共に、鶏の卵とジャガイモを持って帰ってきた。この数か月間お目にかかれなかった贅沢な食料だ。食事が終わってテントが片づいたあと、私たちは村長の家に出かけてゆき、これからただちに必要な問題を解決すべく、相談をもちかけた。ツァルカの若者たちには賃金を払わねばならないのに、手持ちのコインは底をついていたのである。思っていたとおり、彼は妥当なレートで、私たちのインドルピー札を、ネパールのコインに両替えしてくれたうえ、明日の荷運びのために、ヤクを三頭出してくれるという。しかしこれは、そのヤクがまだ山に残っているので、明日も朝のうちに全部が出そろうことはまずあるまい。ここの人たちは、ツァルカの人びととあまり変わらないチベット語を話し、非常に親切だった。村は、ケハ・ルンパの右岸にあって、戸数は二十五軒くらい。「清らかで汚れのない場所」を意味するサンダク（SI：Sangdāh）として知られているが、これは本来対岸に見える廃村の名前なのである。対岸のもっと高所にはこの村の冬村があって、その本来の名はゴクとよばれる。グンサというのはたんに「冬の居場所」という意味でしかないが、これも使われている。ここからは、トルボへ峠越えするもう一本の道があって、私たちもこの道を通ってきたほうが賢明だったわけである。最近の国境での紛争のためにかなり彼らの家畜が失われたりしているので、ツクチェやムスタンとの取り引きは非常に減っているということだった。他のチベット人と同じ仏教徒だとは言っているが、村には寺もなく、ラマ僧もいなくて、私たちの旅した数多くのチベット人村の中ではこのように何もない村は他にはなかった。遺体処理法を火葬によっているのは、木が豊富に得られるからであろう。死後の祭式は、ツァルカやタラップのラマ僧を迎えて営むらしい。カグベニのほうがずっと近いことを考えると、これは不思議に思われるのであるが、村人の社会的な関連は、遠いトルボ側により強く結びついていることを示しているわけである。

翌朝、荷作りを終えて辛抱づよく待っていたが、昼になって、やっと三頭のヤクとヤク使いがあらわれた。前脚をしばってから、四つの箱と、テントや衣類の入った袋が二束、ヤクの背に革ひもで結わえつけられた。さて前脚が解かれたと思うと、さっそく背中の荷物は全部ほうり落とされてしまって、また最初からやり直さねばならなかった。今度はうまくゆく。一頭ずつうまくあやつりながら、私たちは村を離れて、山腹の道を登って行った。ところが、広いところに出ると、たちまち先頭の奴が斜面を猛然と突進して、荷箱をほうり落としてひきずりまわしてしまったのである。他の二頭も混乱して方向を変え、そのうちの一頭は、こまかい道具類の入った箱をぶちまけて、岩の向こう側にまき散らした。当

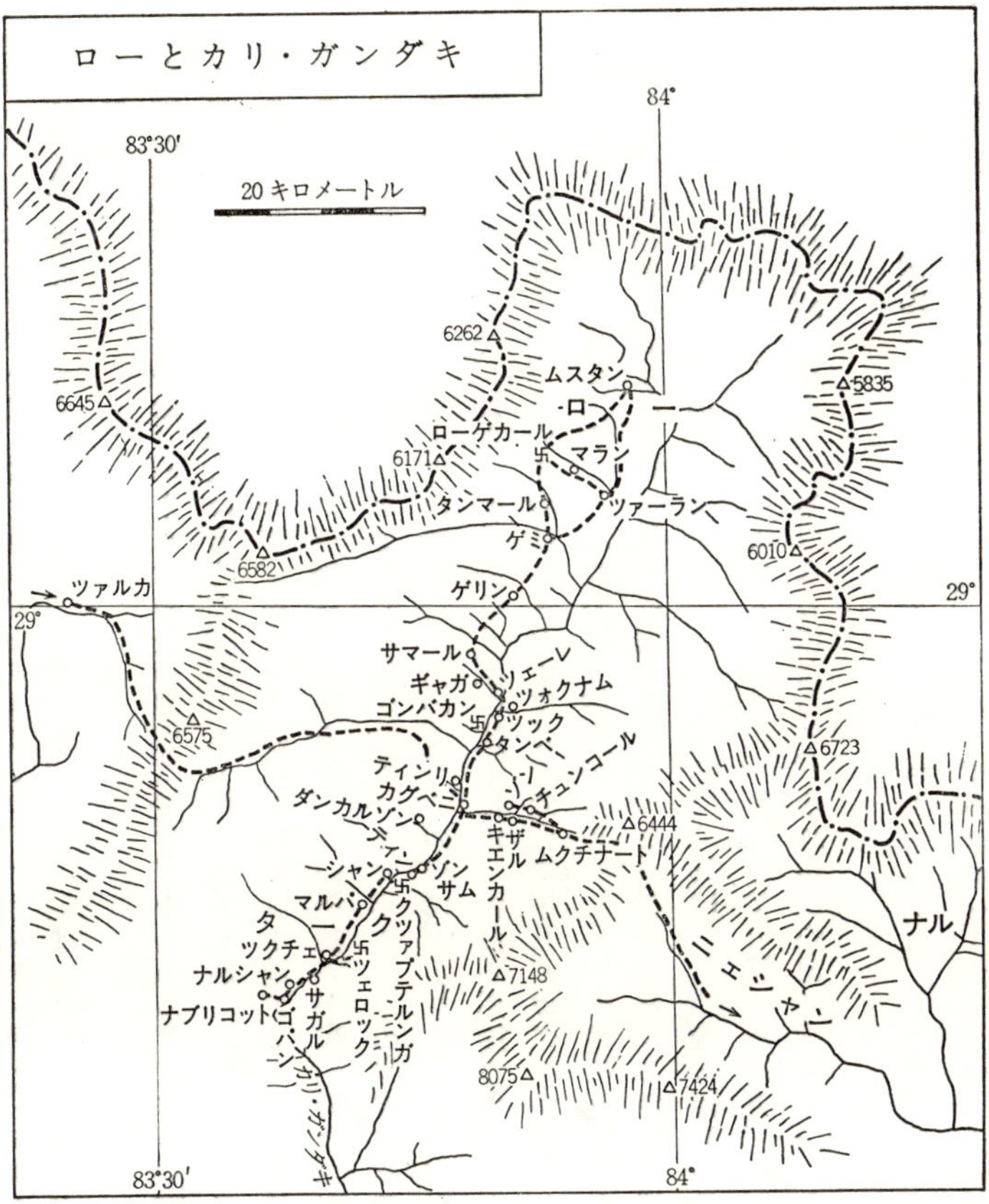

ローとカリ・ガンダキ

のヤクたちは荒い息づかいで猛り狂っていた。私たちは、一つ一つ荷を運び下ろし、近くのわずかな平地に再びテントを張って、品物の傷み具合を調べる始末だった。金属製のトランクの一つは、ひどくたたきつけられて、もう使えないようだった。中にしまってあったアラジンのランプはなんとか助かったが、タイプライターと電子フラッシュは壊れてしまった。悔んでみたところであとの祭りだった。荷物を一箱減らすために、できるだけうまく再梱包し、パサンは村長のところに行き、あの男のヤクはもうこりごりだから、明日の朝までに人夫を七人必ず用意するようにと申し入れた。

翌朝の出発は快調だった。パーリンの上の鞍部に登り、そこからカグベニに向かって山腹の長い下りのトラバースが始まる。日中はほとんど雲がかかって遠望が利かなかったが、夕方近く、カリ・ガンダキへの最後の峠を下るころになって、遠く北方の見知らぬロー地方（ムスタン）への眺望が得られるようになった。平坦で、荒涼とした茶褐色の山並みは、深い浸食谷が複雑で幻想的な風景をつくり出し、南方の巨大な氷雪の山々の風景とまったく対照的だった。ポーターの足どりはのんびりしていて、とても宵のうちにカグベニに着くのは無理だったので、その夜は、かなり広い岩穴をみつけてそこに泊り、次の朝早くから下りつづけた。谷の向こう側の遠くには、私たちが通る予定のムクチナートが見える。南へ向かってせり上がっているのは、アンナプルナの大雪嶺だ。カグベニの町と、付近の小さな野畑の緑が眼の下の対岸に見え出すと、私たちは、旅人がはじめて目的の地に近づいたときに感じる、あの興奮と胸のときめきを感じながら、足早に道をかけ下った。この十日ほどの間、何度このカグベニのことを話し合ったことだろうか。何故なら、もうここまでくれば、あの最も苦労の多かったトルボの旅がついに終わるという安堵感、そしてこれからはまた、いままでと違った地方、違った人びととの中での旅が始まるという期待感、をあわせもつことになろう。それがこのカグベニだったのである。

ポーターの足がゆっくりしているので、はからずもちょっとしたまわり道をして、ティンリ（SI: Tinrigāon）の寺を訪ねることができた。それはカグベニの一・六キロほど北の右岸の上に、砦のようにそびえ立っている。復元中の本堂以外はすっかり廃墟となっていた。私たちのあとについて登ってきた尼僧が戸を開けてくれ、ここはいま、尼僧六人の小さな一団が寺守をしているということを聞かせてくれた。もっとも、何回か行なわれる祭式には、カグベニから僧侶を呼ぶらしい。このティンリ寺が、かつては非常に栄えた大きな寺院であったということは、建物の跡が非常に数多いことからうなずけた。非常に良く描けて、彩色もよい小さな石板画の高僧の肖像が、木枠に入れられて入口にかかっていた。この寺で昔日の面影を示すのはこれだけであった。

再び明るい太陽のもとに出て、眼下のカリ・ガンダキの、そして川向こうのカグベニの眺めを楽しんだ。ツァルカから四日の旅をしただけで、私たちはまったく違った世界に来たような気がした。サンダクの峠からは、二五〇〇メートル近く下ってきたことになる。樹々の緑が、再び私たちの前に姿をあらわしてはきたが、それでも村々のまわりのほんのわずかな木立ちの緑をのぞけば、ほかは一面、茶褐色の岩と砂の世界だった。トルボのように、一面草原につつまれた山などはまったく姿を消してしまった。その理由は、トルボには降るモンスーンの雨も、このカリ・ガンダキの上流までは届かないのである。トルボでは、同じ山であっても、そこには人間の生活の匂いがあり、どの山もみんな優しく、親しみがもてた。ところがここではどうだろう。私たちはただ、周囲に立ち並ぶ巨大な氷雪の山々にはさまれた、大きな裂け目にしかすぎない、荒涼としたこの大峡谷の中にいる自分を見出すだけである。

そのあとこの尼僧は、シャンのラマがちょうどこのカグベニに滞在していて、その日ティンリに来ることになっていると教えてくれた。彼のことについては、私は道中で何度も耳にしていた。カグベニの橋に下って行ったとき、折よくラマの一団が反対側からやってくるのに出会ったので、先に彼らが渡るのを待つことにした。この高名なラマ僧は、いま六十五歳くらいで、多年の修行を終えたのち、現在は精力的にこのチベット・ネパール国境地帯の村々で仏教の復興に没頭しているのである。たまたま、私のとったルートが彼の人徳の及ぶ範囲であったためか、ティチュロンからナル地方に至るまで、彼の名を聞かぬ日はなかったくらいである。私たちが、このカグベニの橋のたもとで彼と出会ったということは誠に意義深いことだった。彼にとっても、私たちにとっても、このカグベニはお互いにその旅の中心にあたる場所だった。東へは、ムクチナートからニェシャン、そしてナルへ、南へはツクチェを通ってチベット仏教の及ぶ範囲まで、西へは私たちの辿ってきたトルボへ、そして北へはロー（ムスタン）地方を経てチベットへ、それぞれの道がここで分岐するのである。しかしいま私たちが立ち止まって眺めているのは、導かれて橋を渡ってくる、どちらかといえば弱々しい感じの、一人の年老いた男だった。私たちが待っているところまでくると、彼は足を止めて私たちと親しく言葉を交わした。このあとすぐにニェシャンを訪ねる予定だというので、私も、そこでまた是非お目にかかりたいものです、と答えた。私たちが歩き出そうとすると、彼は随行の僧の一人に何事かささやき、この僧はさっそく、財布に手を入れて、私とパサンに対してそれぞれ一ルピーずつを、贈り物として差し出したのである。シャンのラマは、「どうぞ、これでチャンでも買ってください」と言ってくれたが、この思いがけない贈り物に当惑して、私は、受けるべきか、丁重に断わるほうが良いのか迷ってしまった。思いあまって、今度は私がパサンにもちかける。「これは受けるべきなのだろうか。」パサンはラマに、「どうかもっとためになることに寄進してください」と詫びながら、そのお金を返してしまった。私は、あとになってその決断を後悔した。何故なら、普通のチベット人にとってみれば、めったにないありがたいことなのに、とんでもない受け方をしたことになりはしないか。しかし私たちにはもう一度彼に会える機会があるはずだった。

橋の向こう側では、ラマを迎えた群衆でごったがえしていた。パサンは、私たちの宿を提供してくれる人をその中に探し出した。その男の案内で、私たちはムクチナートからくる流れをもう一つの橋で渡り、石造りの大きなアーチをくぐって町に入った。あとになって、私たちは四方からこのカグベニの町に入ることができたのであるが、なんといっても、私にはその最初の出会いの風景――ちょうどスコットランドの霧と雨のはれたあとの、あの親しみのあるアブルッジの村のような――が心に焼きついて忘れられない。紺青の空、荒廃した建物と白壁、庭で楽しげに遊ぶ子供たち、背に荷物をつけた小さなロバや、日陰で機織りする女たち、それらの向こうにつづく荒々しい岩と茶褐色の大地、それにその風景の背景となる巨大な氷雪の山々など、そのすべてが私の幻想を高めるのに役立っているのである。私たちはいくらかカグベニに期待をもちすぎたのかもしれないが、けっして失望させられることはなかった。ただ、南のタカリー族の村々からこの町に近づく場合には、私たちほどの感銘を受けることはないだろうということは知っておくべきである。家はみんな互いに接近して建てられてはいるが、それぞれ庭を中にして建っているので、いままで私たちが見慣れてきたどんな集落よりも、意外に広くて明るかった。私たちの泊った家の台所は、予期していた標準以上に清潔だった。こんなところをさっそくのぞき込んだのは、私たちが今日一日まだ何も食べていなかったからである。タカリー族の台所を見るのもはじめてだった。パサンは開口一番、「まるでカトマンドゥに帰って来たようですね」と言う。この家の息子は、さっそく私たちのために卵やジャガイモを買いに走ってくれ、おやじは、質の良いアラクを容器にいっぱい持ってきてくれた。やがて庭に私たちのテントが立ち、パサンが食事の準備にとりかかった。

カグベニは、おおよそ戸数が五十軒くらい、町というよりも城砦というほうがぴったりだろう。川のほとりに建てられているので、非常に効果的に谷全体を封鎖できる位置にある。もとのチベット名は、たんにカク（*bKag*）といい、これは「封鎖」を意味する語である。かつては一つの王国であったが、いまその宮殿はくずれ去り、王位を失った王の子孫たちには、貧しくてとても宮殿を復興する力などはない。かつての王の富の源は、南から運ばれてくる雑穀と、北方から来る塩や羊毛に対する賦税であったにちがいない。この町の寺は、同様に砦のような造りであるが、かなりの戦禍を受けていた。本堂だけが、くずれた外壁の真ん中に残されている。二、三人の僧が住んでいて、彼らは独身者ではあるが、別に宗教的な理由によるものではなくて、たんにいまだ妻帯する気になっていないだけであろう。しかしここのラマは、自らの宗教に対する全き献身者であり、このカクの寺のみならず、歩いて三時間ほど上流にあるタンベの村の小さな寺の面倒もみている。寺の建物の中は、最近になって典型的なサキャ派の様式に塗り変えられていて、金剛界の五仏、大日如来、四臂の観世音が左壁に、勝利妃（Vijayā・最勝）、無量寿、観世音、三人のサキャ派の名僧たちの肖像が右壁に描かれていた。本尊はブロンズ製の釈迦牟尼像で、なかなかりっぱなものだった。私たちは階上に登って、上の窓枠にもたれて、心ゆくまで陽光のもとにひろがる風景を眺め渡した。トルボでは、このようにもたれかかることのできるような窓というものはなく、たんに小さな四角の穴がいくつかあるだけだった。きわめて限られた光量しか部屋の中に入らない代わりに、寒気も室内には最低量しか入らない。おそらく後者のほうに考慮の重点がおかれて造られているのであろう。ここでは、みち溢れるばかりの光と色彩が、ある種の陽気なムードを呼びおこすのか、私はまるで学期末が終わって、休暇がはじまるころの子供のように、楽しい気分になった。入口の道の少し上にも、もう一つの小さな建物があって、そこには一・八メートルほどの高さの、未来仏、マイトレーヤ（弥勒菩薩）のテラコッタの彫像があり、印象に残る良い仏像だった。壁には、輪廻界の六つのブッダの姿が描かれ、その一つ一つの下に、六界すなわち天上、阿修羅、人間、畜生、餓鬼、地獄の各界からの再生を願う祈呪の文句が書かれている。私たちは、川端近くの開けた庭に列をなす祈禱車のぐるりをまわって、小さいが真新しい建物を訪ねた。中には、でき上がったばかりの大きな祈禱車があった。まったく短い時間だったが、私たちはカグベニで見るべきものは全部見てしまったわけである。今日は七月二十一日、木曜日であった。次の火曜日には、ツクチェでタキ・バブと会う約束になっていた。カグベニからならば、ツクチェまでは一日みれば充分であったので、もう少し川を溯って、向こう岸にある寺を訪ねよう。そこは、トゥッチ教授の記録には出ているが、彼の訪ねていない寺があった(1)。翌朝、私たちは一人の愉快な男と出会った。羽毛をつけたツバ広の帽子を勇ましくかぶり、私たちの寝具や衣類などの荷を担ぐことも進んで引き受けてくれたので、彼を加えた私たちの一行は、川の左岸に沿って出発することになった。

三時間ばかり、不毛の谷を歩きつづけるとタンベの村の下に着いた。カグベニと同様に、ここも浸食を受けた川の段丘の上にあり、北側は、川に沿って畑がひろがって、あたり一面の黄土色と灰褐色ばかりの風景の中に、ここだけが一キロ足らず緑地帯となっているのである。急坂を登ると、赤と白に彩られた小ぎれいな家やチョルテンがあらわれる。村の南端には、かつての古い砦の廃墟があって、カリ・ガンダキ上流の防備には欠かせない要害だったのであろうか。ここの寺の人を探そうとしたが無理なことだとわかった。というのは、話しかける村人たちには私たちのチベット語が通じないのか、笑いながら立っているだけだった。パサンが何か月ぶりかのネパール語で話しかけると、少しはましだったが、相変わらずまわりの者たちは、ガヤガヤと私たちの使うチベット語の一種だと思われる言葉を繰り返していた。それは大げさに言えば、人類がはじめて聞く種類の言葉のようだった。異様なのは彼らの使う言葉のほうであって、私たちのほうは正常である。彼らのしゃべるのは、まったくこの地特有の方言で、ニェシャン地方の言語に、非常に近い関係があるものかもしれない。私たちは、かつてトルボ地方の言葉が、チベット語の方言ながら、ツァルカにおいてはわずかに異種なものがあるほかは、まったく一様なことに驚いたものである。それはさらにパーリンに下っても、カグベニに下りてさえも、ほんのわずかの違いしかなかった。それなのに、ここでは完全に異種な言語、おそらくフランス語とイタリア語との違いくらいの異なった言葉が、突然現われたのである。しばらくしてやっと、だれかが私たちのために寺を開けて見せることに同意してくれた。きれいによく手入れされていて、戸外には、センジュギクの一面に植えられたフラワーボックスまで置かれていた。寺の内側の壁には、現劫の千仏と、懺悔の三十五仏の絵が見事に描かれていた。私たちは、ここにわずかな寄進の金をおいて先に進むことにした。

すでに正午を過ぎ、強い風が谷を吹き上がってきて砂塵を捲きあげる。これは毎日毎日決まっておきるので、午後の行程は誠に不愉快なものになってしまうことが多い。ゴルジュの上を高くからむ道の曲がり角から、ゴンパカンが対岸の一本の草木もない斜面の張り出しの上に見えてきた。道の行手には、川に向かって作られた、青い段々畑をもったツック村 (SI: Chhukgāon) がある。

ツックは、三つに分かれた数軒ずつの小村からなり、タッカール、すなわち「白い岩」という村が、砦の廃墟があるためか明らかに最も支配的に見える。ツェキエ、すなわち「生長の場所」という意味の村が川近くに、そしてキャンマ、すなわち「隠者」を意味する村が北に流れる支流の向こう側にある。同行の人夫は、私たちをタッカールの中ほどに案内し、とある家の扉をたたいて声をかけた。そして中に入り、たぶん私たちのことを説明したのだろう、すぐにまた出てきて自分のあとについてくるように言った。例によって刻み目をつけた丸太梯子を登る。その下には犬がいてさかんに吠え立てたが、足が咬みつかれない程度につないである。せまい踊り場を通って居間に入った。主人は私たちを歓迎してくれ、おかみさんは座布団をととのえて座をすすめてくれた。彼女がチャンを作っている間に、私たちは、精一杯自分たちのことを説明した。二十二歳になる息子が現われ、さっそく卵を買付けに走ってくれたが、米やツァンパやジャガイモなどは、みんなこの家で手に入れることができた。この家の人たちはみんな、あの愉快な人夫の友だちなので、今夜はぜひここで泊ってくださいという。自分のテントを使うほうが、よりくつろいだ気分になれるのであるが、こんなに歓待をうけると、これも断われそうにない。トルボのときと同様に、人夫たちは近々の村人なので、荷担ぎのための雇われ人としてではなく、時には案内人として、あるいは旅の仲間として一緒にきてくれるので、当然食事を共にするのも普通なのである。

パサンはここで一つのたくらみを進めていた。彼は、ツクチェからポカラに行かねばならぬことになっていたので、その連れが欲しかったのである。息子が卵をかかえて帰ってきたとき、ポカラへ行ったことがあるかどうかを彼にたずねた。ところが何回も行ったことがあると言う。どうだ、仲間に入らないか？　いいよ、しかしいくらだい？　食事持ちで月七〇ルピーでどうだ。彼はにっこりうなずいて、それならばさっそく、明日は川向こうのゴンバカンに案内しようと申し出た。彼の名前はカルチュンということがわかった。彼も、その家族たちも本当にいい人たちだった。彼の妹と、兄嫁も出てきた。そしてさらに友だちやら、近所の人たちまで私たちに会いにきてくれた。その夜は、冬に使う薪をその縁にきれいに積み並べてある屋上に、キャンプ用のベッドをおいて寝た。朝は、まぶしい陽光が川向こうに立ち並ぶ赤い断崖を輝かせる。私たちの背後には、荒寥とした古い砦の廃墟が突っ立っていた。パサンがお茶を持ってきて、私たちはカルチュンの助けを得て、その日のプランを練った。

まず最初に、ツォクナムにある二つの寺を訪ねることにした。ツォクナムというのは、ツックからちょうど真東にあたる谷（SI：Narsing Kholā）を一・六キロ足らず溯ったところにある。数軒の小さな村である。行ってみると、二つとも非常にあわれな状態で、上の方の寺などは物置に使われていた。りっぱな壁画などはすっかり汚れてしまっていて、積み上げたわら束のうしろに埋まっていた。帰る途中で、カルチュンが案内してくれた小さな岩窟寺は、このあたりの全地方の中でも、最も重要な聖地の一つであることがわかった。「薬湯の寺」という名であるが、その本尊はチャムバ（マイトレーヤ・弥勒菩薩）と呼ばれている。その仲間としての主だった仏たちが並んでいた。右壁に面しては、無量光、阿閦、不空成就の各如来像、左壁に面しては、宝生、大日、とまた一つ不空成就如来像があった。これら仏像は、非常によく保存され、年代がかなり古いにもかかわらず、ほとんど損傷がなかった。この朝、いま一つ楽しかったのは、ツォクナムの村の木になっていたよく熟れた小さなアプリコットが、腹いっぱい食べられたことだった。私たちがこの旅を始めて以来、新鮮な果物などはまったく食べることができなかったのである。

カルチュンに教えられて、次に私たちはゴンバカンに行くために、カリ・ガンダキの急流を徒渉した。カルチュンは、腰の上までの水流にめげず、一足一足、足元を確かめて波うつ激流を勇敢に乗り切り、こちら側で村の子供たちにもたせたナイロンロープのもう一方の端を支えてくれた。先頭のパサンは、流れの中ほどで足をすくわれて完全に水中にもぐってしまったが、幸いロープを離さなかったのでことなきを得た。彼の失敗に充分気をくばったので、私はうまくあとに続くことができた。もう少し上流にゆけば、橋を渡る道があったが、対岸で大きな赤い断崖をまわらねばならないので、片道だけでたっぷり一日の行程となってしまう。このようにして私たちは、ちょうど断崖の真下に当たる岸辺をはい上がり、岬のように突き出た高台に進んだ。この寺は、うしろを巨大なパイプオルガンのように不思議な形に浸食された、別の断崖の壁にとり囲まれていた。庭を通り抜けて、六道輪廻と四方を守る四天王の絵が描かれた大きな玄関に入った。カルチュンは、パサンを伴って二階に上がり、ここで孤独な生活を送っている僧を探したが、私は待ちきれずに、本堂の扉を押しあけてしまった。中に入ってみると、いままで私が見たチベットの御堂の中では最大のものの一つで、ほぼ十八メートル四方の広さがある。中央の仏像は巨大な弥勒菩薩で、頭や肩の部分は二階に突き抜けており、二階にはまた別の、僧侶のための仏間があった。この本尊のまわりには巡回できるように通路がつけられているので、それがなおいっそうこの本堂の規模を大きくしているのである。四方の壁は、すばらしい古い壁画でおおわれていて、それに出てくる仏たちは、私たちがトルボの古いサキャ派の寺で見かけたものとまったく同じであった。すなわち、五仏、大日如来、釈迦牟尼、薬師如来、持金剛、蓮華生、観世音、弥勒菩薩、ヘヴァジュラ、など。ただ残念なことに、右壁のほとんどの画は、湿気と汚れで判別できないほどいたんでいた。内側で正面入口をさえぎっている衝立壁は、本尊に捧げられた女神たちの姿で装飾され、非常にすばらしい細密画が一枚掛かっていた。このように荒れ果てたいまの姿、そして激流を渡って来なければならない不便さにもかかわらず、なおそのすばらしさを失っていないこの堂々とした寺は、スピティ地方の、ここよりもなお年代の古い寺院の姿を思い起こさせるものがある。どちらも私にとっては、たえず想いが通い、再訪の衝動を常にかきたてられるところである。付近の村人たちからは、たんにゴンバカンすなわち、「岬状に突き出た台地の寺」と呼ばれているが、本来の寺名は、チベット名で、「仏教の全善なる島」(*Kun-bzang chos-gling*)である。おそらくかつては、かなり広い範囲の信仰の中心となっていた寺であったろうが、いまは、デプンからやってきた一人のチベット僧によって、寂しく守られているにすぎない。彼はここを修行の適地として選んだのである。私たちはこの僧を二階の仏間で見つけ出すことができた。自分の靴に布の甲を縫い合わせている最中だった。バター茶をすすめられたあとで、この寺の見残した部分を気安く見せてくれた。この二階の仏間は、あの大きな弥勒菩薩像の頭部と肩のまわりにうまく造られており、他の部屋もみせてもらったが、ほこりにまみれた小さな仏像とか、祭式用の器具類がいっぱいつまっていた。一緒に本堂を一巡したが、仏画についての知識はあまりないようであった。親切なおとなしい男で、少なくともいまは、これらの古代のすばらしい遺産に関心をもっているのは彼しかいないのである。

別れを告げて私たちは再び川を渡りかえした。不遇にも、パサンはまたもや水中で転び、全身水浸しになった。カルチュンの家に戻って、食事と出発の用意をした。さてこれからは、できるだけ早くツクチェに急行せねばならない。タキ・バブが郵便物を持ってそこに着くことになっている。それは私たちにとって、すでに四か月も前の三月の半ばにネパールガンジをはなれて以来、はじめての外界からの便りなのである。

カグベニに着いたのは、その夜遅くなってからで、前に知り合った村人の家に泊ることになった。彼の一家は不運な境遇で、母親がつい最近亡くなり、十二歳になるいたいけな少女が病気の赤ん坊の世話をしている。彼女には二人の兄弟があって、弟のほうは幼いが、兄のほうはもう父親の助けができる年ごろだった。この家には、かなりの数のロバが飼われていて、私たちが庭にテントを張ると、たちまち寄ってきて、大きな目玉をあけて、じろじろとテントの中までのぞきこむ始末だった。父親がこの動物たちを荷運び用に提供してくれることになったので、私たちは相談して、荷物の大半に鍵をかけてこの家に残し、一晩の宿泊に必要なものだけを持ってゆくことにした。これから私たちは、再度北のムスタン方面に行ったあと東へ向かわねばならないので、カグベニにはもう一度帰らなければならなかったのである。

さて翌朝、パサンと私、それにカルチュンと、三頭の小さなロバを追ってゆくこの家の長男を連れ出発した。そんなに遠くまで行かないうちに、例の谷の嵐がやってきて砂塵を捲きあげ、道が河床を通っている間中、地獄の責め苦にあった。左岸の高みに道が登り始める少し手前に、小さな石の社がある。ここには、《蓮華生》の特異な角ばった帽子の形をした石のご神体が納められている。幻想を効果的にするために、色が塗られている。私たちは、インドとチベットを結ぶあらゆるルートに沿って、驚異的にあまねく及んでいるこのチベット仏教の高僧の偉業について、いまさらながら考えさせられたのである。

ターク

山腹を高く上がってゆくにつれて、風で悩まされることがだんだん少なくなった。杜松《ねず》やオリーブの木があらわれはじめると、谷の曲がり角からゾンサムが見えてきた。(2) 急ぎ足に下って、村の大通りを抜けると、カルチュンが話していた「宿屋」があった。私たちにはタカリー族の家は初めてだったので、入ってみて目をまわすくらい驚いてしまった。一点の汚れもなく清潔で明るい台所に私たちはいたのである。部屋の向こうの側には、くすんだ赤い色の塗料できれいに塗り上げられた囲炉裏があって、炉の上には、きれいに磨かれた真鍮の湯沸かしが置かれ、その他の容器や皿などが、壁にとりつけられた棚に並んでいた。すべてがまるでショウウィンドの品物のように並べられているのにも目を見張った。イングランドのある古風なホテルに、似たような陳列があったのを思い出した。宿の女主人は、きちんとしたチベット語をしゃべり、歓迎の意をあらわしてアラクの入った小さなコップをいくつか持ってきてくれた。前にも、アンナプルナかダウラギリに向かう登山隊の西洋人やシェルパをもてなしたことがあるという。私たちは、卵や粉を買付けて、香辛料を加えたパンケーキを作り、すばらしいアラクをさらに何杯も飲んだ。ここでまた出発がだいぶ遅れてしまい、橋を渡って下りつづけ、税関の建物にきて、さらに遅れてしまった。これで今日中にツクチェに着ける望みはまったくなくなってしまい、マルパを目標にするのが精一杯だった。ゾンサムには二つの小さな寺があり、川の左岸にあるティンの村にももう一つあるのだが、クツァプテルンガの大きな寺と一緒に、再度谷を上がってくるときに訪ねることにしよう。なにしろいま頭にあるのは、タキ・バブのこと、郵便物のこと、それにパサンの目前のポカラ行のことだけだった。風もなくなって、いままでもよく出会ったような、非常に楽な良い道を歩くのはそう快だった。

タカリー族の大きな村であるマルパ（SI：Mārphā）までは二時間で着き、さっそく宿探しをした。幸い、ゾンサムにあったような台所のある宿を見つけることができた。女主人は部屋をあてがってくれて、その中でキャンプ用ベッドを組み立てて、敷物をひろげることができた。ちょうど泊る準備をしている最中に、タキ・バブがあらわれた。彼はその日にツクチェに着いたものの、私たちがまだ来ていないことを知って、途中で会えるものと上がってきたのである。手紙類と一緒に、ポカラの病院から、親切にも週刊新聞まで何部か送られてきたので、その夜はいままでになく、てんてこまいの忙しさだった。パサンのポカラ行に間に合えば最も早い便となるので、手紙の返事を書いたり、フィルムの整理をしたりしなければならなかった。明くる朝、ここの寺にちょっと立ち寄ったが、その記述は帰途の旅にとっておくほうがよかろう。私たちはツクチェへの道を下って行った。マルパを少し離れたところで、対岸の樹の繁みの中に大きな寺を見たが（ツェロック、SI：Chhairogāon）、ここもまた帰りの道中にあたるので、そのときに訪ねることにした。

私たちは二時間ばかりして、ツクチェ（SI：Tukuchā）に到着した。そしてバザールの北端の草地のところまできて、どこにキャンプすべきかあちこちをうろついていたが、ためらっている間もなく人が集まりはじめたので、とりあえず近くの家に避難場所を探した。茶を作っている間に、道の向こう側の「新しい寺」（ゴンバサンバ）の若い僧が会いにやってきて、もしよければ自分のところへ来ないかと言う。広くてカーテンで仕切った露台と、専用に使える台所を使っても良いということだった。パサンとカルチュンはすぐにポカラに向けて発ってしまうので、広さは充分だと思い、喜んでその申し出を受けることにした。この種の住居では、きまったように、部屋は全部内側の露台に向いて入口があり、一階は物置や馬小屋に使われている。何羽かの鶏が、普段はいつも地階にいるものなのだが、だんだんと二階を侵害してくるようになり、ついに台所の私たちの食糧の穀類をねらい始めた。私たちの使わせてもらった部屋に並んでラマの部屋、台所と居間、それに小さな仏間があった。彼には年の若い妻がいて、チベット語は話せなかったが、いつも卵や粉、野菜などを分けてくれたし、肉の買付けにも一株乗ってくれた。アラクもだいぶ持っているようだったが、このほうは店屋にずっと上等の酒があることがわかった。この人の好い年若いラマは、前にもヨーロッパ人に会ったことがあると言い、医学的な知識があることを自慢にしているが、チベットやヨーロッパの医薬品をだいぶ蓄えているのは確からしい。つまり、すべての外来者に満足を与えて、おそらく充分な生計を得ているのだろう。私が手持の最後の歯ブラシの柄を折ってしまったときなど、歯ブラシまでこの男から買うことができたのである。彼がネパール服を着ることも気づいたし、やがて、彼自身の宗教もまったく放棄していることも知った。「みんなが私を信じてくれないのに、どうして私がラマとしてやってゆけるでしょうか」と理由をつけて弁解していたが、この言葉と、彼の寺に、用もなくなって積み上げられた、昔はきれいに印刷されていた本や、相当な労力を要したにちがいない写本などのくずの山を見せられたことが、ツクチェでの私の記憶に残されていた二つの悲しい出来事だったかもしれない。しかしそれは旅の話を先取りすることで、現実には、なんとか村人たちの目から離れた住まいを彼が提供してくれたことは、本当にありがたいことだと思った。

翌日は一日中、手紙を書いたり、いままでの旅で撮影済みのフィルム全部を荷作りしたり、購入品のリスト作りなどをして過ごした。次の朝、パサンとカルチュンはポカラに出発し、残されたタキ・バブは、当然休養を与えられて、今後は私に付くことになった。二日間、私たちはテントや寝具の修理、衣類の洗濯や食べ物の調理にかかりきりだった。村の人たちが毒草だと信じているオランダガラシの大きな苗床を川のほとりで見つけ、私たちの食事に、非常に結構な添え物となった。その間、ツクチェの最高官吏である、シャンカルマン・シェルチャン郡長とか、この重要な家系の一族のメンバーたちを訪ねたり、またその訪問を受けたりした。

ツクチェは、全タカリー地方の最大の町で、行政面でも、商業の上でもその中心である。スッバ（郡長）の役職は、シェルチャン家、およびその三つの分家である、トゥラチャン、ガウチャン、バタチャンの三家の上級メンバーが、特権的に保持していて、商業においても独占的な支配力をもっている。彼らの富と勢力の興りは、グルカ時代まで溯るものと思われ、おそらくはカク（カグベニ）の王国の衰退と結びつけられよう。これらの人びとが話す言葉は、一般にタカリー語として知られている、一種のチベットの方言であって、北方へはツックの村まで及んでいる。古い年代の人や、いまの年代でも代表的な人たちはチベット語を話すこともでき、私がシャンカルマン郡長と話を交したのもチベット語であった。ネパール語は、みんなが流暢にしゃべり、若者たちのうち一人か二人かはインドの大学で教育をうけているらしく、英語を話すこともできる。彼らはまた、進歩的な思想もすでにもっていて、それが時には、過激な反伝承主義的な形をとってきてさえいる。そして、彼らの祖先のすべての文化の基であるチベット仏教を無用のものと考え、そのチベット語をさえ愚人の言葉として蔑視するのである。彼らの中には、私がチベットの事物に関心をもつことに、理解できないという態度を示す人もいるようだった。しかし他の面では悪意をもった無理解を感じたことはけっしてなかった。個人的にも非常に好意的で、私より前にここを訪れたトゥッチ教授のこともよく憶えていた。この種の「進歩的」思想に無関係な人たちでも、カトマンドゥとの社会的な接触が深まるにつれて、だんだんと仏教軽視に傾いていることは否めない。彼らは、自分たちをヒンドゥ教徒と呼びたがるのであるが、彼らにとって、ヒンドゥ教徒たることはたんにカースト制度や人種的偏見を受け入れるということを意味する以外の何ものでもなく、その証拠には、一方では仏教の寺はくずれ去ってゆくのに、ヒンドゥの社寺はまだ一つも建てられていないのである。おそらくは、ヒンドゥ教徒と呼ばれることに優越を感じ、すべての宗教を蔑視することが教育をうけたものの標章だと感じているのかもしれない。こうなると古い世代の人びとはまったく惑うばかりである。ツクチェにはもはや、この古い宗教的な伝承の恩恵について論じられるだけの知識をもった者は一人もいないし、彼らは目のあたりに、過去の全生活の基盤がくずれ去ってゆくのを、戸惑いながら見ているしかない。私たちの家主であるラマも、彼自身がこの気の毒な環境の産物といえるだろう。彼はあるとき私に聞いた。「人間が生まれ変わってゆくという六道の世界は本当にあるのでしょうか。」私はいつの間にか、仏教の教理護持の立場に立ってしゃべっていた。そして輪廻と業の世界のもつ関係について、諸行無常という仏教の基本的真理について語っていたのである。

ツクチェで最も古い寺は町の南はずれにある。この寺は、ラニ・ゴンバすなわち「女王の寺」と呼ばれるが、これは俗名で、もとの名前はすでに忘れられているようである。この寺の鐘の外面に記された碑文によると、「恵み多き信仰の島」(*bkra-shis chos gling*)というのが本来の名である。敷地の中は、どこもあわれな状態で、寺の屋根などは半ば壊れてしまっていた。すぐ北側には、一棟家が建てられていて、入口の一方を塞いでいる。中にある壁画はほとんど汚れて、ことに右壁のものがひどかった。仏像に対する最低の世話だけは行なわれているらしく、毎朝一人の女が、扉を開け、お供えの清水とバターランプの燈明をあげていた。この人は、世代の古い老婆で、玄関に面した部屋に住んでいたが、彼女が留守の間はだれもこの寺には入れない。残っている壁画はどれもすばらしいもので、左壁は、釈迦牟尼、十六人の阿羅漢、一番端に持金剛がみえる。右手の壁には、《静穏と忿怒》(3)の神々のすべてが描かれている。後方の壁は、おのおの六本の手を持ち、妃神を抱えた五体の忿怒のヘルーカ、扉の向こうには、ラクーラを右に従えた守護神マニング、北側の塞がれた入口の玄関の通路には、四天王と大きな輪廻図、そして戸口の向こうには、三つの仏族の守護神たちの壁画があった。供物台の上の本尊仏は蓮華生で、持金剛が非常に顕著に描かれていることや、左壁のアラハトの上部に描かれている細密画の上段の絵などから、この寺が、創立時にはカギュ派の寺だったことがわかる。ここにはカギュ派のラマが、いろいろな仏たち（無量寿、金剛薩埵、最勝、観音）と共に描かれているからである。東側の、いまはここからしか寺に入れない玄関には、さらに多くの四天王や守護神の壁画があった。この側の庭は、かつては祭事の舞踊が行なわれたところであるが、いまは訪ねる人もない寂しいこの周辺に、いくらかでも明るさをまき散らすかのように、バラ、グラジオラス、ダリヤ、センジュギク等が、いっぱいに咲き乱れていた。

　町の中央には、もう一つ小さな仏堂があって、本尊仏の下におかれた女神像の名をとって、マハカーリ・ゴンバと人が呼んでいる。しかしこの寺は、けっしてマハカーリ（Mahākāli）（大黒天の女体形で大自在天の妃とされる）のために建てられたものではなく、本尊はその上に並んでおられる、過去、現在、未来の三世のブッダである。ところが、ヒンドゥ化の進んできた最近では、マハカーリのほうがより上位の神性をもつもののように扱われて、うしろの異教の仏像とはカーテンで仕切られて隠されているのである。これは本尊たちがこの女神をひと目みるだけで、何か災いがおこりはしないかと人びとは恐れているのである。私は堂守の人に、この寺はヒンドゥの寺ではなく、仏教の寺なのだから、この三世のブッダ像の面前では、どんな人でも災厄をまぬがれることができるし、マハカーリのような邪鬼を恐れる心配はまったくないのだと説明してやった。この寺も、ほとんどいつも閉ざされていて、堂守の人も遠くに住んでいるので、容易に中に入ることが難しい。中の保存状態は良好で、仏画などはまったく傷んでいなかった。ここでは、カルマ派のラマと、種々な化身の形をとった蓮華生パドマサムバーヴァの仏画が描かれている。入口の部屋の四隅には、捕縄、鉤、足かせ、鈴を持ったたけだけしい四守護神が立つ。本堂の四角形の台座の一面には、全善（普賢菩薩）と、それぞれの脇侍を連れた五族のブッダ像、第二面には持金剛と四体の瑜伽《ゆが》行者、三面には観音、勢至を従えた無量光（阿弥陀）の像があった。四面には小さな窓があけてある。この寺もまた、周囲はいっぱいの花で埋まっていた。

シェルチャンの邸の二棟には、大蔵経の経律部（甘殊爾《カンジュル》）を納めたものと、論疏部（丹殊爾《タンジュル》）を納めた、二つの仏堂があるが、同家の人びとは、もうだれもこれらのものには興味をもっていないようだった。後者には、壁をめぐって二十一面の多羅観音像の壁画があった。また、個人の家にも仏間をもった家が他に三軒ばかりあるのを見つけたが、そのうちの一軒では、十人の「熱心な」信者たちが経典を読みあげている最中だった。あちこちから寄り集まった人びとで、そのうちの二人はそれぞれ自分の家にも仏間を持っており、三人はかなり遠方の村から来ていた。残りは巡礼中のチベット僧だった。ここの主人は、自分自身は宗教のありがた味などはちっとも感じないのだが、女房がひどく凝っていて、こんな大げさなことをやるのはまったく女房を喜ばせるためにやっているようなものだ、としきりに弁解するのだった。仏教のありがたい教義が、一体なんと言って悲しむことだろう。カリ・ガンダキ全域のほとんどでは、このわずかに残された仏教の実践活動の存続を担っているのが女性であることは事実であって、彼女たちは、少なくとも、男どものように、そうした行為を恥じたりはしないのである。

この小さな町の北のはずれにあるのが、私たちのいま滞在しているお隣りの、ゴンバ・サンバ（新しい寺）なのである。ここの壁には、釈迦の初期時代の弟子たちを示す、十六人の阿羅漢像、月並みなものだが、大きくて美しい壁画だった。かつては、おそらくツクチェでは最も大きな寺で、ラマを頭に、かなりの僧侶をかかえていたであろうに、いまは一人の僧侶もおらず、いるのはただ、私たちの宿の主人である、あの背教のラマだけである。

ツクチェの中は全部見て歩いたので、私は再び頼りになるタキ・バブを連れて、近在の村をまわることにした。川の右岸に沿う大きな道を、時には岸辺に沿って進んだり、また時には岩を高く捲いたりしながら進む。谷のはるかな下手には、モンスーンの優勢な雨雲がのぞかれて、このツクチェにも時折は雨を降らせるほど、まだその勢力は強い。対岸の岸辺は、ほどよく杜松《ねず》やモミの林におおわれていて、そのあい間に、次の日に訪れることになっている小さな寺が見えた。二時間足らずでナルシャン (SI: Khānti) という村に着いた。寺に登ってみると、非常に良い壁画がいくつかあり、中の本尊は、小さいがまことにりっぱな、白い石造の観音像 (*Avalokiteśvara*) であった。非常に大切にガラス箱の中に収められ、顔だけが拝めるようにして、たくさんの絹布が幾重にも巻かれているので、全体を詳しく見ることは難しい。ナルシャンのすぐ下にも、ゴパン (SI: Lārjung) という村があった。そこにも、大きな蓮華生像を祀る寺が一つあり、ここは幾人かの土地の尼僧が守っていた。西の方に谷を上がった次の村に、ボン寺があることを聞いたので、私たちはその方に登って行った。小さな、すでにもうだいぶ壊れかけた寺だったが、たしかにボン教の寺であった。中央の主仏は《ウェルセ》で、他に《虎神》と《合体の征服者》の仏画があった。ほこりにまみれていて、あまり大切にされている気配はなかった。

次の日は、ツクチェのすぐ上流で川を渡り、昨日見えた、小さな赤い建物の方に向かって、林の中を下った。サガルー・ゴンパと呼ばれているところで、小さな寺が二つあり、かなり教養の高いラマが住みついていた。私たちが会ったとき、彼は、ピカピカに光った真鍮の湯沸しをのせた、清潔な炉の横にすわって、本を読んでいた。これは、すでに私たちが知ったように、典型的なタカリーの室内風景である。

ここと、対岸のゴパン（ラルジュン）が、チベット文化圏の南限ではないかと思われ、私自身は、もうそれ以上南へ足を延ばすことはやめた。ちょうど、パサンがポカラへの旅から帰り着いた。わずか十日間ではあったが、例によってむちゃくちゃなスピードで、しかも、カルチュンと重い荷を分け合って帰ってきたのである。ポーターを傭ったとしたら、さらに一週間は遅れただろうし、そのうえ途方もなく高くついたにちがいない。この谷のずっと下流では、モンスーンが最盛期で、ツクチェの商業輸送も、このところ三週間も遅れている。パサンの歩いたところはグルン族の領域であるが、彼の話では、チベット系の寺もいくつか点在しているらしい。街道筋ではないので、彼も見ては来なかった。そのうち二つは、ガンドルンとガーレルにあるということを、あとになって、ムクチナートへチベット語を学ぶためにやってきたグルンの人たちに会って聞いた。彼らのもっている経文は、全部チベット語で書かれたものなので、祭事のときには、意味もわからないままに、それを暗誦しているだけである。かつての昔（八～十三世紀）、この道は、チベット、ネパール、インドの高僧たちが絶え間なく往来し、労を尽くして仏教をチベットにもたらした主要ルートの一つであったにちがいない。したがってこの地の仏教は、当時は明らかにインド側の影響を大きく受けていたはずなのに、不思議にもその跡が一つとして見当たらないのである。(4) ヒマラヤ全域を通じて言えることだが、仏教を現在までこの地に残してきたのは、けっしてその発祥地からの影響ではなくて、この宗教に真摯な信仰を捧げたチベットからの浸透によるのである。それにつけて思い至るのは、この地にとりわけうわさの高い、シャンのラマの偉業だろう。それに引き替え、裕福なタカリー族が住み、わずかばかりの西洋の知識を北部インドの大学で身につけた子息たちが、休暇になると帰って来るツクチェの町だけは、こうしたチベットからの仏教の浸透に対して敵意を見せているのである。

パサンが帰ってきたので、随分たくさんの手紙も受けとったし、新しい食糧やフィルムの補給も整い、再度カリ・ガンダキの上流に戻る準備がすっかりでき上がった。シャンカルマン郡長から、チベットふうの素晴らしい食事に招かれ、かん詰のバター、チーズ、肉などの贈り物を受けた。それらは、以前この地を訪れた登山隊から彼に贈られたものらしい。私は、返礼として、翌日彼を招き、パサンの監督で、香料入りの羊肉を入れた、非常に美味いパイを作ってもてなした。数日前に経典誦みをしているのを見かけた、あのチベット僧の一人も訪ねてきて、私たちの一行に加えてほしいと言う。気持のいい、なんでもやってくれそうな男だったので、タキ・バブの助手ということで入れることにした。私にとっては、パサン以外には、中央チベットの標準語を話せる者がいままでいなかっただけに、重宝な存在となった。私たちの食糧は、さらに大量に増えることになった。シャンカルマンからの贈り物に、私たちが目を輝かせて喜んだのを知ってか、二人の村人が、肉やチーズ、バターなども混ざった、たくさんのかん詰を担いできたのである。みんな登山隊の残していったもので、バターは、一九五〇年のフランスのアンナプルナ隊のものもある。チーズは、昨春のドイツ隊のものだから、二年もたっていない。ざっと見ただけでも、一週間に一かんずつ空けていっても充分な量だった。肉のかん詰も、今年のアルゼンチン隊の持参したもので新しい。値段も折り合って、その品物は全部私たちのものとなった。もうこれ以上、ツクチェの町から期待し得るものは、何もなかった。

六キロ半ばかり北の、ツェロックの寺を見残していた。先日、下りの道中から見えていた寺である。

川向こうの、マルパへの道からもだいぶ離れているので、次の日一日かけて、そこを訪ねることに決めた。約五キロ溯って橋を渡り、小さな村を抜けて、祈禱石の並ぶ道が、寺のある森につづいていた(5)。流れにのぞむ孤立した静かな環境が、ぐるりをとりまく樹木や、壁をおおって高く生い繁ったタチアオイと共に、すがすがしい感じを与えている。残念なことに、ここは閉鎖されて、人もいなかった。

橋を渡って、先ほどの小さな村に戻り、この寺のラマは、クツァプテルンガの寺へ手伝いに行って留守で、鍵は、チンバ（SI : Chingāon）に住んでいる尼僧が保管していることを聞き、私たちはさらにその村まで登り、なんとか、その家を見つけ出すことができた。当人は野良仕事に出ていたが、屋根の上で、ニンニク干しをやっていた両親の呼び声で帰ってきた。村のすぐ上に、小さな社が見えたので調べに登ったが、内には、一メートルほどの高さの二本の木の幹が、御神体として立てられ、それに長い綿布が巻きつけられていた。シェビイの兄妹神といわれるもので、兄神のほうには、幹から生えた二本の腕がある。私たちは、ティブリコット地方で見た《ダウリア》守護神のことを思い出した。この社の人から聞くことができたのは、それが、「大昔」からここにあって、毎年山羊が六頭、犠牲《いけにえ》に捧げられ、この村の繁栄は、一にこの神にかかっているのだということだけだった。尼僧の家に帰って、ここで両親から、ニンニクを二ポンドほど分けてもらって、もう一度、ツェロックの寺まで下りた。この尼僧も、シェビイのことについては、それ以上語らなかったが、山羊の犠牲のことについては、はっきりと非難の言葉を口にした。

この僧院の庭に入るときから抱いていた、私の大きな期待は、やはり裏切られはしなかった。三十人くらいは住み込むことのできる部屋がありながら、ここにはいま、たった一人の僧もいなかった。ここのラマが、よほどしっかりした人なのであろう、隅々までよく手入れされていた。このラマには、あとになって会うことができた。本堂の奥行は約十二〜三メートル。右の壁には、《忿怒王》と《獅子頭のダキニ》を従えた《全善》(*Samantabhadra*・普賢菩薩)、それに、二体の脇侍を伴い、与願、説法の印契を結ぶ《観世音菩薩》(*Avalokiteśvara*)の壁画が見られ、左壁には、《蓮華生》(*Padmasambhava*)の八体の化身、さらにつづいて、《持金剛》(*Vajradhara*)と、薬師如来の像が描かれていた。両側共、その下部に、カルマ派のラマ僧たちが一列に並んだ型で描かれている。左側に十三人、右側のものが八人である。扉の向こうの黒い壁には、二手、四手、六手の忿怒の守護神たちを従えた《金剛薩埵》(*Vajrasattva*)の壁画があった。また、この本堂よりは少し小さい、第二の堂があって、両側の大きな祈禱車の間に、巨大な《蓮華生》の像が納められていた。これは新しいものではあるが、その大きさで印象を深めている。塔のようなところを登ると、《守護神堂》(*srung-khang*)に入り、そこには、忿怒相の守護神であるマニングの像と、もう一体、だれのものかわからないラマの像が置かれていた。共に、張り幕で隠されていたので、私たちがその後方からのぞき込んでいると、ついてきた尼僧がひどく嫌な顔をした。大きな意味での、建物の配置や様式は、チベットふうではあるが、木材の用い方や、とりわけ廊下の造りなどは、大きくネパール様式の影響を受けているようであった。

夕方になったので、私たちはツクチェに帰り、翌日の本来の出発のために準備をしなければならなかった。初日の行程をゾンサムまでと決めたことは、一日の距離にしては短かすぎたのであるが、マルパで寺まわりをする時間をとりたかったのである。そうすればゾンサムの「旅籠」をベースとして、一日か二日、周辺のいくつかの面白そうなところを見て歩くことができるだろう。かくして、次の日の朝、人びとに別れを告げ、出発ということになった。私たちの荷物は、三頭の馬の背に結びつけられた。この馬は、ある親切な村人が、私たちに無理矢理押しつけたもので、私たちのうちのだれかが少しでも彼の家から見えるところに姿を見せると、必ず酒をもって飛び出してくるほど、物惜しみをしない男だったから、この馬も、まるで行儀の悪いやつばかりだったけれども、断わることは義理が悪くてできなかったのである。果たして、二つの荷物がさっそくほうり落とされたが、しっかりと結わえ直して、やっと出発することができた。

その日は、マルパの「宿屋」までで止めることにし、タキ・バブが食事の用意をする間に、私はパサンを連れてそこの僧院を訪ねた。小さなものではあったが、ラマが一人と、二、三人の評判のよい僧侶がここを守っていて、よく手入れが行き届いていた。主仏の三体は、中央の《無量光》(*Amitabha*・阿弥陀如来)と、その右の《観世音》(*Avalokiteśvara*)および、左の《蓮華生》(*Padmasambhava*)である。左の壁画は、《蓮華生》と《観世音》、それに薄れて判別困難な仏の三像、右は、全部そろった《静穏と忿怒の神々》の画だった。堂の長さいっぱいの棚には、大蔵経論部(丹殊爾《タンジュル》)が並べられ、経律部(甘殊爾《カンジュル》)は村の南はずれにある、別の仏堂に保管されていた。村の裏にあたる断崖の上には、小さな石造りの堂があって、粘土造りの仏像がいくつか置かれていたが、美術的には価値のないものばかりであった。《金剛手》(*Vajrapāṇi*)を真ん中に、右に無量寿(阿弥陀仏)、左に、ラマ、リジン・ノルブ。守護神マニングは、ここでも、片隅に古い布でおおわれて、見えないようにしてあった。他にも、個人的な仏堂がいくつかあり、あまり新しい発見はなかったが、村人は、熱心にその信仰を保ちつづけているように思われ、ツクチェの現状をあしざまに言うものも何人かいた。食事を済ませ、チベット語の非常にうまいこの宿の娘と、きれいな銀の縁どりを施した、小さな木製の酒壺がすっかり気に入ったので、ひやかし半分のお上手を言い合い、最初は手放すのが惜しいという顔をしていたが、やっと私たちにそれを売ってくれた。そのあと、私たちは再び歩き出し、クツァプテルンガに向かう橋も見送り、その先のシャン（SI：Syāng）も村の横を通り過ぎただけで、河岸の平坦な道を通って、ゾンサムへの橋を渡り、宿屋に直行した。ここの宿の主人は、シャンカルマン郡長の従兄弟に当たる人で、すでに私たちのことをよく知っていて、辞退したにもかかわらず、自分の部屋を私たちのために明けてくれ、夫婦ともども、何かと世話をやいてくれたのである。

翌朝、ゾンサムを発ち、川の左岸の道を進んで、チベット語ではソンボ、ネパール語ではティン（SI：Thinigāon）と呼ばれる村に着いた。小さなボン寺があって、人も住まず荒れ果てて、ただ《合体の征服者》とウェルセの像だけが残されていた（口絵参照）。かつてここで、信仰心のあつい一派と、反対派との間にいざこざがあり、後者が、寺のものを全部持ち去り、川に投げ込んだが、この二体の仏像だけが残っているのは、おそらく重すぎて簡単に運べなかったのだろうといわれている。村の南出口にある仏教徒の祈禱石にも、彼らの憂さ晴らしの跡があるのに気がついた。

私たちはさらに道を進み、丘の頂上に登りきると、クツァプテルンガ、すなわち《身体表象の五宝》という名のある寺が立っていた。ここは、チベットからの巡礼がたくさんやってくる聖地で、それは、この五つの「宝物」が、西暦七八七年に創建されたチベットの最初の僧院、サムエ寺から持ってこられたもの、といい伝えられているためであろう。その発見者（*gter-gton*）といわれるドゥンデ・ドルジェが、その弟子のウルゲン・パルツァンにその「宝物」を与え、その後、いまから二〇〇年ばかり前に、彼がこの寺を開いてその五宝を祀った。この宝というのは、五体のテラコッタ（粘土造りの焼物）の小像で、蓮華生が二体、その妃であるマンダラーバ、《蓮華生》の忿怒形化身の一つである《ほてい腹の金剛神》、《薬師如来》像がそれぞれ一体からなっていて、現在は、多量の布で包まれ、金属製の箱に納められている。他にも、非常に興味をそそる遺物がある。蓮華生の履物の片方だといわれているもの、これは本物ではないとしても、大変よくできていて、彼の常に身につけていた履物そっくりの模造品だった。《無上天》の小さな像は、濃い茶色の石に刻まれたもので、ある聖徳なラマが、数年もの間、冥想にこもっていた寺の近くの洞穴で発見されたので、このラマの自作品だろうといわれている。また、別のラマの頭骸骨の一部というのがあって、その表面に、ちょうどチベット文字のAにあたる字が浮き出ている。これは、すべての存在の根源にある、この基本的な母音の意味について、あまりにも長期間冥想しつづけた結果、彼の頭骸に、この奇跡の文字が現われたという。さらにもう一つ、先ほどのと同じ濃褐色の石でつくられた、五仏の冠があり、五仏の一部として縮められた形であらわされ、これもラマの自作だといい伝えられている。寺の名の由来は、粘土造りの五体の小さな仏像であるが、実際にはこれらの遺物のほうがはるかに面白い。私たちが、感嘆の意を述べて、いくばくかの寄進をすると、遺物を納めた箱が、うやうやしく私たちの頭の上に載せられた。本尊の仏像を入れた箱のある小さな御堂には、釈迦牟尼と、十六羅漢のりっぱな壁画があり、ブロンズの仏像も、よいものが数多く蒐集されていた。ここで私たちは、ツェロック・ゴンバのラマに会うことができたのである。私たちに数々の遺物を見せてくれたのが、なんとその本人だった。本堂のほうは、あのシャンのラマの、一五〇〇〇ルピーの浄財寄進によって再建中であった。左の壁では、仏画師たちが仕事中で、《静穏と忿怒》の神の絵が描かれている。古い時代のものを見慣れている目には、あまり良いでき映えとは思えないが、この、寺の再建という大事業には、感銘せざるを得ない。食事をもらえるだけで、無料奉仕の仕事にきている近隣の村人たちは、口々に、施主であるシャンのラマの人徳について、熱っぽく私たちに話すのだった。彼らと別れて、私たちは急な坂道を下り、昨夕通り過ぎた橋のところまで戻った。

ゾンサムへの帰り道に、シャンの村に登ることにした。(6) ここには、村の中ほどに小さな御堂があり、人の住める部屋もついた小さな寺であったが、すでに廃寺となっていた。

ゾンサムでは、村の北はずれに、小さなボン寺があり、《ウェルセ》《合体の征服者》《虎神》《勝利神》の諸像が納められていた。村の中にも、これも小さなものではあるが、ニンマ派の寺があり、無量寿、観世音、蓮華生の仏像があり、般若経の写本を所蔵していた。ちょうど私たちが行ったときに、これが、村の周囲を長い行列で運ばれていて、信心深い村人たちが、あちこちから駆けつけて、この膨大な量の経典の下にぬかずいていた。毎年、これは一つの儀式として誦み上げられ、そのあとこのようなやり方で、村中を持ちまわられる。これは、もっぱら村の繁栄を祈念するために行なわれるのである。この読誦と運搬の役は、主に女が受け持っていた。

ゾンサムを離れてからは、ずっと川の右岸通しに歩き、やがてダンカルゾン (SI : Dānkarjong) の村に登ってゆく。この村の人たちは、ボティア、すなわちチベット人という区分を受けてはいるが、タカリー語を話す人もいるし、人種的な観点から言っても、それほど急激な変化が見られるわけではない。本当の意味でのチベット人型がみられるのは、もう一日北へ溯ったところにあるギャガ (SI : Kegha-gāon) や、サマールの村から以北である。私たちの助手であるカルチュンなどのように、ツックの村の者などは、ほとんどタカリー族といっても通用するのである。しかしながら、ネパール人が普通に考えるように、彼らもまた、少しでも高いカーストに見られたいのだ、と考えるのは大きな誤りであろう。彼らは、ツック・パ、すなわち「ツックの人」といってもらえるだけで、充分に誇りを感じている。カク (カグベニ) の人たちは、同様にカク・パとして、かつて彼らが、それぞれの王を戴く王国であった時代のように、自主独立の精神を、いまなお失ってはいないのである。

ロー

　翌朝、私と、パサン、タキ・バブ、カルチュン、それに僧侶のロプサンの全員で、北方のロー地方（ムスタンボット）に向けて出発した。荷物の大半はカグベニに残したので、特別な荷担ぎ用の人夫を必要としないほど、人数もそろっていた。ツックのカルチュンの家に食事をするために立ち寄ったが、長居が過ぎて、だいぶ遅れてしまった。そこから、道は一キロ半くらいの間、カリ・ガンダキの左岸を溯り、大きな岩の裂け目から水流があらわれる地点で、狭い木の橋で対岸に移る。しばらく登ると、ツェーレ（SI：Chelegāon）の村があり、つづいて灰褐色の荒れた山地を越えて、一つの支流の谷に下る。その向こう岸に、ギャガ（SI：Keghagāon）の村があった。ここは、別に立ち寄る理由もなかったので、私たちは、このゴルジュから北に進んで、サマール（SI：Samargāon）に向かった。夕方おそくここに着き、カルチュンの親戚に当たる人が、村の空家に案内してくれて、そこで気持の良い夜を過ごした。

　サマールからゲリン（SI：Ghilinggāon）に行くには、別の道があって、この遠まわりの道が、深い谷間を進んで、洞窟につづいている。ここは、「天然の遊歩場」（*gcong-gzhi rang-byung*）と呼ばれているところである。私たちは、この洞窟道を通ることにしたが、この洞窟は天然の洞であって、入口に小さな御堂がある。これはいまはまったく放置されたままであったが、いまでも人びとは好んでここに巡礼にやってくる。その理由は、堂のうしろの洞窟に入ってわかった。その中ほどに、「天然の」仏塔があり、その背後の壁から、四体の「天然の」仏像が浮き出ているのである。一つは高さ六〇センチくらい、二つは四十五センチ、もう一つは二十二センチくらいの、非常に不思議なもので、いつできたものかもわからず、しかもあちこちが打毀されていた。どの部分がくずされても、また新しく、岩から生えてくるのだということが、広く信じられているのである。これらの仏像は、みんな衣服を着ているように見られるが、特別に宗教的な衣には見えない。「天然の」仏塔のほうには、そのまわりを数多くの小さな蓮華生の仏像でおおってあった。別に、ここには「人造の」チョルテンも四つあって、それには、《無量光(阿弥陀)》《観世音》《蓮華生》《釈迦牟尼》が描かれていた。先ほどの御堂の入口の壁には、三人のサキャ派の高僧の、小さな画が掛けられていた。冥想の形をとったチェレル・クンサン・ドゥクギェ (*Bya-bral kun-bzang brug-rgyas*)、右手を説法印、左を触地印に結んだリンチェン・ツェワ・ラマ・シャキャ・ギェルツェン (*Drin-chen rtsa-ba'i bla-ma shā-kya rgyal-mtshan*)、印は同じであるが、両手を裏がえしているチャプタン・クンサン・チンレ (*Bya-btang kun-bzang 'phrin-las*) である。この地には、ムスタンからのチベット人や、ネパールのその他の地域からのチベット人たちが訪ねてくる。あとになって、私たちは、ナル地方から村をあげてこの洞窟に向かう一団と出会ったことがある。彼らはそこで、杜松《ねず》の小枝を香としてたき、その仏塔や仏像の下に、うやうやしく頭をすりつけるのである。私たちは、この峡谷を抜け出て、一面灰褐色の荒野を進んだ。やがて、右下に青々とした畑が見え、ゲリン (SI: Ghilinggāon) の赤壁の寺が眺められたが、ここは帰り道に訪ねることにして先に進み、低い峠を越えて、ゲミ (SI: Kehami) に下って行った。[7]

一種風変わりな環境をもつこの地方では、どこでも、荒れ果てた山地の、灰褐色一面の風景の中に、緑や赤や黄金色のオアシスとして、こつぜんと村が現われるのが常である。しかし家々に近づいてみると、あたかも自分が、岩山と石の壁と廃墟の中にとり囲まれてしまったような感じを受ける。ゲミもまったくそのとおりであった。私たちは、カルチュンの家族の知り合いの家に入り、私は、川の流れの横にテントを張った。他の村と同じように、ゲミもまた、その大きな城砦があたりを睥睨《へいげい》する。これはロー地方の王様の所領であって、いままで見てきた中では、かなりよく修復されているほうである。中には寺があり、《阿閦》(*Akshobhya*) を主とした、いくつかの仏像や、かなりりっぱなタンカがあった。それも手入れされた跡もなく、床などは、タマネギの干し場に使われている有様であった。村の真ん中にも僧院が一つあって、これは最近修理されて、もう一度塗り変えられることになっていた。古い壁画の上には、すでに粘土の塗料の下塗りが行なわれてしまっている。ここには、もとは数人の修行僧がいて、彼らはすべて子供で、妻帯する年ごろにも達していなかったらしい。台所には、大量のチベット茶を用意するための巨大な銅製の大釜が、チベットふうの囲炉裏の上にかかっているのが見えた。村の一番東の端にも、もう一つの小寺があり、ここは数人の尼僧が寺守をしていた。私たちは、ツァルカから直接このゲミに下ってくるルートを調べてみたが、通る人が非常に少ないこと、どちらにしても、七月や八月のころは、部分的に水量の多いところがあって、とても通過できそうもないことがわかった。

ムスタンへ向かう本道は、ツァーラン (SI: Chārāng) を通っているが、私たちは進路を真北にとって、低い峠を越えてタンマール (SI: Tāhmar) に向かう。これは「赤い断崖」(*brag-dmar*) を意味している。ここの寺は、とるに足らぬものだったが、この七月の終わりに見たこの地の風景を、私はどうして忘れることができよう。それは、最もうまく絵具を調合してぼかされた、パステル画の陰影を見ているようであった。巨大な赤い崖に対する、澄み切った紺青の空、その麓の樹々の緑の中の赤や白の建物、近くをほとばしり流れる乳白色の川、そしてそのまわりをとりまく金色のとうもろこし畑や、赤い花をつけたソバ畑のひろがりがあった。タンマールより先は、再び登りとなって、灰褐色の山地に入ってゆき、荒々しいその山腹を横切った。そして、やっとのことで、もう一本向こうの谷の源頭に下り立つ。そこには草地があり、ほんのわずか向こうに、林にとりまかれた僧院が見えた。ちょうど私たちが休憩をとっているときに、三人の従者をつれた一人のラマ僧が通りかかった。私たちは彼に、丁重に挨拶し、どこからやってきたかを尋ねた。彼は、ヌプ・リ地方からきて、いま、ムスタンに巡礼の旅をつづけている途中だと言う。私たちも、彼の質問に自分たちのことをいろいろと説明し、いずれ彼の故郷の地方を通る予定であることを話した。このラマとの、ちょっとした出会いが、あとになって、随分私たちに役立つことになったのである。

私たちは、きれいな赤と白の建物のある僧院への道を下っていった。外側の壁のまわりには、新しい祈禱車が並び、これも真新しい、四つのチョルテンが、その隅に建っていた。あとでわかったことであるが、これらはみな、あのシャンのラマの贈り物で、この地に時々滞在し、ここを自分の寺としているらしい。ここはロー・ゲカール、すなわち《ロー地方の聖徳》の名で呼ばれている。ここの寺男は聾啞者であったが、数人の普通の巡礼者と一緒に、二人のチベットの修行僧と、一人の尼僧がここに滞在していた。私たちは、建物の前にある、芝生の草地の上にテントを張り、この寺を詳しく調べる前に、ちょっと腹ごしらえを済ませた。巡礼のうちの何人かが、布施を請いにやってきて、数杯のツァンパと、少々のコインを受けとり、満足気に帰って行った。小さな男の子が一人残って私たちの米飯を食べた。

ロー・ゲカールは、いままで見てきた僧院とは違って、中は、個人の家の造りに似せて設計されていた。本堂がなくて、上下階にわたって、いくつかの部屋が作られており、どの部屋も、ほぼ同じくらいの広さである。したがって、何の装飾も施されていない玄関の間から、すぐ右手の部屋に入ってゆける。この部屋の壁には、四方を守護する四天王、供物の女神たち、ブラフマ神とインドラ神などが、供え物を捧げもった信者や修行僧の上に、美しく描かれていた。正面の側の壁は、深くて薄暗い部屋の凹みになっていて、明かりで照らしてみると、二体の等身大の仏像が判別できた。一体は牡牛の上に、他は馬上にすわっている。これらは忿怒の形相をした守護の女神たちで、私たちに同行している修行僧によれば、馬にのった白面のものは、《善事をもつ母神》(*ama legs-ldan*)、牛の上の青面の神は、《善事をもつ忿怒の女神》(*legs-ldan drag-mo*)であるという。尼僧は、新調の、鮮やかに彩色された食器棚(これもシャンのラマから贈られたもの)をあけてみせてくれたり、彼女が自分で作った、祭式用の供えの菓子(トルマ)の山などを見せたりした。私たちがいま立っている、次の間への通路からは、奥の部屋の祭壇の真鍮の壇が見え、バターの燈明が、ぼんやりと蓮華生(*Padmasambhava*)と、その二人の妃の神々の姿を照らし出していた。そこ以外は、部屋は真っ暗だったが、明かりの助けをかりて見ると、かつては壁画におおわれていた壁も、始終ともされている燈明の煤で真っ黒になってしまっているのがわかった。その部屋には、他に、《蓮華生》《忿怒王》《獅子頭のダキニ》、それに《蓮華生》の八つの化身を示した、テラコッタ像が置かれていた。この祭壇のある真っ暗な部屋と、その前室は、共に荘厳な雰囲気をもっている。玄関の広間のもう一方の側は、台所と、物置部屋につづいている。二階に上がると、そこには四つの部屋があり、どの壁にも、木枠に入った石板の上に画かれた仏画の額が並んでいた。この種のものは、前にも見たことがあったが、これほど多数のものははじめてであった。一つの部屋には、《静穏と忿怒》の神々と、ずらりと並んだ二十五人の論師たち(*rJe-'bangs*)、二番目の部屋には、八十四人の瑜伽行者と十六羅漢、第三と第四の部屋には、数えきれないほどの、観世音、金剛薩埵などの諸仏の模写像があった。最初の二つの部屋のものが最も素晴らしく、どの絵も同じものがない。一つ一つ、充分に調べてゆく価値があった。ここには、人とその寺との間に、ある種の生き生きとした親しみが感じられ、私たちにも、シャンのラマがしばしばここにやってくる理由がわかるような気がした。私たちが見て歩いたこの地方全域の中でも、とくにこの寺院には、できることならいつまでも滞在したいとさえ思った。

次の日、私たちの一行は二隊に分かれ、パサンとタキ・バブは、そのままムスタンの町へ二日の旅に、その間、私はロプサンとカルチュンを伴って、マラン（SI: Mahārāng）を通って谷を下り、ツァーラン（SI: Chārāng）に向かうことにした。この町は、この谷と、ここから北に半日の行程にある、ムスタンの方角から流れてくるもう一本の谷の合流点の高台につくられ、その砦と、僧院の建物があたりを圧している。私たちは、ピンク色の鮮やかなソバ畑を通り抜けて、この町に近づいた。赤と白の美しい家並みが、うしろの黄褐色の断崖を背景に、美しいシルエットを見せていた。カルチュンは先に立って知合いの家に案内してくれたが、そこの人たちはみんな、エンドウ豆の脱穀に忙しそうだった。庭の片隅にテントを張り、居所を整えているときに、ツァーランの「化身」のラマが、私たちに会いにやってきた。野良着のままの姿だったので、だれかほかの裕福な村人くらいにしか思えなかったが、以前、トゥッチ教授の本にでていた写真から、彼だということがわかった。この人は、ロー地方の王様（ムスタン・ラジャ）の次男で、いまは三十歳くらい、私がどこからやってきたかを聞いたあと、彼の家に招かれた。村の中に建てたばかりの新しい家で、つい最近妻帯して、寺には住まなくなったという。しばらくの間、すわり込んで話をし、私たちの通ってきたところや、調査した事柄などを、ロプサンの助力を得て説明した。彼の奥さんは、ちょうど、外で仕事をしている人たちのために、ツァンパを練って丸めたものをたくさん作っている最中であったが、土瓶の湯を沸かしなおして、私たちにバター茶を出してくれた。私が、寺の中を見せて欲しいと申し出ると、彼はさっそく、年老いた女を呼んで鍵を手渡し、村の南端の見晴らしのよい丘の上に立つ、大きな赤い建物に案内させた。塀に囲まれた構内には、どう猛な番犬が、腹をすかして番をしていた。案内の女は、そのためにわざわざ用意してきたのか、ツァンパの玉を犬の方に投げ、そのあと、一つか二つ石を投げつけた。犬は牙をむいて吠え立て、彼女は知っているとしても、ロプサンと私に向かって来そうな気配だった。結局は私たちの頭のすぐ上の、別棟の屋根の上に追い上げられたが、犬がその犠牲者の上で狂ったようにはげしく跳びはねる妄想が消えず、庭を通り抜けて、なんとか正面の扉の中に入ったときには、ほっとして胸を撫で下ろした。ギシギシ音を立てる木の階段を登ってゆくと、最上階にラマの居室があって、現在は、彼の父が訪ねてくるとき以外は使用していないようだった。居室は、どれも、チベット様式の大きな格子窓がついていて、住み心地の良さが想像できた。ここの僧院は、おそらく私がいままで見た中で最大のもので、かつては、相当大きな僧侶の集団が、ここに住みついていたにちがいない。しかしいまは、炊事場も、数々の居室も空室ばかりで使われていない。ツァーランには、数人まだ修行僧がいるように聞いていたが、ここでは、《僧侶》(*grwa-pa*)という言葉は、非常に広い意味に使われていて、何かの寄進が行なわれるときに、お経をあげられる人なら、どんな人にでもいいのである。その老婆は、本堂の鍵を持っていなかったので、寺守の人が畑から帰るまで、長い間待たねばならなかったが、本堂のほうも、私たちの今度の旅で訪ねた寺のうちでは、最もすばらしいものであった。非常に美しい、金箔金銅のマイトレーヤ(弥勒菩薩)を真ん中に、やや小さな釈迦牟尼と、持金剛(*Vajradhara*)の像が脇侍として安置されている。準宝石で飾られた、りっぱな金色の仏塔、金銀の彫刻を飾りつけた喇叭、よく響く鉦《かね》、非常に美しいタンカなどもあって、まったく、宝の持ち腐れとなっている。ロプサンがチベット本土では、こんなに寺をほうりっ放しにしているところはどこにもありませんよ、とあわてて私に弁解するようにいった。壁画も上等で傷んでいなかった。本尊仏のうしろの凹みの奥壁には、《ヘヴァジュラ》、《無上天》を脇侍とした《持金剛》の壁画、左手の壁は釈迦牟尼で、その右は消えてしまっていた。釈迦牟尼がその左に再びでてくるので、右に当然薬師如来があって対になるはずである。五仏の肖像画が、左右の壁沿いに、同じものが二度、三度とあらわれる。この本堂は、その内容の素晴らしさに驚くと同時に、悲しさでも胸を痛めつけられるものがあった。この僧院の一番奥にも、別の仏堂があるが、すっかり荒れたままで、持ち去るほどのものもないためか、開け放してあった。壁画は、いいものだったのだろうが、ほんのわずかのものを除いては、本堂のものと同じ運命をたどっている。

私たちは、そこから砦の方に足を向けた。いまは、巨大な廃墟となっていたが、まだ、そのくずれかかった入口を通り抜けることができ、危なっかしい木の階段を上がると、小さな仏間があった。この中には、チベットの経典が一部と、いくつかの金銅仏があり、他の寺にもってゆけば、まだ充分その価値があるものばかりであった。その階上は、《守護神の間》(*srung-khang*)で、タプラ(*dgra-lha*・敵から身を守る個人的な神)の立像があり、古代チベットの鎖帷子《かたびら》のよろいをまとっている。壁には、武具類や、いろいろな物、ペリカンのクチバシとか爪、乾いて黒ずんだ人間の手首など、昔のむごい刑罰を思い出させるようなものがぶら下げてあった。このような恐ろしい品物は、何か私の心を強く魅入らせるものがあったけれども、一方、仏像や経典がもはや一般に理解もされず、見向きもされないほどに、チベット仏教の終末の時代がすでに訪れてきているのであろうか。私は、なんともいえぬ悲しい思いに浸りながら、静かにそこを出た。

その翌朝、彼の畑で灌漑の仕事を見てまわっているラマに出会った。本当に打ちとけた人柄で、言葉にも誠実さがありながら、どこかに悲哀が感じられる男だった。彼の信じた宗教からも、彼自身の心からも、その信仰をなくしてしまった宗教家ほど、不幸なものはないということだろうか。「私は本来ならば寺に住まなければいけないのでしょうが、いまは結婚もしましたし、それに、もうだれも私を構ってもくれない時代に、私は果たして、(ラマとして)何ができるというのでしょうか。」私はさきに、ツクチェのラマからも、同じ言葉を聞いた。しかしそのときには、このような悲劇的な感じは受けなかった。やはり、このカリ・ガンダキの全域では、疑いもなく、仏教は衰退の一途をたどっているのである。

その日の夕刻、パサンがタキ・バブと共に帰りついて、話に花が咲いた。ここに述べるムスタンについての簡単な記述は、このパサンの話から得たものである。一般にムスタンと呼ばれているが、チベット語圏内の人びとは、ロー・マンタン[8](*blo smon-thang*)と呼ぶ。このローという小王国は、南はゲミ(SI: Kehami)の村を限界としているが、いまはバグルンの行政県に入り、実際の王の権力というのは、その県知事のもとにある他の役職者と同様に、たんにその領域内のあちこちに財産を所有していることくらいの意味でしかないようである。そのことについて、とりわけ興味深く思えるのは、このような小王国の連なり——それはみんなカリ・ガンダキの上流の川沿いに発展してきたのであるが——が、ちょうどライン川に沿った豪族たちの領するいくつもの城と、非常によく似ていることである。ローの王国は、その中でも常に最も広く、おそらくは最強の勢力を誇ってきたものであろう。この国のかつての繁栄は、マンタンの市中にある、すばらしい寺の数々が示している。しかし、これらの寺も、いまは急速に廃墟と化しつつある。王家の一族は、タカリーのカーストとされ、王には、ネパール陸軍の将軍の階位が与えられ、その長男は陸軍大佐である。しかし、その生活様式はまったくチベットふうで、家屋の造りも、ラサの貴族たちのものを踏襲している。現在の王統はまだ若く、十八世紀の終わりころ、グルカ＝チベット戦争の時代、グルカ・ラジャの年若い王子が、最前線であったこの地方に、総指揮官として派遣されたときから始まる。彼はここで、統治者としての地位を確立し、チベット人の妻を迎えた。爾来、この王家の一統は、常にチベット側から配偶者を求める慣習をつづけてきたが、いまのネパール王室との親族関係は、現在では非常に薄くはなっているが、なお保たれているのである。それに、この辺境地帯が、現代のネパール王国の領土の一部となったのも、その時代以後のことであり、そして私たちがこれまで目にしてきた、チベット宗教の破壊や衰退が始まるのも、これと同じ時期に当てはめることができるのではなかろうか。

マンタン（*smon-thang*）は、「希望の平原」の意であって、事実、平原とも言えるような、浅く平らな谷の中に、町がつくられている（口絵参照）。したがって、その町の護りをかためるために、この地方では唯一の城壁を巡らせた町として発達してきたのである。城壁の内側に、砦（現在、王家の人びとはここには住まずに、利便を求めて城外に住居を構えている）、僧院、集会所、いくつかの重要な寺、それに百戸以上の家々が密集している。王様と、一番年下の息子が、町から北西に三キロほどのところにある、ティンカール（SI：Tegār）の新しい屋敷に住み、現在、事実上の統治者である長男は、城壁のすぐ外側に家を持っている。次男が、ツァーランのラマである。パサンは、一夜この長男の家に滞在して、私たちがこの旅の道中では見たこともないような、みごとな調度品、とりわけ個人用の仏間と、そこにあったりっぱな彫刻を施した厨子に驚いたらしい。

町の中の建物のうちで、最も印象的なのは、大いなる慈悲の仏、すなわちアヴァロキテシュヴァラの寺（観音寺）で、非常に壮大で、その屋根は、七本六列、四十二本の柱によって支えられている。柱は、その柱頭や戸口に入念な彫刻が施されて、チベット木工芸術の粋を見せている。大屋根の中心部には丸屋根があって、そこから、木彫りの二十八個の獅子の頭が、あたりを睥睨《へいげい》している。四方の壁をめぐる壁画もまた、異常な大きさで、サキャ派の寺を訪れるたびに学んできたモチーフ、すなわち金剛界の五仏、持金剛、釈迦牟尼、などが描かれている。この寺の主となる仏像は、釈迦牟尼を中心に、その右側の、仏塔を側にもつ観世音の像、左側の、弥勒菩薩とその脇侍の蓮華生の像である。釈迦牟尼だけが金銅仏で、他はテラコッタ像であった。この寺は、昔は大きな僧院の本堂にあたるものだったらしいが、僧侶の住んだ建物は、いまは全部廃墟となっていた。

この大慈悲観音の寺のすぐ近くに、マイトレーヤの寺（弥勒寺）がある。大きさはやや小さいが、三階建で、中に納められた弥勒菩薩の大仏は、三階の天井にまで達しているのである。現在の入口は三階にあるので、まず三階から、巨大な弥勒仏を蓮台まで見下ろし、次に階を下ってから、その仏像の下部を拝むことになる。三階の壁には、大日如来の曼荼羅図が描かれている。もともと、この寺は、先述の観音の寺の僧侶たちによって守られていたものと思われるが、僧がいなくなってからは、在家信者がその面倒をみている。

市街の一方の端には、ゴンバ・サルバ、すなわち《新しい寺》があり、名の由来は、比較的近年に改修されたことからきている。この寺もサキャ派の創立で、本堂は同派の他の寺と同様な主題の仏画がみられ、ここの本尊仏は、持金剛、釈迦牟尼、蓮華生で、その他にもたくさんの小型の仏像、タンカ、祭具などが納められている。近くに集会所の建物があって、ここには、三体のサキャ派ラマの像以外は何もなかった。ここの壁画は、他の寺のものよりも、はるかに損傷がひどかった。この寺と集会所との間には、一つの大きなチョルテン（仏塔）を囲うように建てられた、小さな堂があり、パサンが見たところでは、そのチョルテンの裏側の、サキャ派の守護神（*yi-dam*）である《ヘヴァジュラ》の肖像が、とくにりっぱなものであった。

古い砦の建物の中には、もとの仏間と、ツァーランの砦と同じように、《守護神たちの間》の跡が残っていた。北西に、王の屋敷への道の半ばに、勝利の寺（*rnam-rgyal dgon-pa*）という名のゴンパがあって、最近きれいに建てなおされ、塗りかえられていた。南西に三キロほど行ったところにある、サムドゥプリンという小さなカギュ派の寺も、パサンはローゲカールからの道中に通ってきたという。

このように、ロー地方での小旅行も全部済ませて、その次の日の朝（八月七日）、ツァーランを出発して本道に沿って下り、ゲミで中食の休憩をし、夕方早くゲリン（ギリンガオン）に着いた。そこでは、またもカルチュン家の知人の家の庭を借りて、テントを張った。翌日、朝のうちに、サキャ派の分派（*ngor-pa*）に属する、小さな僧院を見たが、悪くはない仏像やタンカが少しあるだけで、他に印象に残るものは何もなかった。この村の古い砦にも、「守護神の間」があって、恐ろしい形相をした仏像の前に、天井から、すっかり黒ずんだ人間の手首がぶら下げられてあった。村の西の方にも、小さな寺があって、ここは数人の尼僧が守っている。

「天然の」石窟へ向かう道との分岐を過ぎ、荒涼とした山地を越えてから、サマールへの近道を進んだ。サマールの村の少し手前に、数軒の家があって、そのうちの一軒が、カルチュンの兄の家だったので、そこでチャンを飲み、昼食をとることにした。台所に小ぎれいな囲炉裏があるのは、タカリーふうにしたものと思われるが、チベット人特有の無頓着さのためか、すべてがなんとなく不潔であった。ツックに着いたのは夕方になってしまい、カルチュンの家での最後の夜を過ごした。翌日、新しく小麦を買付けて、それを石臼で粉にしてもらうために、カルチュンを残し、私たちはカグベニに下った。町はずれの、ムクチナートから流れてくる川の対岸に柳の木立があって、私たちはその中にテントを張り、これからの、ムクチナートを経てさらにその東の地方への旅の準備に、その日一日、食糧や装備の整理を行なった。

ザルゾン

次の日の朝、八月十日金曜日に、私たちはカリ・ガンダキを離れて、ムクチナートに出発した。このような隊列を組むのは、一か月以上も前にカグベニに着いて以来のことだった。ムクチナートからの川の左岸を高く登って、二時間足らずで、キェンカール（SI：Khingār）と、ザル（SI：Chāhar）という二つの村に着いた。これらは谷の上流にあって、ザルには砦と僧院があり、この谷の南側の要害の位置を占めている。つづいてプラン（SI：Pura）の村を通り、ムクチナートに登って行った。インド測量局の地図上に、ここが大活字で表記されているのは誤りであって、ムクチナートという町などは全然在りはしない。そこには、ここを訪れる巡礼たちの興味の対象となる名所が二か所あるだけである。一つは、百八つの噴水のある森で、チュミックギャツァというムクチナートのもとの名前も、これからきている。(9) もう一つは、土と水と石が燃えるという「奇跡の火」のある仏堂である。噴水のある泉の横には、ヴィシュヌー神の像を祀るネパールのパゴダ様式のヒンドゥ寺院が、現在建っているが、これは最近につけ加えられたもので、その他は全部、仏教やチベットふうのものばかりだった。

百八つの噴水の森のすぐ下に、私たちはキャンプを置いた。そこには、二階建、石造りの巡礼小屋があって、尼僧が一人で世話をしている。彼女は、文盲で、自分のもつ宗教についての知識もほとんど乏しかったが、なかなか奇特な人で、私たちがここに着いたとき、彼女はちょうど、プランに住む親のところへ出かける直前であった。全然見も知らぬ私たちなのに、「部屋にある食料品なら、何を使ってもいいよ」といいながら、パサンに鍵をあずけて行ってしまったのである。おかげで私たちは、小麦粉、ツァンパ(麦こがし)、卵、地酒などを自由に使うことができた。ここに滞在している間中、彼女は、毎日のように、今日は肉が手に入ったから、これは下流のプトラでできたアプリコット(あんず)だから、というように、手に入ったものはなんでも私たちに持ってきてくれた。そのうちに、私たちには、彼女の生い立ちがだんだんわかってきた。彼女の父親は、ツクチェのシェルチャン一族の金持の一人から借金をしていたが、その返済に窮し、家族ともども、その債権者のもとで、強制労働をやらねばならぬことになってしまった。彼女が二十歳になったころ、この娘は、家を抜け出して、キーロンの、ある有名なラマ(*Brag-dkar Rin-po-che*)のもとに走った。彼女には、なかなか非凡な商才があって、最初は、このラマのために商売を始めたのであるが、だんだんとそれが彼女自身の商売になってきて、とうとう父親の借金の返済に充分なほどの金ができ、やっと彼女の一族は自由の身になったのである。現在は三十二歳、陽気で活発な性格の持主であって、いまでも、カルカッタくらいまでなら、いつでも商売に出向くし、シンガポールへ行く計画もしているという。彼女は、私たちの一行に加えてもらって、パサンと一緒にイギリスに行きたいとも言い出した。もし私たちが、これを受け入れたとすれば、だれも彼女を引き止めることはできなかっただろうが、私たちも、すでに手いっぱいの、いろいろな問題をかかえていた。ムクチナートは、そう快で、非常に静かなところだった。この一か月、せかせかした旅ばかりつづけてきて、このあたりで休息も必要だった。そこで予定を一週間遅らせることにした。書きものもずいぶん溜っていたし、この谷の上流付近も、もっとあちこち歩いてみたかったのである。

ここの噴水のことについては、あまり述べることもない。たんに、上の方の一本の水流から導かれた水が、百八つの、小さな真鍮の龍頭の蛇口を通って、流れ出しているにすぎないのである。巡礼たちは、蛇口の一つ一つから、一口ずつ飲んでまわり、もっと熱心なものは、さらに一つ一つの水で水浴をする（口絵参照）。高度が三六〇〇メートルくらいなので、水は非常に冷たい。奇跡の火のある御堂は、ニンマ派のもので、形は大きいが、あまり美しくないテラコッタ造りの無量光、観世音、蓮華生の仏像が納めてあった。天然ガスの炎は、堂内の土間の右手の奥の方、小さな岩の間から出ていた。一つは、確かに土が燃えているように見え、一つは小さな湧水の横から出て、水が燃えるように見える。「石が燃える」というほうは、いまはもう燃えてはおらず、二年前に燃え尽きてしまったらしく、土地の人びとは心配顔でそのことを訴えていた。ここのほかに、この周辺には、チベットの仏寺が少なくとも五つはある。森のすぐ下手にあるのが、「新寺」といわれるもので、美しい彫刻を施した衝立のうしろに、蓮華生の大きな像があった。森のすぐ上にある寺は、「燈明の寺」（*mar-me lha-khang*）という。北の台地の上には、「野営の寺」（*sgar-dgon-pa*）、その下に「覚心の寺」があって、小さな寺であるが、再建されたばかりで、シャンのラマの修行僧の一人が新しく描いた仏画があった。私たちが歩いた全地域の中では、この人ほど多才な僧はいなかった。このほかの寺は全部、尼僧が世話をしていたが、もっぱら、巡礼の人たちから金をまきあげるほうに熱心なようであった。先ほどのヴィシュヌー神のある寺には、ヒンドゥ教の僧侶が一人いたが、ここでも、チベット寺の尼僧たちが、金を集める権利をもっていて、その場所が、異宗のものであろうとなかろうと、まったく関係がないようであった。

ムクチナートの下の谷にある村々のことは、この名所そのものよりも、はるかにおもしろかった。ここは、ザルゾンユリック（*Dzar-rDzong-yul-drug*）と呼ばれて、「ザルとゾンと、そのほか全部で六つの村」という意味である。川の左岸には三村、キェンカール、ザル、プランで、これらは登りに私たちが通った村である。右岸の三つは、上手から、チェンコール（SI：Chhego）、ゾン（SI：Chohang）、およびプトラである。ゾンというのは、たんに「砦」という意味で、この村のもとの名は、ラプギェルツェ（*rab-rgyal-rtse*・最勝の峰）であった（口絵参照）。六か村の中では一番大きく、廃墟となっている砦の大きさや、その絶好の位置からして、かつては「全村の王座」にあったことは間違いない。ここから、たんに城砦という呼び名[10]が生まれ、インド測量局の地図では、Dzong から Chohang という、変造された名前がつけられている。この砦の中にある寺も、この地域では最大のもので、かつてはすばらしい壁画で彩られていたにちがいない。それらは、いまもどうにか判別できる程度に残っていた。中にはわずかではあったが仏像もあり、かつての面影をとどめたタンカの残骸もあった。どの部分もいまは、まったく見棄てられ、面倒を見る人とていないが、昔この地の占めていた重要性を思いおこすためには、充分この砦に登ってみる価値がある。ザルと、チェンコールにも小さな寺があるが、とくに書きとめるようなものは何もなかった。この村々に根づいた仏教は、ムクチナートがニンマ派のものであったにかかわらず、ンゴル派（*ngor-pa*）である。ムクチナートから、南西へ一キロ半ほどのところには、小さいボン教の寺があって、「道徳律の寺」と呼ばれている。

カルチュンは、マナンに向かって行くのは気が進まないということで、私たちとは別れることになった。彼がいうには、ツックパとマナンバとの間には、ここしばらく不和の状態がつづいてきているので、行けば生命が危ないと言う。けっして彼が大げさに言い立てているわけではなく、その危険は充分あるのは事実だったが、私たちにとって、彼がいなくなるのは大変残念なことだった。プトラのアプリコットと、ツクチェで買った余分の砂糖とで、これからの数週間は使えるように、アプリコットのジャムを作った。私たちのテントからは、ダウラギリの雄大な姿が望まれ、毎日非常に静かな生活を送ることができた。雨も少しは降ることがあったけれども、これは、この谷の上流地域が、目の下のカリ・ガンダキよりは、モンスーンの影響を受けやすいためである。

八月二十一日は、チベット暦七月十五日（満月）で、谷の源頭付近で、大きな集まりが行なわれるはずになっていた。この地域のどの村からも、晴着を着て、馬にのった参加者の一行が送られ、彼らは、儀式にのっとり、百八つの噴泉に参詣したあと、非常に大規模な競馬のレースが行なわれるのである。キェンカールとザルの村からは、すでに先行のパーティが五日前に送り込まれていた。この二組が一本道で出くわしてしまい、しかも、どちらも相当酒が入っていたし、お互いに道を譲り合わないと言って、さっそく喧嘩になってしまった。私たちは、彼らが下って来るのに出会ったが、一人の男は、顔から血を流して仲間に担がれ、わいわい泣き叫ぶ女たちがあとにつづいていた。すぐにも、その仕返しの喧嘩が始まりそうであった。すでに、この祭のために使われる酒が、莫大な量になるということや、ちょうどいま、それをつくっている二つの村の間柄が、ものすごく険悪であることを聞いて知っていたので、大事にならない前に、ここを引き払ったほうが、嫌な思いをしないでいいだろう、と判断した。

このままでは、私たちのテントが、こんな大酒飲みたちにとりまかれてしまうのは、時間の問題なのである。それ以上に心配なのは、これからの二、三日の間は、荷運びに使う家畜がまったく当てにできなくなるだろうということだった。行動の予定も、すっかり遅れてしまっている。私たちは、すぐさま、ニェシャン地方へ峠越えをする用意にとりかかった。

(1) Tucci; *Tra Giungle e Pagode*, p. 77.
(2) ゾンサム (Dzongsam) は、インド測量局図では Jomosom という誤った綴りで表記されている。これは「新しい砦」の意であり、チベット語を話す人びとからはゾンサルバ (Dzong-sarba) と呼ばれている。私たちが現在入っている地方のチベット名はターク (T'hāk) で、ネパール式にはタコーラ (Thakkhola) である。これはたんに、ネパール語の谷を意味する -*khola* を加えただけである。ターク地方の人を現地ではタク・パ (T'hāk-pa) と呼び、ネパール式ではタカリー (Thākāli) となるのは、グルカリー (Gurkhali) などと同じ型である。
(3) これに関しては三〇一ページ参照。
(4) トゥッチ教授は、この右岸沿いの道を、現在のインド国境に近いルンビニ (Lumbini) まで下っている。*Tra Giungle e Pagode*, p. 89 参照。
(5) この村の名は、その僧院の名前がそのまま当てられており、インド測量局図では Chhairogāon となっている。
(6) このシャン (Shang) という村は、シャンのラマとはなんの関係もない。彼の出身は、タシルンポの近くである。

(7) サマールの標高は三三五〇メートル、ゲミは約三〇〇〇メートル、その間の峠は三九五〇メートル程度であろう。「低い峠」とあるのは、相対的な意味においてであって、標高が低いということではない。

(8) インド測量局によっても、このチベット名が *Lho Mantang* として記入されている。しかし、この *Lho* という *-h-* の入った音はまったく誤りで、これでは「南」を意味するチベット語になってしまうのである。今回私がここを自分で訪ねなかったのは、最近国境での紛争があり、政治的な問題にまき込まれるのを心配して、ネパール政府が干渉したためである。

(9) 古典チベット語の綴りでは *chu-mig brgya rtsa*、すなわち「百の泉の場所」である。ここでムクチナート (Muktināth) というネパール語を用いたのは、すでにその呼称がゆきわたっているためである。

(10) この砦は、シェーの僧院の創設者であるテンジン・レパ (*bsTan-'dzin ras-pa*) の一族の所有だったらしく、彼の自伝には、「ローの低地方の最勝の峰の砦」(*blo smad rad rgyal rtse mo'i rdzong*) という名で出ている。当時のロー王国は、カリ・ガンダキ上流の全域にその勢力を誇っていたのである。

5　ニェシャンとナルの谷

ニェシャン

八月十八日の朝、非常に早く、ザルの男とその息子が、四頭のゾウと二頭の馬をつれてテントにやってきた。私は最初、峠の上までは馬に乗ったまま登ろうと思っていたのである。たぶん、前に度々タカリー族の金持の乗馬姿を見て、あのような旅の仕方もあったのかと感心したことを思い出したからであろう。ところが、馬の持主との話合いは、最初からこじれてしまった。彼は三日分の高い日当を主張して譲らないのである。しかも、こちらが馬に乗れるのは初日だけで、急な下りになる二日目はとても乗れないであろうし、三日目は帰りの日当なので、もはや馬とは一緒にいない。また、別の真面目な観点に立てば、すでに一六〇〇キロもの徒歩旅行をやっているのだから、最後まで同じやり方を押し通すのが当然で、いまさら馬に乗るなどは馬鹿げたことにちがいない。結局、馬のほうはきっぱり断わることにした。持主は、そのことでは別に憤慨した様子もなかった。私たちはゾウに荷を積み、すっかり馴染みになった尼僧がふるまってくれたバター茶やアラクを飲み、出発することになった。道は、百八つの泉の御堂のうしろから、向こうの急な草深い谷を登る。かなり進んだところで、ザルの男は、息子をヤクの世話に残して帰っていった。寒さが増し、雨もふり始めて、またあの見慣れた岩壁と岩屑の荒涼たる世界に足を踏み入れたころには、すっかり深い霧に閉じ込められてしまった。夕暮近く、大きな積み石のある頂上に着き、はげしい雨の中を下り始めた。二時間ばかりで、小さな石堂があり、そこで夜を過ごすことにした。かなり古い昔に旅人の休憩所として建てられたものらしく、いまはほとんど廃墟に近いようなものであったが、ムクチナートの祭に行くマナンの連中が、すでに場所を占めていたので、私たちは近くにテントを立てるよりほかに方法がなかった。真っ暗で、雨もまだかなり降っていたが、プリムス（登山などで使う石油コンロ）での食事の用意だけは、この家の中ですることができた。

　翌朝は、まだ空模様はかんばしくなかったけれども、雨は止んでいた。ツァンパ、茶、ビスケットの朝食をすませて、ヤクに荷を積んで谷沿いに下った。インド測量局の地図には、この谷にザルゲン・コーラ（Jargeng Khola）の名がついているが、測量官たちがこの名をどこで聞いたのか、私にはわからない。このあたりのチベット人地域では、一般に川には名がつけられず、チュウ（*chu* すなわち水または流れ）という大まかな呼び方しかしないものである。この地図の上に出ている川のチベット名は、おおむね村の名か、まれには地方名が、勝手気ままに川の名に適用されているのが普通なのに、ここには村がまったくないのである。ザルゲンとはいったいなんだろう。私の想像では、この谷はどこへ通じるかという質問に対して、[1]「ザル・ゾン」と答えた可能性は充分あるので、質問者は、耳に聞こえたままを書いたのではなかろうか。

　一度川を渡って、左岸通しに下りつづけると、やがて谷が開け、灌木が目につくようになった。そこで小枝を集めて朝食にかかった。霧がはれ始めると、南にアンナプルナ山塊の山の一つが姿を現わしてきた。この道をそのまま下り、支流の谷を一本越えたところで、橋のたもとで待っていた土地の青年二人に話しかけた。私たちのチベット語がわからないのは、まったく別の言葉としか思えないくらい、方

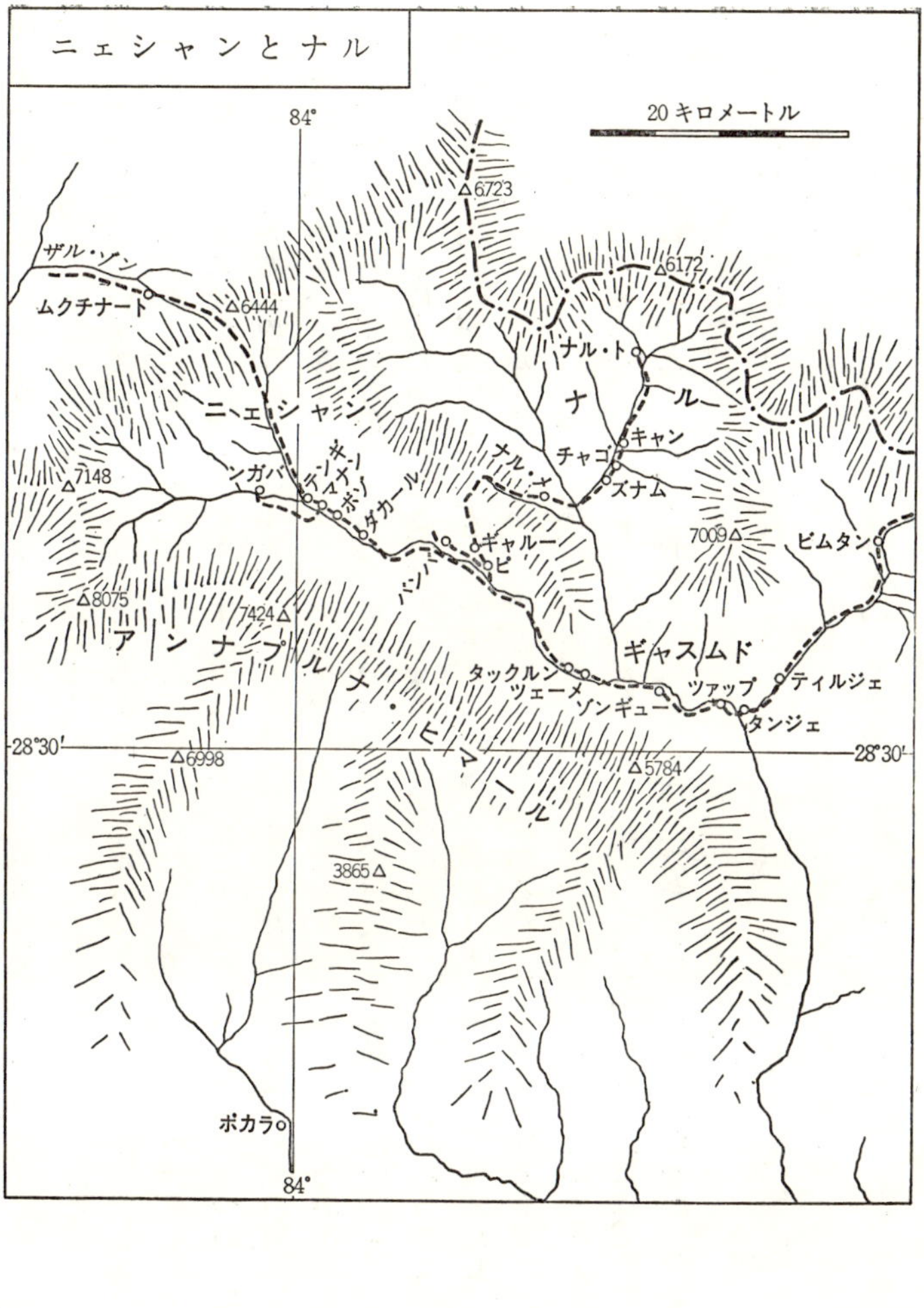
ニェシャンとナル
84°
20キロメートル
6723
6172
ザル・ゾン
ムクチナート
6444
ナル・ト
ナ ル
ニェシャン
キャン
チャゴ
ズナム
7148
ダカール
7009
ビムタン
ギャルー
ピ
8075
7424
アンナプルナ・ヒマール
ギャスムド
タックルン
ツェーメ
ソンギュー
ツァップ
ティルジェ
タンジェ
28°30′
6998
5784
3865
ポカラ

言に違いがあるからであろう。二人共ネパール語は達者で、そのうちの一人は、彼の父がインドの軍隊にいたことがあり、彼自身も、マレーやシンガポールに行ったことがあるという。あとになって、この辺の男では別に珍しい例ではないということがわかった。しばらく歩いて、最初の小さな畑のあるところに出た。すっかり赤く色づいたソバ畑で、目の下には、私たちの下ってきた谷が合流したマルシャンディの流れが見下ろせた。出会った数人の娘たちは、立ち止まって私たちをじっと見つめ、にっこり笑う。よく踏まれた石垣の間の道をゆくと、テンギの村が見えてきた。入口を通り、家の間を足ばやに抜けて畑に下り、谷を一本越えてマナンへ急いだ。なんとかそこで快適な夜を過ごしたかったのである。パサンはかなり先行していたので、私たちが着いたころには、村長の家で話をつけているところだった。さっそくまわりに人だかりができ、私たちはぬかるむ小道の上に立って、言われるままに村長の家に泊めてもらったほうが良いものかどうかを考えていた。その家はずいぶん汚なく見えたし、蚤にやられる心配もあったので気がすすまなかった。といってどこに泊るか当てがあるわけでもない。賑やかな子供の群れにつきまとわれながら、あたりを見て歩き、村の下の川岸の横になんとか場所を見つけることができた。もうこのころには、村全体の関心が私たちに集まっていて、村の周辺では、片時も気の休まりそうな場所はなかった。幸い、小石が多少気になる程度でキャンプには適地だった。荷物を運び下ろして、テントを張った。

朝早くから、すでにもう二人の患者が来ていた。下肢に三年越しの傷をもつ男と、足に棘をさして化膿した子供だった。二人にはペニシリンの注射をし、棘も抜いて、私たちのできる精一杯の手当をしてやった。そのあと、村の中ほどにある寺を訪ねるために上がって行く。ここには、右に《観世音》《無量光》を、左に《忿怒王》と、小さな青銅の《蓮華生》を伴った、《蓮華生》の二体の本尊仏があった。

壁には、シャンのラマが最近描かせたという八つの幸運の標（八瑞祥印）があるだけで、壁画はなかった。見ただけでもまったく場違いに思えたのは、多色の中国絹の長い飾りものが天井から下がっており、みんな新しいもので、村のだれかがシンガポールから持ち帰ったものだと聞いた。

私たちは村を見てまわり、子供を使いによこした病人の家にも行き、いろいろな人たちと話を交わした。治療をしてあげた人たちは、みんな親切で、ことにあの三年越しの古傷の男は、私たちの小麦の調達にも一役買ってくれたほどであるが、一般的に言って、私たちにとってここの人たちの印象はけっして良くない。彼らの容貌や、言葉——それは、チベット方言とするにはあまりに離れすぎてはいるけれども——からただちに判断がつくように、ここの人たちは純正なチベット人ではない。彼らは、ひどく不潔なだけで、チベット人のもつあの美徳——帰依する宗教に対する熱情——を併せもたない人たちである。彼らが熱心なのは、商業と旅行だけで、ビルマ、シンガポール、香港などは、もはや彼らには珍しい地名ではない。しかも、彼らの土地を訪れる外国人には、チベット人であろうとヨーロッパ人であろうと、非常に邪険な性格を示すのである。ロプサンは、前にもここに来たことがあり、友達もいるけれども、このマナンバス（マナンの男たち）を嫌がっていた。そして彼の同郷人がかつてここを通ったときに受けたひどい仕打ちの話や、それらのチベット人たちが、インドあたりでたまたまマナンの男に出会ったとき、彼を殴ることで憂さ晴らしをしていたということなどを話してくれた。この土地の人たちがチベットへ出向くことはあり得ないので、チベット人にしてみれば自分の国では彼らをもてなす機会がないのである。私たちに対しても、邪険なもてなしをすることがしばしばだったけれども、同時に顕著な例外もあったからこそ、私たちもここで滞在できたのであろう。

インド測量局の地図では、マナンボット（Manangbhot）はたんなる村名としてではなく、地域名として記載されているが、これは誤解を伴うもので、これでは全体が文化的に単一のグループを示すことになってしまう。(2) 実際は、三つのグループに明確に区別されており、もともとニェシャン（Nye-Shang)、ナル（Nar)、ギャスムド（Gyasumdo）と呼ばれている。私たちがいまいるのはニェシャンであって、ピ（SI：Pisāng）から上のマルシャンディの谷沿いの村全部を包含する。その中で、マナン、ダカール（Drakar, SI：Brāga)、バンバ（Bangba, SI：Ngāwal）の三つの村が最も大きい。この三村は、マナン・ツォク・スム、すなわち「三つのマナン共同社会」と呼ばれる。ところがこれらの村の間では、いまやわずかの共同社会愛もあればこそ、マナンとダカールには、積年の紛争がここ五年間もつづいていて、お互いに相手につかまればどんな目にあうかわからない。幸い、私たちの訪れた今年は和平が結ばれていた。両村とも三〇〇戸ほどの大きな村で、三番目のバンバはいくらか少ない。その他には、マナンのすぐ上流にあるテンギの小村、一日ほど下ったところにある二村、すなわちギャルー（SI：Ghyāru）とピ（SI：Pisāng）がある。これらの村は、ちょうど私たちのルートに沿っているので、見落としのないように私たちは全部訪れることになる。それ以外のところについては、信用できそうな情報が全然得られないことがわかった。それがあれば、かくかくの村は遠まわりして訪れるほどの価値はないと、無雑作に決めることもできたであろう。地名の綴りとか、仏像の名称など疑問が起きたときには、私たちはいつも相互照合の方法をとり、いい加減なものと本物とを判断している。しかし、見たことのない土地の価値を推し量るとなると、種々の違った説明を聞いて判断するということはとうていできない相談である。ニェシャンの全域で、見る価値のある寺は、マナンから一時間足らず下流にあるボゾ・ゴンバ（Bo-dzo Gomba）と、ダカール・ゴンバ（Drakar Gomba）の二つしかない。他の村の小さな仏堂などは比較にならない。ところが、マナンの人たちは、私たちによくしてくれた人でさえ、そのこりほかになかったのである。

とを知らない。当然私たちは、あらゆるところへまず出かけてゆき、そして自分の目ですべてを見るよりほかになかったのである。

私たちの聞いたところでは、この地域で最も古い寺は、ンガバ（SI：Khängsar）という小村の向こうにあるタラップ（*rta-srab*）ゴンバだということだったので、次の日それを見に行った。マルシャンディの右岸に渡り、松林の中の道を進んだ。こんなにたくさんの樹の下を歩くのは久しぶりで楽しい気分だった。道はもう一度川を渡ってンガバの村に急登する。まず村の貧弱な粘土造りの仏像を祀っただけの御堂を訪ね、それからタラップの寺に向かった。石囲いを入ると、石積みの建物が一つあり、それがこの僧院だった。男が一人、祭式用の小さな鉦《かね》をつくっていた。何年もこれで生計を得ているチベット人で、材料は古い壊れた鉦を溶かして使うらしい。彼は嬉しそうにその技術を披露してくれたけれども、その姿にはどこか寂しい雰囲気があった。寺の中は土間のままで、壁にもなんの飾りもなかった。擦り切れたタンカがいくつか柱からぶら下がり、ほこりをかぶった祭壇には、仏像がだらしなく並べてある。ここは昔、あるラマが庵として建てたものにちがいない。事実あとになって、それがかつてのダカールのラマだということがわかった。帰り道、ンガバの青年と道連れになり、彼から商売の話をいろいろと聞き出した。

この辺の人たちは、約二週間でインド国境までゆき、そこからは、切符の有無は別として、カルカッタまで汽車に乗る。カルカッタでは、特別の扱いを受けるわけではないが、彼らによく知られているある役所で許可証をもらい、それでキップを買って、ビルマやシンガポールに行くのである。彼らは紙幣を持ち出して、主に準宝石や絹を買い、それを帰途インドで売りさばくのだと言う。しかし、これらの旅についての詳細、たとえば「許可証」といわれるものとか、ネパール・ルピーを何の紙幣に替えてもって行くのかなどについては語りたがらない。この若者は、彼の知り合いの一行が、はるばるカルカッタまで行きながら、「許可証」があまりにも高すぎて、何もできずに帰ってきたという話をしてくれた。その値段も年々高くなっているという。税関吏のことも知っていて、商売の利益のうちの大半が彼らの手に渡ってしまうのだとも言った。彼はまったく無頓着な性格か、前に行ったことのある地名も憶えていなかった。このような商売の習慣は、比較的最近になってから、頭が良く冒険心に富んだ少数の人たちが始めたものであろうが、いまではだれも彼もが追従しているのである。この若者に乞われて、彼の家に立ち寄り、食事を御馳走されたが、なんとか早くキャンプへ帰りたいと思った。

村を出る段になって、また別の住人につかまってしまった。彼は私が西洋人（他の国の人を知らないので英国人ということになる）だと知っていて、狭い道を遮って、自分の家にも寄れという。シンガポールにいたことがあり、英国人はいい人ばかりだとお世辞を言い、家に来い、酒を飲もう等々、あまりにうるさいので私は断った。断りの仕方があるいは無作法だったかもしれないが、これだけしつこくやられると、少々のことでは断れなくなる。だいぶ飲んでいるようだったので、馴れ馴れしい言葉で礼を言い、うまくすり抜けることができた。松林の中の楽しい道をもう一度通って、キャンプに帰り着いた。テントのまわりには、数人の仲よくなった見物人がおり、例の古傷の男が待っていて、ペニシリンをもう一度やって欲しいと、卵を三十個と、袋にいっぱいのジャガイモを持ってきてくれた。なかなか食糧の買付けが難しいところなので、ありがたい贈り物だった。小麦も最後には手に入ったけれども、マナンの人たちは主にソバに頼っている。米などは、ここでは低地方から運ばれてくる贅沢品である。ジャガイモには不自由しないが、バターはほとんど手に入らず、あっても非常に高価であった。私たちは後に、これがこの地方の人為的な操作によるものだと知った。時には彼らも肉を食べるけれども、私たちの口に合うものはなかった。彼らの主食は、ソバをツァンパにして食べ、茶はチベット式である。この地方では、私たちは与えることもなかった代わりに、もてなしを受けることもなかったということは意味がある。ダカールのチベット人僧と、ピで再会したシャンのラマ以外には、私たちのやっていることを理解できるほどに彼ら自身の宗教についての知識をもった者がだれ一人いなかったのである。彼らの無知は、私たちに対する猜疑心を消すことができず、いつまでも私たちの本当の目的がなんなのかを思案しかねているようであった。

その翌日、私たちはボゾの僧院を訪ねることにした。マナンから約一時間谷を下ると、砦のような昔のラマの住居があり、その横の岩尾根の頂上に寺があった。花ざかりのソバ畑を抜けて、流れの速い谷を一本越え、山稜への急な坂道を登った。川のほとりでは、数人の村人が、屠殺した家畜を解体し、不要な部分の焼却作業をやっていた。寺のまわりをまわってみて、その素晴らしい環境が印象に残ったが、谷を隔てて見えるはずのアンナプルナの雪嶺が、厚い雲に包まれて姿を見せないのは残念であった。呼びかけに答えて一人の女が鍵を持って現われ、荒れるにまかせた玄関を通って暗い内部に入った。入ってしまってからライトを持って来るのを忘れたことに気づき、パサンが女に頼んで、バターとトネリコの燻《いぶ》し木を持ってきてもらう。いくつかのバターランプを燈して祭壇の上におき、各自一つずつを手にもって壁を調べて歩いたが、その壁画はまったく素晴らしいものだった。左方の後壁から始まり、壁づたきに九体のブッダ像を認めることができた。彩色はすべて黄色であるが、それぞれ違った姿態と、台座を支える動物によって見分けがつく。私は、これに月なみな番号づけをしてよいものとは思わないが、それらの特徴をできるだけ注意深く記録した。

印相	支える動物
（右手）（左手）	
一、壺を持った禅定印	（汚損未明）
二、説法印（両手）	人面鳥身
三、触地印——転法輪印	臥坐獅子
四、転法輪印——禅定印	象
五、転法輪印（両手）	前馬後獅子
六、与願印——禅定印	馬
七、壺を持った禅定印	孔雀
八、説法印（両手）	人面鳥
九、触地印——壺を持った禅定印	競獅子

この一連の壁画は、壁つづきに祭壇の後面にまわるとほとんど汚損して消えてしまっており、わずかに隅のほうに《観世音》（多羅）の肖像が認められる。右壁にまわって、

《持金剛》（*Vajradhara*）とその脇侍

《無量光》（*Amitābha*）、寺中でこの仏画だけが新しく、けばけばしく彩色されていた。

サキャ派のラマ

《宝生如来》（*Ratnasambhava*）

《薬師如来》(*Bhaishajyaguru*)

《無量光》(*Amitābha*)

その次に

ひどく汚れた黄色のブッダ(右手転法輪印、左手禅定印、支持動物は人面鳥)。

また別の黄色のブッダ(両手転法輪印、支持動物は馬)。

後壁の隅の周辺には、過去、現在、未来のブッダである《定光仏》(*Dipankara*)、釈迦牟尼、弥勒菩薩が認められた。扉のもう一方には、六臂の《大黒天》(*Mahākāra*)、繁栄の神であるザンバーラ、そこからまた、一連のよくわからないブッダがつづくのである。

寺院の規模、壁画の質の良さは、かつてこの寺がもっていた勢力がかなりなものであったことを暗示している。しかしいまは僧侶もいなければ、厳密な意味でのラマもいない。ここにはさらに、かなりの数の仏像が集められている。釈迦牟尼仏、弥勒、無量光、持金剛、蓮華生とその二人の妃、三世のブッダ、サキャ派のラマ像等々。このボゾの僧院をみて、私たちはこのような寺院が、まだいくつかニェシャン地方にあるのではないかという期待をもったのであるが、サキャ派系の寺はここだけしかないということがわかった。

翌日の出発の用意もあり、早めにテントに帰ることにした。予定では、ここからピ(SI: Pisāng)まで、途中私たちの興味をそそるようなものを探索しながら下ることになっていた。目的に合致させるためには、ダカール(SI: Brāga)のすぐ下にキャンプするのが最も都合がいい。そこからなら、ニェシャンのどこにでも楽にまわれるし、ナルに向かうにも最適のベースとなろう。しかしこの時点では、まだナル方面のことについて知識を得るすべを私たちはもたなかった。それよりも、ギャルーからピに下ってくるシャンのラマには、是非いま一度会いたいと思っていた。どちらにしても輸送の手配を完璧に行なうことが先決だ。パサンがさっそくそれにとりかかった。いまのところ、家畜も利用できるのがいなかったし、手がすいて話に乗ってくる人もいないようだった。しかし、女が何人か話によっては脈がありそうだったので、私たちがこれまで払ってきた額を少し上まわる程度で、パサンが彼女たちを説得した。タキ・バブとロプサンは定量を担ぐだろうから、女なら五人あれば充分だった。前にもあったように、彼女たちは油断なく、ムクチナートから私たちが持ち込んだ荷は三頭のゾウに六人分の荷物だったことを指摘して、五人というのはきっと一人分を重量でごまかそうとしているのではないかと言う。パサンは、私たちは三日も滞在して食糧も使って減っているし、それに五五〇〇メートルの峠越えと、ピまでの楽な下り道とでは、荷の重さに違いがあって当然ではないかと、その正当性を主張した。

かくして、次の日の朝、私たちは予定通りに出発し、ボゾの下を通って、やがてダカール（SI：Brāga）に着いた。この村の家は、大きな岩壁の麓の急斜面に、階段状に立ちならび、白く塗られた僧院の建物は、一段高いところに立ち、そのうちの最も高い御堂は、断崖に面してチョルテンの型をしていた。供え物と、神々に捧げる先の尖ったトルマを盛ったチベットの祭壇を思わせるその景観は、人間と自然の完全な調和の象徴として、比類なき仏教の世界の気高さを示しているようであった。その風景には、あちこちの小さな杜松《ねず》の林と、前景のソバ畑に波うつ赤い花の海が、すばらしい色どりを添えている。ここも僧院の規模の大きさに、かつての繁栄のあとをしのばせるものがあった。はじめてここに移り住んだ人たちは、農作にも都合のよい肥沃な低地を離れて、わざわざ岩壁を背にして家を建てたにちがいないのであろうが、現在のダカールの住人には、そこに住まねばならぬ理由があるようには思えない。この寺を訪ねたときも、村に登ってゆく途中で偶然に出会った流浪のチベット僧が居合わせなかったら、寺に入ることもできなかっただろう。彼はパサンからチベット語で話しかけられて上機嫌だった。私たちの旅のコースに沿う名刹古寺について話し合いながら、私はまさに同好の士を見出した思いだった。彼の住む家に招かれて、寺院の鍵をもらってくる手はずも整えてくれた。ダカールの村の家は、ほとんどが小さな平屋建で、夜間家畜を入れる地階は一部吹抜けになっている。刻み目をつけた丸太の梯子を登って平屋根に出ると、その奥にいくつかの部屋があり、屋根上の庭に面して入口がついている。ルックサックとカメラをおろし、パサンは案内の子供を連れて、寺番の家に出かけた。その間に、この僧は茶をたててくれた。彼の話では、ここに住み込んでから数か月になり、この寺の儀式の手伝いをしているが、ここのマナンバスはけち臭くて布施も集まらないので、とてもそれだけでは食べてゆけないとこぼしていた。私の問いに答えて、この寺は、建ってからまだ五、六十年とはならず、村の者はまったく無頓着なので、とくにチベット仏教の何派に属するわけでもないと話していた。しかし、この答えが誤りであることは、彼のそれからあとの話や、仏像そのものの古さが、優に四、五〇〇年は経ったものであることからわかってきた。ただ、この村の人たちが、自分たちの宗教についてあまり関心をもっていないということだけは事実であり、この寺がカギュ派の興したものであることは明白だった。彼の答えには、ここの人たちへの注意深い観察と、何事も自分の目で学び確かめる態度の欠如が如実に示されている。やがてパサンが帰ってきた。寺番は、村人と一緒になって、私たちを寺に入らせない。私たちが写真を撮ってその神聖を汚すのを恐れているのだという。彼らの話では、別の「ギャミ」(たぶん、最近のドイツのダウラギリ登山隊のことであろう)が無理矢理寺に押し入って、見境いなく写真を撮って帰ったのが気にくわなかったらしい。

写真撮影を反対されたのは、今度がはじめてであり、トルボでは、儀式の最中でさえ、なんのとがめを受けることもなくカメラを使ってきた。それがここでは理論的な拒絶を受けたのである。すなわち彼らによれば、カメラというものは、物の外形を写しとるだけではなく、神聖な仏像や、彼らの尊崇する人物から、その「恩寵」(*byin-brlabs*)の一部をも吸いとってしまうものである。ピ村の人たちは、これはシャンのラマから教わったことだと力説した。仏像とは、はじめはまったく生命のないもので、奉献の儀式によってはじめて仏力が生まれ、あらゆる儀式の焦点とされながらその不動の力が永続するものである。だから写真を撮ることを止めなかったならば、最後にはきっと「無力な」仏像になり果てるにちがいない、というのがその高説である。この村人の疑心に対して、たとえその「恩寵」なるものが抜きとられてゆくにしても、お説に従えば、あなた方はいつでもその仏像の力をとり戻させることができるのではないか、と反論することもできたのであるが、どの道、今回はフラッシュがつぶれてしまっていたので、私たちには写真を撮影する企図はまったくなかった。パサンは、チベット僧と連れだって、もう一度入門の交渉に出かけた。寺番は外で二人に出会ったらしく、彼の村中に聞かせるような口汚い罵り声が聞こえてきた。チベット僧は、じっくりと彼の興奮を鎮めてから、私たち二人がチベット語もしゃべり、写真を撮るつもりもないこと、純粋な宗教心をもって寺を訪ねる人を邪魔だてすることはけっしてよいことではないと、じゅんじゅんと説いて聞かせたのである。徐々にこの話し合いが彼らの心に通じるものとなり、聴衆の気持が私たちの有利なほうに傾いてきたので、とうとうこの気難し屋も折れてきて、息子に鍵を渡して私たちを案内するように言いつけた。一時は不快な気持に心を塞がれたものの、寺に登りついて中に入った途端に、もう私たちの気持はすっかり元に返っていた。

この寺院の構成は、よく見られる長方形の本堂、三重の塔堂、および山腹の上部に離れて建てられた

「守護神堂」の三つからなっていた。本堂には壁画はなく、三方の壁に二段に並べられた、じつに百体以上の小さな仏像が納められており、それぞれ二フィートくらいの高さのテラコッタ像であるが、一つ一つにはたいした美的価値はなかろうが、全体としては歴史的な興味を憶えさせるものであった。戸口の左側から始まり、背壁から左壁にかけて一連の仏像が並ぶ。まず、扉の横の下段の端、カギュ派のラマ、ギャルワン・テンジンの像を最初に、全カギュ派の高名なラマの像がずらりと並び、レチュン、ガンポパ、ミラ・レパ、マルパ、ティーロパ、そして最後は、《持金剛》で終わる全部で三十九体の肖像、上段は金剛五仏が繰り返し現われ、最後のほうに《全善》(*Samantabhadra*・普賢菩薩)が出てくる。一番端は、赤いダキニ(立像)と、二体の《救世》(*Tārā*・多羅観音)像であった。隅に当たるところには、過去、現在、未来の三仏、智慧の女神(*Prajñāpāramitā*・般若菩薩)があり、ついで右壁に移る。

(下段)

《蓮華生》とその二体の妃。

パクモドゥパ(*Phag-mo grub-pa*)と二人のラマ、彼の右手の一人にはラマ・シャン(*bla-ma zhang*)の銘がある。

カルマ派のラマと二人のラマ、紅帽と黒帽を冠る。

アティシャと二人のラマ、彼の左側の一人はサキャ派の偉大な学僧である。

(上段)

《持金剛》、冠をつけた五仏、それに六体の妃の女神たち。

供物台のうしろには、過去のブッダとされる《定光仏》(*Dipankara*)のりっぱな青銅像があり、右壁の奥の隅の本棚のうしろに、同じ職人の手で作られたと思われる弥勒菩薩の青銅像が置かれている。しかし、同じく左隅には、怪しげなテラコッタの弥勒像しか見えない。本来ならば、この位置には、釈迦牟尼の青銅像が置かれていて当然だと思う。そうすれば、過去、現在、未来の三世のブッダがそろうことになる。定光仏の向かって右には、この寺初代のラマ、ケドゥプ・カルマ・ロプサン(*mKhas-grub Karma sLob-bzang*)と《持金剛》、それにミラレパの像が並ぶ。木の柱には彫刻と彩色が施され、シンガポール土産の、長い中国ふうの旗が天井から垂れ下げてあった。

高い場所にある《守護神堂》の主神は、マニング、四臂の大黒天と《大母神》(*dpal-ldan lha-mo*)などの守護神である。

それから、急な斜面を登ると、チョルテンと呼ばれている三重の塔堂に入る。通路の導くままに、大きな弥勒像の広間に入った。ここの壁には、一面に五仏と、数えきれないほどの小像が描かれている。建物のうしろをまわって二階に上がると、十一面観音像(3)を祀った、下よりははるかに狭い仏間があり、ここの壁にも五仏、観世音(四臂)、六界のブッダ、それに供物の女神たちの仏画があった。

三階の狭い仏間には、《無量光》(*Amitābha*)の仏像が納められていた。

この寺院全山の建物と仏像は、まことに比類のない規模のもので、この一回で全部を調べてまわることはとても無理なように思えたので、再訪の機会をつくることにした。それに数人の村人がついてまわり、私たちの挙動をすべて観察していたが、そのうちに、パサンとはすっかり仲良くなってしまったので、次にこの寺を訪ねるときには、もうなんの問題も起こるまいと思われた。

人夫たちは、もうかなり先行していたので、私たちはそのあとを急ぎ足で追いかけた。ダカールのちょうど真下で、道が二つに分かれ、一つはこのまま左岸をたどってバンバ（SI：Ngāwal）に登る。他方は、右岸への橋を渡って、ゆるやかにピ村に下っている。一面の松の林、のしかかるような懸崖、きちんと整った桃色のソバ畑などがよく調和して、この谷の周辺は、私たちの今度の旅行の中でも、非常に印象に残る快適なところだった。ただ残念なのは、小雨が降り、モンスーンの厚い雲が、高い山の頂を隠していることだけであった。このニェシャン地方では、宗教への関心が明らかに薄らいできているにもかかわらず、道端には、数多くの経塚が並んでいた。聞くところでは、そのすべてが、流浪のチベット人たちのつくったものだという。成程、ニェシャンの住民では、古いチベット語を綴ることも、こんなにうまく文字を彫ることもできるはずがない。私は、この説明の正しさに疑いをはさむ余地はなかったけれども、少なくとも古い時代には、確かにチベットの宗教美術がもてはやされたことがあったにちがいないと思う。そうでないとすれば、どうしてあのボゾやダカールのような大寺院の存在が説明できるだろうか。しかしマナンは、南のネパールの大きな町にも近く（ポカラまでは八日の距離である）、現在は政治的にもネパールの一部であってみれば、強いてより困難なチベット側との結びつきを維持しようとしないのも当然のことであろう。

私たちはやっと人夫たちに追いついた。彼らはとある石垣の横で休んでおり、女たちは嬌声をあげ笑い転げ、タキ・バブからはちょっとした抗議を受けた。彼女たちは、もう長い間奥さんと離れているのだから、ここで寂しくないようにしてあげよう、とでも言って彼をからかったのにちがいない。彼がこの冗談半分の申し出を断ったところ、彼女たちは寄ってたかって彼のズボンを剝いでしまった。タキ・バブは私たちが来てくれて、胸を撫でおろしたのだろう。私たちには当意即妙な答でごまかしていたが、ばつの悪さはぬぐえないようだった。私たちはそのまま、樹林の谷の道を下った。川がゴルジュにかかるところで一か所、わずかな急登があったが、やがて向こうに、ピ村（SI：Pisāng）が見えてきた。橋まで下ると、右岸に数軒の小さな部落があり、私たちはそこで、向こう岸にどこかいいキャンプ地がないものかと相談した。私は、このまま橋を渡って小道を登ったところに、樹の多い山腹に背後を囲まれた気持のよい草地があり、近くの雑木林の中には小川もあるので、そこに決めることを譲らなかった。結局は、そこが最良地だということがわかった。パサンと私がテントを張っている間に、タキ・バブとロプサンが木を集めて火をつくった。女たちは、かたまってすわり込み、相変わらずタキ・バブに下品な呼びかけをしながら、私たちのすることを見守っていたが、やがてパサンから金を受けとり、ねぐらを求めて村の方に登っていってしまった。このころになると、沢山の村人が集まってきて、私たちが何者で、なんの目的でやってきたのか詮索し始めた。その中の一人の若者が、パサンと私がチベット語で話し合っているのを聞いて、同じ言葉で声をかけてきた。驚いたことに、その年私たちよりも早くこの地方に滞在したドイツの登山隊からもらった推薦状を差し出したのである。名をナムギェルというチベット人で、仕事を探して歩いているうちに、この土地の娘と結婚し、ここに住みついたのだという。この新しい故郷の人たちのことを、彼もあまり好ましくは思っていないようだったが、谷の上流のマナンバスよりはましだと言った。この一片の同情も示さないような人たちの中で、ひとり静かに生活してゆけるというのも、チベット人のもつ粘り強い独立精神の特性であろう。このニェシャンの全域で出会った男たちの中では、先ざき私たちの手助けをしてくれる見込みのありそうなのは、まったく彼一人だったので、私たちは、ドイツ人以上の賃金を支払うことを予告しておき、朝になってからまた話し合うことを約束した。その夜は、タキ・バブが引っ張ってきて置いた二本の大木の間で、大がかりなたき火を燃やし、ふくらし粉を加えないパンを焼き、カレー料理に舌鼓を打って、気持のよい静かなキャンプの夜を精一杯楽しむことができた。

次の日、朝のうちにパサンは、どんな食料が手に入るかを調べるために村に出かけ、新鮮な羊の片身を持って帰ってきた。シャンのラマがこの日、ギャルーから下って来ることになっており、滞在中は見苦しい屠殺を行なうことができないので、早目に肉の供給を準備したらしい。ギャルー（SI：Ghyāru）は、川に対してはピと同じ側にあるが、八〇〇メートルほども高い位置にある。一本の道が、私たちのキャンプの上の山腹をからんで、小さな川を渡り、急な角度で上の村に上がっている。この小川のほとりに小さな草地があって、ここにギャルーの村の一人が、新しい経文塚を造っていた。そして、この「尊いラマ」に、下りの道中で奉献の儀式をやってもらい、ピの村の幹部たちも、ここでラマをうやうやしく出迎える手はずになっていた。中には馬に乗った者もいたが、すでに村人たちはキャンプの上の道を登っていたので、私たちもそのうしろからついて行き、ギャルーまで登ってそこの寺を訪れ、下ってくるラマに出会うつもりだった。人びとは私たちのまわりをとり囲んで、けっして写真を撮らないようにと敵意に満ちた目で警告した。パサンは、もし私たちがラマの面前で写真を撮るとすれば、それはラマの許しを得てからやることで、他の人からの指図は絶対に受けないと言い返していた。だれかが叫ぶ。「ラマはわれわれのものだ。お前たちのものではないぞ。」それに対して私たちも、ラマはだれが一人占めするものでもないのだと、はっきり応酬してやった。新しい経文塚のところを通り過ぎるとき、彼らが旗と五仏の手の印契を誤って結び合わせているのを見た。経文塚に対して「うやうやしい巡回」を行なったあと、準備に忙しい彼らをあとに、川を渡り、対岸の急な山腹を登った。半分ばかり登ったところで、ラマに出会うことになった。彼は二人の供の者に手をとられ、さらに、ずっと彼と行を共にしている二十人ほどの行列とギャルー村の一団にとり囲まれて、ゆっくり下りてきた。私たちを見て、彼は驚きと喜びを示しながら私たちの挨拶を受けてくれた。カグベニの橋での短い出会いについては、彼も憶えていないようだった。ヨーロッパ人には前にも会ったことがあるが、チベット語を話すことができる外人ははじめてだったらしく、大きく首を振って嬉しそうにうなずき、かたわらの財布持ちの男に、一ルピーずつのチャン代を与えるように指示した。今度はありがたく受けとることにし、なおさらに言葉を交わして、ピに落ち着かれたら挨拶に訪れることを約し、私たちがこれからギャルーの寺に行く途中だと説明した。「寺番が村に残っているから、彼が入れてくれるでしょう」と、供の者が言った。直接ラマの口からも、他の者に合わせて歓迎の意が述べられたので、いまは全員、私たちが最良の友人であるかのように顔をほころばせたのである。きつくて暑い急坂を登り切り、村に入ると、家の建て替えをしている男の連中がいたので、立ち止まって、寺番の居場所を聞いてみた。彼らは私たちを見つめ、どこから来たかと聞く。残りの者もいっせいにそこに集まってきた。私たちは丁重にそれに答え、私たちのことを繰り返して説明した。「寺番はラマと一緒にピに下りたので居ない。鍵も彼が持っていってしまった」と彼らは言う。この鉄面皮な嘘と敵意に満ちた不遜な態度に、この無愛想なニェシャンの地で受けてきた、数々の忌まわしい記憶がよみがえってきて、忍耐の限度ぎりぎりに達した。しかしパサンは、ラマの一行から寺番も鍵も村に残っていると聞いたばかりで、もしあなた方さえ良ければ見せてもらえるはずだ、と穏やかにこれに応じただけだった。なお邪険な言葉と嘲笑がつづき、やがてその中の一人が、ラマが寺を祝福したばかりなので、三日間はだれにも寺を開けるわけにいかない、と言ってきた。これはいっそうもっともらしい口実であり、後日、ピでもよく似た問題に出会うことになるが、はじめは、彼らが丁重に言ってくれれば、黙ってそれを受け入れようと思っていた。ところが今度は、パサンがいままでの気遣いをかなぐり捨てて、精一杯のきびしい言葉を彼らに向けたのである。「もしもお前たちがはるばるインドの社寺を訪ねていったときに、そこで門を閉ざして入れてくれなかったとしたら、どんな気がすると思うか。これが、はるばる訪ねてきた旅の人をもてなす君たちのやり方なのか。名高いラマだけをいくら歓待したところで、彼の説教する教えの一つも守れないで、いったいどんな御利益が君たちにあるというのか。」

彼らのふてくされた沈黙がつづいた。その間に、むらむら起こってくる義憤を鎮めながら、私たちは来た道を戻り、急坂を下った。七か月に及ぶ旅で、見たいと思った寺に入れなかったのはこの時だけであった。

新しい経文塚まで来ると、奉献の儀式はすでに終わりに近づいていた。ラマのうしろの席に招き入れられ、ラマは私たちを振り返って、二言三言、親しげにささやきかけてきた。パサンが、ギャルーの寺に入れなかったことを説明すると、みんなから遺憾の言葉が返ってきた。このラマの前にいるかぎりは、私たちは間違いなくもっともらしい友人に囲まれていた。二つの村の信徒の者が数人、燻《いぶ》らせた杜《ね》松《ず》の枝を持ち歩き、単調な節の歌を口ずさみながら、塚のまわりをぐるぐるまわって歩いた。しばらくして、ラマの連れた僧侶が、供え物の分配に忙しく立ちまわり、ラマ自身が私たちにチャンを一杯と大きなトルマを受けとるように言ってくれた。もっともその大部分は、ロプサンとタキ・バブの腹に入ってしまったのであるが、三時間もかかって、ギャルーまで往復してきたので、私たちは疲れただけでなく、ひどく腹も空いていた。昼もすっかりまわっていたし、私たちはこのラマの驚くべき辛抱強さに感心しながら別れを告げた。彼も私たち以上に疲れているにちがいないが、午後もずっと歓迎の人たちの中に残らねばならない。女や子供たちが、俗っぽい歌を歌いながら、塚のまわりをまわり始めていた。

キャンプに帰ると、私たちを待っていたのは新鮮な羊肉だった。読者の中には、仏教で言う殺生戒を無視したことで、私たちは少なくともギャルーの村人たちと同罪を犯しているではないか、殺された可哀想な羊になんの憐れみの心も持たないのかと思う人がいるかもしれない。私は仏教徒ではないけれども、デュネを発ってからは、けっして屠殺した動物の肉は食べなかった。これは、私たちが通ってきた土地の人びとの宗教心に気を遣ったわけでもあるが、村人がどうであれ、私たちがまったくなんの悪意も持たない巡礼であるという評判を、つまらぬことで失いたくはなかったのである。かといって、手に入れた肉を食べるのに、何も良心の呵責を感じながら食べたわけでもない。私たちにも肉食は必要であった。それに、うまくいっても食料に不自由せねばならぬ土地柄、それはめったにない贅沢でもあったので、その日の食事は、かつてなかったほどの豪華版となったのである。

村から数人の代表が来て、アラジンのランプを借りたいという申し出があり、私たちを寺に招待すると言ってきた。ナムギェルというチベット人も手伝いにやってきたので、ナルの谷（SI: Naur—Phu Kholā）をまわる計画について話し合った。私たちとしては、この旅行を無駄なものにはしたくなかったけれども、例によって、行ってみなければ、価値があるかどうかはわからない。ナムギェルは、しきりに推奨して、自分も同行すると言う。この旅は、ここからバンバまたはギャルーを経由し、五四〇〇〜五五〇〇メートルの峠を越えて、向こうの谷を南東に下ったところにある、ナルの下村（SI: Naur-gāon）[4]にひとまず行き、そこから谷を遡ってナルの上村（SI: Phugāon）[5]に向かうのである。居合わせた人たちは、異口同音に、そのどちらにも見る値打ちのある寺があると言う。そのうちの一人の話では、とくに上村の寺は、ダカールのように手入れが行き届いてはいないが、仏像の数はもっと多いという。この話は信用してよさそうに思えた。さらにそのあとで、ラマの連れている僧侶が、そこの壁画はみんな古いので、あまり面白味がない、と言うのを聞いたとき、逆に私の腹は決まったのである。これはきっと素晴らしい旅になるだろう。私は、あのボゾのような、すばらしい古い壁画に埋もれた寺の姿を心に思い浮かべた。それらはきっと、私が疑問に思っていた数々の事柄についての確証を与えてくれるにちがいない。そんなわけで、さっそく出発をその翌日と決めたのである。

すでに日も暮れかけて、村の寺院にラマを訪ねる時間になったので、ランプも持って上がることにした。寺の玄関口には、男女子供が群がって入口を塞ぎ、犬が数匹外で待ち構えている。私たちのために道が開かれ、たちまち寺の中に押し込まれてしまった。ここにあるのは、供物台の中央の上にある、テラコッタの仏像も、とくに興味をそそるものではなかった。四方の壁には壁画もなく、いくつかある仏像の大きな弥勒像、その両側の《蓮華生》《忿怒王》、それに《獅子頭のダキニ》である。ラマは、祭壇の横の一段高い台座の上にずっとすわったままで、私たちもそのすぐうしろの敷物に座を勧められた。大声で、しかも屈強な護衛の男の頭越しに話さねばならないので、ラマと話し合うことは困難で、ただ、彼の手によって修復されている寺やお堂が相当な数にのぼることに驚いている旨を述べ、彼からは、双方チベット仏教を学ぶという共通の興味をもっていることが非常に喜ばしく、ここまでの六か月にわたる私たちの旅は、誠に賞讃すべきものだという言葉が返ってきただけであった。私たちの訪ねつづけてきた寺は、すべて彼の良く知ったところばかりであった。私たちの耳に彼の名がはじめて入ってきたのが、あのはるかなティチュロン地方であったことを思い起こして頂きたい。結果として、私たちは彼自身の偉大な力の及ぶ国ばかりをずっと辿ってきたことになる。私は白いスカーフと一緒に、何がしかのルピーを供え物とした。パサンはそこに残ることになったが、私は、ラマと簡単に話し合えそうもなかったのでキャンプに戻った。その代わりにロプサンとタキ・バブを寺にやり、その御利益と供え物の分け前を受けさせることにして、私はたき火のそばにすわり込み、すばらしい孤独の喜びを味わったのである。私のような旅を一度でも経験した人ならば、このように、その調査にわざわざ来ながらも、なおかつ時にはその対象の人たちから離れて過ごしたいと願うことがあるのを理解してもらえるにちがいない。来る日も来る日も人びとの興味の中心に置かれ、どこへ行くにも好奇の目がつきまとうのである。これは私たちの七か月の旅でのどんなひどい肉体の酷使よりも、はるかに気疲れするものだった。

翌日の出発はすっかり遅くなった。少しでも遅れを少なくしようと、私たちは荷作りを済ませて、ナムギェルの家までそれを運び上げ、そのあと、寺に泊ったラマを訪ねていった。ちょうど彼は、従者がついて食事をしているところだった。昨夜のような群衆の姿は見えなかったが、その日の祭儀の準備が進んでいた。ラマは、外見いかにも悠然と過ごしているふうに見えるけれども、たえず問題を次々と片づけているので、親しく話を交わすことなどとてもできなかったのである。ナルから戻ってからもう一度会いたいという希望を述べて、私たちは別れを告げた。

バンバ (SI: Ngāwal) という村ははじめて耳にしたところなので、その村を通るコースをとることにした。ピからは川の左岸通しに進み、例の新しい経文塚とその横の小川を渡ってから、ギャルーへの道と分かれる。そしてゴルジュを高く捲くようになると、マルシャンディの上流一帯のすばらしい眺めが開けてきた。アンナプルナの山々は、相変わらず雲に隠されて見ることができなかった。はじめのうち小降りであった雨が、やがてひどくなってきて、バンバへの道は、予想外に長く感じられた。村のはずれのチョルテンの側に、気持のいい草地があったけれど、こんな天候の中でも露営できるような装備を持ってきていなかったので、村を通りすぎた向こうの、いくらか荒廃した感じの寺まで歩いた。近くの家から、気立ては良さそうだがよくしゃべる男が一人でてきて、彼もまた旅の者で、随分辛い目に遭った経験をもっていると話しながら、寺の横の石造りの小屋の戸を押し開けて、そこに泊るように奨めてくれた。ここはいままでにも私たちがよく泊りに使った、寺の厨《くりや》になっており、荷物をそこに下ろして泊りの準備にとりかかった。私たちがこの陰気な部屋の中で、キャンプ用のベッドを置いたり、マットレスをひろげたりしている間に、男は親切にも、乾いた木と大きな水差しを持ってきてくれた。囲炉裏に火がつき、部屋中に充満し始めた煙にいたたまれなくなって、私は他の空家を探しに外に出た。近くにはテントを張れる場所もなく、やむなく寺に入って、中を調べることにした。寺そのものは閉っていたけれども、戸口のところから二階に上がることができ、上がった二階は屋内の廻廊になっているので、寺の中を見下ろすことができる。中は真っ暗で、ライトを持っていても気味が悪かった。みんなが食事の用意をしていたので、私は、自分のものとパサンのベッドをここに運んだ。他の二人は台所で寝ることになり、その夜はなんとか快適に過ごすことができ、翌朝目が覚めたのもかなり遅かった。朝食の用意をして食べ終わってから、ナムギェルが、峠越えをするには遅すぎるので、明日の朝まで待つほうが良い、と言い出した。私たちは、お前は案内役で来ているのだから、何故昨夜のうちにそれを言わなかったのか、と彼を叱りつけた。私自身にとっては、ダカールの寺をもう一度訪れる時間ができたのが、予期せぬ幸いとなった。バンバからなら、ほんの二、三時間で向こうに着くことができる。今度は寺に入るのになんの問題もなかった。くわしく内部を観察する時間もたっぷりあった。

夕方にならないうちに小屋に帰り着くことができた。ここの寺には、粗末な粘土製の仏像が二、三体あるだけで、その他は何にもなかった。寺番の息子が、たまたまランプを持って現われ、香代わりの杜松《ねず》の枝をたいて御祈禱をあげてかえった。ニェシャンの他のところと同様に、ここでも宗教はあまり重んじられていない。他の者が出払って、タキ・バブひとり残っていた間に、電池のランプと胡椒が一罐だれかに盗まれてしまった。ランプは、最初三つあったものの最後の一つだったし、長い旅の道中でも、物を盗まれたのはこの時がはじめてであったので、大変厄介な手痛い災難だった。ここに着いたときのあの男は親切だったけれども、私には、このニェシャンの人たちがどうしても良くは思えなかった。ところが、物は盗まれた代わりに、私たちは思いがけず別の楽しい出来事で報いられることになった。ダカールからの帰り道で、一匹のうらぶれた感じの黒犬が私たちのあとについてきた。チベットの番犬でも獰猛な種のもので、まだ生まれて六か月かそこいらしかならぬ小犬だった。私たちが小屋に帰って夕食をとっている間も、戸外でじっとしていた。私たちも最初は気づかなかったが、まわりをうろついていたせんさく好きな村人の一人に蹴とばされ、哀れな鳴き声をあげたので、その犬のことを思い出したのである。その夜は食べ物をやり、朝になってみると、雨の中を外で寝ていたらしく、まだじっとしていた。食べものを一度やると、私たちが出発してからも、適当な間隔をあけてあとをつけてくるのだった。やがて霧雨に包まれた高い山中で休憩して、冷たいシチューとジャガイモの昼食をとったときも、それを犬に分けてやった。持主がいないようだったら、私たちのものにしても良いと思ったが、手持ちの食糧も少なく、ただでさえすぐなくなってしまいそうな食糧から犬の分を取らねばならないので、言うほど簡単に決められることではなかった。果たして、出発後からこれが問題となり、私以外の者は、気の立ったときには犬のいることに文句を言うようになった。この峠の登りは、じつに長くて辛い道だった。ムクチナートの上の峠よりははるかに高く、しかも上に行くに従って、前日の雨が雪を降らせていたので、長期間慣れてきた寒さよりははるかにきびしいものであった。

ナル

峠の頂上に着くころになって雲が切れ始め、目の下の深い谷を隔てて、すばらしい雪の山々が見え出してきた。岩の間に、青いヒエンソウ属 (*Delphinium brunonianum*) が生えている。私たちは、晴ればれとした気持で、ナルに至る急な岩屑の道を駆け下った。まだまだ先は長かったが、草地に入ってやっと進みやすくなった。黒犬も私たちのまわりを、息切れもせずに跳びはねながらついてきた。

ナルの下村 (SI : Naurgãon) は、約三十戸ほどの村で、数軒を除いてほとんどが広い道の両側に並んでいた。村に入ると、両側に並ぶ人の目と、けたたましく吠える犬の鳴き声の放列の中を、走るように通り抜けねばならなかった。私たちの犬も、さすがにこの騒々しい出迎えには何の応答もできず、上流側の村の端まで抜けると、村の北側をとりまく緑の山腹の縁の台地に、すばらしいキャンプ地が見つかった。振り返って南側を見ると、いまや、マルシャンディの谷との間には、雪の山稜が横たわり、東には、途方もなく大きな岩と雪の山が視界を限っている (カン・グルー——七〇〇九メートル)。この山の向こう側から、マルシャンディの大きな東支流が流れ下り (Dudh Kholā)、後日私たちはこれを溯って、ヌプリ (ラルキャ) 地方に進むことになる。そこまで、ここから直線で結べば三十キロ余りにしかすぎないが、現実には大迂回をして、五日か六日の困難な旅を重ねなければ行けない。このようなことは、ネパールの北の辺境地区ではよくあることで、それほど相互間の隔絶が大きいのである。テントを張っている間に、パサンが村へ食糧の買付けに出かけ、卵、ジャガイモ、ソバのツァンパを手にして帰ってきた。調べてみると、私たちの小麦粉の蓄えは、このナルの旅からピへ帰り着くまでがやっという状態で、そこからマルシャンディの下りの旅まではもたないことがはっきりした。この周辺でそれを手に入れることができるのはマナンだけなので、さっそく次の日の朝、新しい助手であるナムギェルを、そのために送り返すより手がないと思われた。彼には、私たちが帰るまでに、人夫の手配もすませておいてもらう。そうすれば、日を無駄にせずにすぐ次の旅に出発できることになろう。ナムギェルに代わる土地の者を雇う必要があったが、例によってなかなか話がまとまらず、やっと一人の老人が、軽い荷物しか担がないという条件で応じてきた。パサンは、ちょうどナルにきていたマナンの商人から、バターを一キロほど買いとった。この代金は、ネパール貨で九ルピー(ほぼ九シリングに相当する)であった。この村の人たちから、マナン、バンバ、ピの商人がナル地方でのバター取引の独占協定を結んでいて、買いは私たちがトルボで支払った程度の安値、売りはツクチェの高値と決められているということを聞かされた。このマナンの男は、こともあろうに買いとったその同じ土地で、私たちに買値の倍の値段で売りつけたのである。しかし、ナルの村の者は、直接私たちには売ろうとしなかったので止むを得なかった。マナンから重罰を加えられるのを恐れて売らないのである。彼ら自身も、この力で押してくるニェシャンの隣人を怖れ嫌っているけれども、夏の流通経路上にバンバやピがある以上、この一方的な取り決めに従わざるを得ないという。聞くところでは、彼ら自身が煙草の売買をすることも禁じられているらしい。これもまた、ニェシャンの商人が独占しているのである。

このナルの下村には、寺が三つあって、翌朝、次々に寺番を探し出して、中を調べてまわった。かなり多くのテラコッタ像があったが、美術的な価値のあるもの、ないもの様々であった。一般に《蓮華生》の仏像が多く、ナル地方の仏教が、古派(ニンマ派)に属することを示している。村の下の段々畑の中程にある寺には、《蓮華生》の印象的な三体の肖像、それに、その二人の妃の神像、三世のブッダすなわち、定光仏、釈迦牟尼、弥勒の一組の仏像があった。ここにはまた、この寺の修理についての小さな掲示があり、それを見てはじめてこのナルという名前の正しい古典的な綴りを知ることができた(Nar=*sNar*)。興味の多寡については、聞いていたのとは段違いだったが、私たちはいまさら、こんなところで失望を味わったところでどういうことがあろう。旅の終着がもう目の前に見えてきているのだ。この旅の圧巻は、なんといってもトルボとロー地方だった。それもすでに私たちのはるか背後になってしまった。ニェシャンは、そこの人たちがなんとも扱いにくい人びとであるという理由から、逆に興味を感じただけのことである。しかも私たち自身が気づいている以上に、この六か月に垂《なん》んとする旅で私たちは疲れ果てていた。もはやいまは、計画どおりにこの旅行を完成させ、総括的な調査資料に洩れのないようにしようとする意志だけで動いているようなもので、この決断が私たちに新しい力を与えているのにちがいない。だから、これから先は何が起きようと、一向に気にはしなかった。私たちが、あの失望という、えも言われぬはげしい心の痛みをまったく感じないでいることができたのも、このためなのである。

私たちは、ナルの下村を出て、東に向かう道をたどり、段々畑や、いくつかの古いチョルテンの横を通って、急坂をナル川(Naur-Phu Kholā)に下った。深く狭いゴルジュに架かった、手入れもされていない古い橋を見下ろす位置に、廃墟となったいくつかの砦がそそり立っている。橋から下をのぞくと、奔流が六十メートル余り下に、岩を嚙んで流れていた。ここは「橋のほとりの聖なる砦」(*zam-pa chos rdzong*)と呼ばれ、昔は、私たちがこれから入ろうとしているナル谷上流全域を守る要塞だったと思われる。砦を少し下ったところ、川の右岸の草の台地に大きなチョルテンがあって、うしろを大きな岩の断崖がとり囲んでいる。ここはユンカル・ラチョと呼ばれていた。(6) ここからもう少し下流の対岸の高みに、十五戸ばかりの廃村が見えた。よく揺れる橋を渡って、対岸の道を二時間ばかり歩いたところにも、数軒の村の跡があって、ここをズナムという。この向こうで谷を渡って少し登ったところにも、チャゴと呼ばれる廃村があった。ここは三十戸ぐらい、村の下の畑はまだ荒れては居らず、ここ十年ばかりは耕作されていたようだった。このことは、ナルの下村から来ている私たちの人夫で、ここで畑仕事もやったことのある男から確かめることができた。彼の話によると、この村そのものは彼の代になる前に廃村になっていたという。一度に村の者全部が病気で死に(天然痘か?)、以後ここにはだれも住もうとしなくなったらしい。私たちはさらに川沿いに登り、日の暮れる前に、キャンというもう一つの廃村に着き、そこで泊ることになった。廃屋の間をかけ登って、庭に生えた丈の高い雑草を切り払い、なんとか夜露をしのげるだけの小屋を見つけることができた。タキ・バブが気を利かせて、自分の荷物の上に枯枝をつけてきていた。村の周辺にも木があったので、その夜は豪勢なたき火を作り、賑やかに過ごした。

翌朝、さらに谷を溯る。谷は次第にゴルジュとなり、八キロばかり川沿いに進んだ道は突然、深い淵となった川を離れて、ゴルジュの断崖の上に急登する。私たちは荒っぽく足場を刻んだ悪い道を攀じ登った。やがて、三つのチョルテンのある村の門をくぐる。昔の道は、ちょうどずっと下流にあったものと同様、砦に守られた橋をここで渡っていたと思われる。この砦もまったくの廃墟で、橋も壊れていた。現在の道は、川の右岸の高みをそのまましばらく登ってから川に下り、ぐらぐらする橋を渡って進む。戦のよくあった時代には、このナルの上流の国は、どんな敵をも寄せつけなかったにちがいない。この二つ目の橋から、道は川沿いに一キロほど溯ると、忽然と目の前が開けて、断崖の上に立つナルの上村が現われた。

私たちが足を向けたこの村の僧院は、対岸の丘の上に建っていて、ぐるりを高い山々に囲まれた絶好の場所にある。[7] 黄土色や灰褐色の断崖、深い浸食の跡をのこす谷、これら樹林のない荒涼とした風景は、つい六週間前に別れをつげたカリ・ガンダキの上流を私たちに思い出させるものがあった。ここの寺の中身が幻滅を感じるものであってもいい、やはりここまで足を延ばして良かったと私は思った。寺の中は、事実、期待をはるかに下まわるもので、いいものはほとんどなかった。本堂は小さく、その壁には最近描かれたばかりの、懺悔の三十五仏が見られるが、この下には、古い時代のもっと秀れた壁画があったにちがいないのである。《蓮華生》《忿怒王》《獅子頭のダキニ》の三像が供物台の上に並んでいた。ナムギェルや、シャンのラマの連れた僧侶、ピの村人たちなどの盛んな推奨にかかわらず、仏像の上でも興味のあるものは皆無であった。しかし人の話だけでは真偽はつかめない。私は自分の目で確かめてわかったのだから、それでいいではないか。

本堂の両側にある、真っ暗で何もない部屋から丸太梯子を登って二階に上がると、ちょうど数人の男女がいて、その夜に行なう「静穏と忿怒の神々に対する祭祀」の準備をしている最中だった。梯子の上に急に現われた私たちを見ても、そんなに驚いた様子も見せなかったので、私たちはすわり込んで彼らと話し合うことにした。大釜には茶が用意できていて、大鍋にいっぱいのバターを溶かしていた。女たちが火と鍋につき、男はすわり込んで、犠牲の菓子（トルマ）を型に入れて作る作業に懸命だった。私たちの小犬も、餌の匂いを嗅ぎつけて梯子を上がってきたので、パサンがここのバター茶を分けてもらい、タキ・バブは別にきれいな茶を私のために立ててくれた。この土地の人は根から親切な人たちで、戸外の風景の違いを抜きにすれば、ニェシャンにいるとはとても思えなかった。この村のラマとその義理の息子や、村長もそこに居合わせた。村長の妻ともう一人の村の女、二人の僧と信徒の男が二人いて、僧侶のほうは、シャンのラマの一行に加わっていたが、こんどのこの祭祀のための基金を持って、数日前にギャルーから帰ってきたばかりだと言う。今度の施主も、他に非ずシャンのラマだったのである。私は、この寺は建てられてから何年になるかと聞いてみたが、はっきりしないので、この土地の歴史を書いたものがないかどうかを、さらに突っ込んで尋ねた。信徒の一人がさっそく菓子作りの手を止めて下に降り、一巻のほこりまみれの本を持ってきてくれた。これは、この寺の創立者、ウルゲン・ルドゥプ・ギャムツォ (*Urgyan lhun-grub rgya-mtsho*) という名のラマの伝記を記した写本で、この人と、ダカールの寺を建てたラマとは同年代のころの人だといわれている。私の話相手はなんでもよく知っている人物で、私にそれを一緒に読ませるのが無性に嬉しい様子だった。その間、ラマと村長は、私たちが何者か、古典チベット語をどうして読めるのかなどの質問をパサンに浴びせては、その答に満足を示してうなずき通しだった。御供えとしてパサンはいくらかのルピーを差し出し、やがて読み上げ途中の私の耳に、彼がついに、この場にそぐわないバターの話を持ち出したのが聞こえてきた。私たちにとっては、事実これは切実な問題で、ここで利用できる唯一の脂肪であり、トルボからこちらでは、充分なだけの量を手に入れたことがなかった。ところがここでは、なんと無数の燈明に費やされるバターが、大鍋にいっぱい溶かされているではないか。

「表だってはバターは売れないことになっているんだ」と村長は言うばかりだった。

「お燈明代を寄進したということにして、若干を売る分には構わないのではありませんか。そして少しだけ余分に、私たちの使う分を大目にみてもらえればいいのです」とパサンは応酬した。あの腹黒いマナンバスも宗教的行事に関しては協定違反とはしないであろうから、この巧妙な言いまわしには村長も嫌とは言えなかったのである。かくして私たちは、ここで大量のバターを安い値段で入手できることになり、いくつかのお燈明も奉納したうえに、私たちの空になっていた容器をみんないっぱいにすることができた。ラマの許可を得て、寺の狭いほうの台所を使わせてもらうことになり、その屋根の上には、ちょうどテント一張り分のスペースもあった。祭事が始まると、吉日だということで村の人たちが全部、寺詣りに登ってきた。必然的に私たちの台所やテントのまわりは、いっぱいの人だかりになってしまった。私たちの見た本堂の脇に、もう一つ小さなお堂があったけれども、こちらは中に入れなかった。この寺に属する僧が二人、中で冥想の行に籠っているためであった。この行は、人に見られてはいけないことになっているので、ラマは私たちに詫びを言いながら、窓から覗き込んだりしなかったでしょうな、と念を押したのである。テントのフラップを持ち上げて、中を覗き込むのを、この村の人たちがどれほど楽しんでいるかを知っているので、私たちがそれと同類の執拗な好奇心を持つ者と思われたとしても一向に不思議ではない。

儀式は夕方早くから始まり、あの狭い本堂は、式の祭司の人たちと、入りきれるだけの村人ですぐいっぱいになった。最初の祈禱は、すでに私たちになじみ深いもので、四十二の静穏の神々、五十八の忿怒の神々に対する呪文が全部唱えられる。静穏相の神々では、最高の仏である《全善（普賢菩薩)》、五仏、随伴する多数の菩薩や、女神たちを伴ったその妃神たち、輪廻六界のブッダたち、それにそれぞれ妃をつれた四天王に対して、また忿怒の神々は、五仏の忿怒相——これらはヘールカと呼ばれる——、怪奇な儀式を好む八人の瑜伽《ゆが》行者たち、動物や鳥の頭をもつ野獣の女神たちなどで構成される。僧侶と信徒たちは、本堂の真ん中に向かい合わせの列をつくってすわり、その他の村人は押し合いながら、両側と入口の付近に陣取る。何百とも知れぬ燈明が、祭壇の下段に並べられて、光と熱気があたりを包んでいた。最上段には三つの大きなトルマが置かれている。これはこの儀式で祈願される静穏と忿怒の神神すべてを具象する「合一した聖者」として、《蓮華生》《忿怒王》、ならびに《獅子頭のダキニ》の三体に捧げられるものである。二段目のトルマは、種々様々な守護神に捧げられる。これは、ツァンパとバターを混ぜて型入れし、赤い色を塗り、模様をつけたバターの円板で飾ってある。この円板は燈明の熱でその上に落ちて溶けるようにつくられている。また小さな鉢も並べられて、洗い水、飲み水、花、抹香、香水、食べ物などの月並みな御供えが置かれていた。神々をこの儀式の賓客としてもてなすのであろう。祭司たちの祈禱は、それぞれの仏が、その侍者である菩薩や妃神を伴って、順次現われるよう請願する。そして、この儀式に同調する会衆と見做して供え物を受けるよう懇願するのである。この祈禱は一般の呪文と同様に、繰り返す回数が多いほど効果的に利益が生み出されるものとされ、このとき、祈禱者の思考は一つの選ばれた神性に集中されるのである。しかしこの場合のような一般的な儀式では、この寺の請願はすべてのブッダおよび格の低い神々、一つの仏すなわち《蓮華生》の顕現とされるすべての神性にまで及ぶのである。

真夜中をまわってもそれがつづき、私はまだしっかりしてはいたものの、相当疲れてテントに帰った。まったく長い一日だった。一般の供え物は夜明けも近くなったころに分配された。村人たちは、朝方まで控えの間で踊り騒いでいた。これは宗教的儀式としての踊りではなく、彼らの持ち前の陽気さの発散である。このような国では、祝日と休息日は同義である。朝には、さすがに人もいなくなり、村に帰って働かねばならない者は働き、休める者は眠ったのであろう。私たちも、もはやこのナルでゆっくりすることもない。うまくこのような日に来合わせたのは幸運だったと感じながら、荷をまとめて出発した。

ゴルジュを下り、廃村を通って「橋の聖なる砦」に着いたころは夕方だった。暗くなってナルの下村に着くよりもいいと思って、ユンカルラチョのチョルテンのところで泊ることに決めた。近くに具合のいい小屋が見つかったのである。下のゴルジュから水を汲んで持ち上げるのが不便だったが、まったく気持の良いところだった。翌朝は早く起きて、朝食をナルの下村でとった。すでにその日の行程を、少なくとも、ギャルーからピに至る峠の上り口まではのばそうと決めていた。ところが、同行していた老人が、これから先へは行かないと言い出し、この村で休憩している間に、なんとか代わりの者を見つけたいと思ったが、翌日までは行ける者がいないということがわかった。止むなく、全員で荷を担いで、ただちに出発することにした。この決断で、大部分の負担がまわることになるタキ・バブとロプサンの二人は、少し意気が鈍ったものの、ちっとも不平は言わなかった。事情を考える余地もなく、谷を上がってくる雨雲に急がされて、パサンはすぐ出発しようと言い出したのである。かくして、雨に濡れ、荷を満載した私たちは、峠に向かって分かれる道も不確かなまま歩き出した。ニェシャンとナルを結ぶ峠は二つあって、一つは、バンバを通る私たちのやってきた道であり、いま一つは、ギャルーから直接、急だが短い道を登り切り、さらに下りはもっと険しい道を下って、前回下った谷の中間地点に達するものである。私たちが探したのはこの分岐点で、パサンの山慣れた驚くべき六感のおかげで、難なくそこを探し当てた。近くには、うまく夜露をしのげそうな大岩の庇もあった。旅人用に、その凹みのまわりに風よけの石垣が積んであった。グランドシーツとじゅうたんを敷き、ナルから忘れずに持って下りた乾いた木を燃やしつけると、結構快適であった。黒犬もすっかり私たちの一員として受け入れられ、食料も、毎回彼の分をなんとか分け与えることができた。現在の乏しい環境のもとでは、せいぜい、バターを加えた、鉢に一杯のソバ粉のスープが限度だった。ロプサンは、犬の胸の部分に、白い小さな斑点があるのを見つけて、冗談まじりにニンカール（白い心の意）と呼んでいたので、いつの間にかこれが名前になってしまった。

峠の登りはひどく急な道だったが、下の谷越しに、いつも白い山々が見えて爽快だった。約五五〇〇メートルの頂上のケルンには、二時間以内に着き、ちょうど向こうからマナンの連中が、くんくん鼻を鳴らす小犬を連れて上がって来たのに出会った。この犬はニンカールに盛んにじゃれついていたが、どちらもちっとも息切れしていない。山慣れしているこの地の犬なら当然かもしれない。

雪と岩屑の道を下ると草の斜面があり、ヤクが放牧されていた。ここからさらに下るとギャルーの村、そして再び急坂を下って、ピの村の下のキャンプに着いた。この長い下りは、標高差にして、じつに二四〇〇メートル余りの急降下であった。テントがすぐに立てられ、ナムギェルの家にあった荷物も担ぎ下ろされてきた。今日は九月一日、土曜日だ。日曜日は休息に当て、月曜日に、ナムギェルが手配してくれた人夫と共にここを発つという計画だった。ところが、そのナムギェル自身が小麦の袋を担いできて、浮かぬ顔で、また新しい困った問題がおきたと、次のような話をもってきた。まだこの村の寺に滞在しているシャンのラマが、最後の一般向けの祝福の儀式を行なうことになっているので、ここの村人たちは、このピに居合せたものは何人《なんぴと》も、何用であろうと、三日間は村から出てはいけないと主張している。せっかく与えられた恩恵の一部を村から逃げ出させる手助けをすることになり、彼らがどんな損失を蒙るかは計り知れないというのである。ナムギェルの家にあった私たちの荷物も、三日以内には私たちを出発させないという条件を付けて、運び下ろすことを近所の者が許したという。ナムギェルは明らかに当惑していた。彼の手配したマナンの人夫は、月曜日の朝にはここに来るはずで、私たちの出発にはなんの支障もないのである。ピの男たちは、私たちに実力で阻止することはしなかった。ただナムギェルに、もしこのまま荷物が村から出てしまうようだったら、お前はもうこの村には住めないぞ、と言っただけである。彼はすっかり動揺してしまい、せっかく友達になれた異国の人のために、どうしてこのように自分が災難に捲き込まれねばならないのかと、私たちに訴えるのだった。私たちにもそれは、こんな不親切な土地柄だけに、良く理解できた。私たちは彼に、けっして心配する必要はない、もし月曜日に出発することになっても、シャンのラマ自身の口から許しを得たうえでのことにしよう、そうすれば村人もなんの口出しもできないだろうから、と約束して安心させた。パサンは、「もし彼らが、私たちの人夫を一日でも待たせるようなことがあれば、村の者にその食料を負担させてやろうじゃないか。もっと怒らせることにはなるだろうが」といきまいていた。一日の遅れは、私たちの計画でもけっしてわずかな違いだとは言えないのであるが、とかくこのような環境にあっては、些細なことが時には重大事に思えてくるもので、私たちとしては、これらの厄介なニェシャンの人たちの中でも、まだいい人を摑むことができたと満足すべきなのだろう。

翌日、私たちはまだ寺にすわったままのラマを訪ねるために登って行った（口絵参照）。今度は、ラマのすぐ近くにすわることができ、自由に話を交わすことができた。これまでの旅のことをいろいろ話したあとで、私は、彼が余り長くピに居すぎるのではないか、と意見を述べたところ、彼は穏やかに微笑んで、「ここの人たちは子供のようなものだ。して欲しいということを全部してやらねば機嫌が悪いんだよ。彼らを怒らせてみたところでなんの益にもならんから」と答えた。私たちは、例の出発の予定の障害について彼に話したところ、難しいことではなかろうと安心させ、すぐ村長を呼んで彼に説明した。「この人たちを出発させてあげても、お前たちの恩恵がなくなるということは絶対ないのだ。この人たちには、この村の恩恵をもって行かずとも、旅先でそれぞれ本来の権利をもって恩恵が与えられるように私がとりはからうのだから。」彼にやって欲しいことがもう一つあった。私たちがラマの写真をとるのを禁じていることについてであった。ラマはすぐに写真に撮られることに同意したが、従者の人たちがその写真を一枚要求してきた。いつも言われることだったが、この場ではすぐ作ることができないということを説明し、かならずあとから送るからと納得させねばならなかった。彼らはそれを体のよい拒絶だと解釈して、この答に大いに不満の意を表明した。私はあとになって、カトマンドゥからこの写真を急送したけれども、目的地まで届いたかどうかを確かめる手段がなかった。適当な御供えをしてから、私たちは、翌朝出発の直前にもう一度来ることを約して辞去した。

月曜日の朝早く、マナンから六人の女が到着したという知らせがあった。彼女たちのうちの何人かは、前に雇ったことのある顔馴染だった。ナムギェルは、結局私たちには同行しないと言ってきたが、私はもはや残念にも思わなかったし、不便も感じなかった。彼には何度も説明したにもかかわらず、私たちが彼の思っているような西洋人の生活標準を維持しないで、現地食で通している、ということを信用しなかったのである。パサンが聞いたところでは、コンデンスミルクと砂糖をたっぷり使った紅茶が、ふんだんに飲めるものと思っていたらしいのであるが、私たちにはミルクの缶はまったく持ち合わせがなく、インドの茶さえわずかしかなくて、チベット茶ばかり飲んでいる有様だった。この悪気のない正直な批判のほうが私たちには嬉しかった。彼には、そんなことは何度も言ったはずだと答えるだけにした。あと残ったのは犬の問題だけであった。聞いたところでは、持主はバンバ村の男で、カトマンドゥに行ったままだという。だから私たちがこの犬を連れてゆくということは賢明でない。そこで私自身を納得させるために、次のような方法をとることにした。出発の朝は、村人の見えないところで食事を与えておく。そして全員が犬のことを故意に無視することにしよう。犬がもし私たちのあとについてくるようだったら、実際は当てないようにして、杖と石で追い払うことにする。パサンとタキ・バブは、どんなことをしてもついてくると言い切るが、少なくとも村の人たちには、私たちが連れて行こうとしているのではないことがわかってもらえるだろう。

素晴らしい朝だった。ニェシャンに来て初めて、モンスーンの雲が切れて、アンナプルナがまともに姿をあらわした。私たちは寺に登って行って、ラマに暇乞いをした。彼は両手を私たちの頭に置いて私たちに祝福を与えてくれ、僧侶たちに言いつけて、私たちに与える護符の用意をさせた。それは祈禱の呪文を書いたものを四角に折りたたみ、きれいな色の糸で束ねたものだった。彼はこれにも祝福を与え、私たちに一つずつ授けてくれた。ピ村の人たちも、私たちの上に善意の眼差しを集めたけれども、もし、すでにラマがこの地に居なかったとすれば、彼らの真只中でどんな成り行きになったであろうか。最大級の謝辞を述べて、私たちは人夫の待っている橋のところまで急ぎ下った。罪のないニンカールの誘拐計画は、パサンの予言した通りとなった。全員は間もなく賑やかに歩き出し、マルシャンディの右岸沿いの道をギャスムドに向かったのである。

ギャスムド

ギャスムド――三つの道の合するところ――は、タンジェ（SI：Thonje）を中心として、マルシャンディの上、下流にひろがり、ここでマルシャンディ河に合するドゥド・コーラの流域を含む全域の現地名である。これらの川の名称は、この地方に住むチベット人にとってはなんの意味ももたない。彼らは、ただこの合流地点を、三つの川（*chu*）と、それぞれの谷に沿う三本の道の出会うところと考えるのが精一杯なのである。ギャスムドとは、なんと暗示的な名称であろう。ニェシャンから下って来た人は、ここにきて突然に変わる、著しい文化的変化に気付いて驚くであろう。ところが、地図で見るかぎり、その差異のすべては、区別なく、たんに「マナンボット」という曖昧模糊とした地方名のもとに包み隠されているのである。

マルシャンディの下りは、ピ村のはるか下流になると、まったく樹林に包まれてしまう。ピから七キロばかり下ると、谷はV字型に開けて、まるで阿修羅の力で特別に造作されたかのような一様な滑らかさをもつ河床を流れながら、大きく南に向きを変える。ここで私たちは左岸に移り、そのままずっとつづく道を下った。夕方近く、タックルン（「懸崖の村」）と呼ばれる二十戸ばかりの最初の村に着いた。家は石積み造り、屋根は木板葺きで、村に入る道はトウモロコシの実る畑の中を通る。その家や畑が、上の高い岩の断崖と、下の深いゴルジュの間に密集していた。村に上がる道の中程で、三人の村人に出会い、チベット人らしく見えたので、チベット語でツェーメ（SI：Chame）までどのくらいかを聞いてみた。彼らの答えた言葉は、中央チベット方言にわずかな差異しかないチベット語であった。ニェシャンのチベット雑種の人たちでさえ、その生活圏を谷のはるか上流にもつというのに、海抜一五〇〇メートルにも満たぬところで、しかもモンスーン気候の影響著しい「谷の住民」として、純チベット人が生活しているというのは、どう考えても不調和な感じを抱かざるを得ない。彼らからツェーメがもうすぐだということ、橋を越えたその村の向こうに、キャンプの適地があることを教えられた。

ツェーメは三十戸ばかりの村である。左岸の一番大きな集落のまわりは、河岸に拓かれた段々畑に囲まれ、対岸にも同様な小集落がいくつか並んでいた。聞いていた天幕地が好みに合ったものだったので、すぐそこにテントを張った。たちまち寄ってきた数人の村の人たちは、きれいなチベット語を話し、私たちのような西洋人が彼らの言葉を知っているのが不思議でたまらない様子だった。私の語学力を試すのに熱心だったその中の一人は、この村の学校の教師だということがわかった。彼はシェルパ族の生まれで、シャール・クーンブに住んでいた彼の両親がこの村に商売にきて、ここに住みついたらしい。この村の子供たちに、古典チベット語の読み書きが教えられているのを知って驚いた。このようなことは、はるか遠い北方まで行かなければ見られない事実であろう。私は、ここの人たちとニェシャンの人びととの相違について、なお一層不可思議な思いに陥るのである。彼らは私たちに、えんどう豆、ジャガイモ、そら豆、アラクなどを喜んで分けてくれ、また私たちのところにきては薬や傷の手当を頼むのだった。マナンバスと同様、彼らのうちには、カルカッタ、ラングーン、シンガポールまで行ったことのある者が多いという。パサンが英国に居たと聞いて、彼らは同様な商売が英国でも可能かどうかをしつこく尋ねるのだった。もちろん彼らには地理的な知識がないので、英国までは知らない。パサンは、その旅の非常に長いことを説明して、思い止まらせるのに懸命だった。あくる朝、そこの小さな寺を訪ねたが、価値のない壁画や、不恰好なテラコッタの仏像がいくつかあるだけだった。親切なこの村の人たちには、いい思いを抱きながら進むことにした。

谷が開けてきて間もなく、次の日私たちが溯ることになるドゥド・コーラの緑濃い斜面が行く手に見えはじめた。ゾンギュー(SI : Thāngja)の村を過ぎる。ここはグルン族の村であった。さらに、ツァップ(SI : Bagarchhap)、ちょっと下ってタンジェ(SI : Thonje)の村を通る。この二村はどちらもツェーメと同様チベット人の村である。私たちは、その夜、二つの川の合流点のすぐ上にあたるタンジェの村で泊り、翌朝、ドゥド・コーラの左岸に渡って、ここからいよいよ、再びあの高い山岳地帯に向かって足を踏み出すことになった。また一つ小さな村を通り過ぎた。ここはティルジェといい、住民はグルンとチベッタンである。夕方近くなって、やっと二、三軒の家のある小さな開拓地に着いた。ここはカルジェといい、一夜を過ごすための恰好のキャンプ地を見つけることができた。その次の日は、終日川に沿って進み、午後おそくなって急坂を登り終えると、そこはもう、樹林限界を超えた、岩壁と石ばかりの広漠たる世界の真只中に入っていた。それを横切ってなおも進み、やっとのことで、狭い砂まじりの草地のあるところにたどりつき、その向こうに、石積みの家の小さな集落があった。これがビムタン、すなわち「砂の平原」である。(8) ここはたんなる交易市場で、峠の東側にあるバブク(ラルキャ)と同様に、夏の数か月以外は人が住まない。チベットからは、バブクをも経由して、ヤクの背で塩や羊毛が運ばれ、ネパール側から、米、雑穀、綿布、タバコ、マッチその他の日用品が運ばれてくる。だからここにいれば、国境を越えてやってくるチベット人、ギャスムドからのチベット人、ヌプリから来るチベット人に出会うことになる。彼らはみんな、運んできた荷物をここで売買して利益を得るのである。ヤクや羊は、そのまわりの斜面に放牧される。人夫たちは足が遅く、かなり参ってしまって、ぶつぶつ不平をこぼしながら登ってきた。そして明日はもう峠を越えるのは嫌だから、朝になったら帰ると言う。私たちはこれを平静に受け入れることにして、そこにテントを張り、うまく私たちに手を貸してくれそうな、ヤクの持主を探すことにした。ところが驚いたことに、ロプサンまでが、疲れたのでもうこれ以上は行けないと言い出したのである。彼と別れることになるのは非常に残念であったが、私たちにとって、彼は何も特別な役目を受けもっているというわけではなかった。かくして私たちの隊は、私、パサン、タキ・バブ、それに黒犬という構成に変わることになった。次の日は一日、このビムタンで停滞せざるを得ないことになったが、三頭のゾウで運ぶという翌日の手配がうまく整い、その日はゆっくり休息をとり、時間をかけて料理を楽しんだ。パサンが、谷を登る途中、特別料理を作るつもりで小さな赤いキノコを沢山採ってきていた。食べてみると、ひどくにがい味がしたけれども、毒キノコでなかったのは幸運だった。このところ天候が定まらない。朝方は晴れ上がって、南東にマナスルのすばらしい眺望が楽しめたと思うと、間もなく冷たい霧につつまれて、雨となった。ここは、まさに地の果てを思わせるような、荒涼とした場所だった。翌朝、ヤクにうまく荷物を積み終わり、私たちは出発した。しかしこの日は、ニンカールの姿が見えなかった。タキ・バブが二回この犬のために引き返したのに、二度ともニンカールは仲良くなった犬のいる家に走り去ってしまった。彼を無理に連れて行くつもりはなかったけれども、なんとなく寂しい思いにかられながら、やむをえず先に進むことにした。

(1) インド測量局のネパールの地図上では、*j* の字は *dz* と発音しなければいけないのである。Dzar-dzong はムクチナートの下の谷にある地名である。付録の i ページ参照。

(2) *-bhot* に関しては、付録の ii ページ参照。

(3) 十一面観音の十一面は、あらゆる世界における普遍なる王としての観世音菩薩（*Avalokiteśvara*）を示すもので、十一という数字は、東西南北の四、その各中間の四、それに天頂、天底、中点を加えて得られる数である。

(4) 測量官たちが「ナウル（Naur）」としているナル（Nar）という名称が、この地方全体の呼び名であって、村の名でも、川の名でもないことに、彼らは気付かなかったのである。

(5) チベット語の *phu* とは、どんな谷であれ、「谷の源頭」を意味する。この場合は、測量官の不注意な質問が、本来の名前に気付かないまま、新しい地名を捏造してしまったことになる。

(6) 古典的な綴りがわからないので、いろいろな考え方が可能である。たとえば、「白い（有徳な）まんじの聖なる礼拝」（*gYung-dkar lha-mchod*）、あるいは「白い（有徳な）村の――」（*yul dkar*――）とすることもできる。前者のほうがもっともらしく思われる。

(7) この村の地名については二九〇ページ参照。ここよりさらに上のルートについては、H. W. Tilman; *Nepal Himalaya*, p. 180 を参照。

(8) 正確なチベット語の綴りは *bye-ma-thang* である。インド測量局図では、ビムタコーチ（Bimtakothi）という名で示されている。語尾の -kothi というのは「居住地」の意味であるが、この場合は、この情報を測量官に提供したネパール人の余計なせっかいだと言うべきだろう。

6　ヌプリとツム

ヌプリ

道はずいぶん険しかったけれども、ゾウは一定の速さで休みなく進み、私たちがそのあとに従う。あたりは、一面の霧に包まれた静寂に満ちた世界であった。ロプサンも私たちからはなれ、犬のニンカールも来なかった。ともに、この果てしない旅に疲れ切ってしまったのだろうと思っていた。ところが三時間ばかり歩いたところで、突然犬が私たちのところに戻ってきたのである。彼の忠誠心への褒賞として、すぐさま私たちの粗末な昼飯を分けてやることにした。ゾウは先に行ってしまって見えなくなり、私たちが追い着いたときには、頂上のケルンの少し先で、飼主と共に休んでいた。この峠は、私たちの旅では最後の大きな峠（五二一三メートル）である。ビムタンの人たちの話が大袈裟だったのか、いままでの中では一番楽な峠であった。霧がほんのしばらく霽れて眼下に小さな二つの湖が見え、やがて、マナスルの北の山稜の大きな雪の斜面が姿を見せてきた。私たちはこれから、ヌプリ、すなわち「西の山」に入ろうとしている。この名はトルボにいたころから、しばしば耳にした名前である。しかしそのころは、まだその意味が充分呑み込めなかった。しかしいま、その意味するところがすぐに理解できたのである。ブリ・ガンダキ源流域の村々は、文化的に単一の共同体と見ることができるが、ここには二つの大きな源流があって、西の部分がヌプリと呼ばれ、東のものは、ツムというのが本来ではあるが、しばしばシャール[1]（「東」）とも呼ばれている。

私たちの通った小さな湖のほとりは氷におおわれていたが、やがて石ころの道に変わり、それがだんだんと歩きやすい山道となってくる。さらに下ると、急な草の斜面の間に挟まれた、真っ青なきれいな水を湛えたもう一つの湖があって、そのまわりをまわって進んだ。バブクまでの途中でキャンプするとしても、たき火に使う木はまったく手に入らない。しかもバブクまではまだかなりの時間がかかるだろう。人夫の足では、とてもこの行程を一日で歩き通すことは無理だと思ったので、止むなく輸送手段を変更したことで、峠の直下でのストーブの火もないみじめな露営が避けられたのである。日が暮れてしまうことを心配した飼主は、ゾウを急がせてどんどん進むので、あとからついてゆく私たちはもうへとへとだった。やがて右手下方に、山腹から劇的に送り出されてくるはげしい奔流が見え、これがブリ・ガンダキの源頭だろうと見当がついた。間もなく湿っぽい霧にとりまかれ、それがだんだん雨に変わった。いつまで歩いても、まるで終わりがないように感じられた。やっと、薄暮の迫るころになって、突然に遊牧民のテントが目の前に現われた。やるべきことができると、生気が甦ってくる。さっそく私たちのテントを彼らの横に張り、一枚の大きなシートで屋根を作って、荷物をその下の石の上に並べた。この流浪の隣人から粗朶《そだ》を少し分けてもらい、食事の準備にかかった。

夜になって雨あしがはげしくなり、それが断続的に朝までつづいた。バブク (SI：Lārkya) は、うっとうしい感じのするところで、二十戸ぐらい集まった石小屋と、そのまわりのいくつかのテントから成り立っている。パサンと私は、まず許可証がなければこのまま先に進むことは罷りならぬと私たちに通告してきた村長の家を訪ねた。私はてっきり中国人と間違われたのではないかと思ったのである。とこ

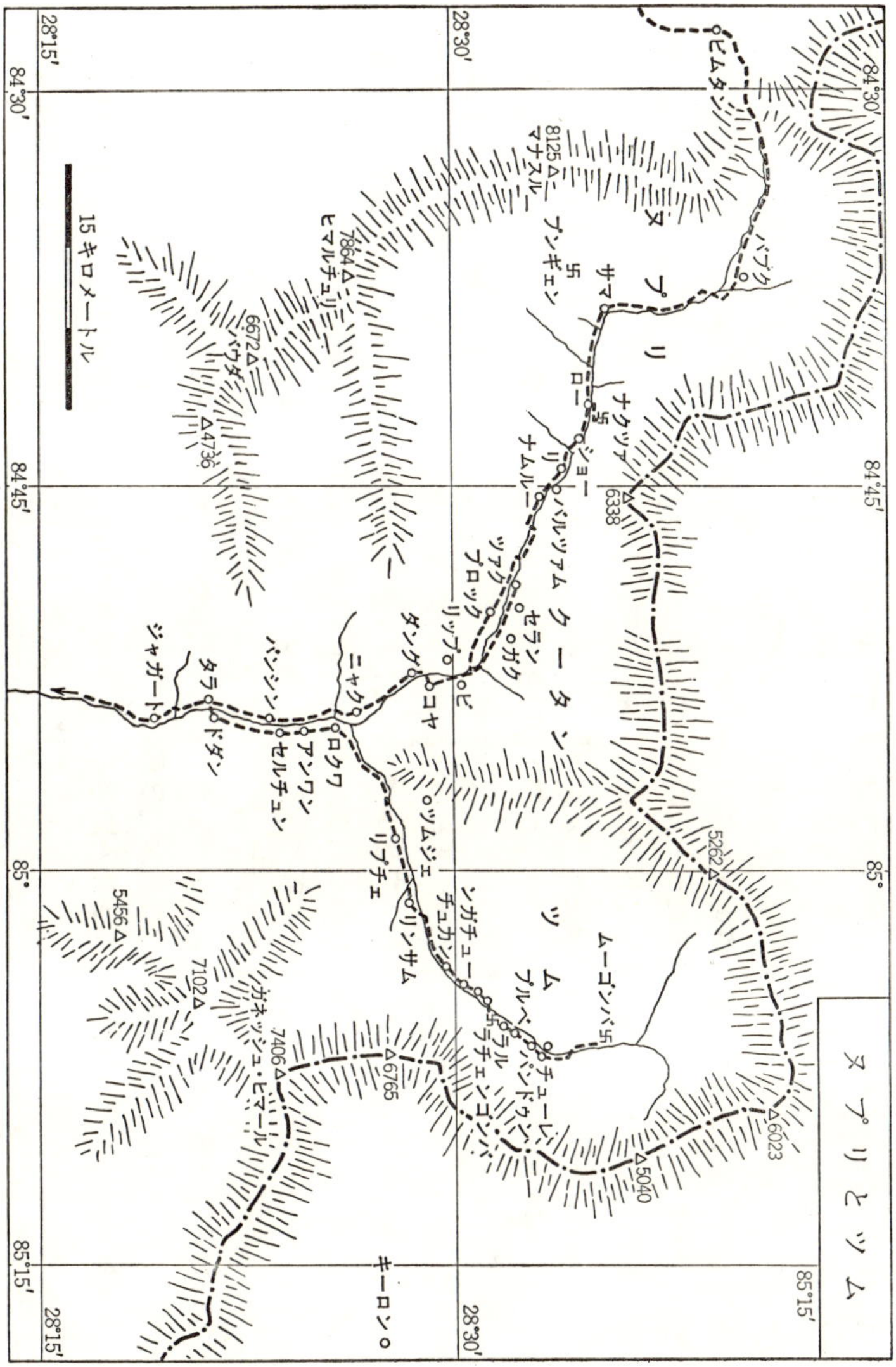

ヌプリとツム
ヌ
プ
リ
ク ー タ ン
ツ
ム
ビムタン
パブク
8125△
マナスル
ブンギェン
サマ
ロー
ナクツァ
ジョー
リ
ナムルー
6338
パルツァム
ツァク
プロック
セラン
ガク
リップ
ダング
ビ
コヤ
ニャク
7864△
ヒマルチュリー
6672△
バウダ
△4736
パンシン
ジャガート
タラ
ドダン
ロクワ
アンワン
セルチュン
ツムジェ
リブチェ
シンガチュー
チュカン
リンサム
ムーゴンパ
プルベ
ラル
チューレ
パンドゥン
チェンゴンパ
5262
6023
5040
6765
7406
ガネッシュ・ヒマール
7102
5456
キーロン
15キロメートル
84°30′
84°45′
85°
85°15′
28°15′
28°30′

 ヌプリとツム

ろが、「ギャミ」という言葉が、いろいろな意味に使われることを知って、再び自信がぐらついた。しかし、話し合っているうちに、村長がラマであり、私たちの友人でエヴェレスト山麓にあるジウォンの寺の、ンガワン・ユンテン(2)の先生だったことを知り、すぐ仲良くなった。彼はここではシャプルック・デワと呼ばれ、これは「シャプルックの幸福」という意味の、名前というよりは称号とでもいうべきものだろう。何故なら、シャプルックというのは、キーロンの南のトリスリ谷にある、彼の故郷の村の名前なのである。彼はいま、ツム地方のチョカンにも家を持っていて、後日私たちもそこで泊ることになる。ちょうどトルボのニマ・ツェリンと同じように、彼もはじめは交易を主としていた財産家で、この地方一帯に強い影響力をもつようになり、人びとの信頼を集めていまの地位に置かれた。一年のうちのほとんどの期間を、チョカンの家で過ごし、このバブクへ来るのは、七月から十月までの交易シーズンだけだという。私たちの短い滞在の間にも、交易は殷賑《いんしん》をきわめた。チベットから塩、羊毛、バターが、ネパール側からは米や雑穀がやってくる。ゾウを売りに来た何人かのシェルパ族の商人がいて、大きなチャンの壺と、バター茶の鉢を持ってきて、パサンと楽しそうに、彼らのシェルパ方言で情報交換をやっていた。物見高い連中が私たちのまわりをとり囲んで去らず、出発できるようになったのは、昼をまわってからだった。雨が小降りになった間に、テントをたたみ、シャプルック・デワに別れの挨拶に行く。彼から、日本の登山隊からもらったという砂糖と紅茶の有難い贈物を受けた。私たちの用意していた土産物は、もうすっかり底をついていたけれども、私はとっさに、パサンが私のためにアデンで買ってくれたポプリンのシャツがあったのを思い出した。首まわりが大きすぎたので、新しいままとって置いたものである。シャプルック・デワは、私たちより一まわり大きな体軀の持主だったから、それを贈ることにした。彼は喜んで、ツムへ行ったときには、彼がここからまだ帰ってなくても構わないから、是非彼の家で泊ってゆくように、としきりにすすめるのだった。

　バブクの下で橋を渡り、ブリ・ガンダキの右岸沿いに下りつづけた。この河がカトマンドゥから数日の近くまでつづいていると思うと、帰心矢の如き思いにかられたが、これは、私たちの長い旅の間でも、こんなに長く雨が降りつづき、うっとうしい気分になったことがなかったからでもあろう。モンスーンの影響をもろに受ける地域に、ついに足を踏み入れたのである。当初の私たちの旅行計画が、この国の気象条件に合わせて練られたものだったことを思い出して頂きたい。私たちが、モンスーンのやって来る以前にトルボに越え、その後ヒマラヤの主脈の北側に居つづけた間は、ほとんど雨らしい雨には遭わなかった。トルボを出るころに若干の雨があり、カリ・ガンダキの上流域ではまったく雨はなかった。ニェシャンでも、雨の日はわずか二日だけであった。ところがここまでくるとどうだろう、何時止むとも知れぬ雨が降りつづいているのである。私たちの願いは、ただモンスーンが地理の教科書に示されている規則どおりに、九月中旬までにはその勢いを緩めてくれることを祈るだけであった。この日は九月の九日だった。

　午後おそくサマ(3)の部落に着き、テントを張るよりもいいと思い、宿を求めて寺に登って行った。この僧院は、本堂を中心として、その周囲に、三十軒の狭い平屋の家が並んでいる。それは主として尼僧が使っている部屋で、彼女たちのうちの数人がそこに常住している。一人の尼僧が私たちを招き入れて、自分の部屋を私たちの宿舎に提供してくれることになった。彼女はさらに、本来は、いま下の村にいるラマの所有する家だから、彼に断わらずに差し出がましいことをしたといって叱られると困るので、泊るのは一晩だけにして欲しい、と言い加えて嘆願するのだった。おかげで私たちは、一時にせよくつろいだ気分になり、びしょ濡れになった荷物を開けて、囲炉裏のまわりに並べた。おおいのついた煙穴が大きく造られていて、煙が中に残らないので、真っ暗だったけれども快適な部屋であった。火のまわりを囲んですわり込み、茶をのみながら、最後のガリバルジーのビスケットをかじり、人生苦あれば必ず楽ありという実感を味わった。さらに嬉しいことは、パサンがバブクで、羊の片身を手に入れたことで、かくて私たちは、新鮮な肉とカブラのカレー煮という御馳走ができ上がるのを、首を長くして待つことができたわけである。

明くる日もまた雨であった。そこで、荷物を広くて明るい僧院の台所に移し、寺を全部見てまわることにした。建物は全部石積み造りで、マナン以東の寺が全部そうであったように、本堂だけは白壁で、他の建物は灰色のまま残されている。特に目立つのは、石垣の上といわず、正面の扉の上と、窓枠の上といわず、びっしりと粗朶《そだ》が詰め込まれて軒をつくっていることだった。中に入ると、まず真ん中には、《蓮華生》(*Padmasambhava*)のテラコッタ像が座を占め、左には、大きさもまったく同じ青銅像があった。この二番目のものは新しく、ネパール谷のパタンから呼び迎えた職人の作ったものだという。これと同じ手のものとしては、やや小さい三像、すなわち《蓮華生》、十一面の《観世音》《金剛豚女神》(*Vajravārāhi*)があった。左の壁には、十六羅漢、《蓮華生》の八化身、《死の大王》(*gshin-rje*・閻魔大王)とその他の忿怒の守護神たちの絵がある。右壁のものは、《合一した聖者》《合体したすべての神》《無量寿》《観世音》《蓮華生》であった。この寺は、明らかにニンマ派の寺である。肖像画がみんな、木製の板に描かれて壁にとり付けられているのは、ここから東の地域の寺の特徴で、木材が自由に手に入ることを意味するのであろう。この本堂の近くにも、一棟の小さな経堂があり、経文類が納められていた。

午後になって、ここのラマが村から上がってきた。私は彼を見た途端すぐに、私たちがロー・ゲカールにいたとき、わずかばかりだが言葉を交わしたことのある、あの巡礼のラマだということに気付いた。そして、このラマと旧知の間柄であるということは、この地での私たちの立場を大いに強めたのである。とくにその日の私たちの場合、もしこの事実がなかったとすれば、どんな不利な立場になったかわからない。というのは次のような経緯があったからである。ラマのあとから、修行僧や村人たちがどっと部屋になだれ込んできて、私たちより前にこの地に来た、私たちとは別の「ギャミ」とシェルパの一団の残した悪業について、口喧しく非難を始めたのである。この場合の「ギャミ」というのは、一九五三年から五六年にかけて、四回の遠征をマナスルに向けて行なった日本人登山家たちのことを指している。ところがこの地方の住民の間では、この登山のあとに起きた悪疫の流行、とくに挙げる必要もない病気で死んだ家畜や羊の損害、そしてとくに重大なものとして、十八人の生命が失われたプンギェンの僧院の倒壊、それらすべてがこの「ギャミ」たちの悪業のために起きたことだと信じられているのである。プンギェン (*dpung-brgyan*・腕飾り) というのは、この地方で使われているマナスルのチベット名で、その山頂を住みかとする神 (*gzhi-bdag*) の名前でもある。彼らの言い分によれば、招かれざる侵入者たちがその聖なる内院に足を踏み入れたことに対して、このプンギェンの神が大いなる怒りを示し、第一回の「ギャミ」すなわち登山家たちが立ち去ったあとのその冬に、村人たちの記憶にもなかったような恐ろしい大雪崩を起こさせたのである。事実、この大雪崩でその僧院は完全に破壊され、そこに住み込んでいた人たち——ほとんどが尼僧だった——が生命を失ったという。私たちはこの話を聞いて、彼らがどう答えるか、試しに次のような質問をしてみた。「もしあなた方の言うように、その大雪崩が本当に神の怒りによるものだとすれば、日本人たちのほうにこそ神の怒りが向けられて当然ではないのか。」ところが、彼らの考え方は違うようだった。ここのサマやローの村人たちは、その寺を守る役目をもっている。何も知らない外国人たちを近づかせないようにするのが彼らの義務だったというのである。その翌年再びやってきた日本の登山隊に対して、彼らがにべもなく入山を拒絶して、この山の周辺に近づかせなかったことや、一九五六年にこの執拗な登山家たちがマナスルをついに登ってしまったときにも、同様な村人の敵意と妨害がつづいたことの理由が、これで説明できるだろう。私たちから見れば、日本人たちはそれほどまでの無理をしなくても、もっと上手にどこか他の山を登ることができたのではなかろうか。彼らの成功は、このようなにがにがしさを代償としてかち得たものなのであって、この日本人たちが、こわれた僧院の再建に、大変気前よく費用の負担を受けもったにもかかわらず、なお村人の恨みは消えていないのである。私たちが、日本が仏教徒の国であり、チベットに劣らず仏教の盛んなところなのだという話を聞かせたにもかかわらず、村人たちはそれを信じない。彼らは、チベット語の話せない仏教徒などあり得ないと思っており、チベット語を知らないで、どうしてあのありがたい経典(チベット語の経典以外に経典はないと思っている)を読めるのかと言う。(4) 私たちは、まともな話合いの無益なことを悟って、彼らの論争を受け入れるふりを見せたので、ついにこの幸せな無知な人たちの仲間に、「ギャミ」である私たちが加わらねばならぬことになった。ラマは、この集まりでは終始沈黙を守っていたが、あとで私たちに、このように問いかけた。何故外国人はそんなに山に登りたがるのか、だれかの言うように、本当に、頂上にある宝石を探したいのか、あるいは、たんにカトマンドゥの政府から名誉の称号をもらいたいだけなのだろうか。私たちは、できるだけわかりやすく、登山というスポーツについて説明してあげた。そのあとで、彼個人の仏間を見せてもらえまいかと頼み込み、すぐに案内してもらえることになった。七メートル四方くらいの低い部屋に、完璧に最も効果的な装飾が加えられていた。入口に面した壁の前に、じつに見事な彫刻の施された本箱に納めた六十三巻の「高貴なる宝典」(*rin-chen gter-mdzod*=《啓示宝蔵》)があり、これはニンマ派の重要な蔵外聖典である。(5) 左壁の木枠に入った肖像画は、忿怒の神であるカギェ(*bKa'-brgyad*)と六人の従者たちだとわかった。右の壁には、四つのそれぞれ違った曼荼羅に描かれた神々と、ニンマ派の四つの重要な儀軌をあらわすラマの肖像があった。(6) ここではどの場合にも、《蓮華生》が中心の仏として描かれる。その絵は、すべての現代チベット仏画と同様、鮮やかに彩色されていた。この絵も、本箱の彫刻も、ローに住む一人の男が作ったものという。彼のりっぱな作品をいくつか見てしまったので、私たちは、新しく再建したプンギェンの僧院を訪れる気はしなくなった。完全につぶされてしまったあとでは、もう歴史的な興味をそそるものが残されているはずはあるまいと思ったからである。サマの村にさえ、古い記録はないらしい。ラマの話では、かなり昔の火事で、全部焼失してしまったという。

翌日も雨、しかも荷物も運べないほどのひどい降りだったので、荷物はそのままにして、一晩の露営に必要なものだけをサマの男一人に担がせて、ナクツァ・ゴンバ(*gnag-tshal dgon-pa*・「森の寺」)を訪ねることにした。そこはロー(Sl : Lho)を通って二時間ばかり川沿いに下ったところにある。道は、ブリ・ガンダキの川岸から離れてしまい、サマから五キロほど下ると、あたりの風景は、典型的なヒマラヤの谷の様相を見せる。松の大木と杜松《ねず》の林があり、シャクナゲの灌木があり、それに大岩の間をほとばしる清冽な水流がある。クーンブでも、シッキムでも、あるいは東ネパールの上流の谷ならば、どこにも見られる風景である。ローという部落は、海抜の標高では、カグベニとほとんど変わらないのに、なんという違いであろう。カグベニ周辺から上流のムスタンに至る間、大地には一本の樹木もない荒涼とした乾燥地帯で、風変わりな浸食の跡を残す。ところがこのローの部落は、モンスーンの雨によってもたらされた大量の泥土の上にあり、どの畑にも溢れるばかりにトウモロコシが波打っている。北に向かってサマやバブクまで上がると、周囲には大きな樹がなくなり、灌木のやぶと、草におおわれた山の斜面だけの風景となり、さらに上では不毛の高山地帯となる。トルボ、ロー、ナルのように、大きな川の河床が非常に浅く、モンスーンの影響をほとんど受けない土地は、西ネパールにしか見られないのである。

ローの村にある小さな寺には、チベット大蔵経の経律部（甘殊爾《かんじゅる》）の完全なものが二揃いあり、一つはナルタン版、他はラサ版のものであった。内部の左右の壁の前にそれらの経典が並び、中央には、供物台の上にりっぱな金箔を施した釈迦牟尼のテラコッタ像が置かれている。正面の背後の壁には、五仏と、いくつかの異なった曼荼羅の神々やラマと共に、《蓮華生》の肖像が木板に描かれて並んでいた。最上段の列に見られるのはカギュ派のラマたちであり、この寺はカルマ・カギュ派の寺であろう。

ローの下で橋を渡り、対岸を高く登ってナクツァ・ゴンバに着く。この寺はかなり荒れていて、疑い深い目で見つめる老婆が、独り寺を守っているだけであった。寺の右壁の木板にかかれた仏画は、七十五年くらい前のものだろう。絵は良く描けて、彩色もすばらしい。絵の内容は、三世のブッダ、薬師如来、観世音、蓮華生、それに侍者を従えた閻魔である。左壁のほうは、《静穏と忿怒》の神々が全部並び、このほうは新しく描かれたものと思われる。ここでは年に一度、このナクツァのすぐ下にあるドゥン（*grong*）の村の人たちによって祭祀が行なわれるらしいので、なんとかこの寺が荒廃から免れているのにちがいない。粘土製の仏像を乱雑に並べてある祭壇の横に寝具を持ち込み、そこに泊ることにした。外は雨が降り止まず、内部は、老婆が床の上に干しひろげてあるタマネギの匂いが充満していた。

次の日は、滑りやすい急坂の道を下って、ドゥンに下りた。ここは、数人の尼僧と、そのわずかばかりの家族からなる、宗教の関係者ばかりの小さな村である。ここにも二つの小さな御堂があって、一方には、三つの壁につくられた段状の棚に、小さな《金剛薩埵》（*Vajrasattva*）の像が並べられ、他の御堂には、よく見られる木板の仏画が掛かっていた。この仏画には、いままでのものと違って、その仏やラマの一つ一つに名前が書き込まれていて、私にはとくに興味深く、ノートにもそれを記録し、写真も撮った。私がそれをやっている間に、パサンは食事の用意を整えた。そのあと、私たちはサマに帰り、囲炉裏のまわりに陣取って、再びくつろいだ気分になることができた。天候はこのところ最悪の状態で、六か月の旅でも初めての経験だった。すでに、サマの男六人が、人夫として翌朝来てくれることになっていたので、雨さえひどくなければ、予定どおり出発するつもりだった。

ヌプリとクータン、そしてタラ＝ドダン (SI：Setibās-Philim) までは、私たちの通る道は、ずっとブリ・ガンダキに沿っている。そしてそこには、吊り橋がある。私たちはそこに荷物の大半を置いたうえで、東の谷 (SI：Shiār Kholā) をツム地方に向かって溯り、そして同じ経路を戻って再び荷物を拾い、アルガートへ下るという計画であった。六個の荷があるために、この方法しかなかったのである。いま一つ、ビという村から東へ山越えして、クータンから直接ツムに出る経路もある。季節さえ良ければ、西にマナスルとヒマルチュリ、東にはガネッシュ・ヒマールのすばらしい眺めを満喫できるのであろうが、すべてが霧と雨に包まれた九月の初旬では、失望するのが目に見えている。どっちにしても楽な道はない。出発の朝になってから、人夫たちとの間で新たなもめごとが起きて遅れてしまった。彼らははじめ、タラ＝ドダンからさらに半日下流のジャガートまで行く契約だった。ここには税関の監視所があり、役人がいるので、私たちの荷物を預けるのに好都合だと考えていたのである。ところがいまになって彼らは、そんなところまで行けばマラリアにやられてしまうから、タラより向こうへ行くのは嫌だと言い出したのである。その時はまだ、このルートに関して後々わかってきたような知識もなく、土地の人たちの言うチベット語の地名を聞いては、誤りだらけの地図の上に書き込みをつづけていたのである。たとえば、彼らはタラはセティバースと同じだといい、対岸に渡る橋はそこにしかないと言う。したがってツム地方に向かうためには、そこで川を渡らなければならないことになる。ところが、私たちの地図では、セティバースには橋はないことになっているので、そこがタラと同じ村だとは、簡単に納得できないのである[7]。この結末は、やはり土地の者の言い分が正しくて、インド測量局が橋の記号の位置を間違えていたのである。しかし、出発の直前におきたこの問題では、私たちのほうが折れて、彼らの行ってくれるところまでで我慢するより仕方がなかった。彼らは、タラ＝ドダンまでは行くという約束で、距離の短縮分だけのわずかな賃金の減額にも応じた。かくて双方が納得し、これ以上問題をもち出さないという約束をとりつけたのである。私たちは、僧院の周囲をとりまく、雨に濡れた下生えの間の道を村に下り、ぬかるみの道を進んだ。村の家は、全部灰色の石積み造りの平屋で、屋根は板葺きだった。人びとは、今度は本当に行ってしまうのか、人夫はどこまで行くことになったのかなどと声をかけてくれる。やがて村はずれのチョルテンをくぐり、川に沿った草の多い道を進んだ。一キロ近く行ったところで、マナスルの側から流れ下る激流を渡る。ここで人夫たちが、神の怒りでつぶされたという僧院へはここから登るのだと教えてくれた。その後、道はしばらくブリ・ガンダキの河岸から離れ、ローの少し下流で再び川縁に出る。ポーターを待ってここで休憩し、肉をはさんだパンとチーズの昼食を食べた。ニンカールもことのほか元気で、「奴は、私たちがカトマンドゥへ向かっていることを知って張切っているんですよ」とタキ・バブが言う。この点では、私たちにはそんな気持は毛頭なかったと言えば嘘になる。この時でもまだ、果たしてツム地方が、わざわざ寄り道するほどの価値があるところかどうか判断しかねていた。結局は行くことになるのはわかっていても、心の片隅では、このまま行かずに済んでくれればいいが、とみんなが思っていたのである。

右岸を下っている間に、ショー、リなどの部落があり、道々、それらの村の寺にも立ち寄った。この二つの村の寺のどちらにも、例のローの仏画師の絵があり、彼の見事な作品を再び鑑賞することができた。バルツァムという村を過ぎると、川幅がひろがり、人夫たちの露営に都合のよい洞窟と、テントの張れる草地があった。さっそく、タキ・バブが村へ薪を買いに行き、いんげん豆も買ってきてくれた。この夏の初物だったので、大歓迎だった。

クータン

翌日、私たちはナムルーの村を抜け、狭いゴルジュに入って行った。あたりは樹が生い繁り、滑りやすい岩や粘土に難渋した。逆巻く激流を、しっかりした木の橋で左岸に渡ったと思うと、すぐまた右岸に戻る。この橋は天然の大岩を利用したものだった。ブリ・ガンダキの本流は、泡立ちながら轟音をとどろかせて、目の下の狭い岩の裂け目を流れていた。私たちはいまや、クータン地方に入りつつある。一キロ半程で、谷はまた開けてきた。道はゴルジュを出て、やがて、山の斜面のずっと上の方に、急斜面を拓いた段々畑に囲まれた村がいくつか見えてきた。最初のツァクという村に渡る橋のところまできて、人夫たちはそのまままっすぐ行ってしまった。この左岸の道のほうが、登り降りがなくて楽だという。パサンと私は、別の道を行くことにした。この道は、橋を渡ってから右岸をかなり高くまで登り、ブロックという村を通る。ここには一見に値する寺がいくつかあると聞いていた。断崖の上の方で、岩に描かれた《蓮華生》仏のすばらしい壁画があり、しばらくここで足を止めた。さらに登って、村の入口の仏塔門をくぐり、収穫を済ませたトウモロコシの畑の間を通って村に入った。村の真ん中まではまったく人影が見えず、そこの道の少し上にチベット人のテントが張ってあった。小さいがどう猛そうな犬が、吠えながら私たちの方に猛然と駆け寄ってくるうしろから、小さな子供が追いかけてきて、驚いたように立ち止まって私たちを見つめていた。彼に、寺へ行く道を尋ねると、すぐにその方角を指さして教えてくれた。「君たちは巡礼なの?」私は聞いた。「はい、キーロンから来て、いまネパールへ巡礼の旅をしているところです。ところであなたはどちらからですか」と言う。テントの入り口に女が一人現われて、石を投げて犬を黙らせようとしたが駄目だった。「私たちはインドから来たんだよ。」「あなた方も巡礼ですか。」「そのとおり。」「それではどうか御無事で。」「そちらこそ御無事にね。」私たちは寺への道をたどった。この可愛いいチベットの少年のはきはきした返答が快く感じられて、月並みな言葉だったけれども、彼の挨拶に、妙に感心してしまった。

寺の前面にある広いヴェランダには、トウモロコシの実を入れた籠と、その軸が山と積まれていて、その中に二人の男がすわり込み、手で軸から実を落とす仕事をやっていた。私たちが近づくのに気付いたので、寺に入りたいのだがと頼むと、「いいですとも。家内に案内させましょう」と年寄りのほうの男が答え、鍵を持ってくるように大声で呼んだ。私たちが、簡単に私たちの通ってきた旅の経路を話すと、ラマは(あとでラマだとわかった)、道中でナクツァ・ゴンバに寄ってきたかどうか私たちに尋ねる。私たちがそこへも立ち寄って来たことを聞くと非常に喜んで、彼の祖父が、あの寺のすぐ下にあったドゥンの村を興した人びとの中の一人だったと話してくれた。しばらくして、彼の奥さんが鍵を持って現われ、扉を開けてくれた。中に入ると、まず左側の壁の前の本棚に、大蔵経の経律部（甘殊爾《かんじゅる》）の完全な一揃いが並び、右の壁には、千体仏の壁画があった。真ん中の仏像は釈迦牟尼で、両側に《無量光》と《観世音》がある。りっぱなものですねという賞讃の言葉に、このラマは一層気をよくして、私たちのためにトウモロコシを焼いて食べてもらうよう、彼女に言いつけるのだった。私たちも、バターの燈明を二つあげさせてもらって、その燈明代を支払った。そこで休憩している間に、対岸の村の名前と、ツムへの道を教えてもらった。トウモロコシは、石のように堅くて私の歯には合わなかったが、パサンの臼歯には手ごろな穀物だったらしい。しかしその彼も、もう一つ上の寺へ上る急坂にかかって、しきりに喉の渇きを訴えていた。

畑に囲まれた小さな家が、坂の上に立っていた。呼びかけに応えて一人の尼僧が顔を出し、壁一面に、《静穏と忿怒》の神々の壁画に飾られた寺に迎え入れてくれる。《蓮華生》とその二体の妃神、《無量光》《観世音》、釈迦牟尼などの像が、祭壇の上に置かれていた。いくつかの燈明を献じ、尼僧のあとについて、彼女の二間だけの家に入る。小さな鉢に入ったアラクの酒と、畑でつくった野菜を出してくれて、ごくありふれたものしかここにはありませんので、としきりに詫びるのだった。彼女は、自分も長い間巡礼に出ていたので、時には宿や食べ物が得られずに、ずいぶん辛い思いをしたことがあると話していた。いままでも、この種の同情を受けたことはあったが、このようなもてなしを受けたのでは、私たちがそれを受けるに値する者だとはとても言えなくなってしまう。しかも、彼女が巡礼の旅に出たときには、おそらく必要品を全部自分の背に担いで歩いたであろうに、こちらは、八人もの屈強な男に荷を担がせて、のらりくらりと下の谷を下っているのである。それでも、他のもっと贅沢な遠征隊に比べれば、私たちはまだ窮乏を体験してきたほうかもしれない。六〇〇人ほどの人夫をひき連れたマナスル登頂の十名の日本人たちに、果たしてそんな体験をすることがあっただろうか。それはともかく、私たちにとっては、この新鮮な青野菜はまったくありがたい代物だった。

プロックから、別の一本の道が南へ下っている。私たちはこの道をとって、村の水車小屋の横を通り、流れの速い川を一本渡った。下りながら、道端にキノコが数本みつかったが、これは英国でも普通に栽培されている種類のもので、前に食べさせられたパサンのピンク色のものよりは、はるかに口に合いそうだった。いま一つの橋を渡って、ブリ・ガンダキの河岸まで来てみると、両岸に道があって、人夫たちが左手の道をとったのか、いま私たちのいる側に渡って、こちらの道を行ったのかまったく見当がつかなかった。そこで道の良さそうな対岸の道を行くことに決めたが、いまにも壊れそうな橋を一つ一つ渡りながら進むので、思うようにはかどらない。やっと初めての対向者の口から、八人の荷物を担いだ男と黒い犬にすれ違ったということを聞きほっとした。一時間足らずで彼らに追いつき、コヤという二、三軒しかない村を通り過ぎたところで、再び河岸に出て、いま一度本流を渡る。そこからは、道は狭いゴルジュに沿うようになった。やがて、うしろの岩が大きくかぶり気味になって、雨露を凌ぐことができそうな休み場が見つかり、テントも一つくらいは張れそうであった。おそくなってから、連れだって家に帰る村人が、テントの張り綱とイラクサに足をとられ、迷惑をかけてしまった。

次の日、ゴルジュをしばらく進んだあと、それを捲いて高く登ったあたりから、本流の向こうに、ツム地方から流れ下り、そこでブリ・ガンダキに合流する東の川（SI：Shiär Khola）のゴルジュが見えた。しかしこちら側からでは、さらに一日下らないと対岸に渡る橋がないのである。そこから一時間もたたないうちに、ニャク（SI：Ngyak）に着く。ここは初めて出てきたグルン族の村だった。まだ午後三時にもなっていなかったが、人夫たちの意見に従って、そこにキャンプすることにした。村の中で、わずかに平坦なところといえば、殻竿《からざお》を使う庭くらいのものだった。そんな庭の一つに荷物を解きはじめたとき、一人の不機嫌な顔の老婆が現われて、「ここを汚したら承知しないよ」と私たちを睨みつけたのである。いままでの数か月間、多くの村を通ってきたが、およそ衛生とか清潔などということに注意が払われているところはまったくなく、私たちも自分自身を清潔さの典型とする矜持《きんじ》を保ってきたつもりだった。ところがいまや私たちは、この気難し屋の老婆からきれいにせよと文句を言われる立場にまわったのである。しかしこの老婆自身の清潔さの程度たるや、一日の旅でひどく汚れた私たちを標準にしても、まだはるかに低級なものだった。パサンに穏やかに丸め込まれたのか、彼女もやっと安心して、私たちに薪を持ってきてくれた。あとで彼女は、キャンプ用の軽量ベッドの上に寝袋をひろげてあるテントの中を覗き込み、やっと大声をあげた。「まあ、なんと綺麗なもんだね。」いままでに何度も、ほうぼうの村の人たちの口から聞いた感嘆の言葉と同じである。しかしこれらの品物すべてが、実際は、読者も想像されるように、六か月の旅でくたびれ汚れきったものだったのである。一人の女の子が、カボチャと、美味しそうなキュウリを二本持ってきた。どちらも今年初めて見かけたもので、最初はずいぶん馬鹿げた金額を要求してきたが、結局はマッチの箱一つと交換することになった。村人たちがテントのまわりに集まってきて、私たちのことごとくを日本の登山隊と比べるのである。私たち以外にここを通った「ギャミ」である日本人を、ほとんどの人がそのときに見て知っていた。ここで私たちは、いまの人夫たちが帰ってしまったあとも同行してくれる男を一人探したいと思った。そうすればツムにも一緒に行ってもらい、さらに遠くまで荷を担いでくれるなら、カトマンドゥまで同行してもらえば、なおさら有難い。このことを見物人たちに話すと、たちまち彼らの間で、果てしない論議が始まったが、結局はだれ一人志願する者はいなかった。どうやら私たちの財布が、日本隊のようには膨らんでいないことを知って、なんとも頼りないと思ったのかもしれない。容貌のうえで、このグルン族の人たちを、私たちがこれまで通ってきた高地のチベット人と見分けるのは難しくない。彼らの柔弱な顔立ちは、チベット人よりはいくらか小綺麗なためか、余計にそう見える。しかし、生活様式に違いが見られないのは、自然条件の同一範囲に生活しているためであろう。グルン族といえども、チベット仏教を信仰し、チベット語もしゃべる。この村のすぐ上には、クータン地方の他の寺とまったく変わらない小さな寺があって、そこにあった経文も、チベットで使われている木版刷りのものだった。

翌朝は、その日の行程がもうわずかだということで、ゆっくり出発した。相変わらずの小雨で、村の中の道はぬかるみの沼地のようだった。せっかくカトマンドゥが日一日と近づいてくるというのに、明日はまた、対岸の道を逆に溯ることになるのだと思うと憂鬱な気分になる。ブリ・ガンダキの対岸の道も、けっして楽ではなさそうに見えた。足元さえしっかりしていれば、そそり立つ断崖や逆巻き流れる奔流を望みながら、ゴルジュに沿って進むのは楽しいことであるが、雨に濡れながら滑りやすい道を、一歩一歩気をつかいながら進むとなると、これほど不快なものはない。ニャクを過ぎて、急な断崖の道をヒマルチュリから流下する支流に降り立ち、それを天然の石橋で越えた。この谷には、あの身をくねらせて寄ってくる蛭が一面に生息していた。早くモンスーンが明けてくれないものか。今日はもう九月十六日である。この雨雲もそろそろ消えてくれてもいいころではないか。どちらにしても、テントや荷物の箱が乾くまでは、私たちはタラを出発できない。残りの旅の大部分では、まだまだ蛭の洗礼を受けつづけることも覚悟せねばなるまい。さらに急な坂道をひと登りし、大きく山腹を捲くとパンシン(SI：Pangsing) の部落の上に出る。ここはグルンの村で、チベット仏教の寺があるのは、川の右岸ではここまでである。午後おそく、私たちがタラ (SI：Setibās) に着くころになって、空模様はだいぶ良くなってきた。キャンプは、村から離れたところを選ぶことにした。人夫たちは、着けばすぐ帰ってしまうだろうから、彼らの宿泊の場所に気をつかう必要はなかった。うまく川のほとりに砂地の場所が見つかり、そこで大急ぎで荷を開き、ツム地方をまわる一週間の旅仕度を整えた。残りの荷物は、再び梱包し直して、村長の家に預かってもらうことにした。とかくするうちに、どうやら待ちに待った天候の大きな変化が現われ始めたのである。紺碧の空がぐんぐんひろがり、ヌプリに峠越えしてきて以来、初めての太陽が姿をあらわした。さあこれで間違いなくモンスーン明けだ。私たちは思わず歓声をあげた。あまりの陰鬱さに、もう少しで割愛されそうになったツム地方への苦しい最後の旅も、これで一挙に、私たちにとって長い旅の有終の美を飾る最後の楽しい高地旅行となることだろう。正直に言って、天候を構わずに山地旅行を奨める登山家たちを、私は理解し得ない。高山の雪の頂や山稜は、視覚に訴える不思議な魅力をもつものであるのに、いくつもの峠を越えながら高山を見ないということが人間にとってなんの益になろう。チベット人ならば、もう少しましな禁欲の行のやり方を心得ている。私たちはその夜、すっかり晴れ上がった満天の星空の下で寝た。

かくて九月十七日は、朝から素晴らしい陽光の中で水浴し、洗濯することができた。この村で入れ替えた人夫たちが出発できるようになるころまでに、濡れ物はすべて乾いてしまった。一方ニンカールは、いままでに経験したことのない暑さのためか、日陰で喘ぎながらぐったりしていた。私たちはすでに海抜一八〇〇メートルまで下ってきており、ここはもうサボテンやバナナの種類の樹が繁っている。ここ二、三日の陰鬱な天候の中を歩いたときには、ほとんど周囲のことに気がつかなかっただけである。私たちは、キャンプサイトのすぐ上流に架かった、ひどく揺れる吊り橋を渡り、ドダンの村（SI：Philim）に向かって行った。この村もグルンの村で、ブリ・ガンダキの左岸では、チベット仏教の寺のある村としてはここが南限となっている。畑は全部キビがつくられ、まだ熟れるには早いがバナナも実っていた。村の最後の家の上にあった大木の下で私たちが休憩している間に、パサンがバナナを買いに行ったが駄目だった。ニンカールは、暑さのためか動きが鈍く、これではカトマンドゥまでついて来られるかどうか心配だった。ドダンからは、道は河岸から離れてぐんぐん登り、数時間は水もなかったので、余計に憐れな姿に見えた。やがて、セルチュンとアンワン (SI：Philam) の村を過ぎ、東と西の大支流の合流点にあるロクワの村に着いた。東岸の道では、ここが最初のチベット人村で、私たちはここで泊ることにした。日が暮れるまでには、この村以外に適当なキャンプ地は見つかりそうになかった。ここにも充分な場所はなく、傾斜のあるところに、やっと一張りのテントしか張れない。村人たちは、蚤はそんなに沢山はいないからと断わりながら、家を使うように言ってくれるのだったが、私には一匹だって沢山だ。パサンと私とはテントに寝ることにし、あとの者は、すぐ横の家に入った。彼らは蚤などには免疫があるらしい。天気は終日晴れたっきりで、ブリ・ガンダキ越しに西の方を眺めると、対岸に、前日通ってきたあの蛭に悩まされた谷を見下ろすことができ、すっかり晴れたその谷の源頭に、あの大きなヒマルチュリの円頂が見える。朝になって正面からの光を受けると、しおれて垂れ下がった真っ赤なケイトウの頭状花を前景として、一段と素晴らしい眺めとなった。

ロクワからはゴルジュの中に入って進んだ。天気は上々だったが、先日までの雨で道は滑りやすく危険だった。ニンカールは、水に不自由しなくなったので、また元気をとり戻した。川のほとりで昼食をつくった。そこからは、ゴルジュの岩壁の上に屹立するクータン・ヒマールの眺めが素晴らしい。ちょうど六か月以上も前に、タライから抜け出た山中での初めての食事を思い出す楽しさだった。いま私たちは、ガネッシュ・ヒマールのふもとの急斜面を進んでいるせいか、そこからも相変わらず道が悪く楽ではなかった。しかし夕方までには、樹木の密生した地帯を抜け出て、リプチェの村の横の、気持のよさそうな草地に着いた。翌朝、私はこの村の寺を訪れ、ヌプリ地方と同じような木板の壁画をいくつか見ることができた。村の家も同様に自然色で、寺だけが白く塗られている。その間に、パサンはバターの調達に出かけたが、駄目だったらしく、数人の村人を連れて帰ってきた。彼らは薬を欲しがり、ニンカールを譲ってくれないかと、パサンをしきりに説得するのだった。この犬の体格に惚れこんでしまったらしい。私たちは彼らに薬を与えて、賑やかに出発した。道は進むに従って楽になり、東から一本の大きな支流の出会うリンサムの村のすぐ下で昼食のために休んだ。最初にこの支流を、つづいて本流を渡ると、右岸のかなり高いところまで、長い登りがつづいた。ひどい喉の渇きに苦しめられたものの、川ははるか下で、行く手にもしばらくは水が得られそうになかった。三時間ばかり進んだころに、道の上の方から人声が聞こえ、下生えの灌木を漕いで登ってみると、チョカンの少年が二人、泉のほとりですわっていた。ここには、水流が細々と岩の上をしたたり落ち、すぐまた地下に消えている。こんなに美味い水を飲んだのは初めてのように思った。さらに登りつづけると、やがていくつもの滝が連続する谷川が、すぐ下に見えるようになった。小さな森を通りすぎて、上流の谷あいに入って行く。このあたりから川幅がひろくなり、樹木も少なくなり、あたりの風景は、再び典型的なチベットの様相が濃くなってきた。

夕方早くチョカンに着き、シャプルック・デワの家を訪ねた。内庭に入り、階段を登るとベランダがあり、村長の奥さんが進み出て迎えてくれた。彼女はすぐに家の仏間に案内し、燈明をともし香を焚いて、バター茶とビスケットを出して接待してくれた。この仏間がこの家では最良の部屋で、私たちにはここが一番くつろぐことができるだろうと、この部屋に通されたらしい。そこで私は寝具を持ち込み、その間にパサンが台所で食事をつくる指図をしていた。この魅力に富んだ村長の妻は、卵、カブラ、ジャガイモ、それに肉を少しばかり分けてくれ、食事の用意の整う間、アラクを出して私たちを元気づけてくれた。

翌朝、ラチェンの寺を訪ねるべく、朝早く出発した。向こうで夕食の用意ができるくらいの時間に着きたいと思って早く出たのである。チョカンの上に小さな御堂があり、北の村はずれの小川のほとりにも、祈禱車のある御堂があった。そこから道は、一段高い草地の斜面を横切り、一時間くらいで経文塚を横に見るようになると、ンガチュー (SI : Ngāchu) である。村を通り抜けると、川の右岸側が広い畑になっていた。今ちょうどソバの収穫が大詰めの時期にきているらしく、みんな畑仕事に出ていた。ソバの収穫のあとには、すでに小麦の植付けが始まっている。村人が遠くから、私たちのことを大声で聞いてくる。何人かは、私たちのまわりに近づいてきた。半時間ばかりかかってその畑を横切り、ンガチューを通って、カンサという小村で左岸に渡る。そこから二十分ほどで、ラチェンの寺に着いた。寺の山門は開け放しで、どう猛な番犬がいるだけで人かげはなく、本堂の扉も閉まっていた。いくつかの建物が、矩形の境内の中心にかたまっており、その両側に、寺の人たちの平屋の住居が並んでいる。その人たちは尼僧ばかりだということがすぐわかった。しばらくはあたりをぶらつきながら、食事の用意をどうしたものか、どうすれば寺の中に入れるか、を心配していた。折りよく二人の尼僧が村から帰って来た。私たちがいろいろ説明している間に、どこからか他の尼僧たちも姿を見せてきた。聞いてみると、私たちがチベット語も通じない「ギャミ」だと思い、近づくのを知っていながら隠れていたらしい。チベット語の話し声が聞こえてきたので、姿を見せたのである。その中の三人が、寺の台所に案内し、薪と水の用意をしてくれる一方、寺番は御堂の鍵を取りに走ってくれた。

本堂には玄関の間があって、型通りの輪廻図と、四隅の四天王の壁画で飾られていた。そこから本堂の、広大な、柱の並ぶ四角い広間に入る。両側と背壁の三方には、十一面観音（*bcu-gcig zhal*）の小さなテラコッタ像が何列にも並んでいた。正面の壁沿いに置かれた、美しい彫刻と彩色の施されたケースの中に、いろいろな仏像やら、百巻ばかりの大蔵経の端本などが納められ、仏像の入ったガラスのケースの枠には、龍、蓮華、唐草、宝石などが彫り込まれている。そして正面の壁の中心に、大きな金箔塗りの《十一面観音》、左右に、《釈迦牟尼》《蓮華生》《多羅観音》《無量光（阿弥陀如来）》の仏像が並んでいた。柱頭、天井の梁にも、同様な彫刻と彩色が施されていた。この本堂につづいては、大きな祈禱車の置かれた小部屋があり、その向こうが、この寺の主であるラマの個室になっている。この仏間には、やはりガラスのケースに入った《持金剛》のすばらしい仏像があった。ここの長老ラマは、ブータンのラマの集団の首長（*'brug-pa rin-po-che*）でもあり、この尼僧院、ムーの僧院、それに国境を越えたところにあるキーロンのもう一つの僧院も、彼の先代の化身ラマが開いたのである。現在の化身は、まだほんの子供で、ネパール谷に巡礼中の彼に、私たちはすでに出会ったことがある。ラマ用の部屋がいくつか用意されているが、死んだ先代のラマもほとんどここには来なかったし、いまの化身も、まだ一度もここに住んだことがないという。

台所に戻ると、タキ・バブのやっていた食事の用意ができ上がっていた。食事のあと、この尼僧たちに心付けをして、再び出発した。左岸通しにラルの村を通り、プルベの村に入る。ここでは小さな御堂を見て、バターの燈明をあげた。パンドゥンの手前には経文塚が道端に並び、畑を横切るとチューレ(SI: Shule)の村だった。ここで一本の支流が東から出会う。古い石の橋のうしろに、数軒の家があり、その上の山腹の高みに、小さな村の寺が見えた。道は、その橋を渡って、さらに流れに沿って溯る。もう一つ橋を渡って、ニーレ村に着いた。この二つの村の名は、それぞれ「川の側」(*chu-le*)「陽の側」(*nyi-le*) と訳すことができ、このツム地方最奥の二村である。

ムー僧院は、さらにその谷の奥に見えていて、この寺院が、私たちの寺めぐりの最後だと思うと、急にみんなの気持がはしゃいだ。ラチェンと同じように、真ん中の本堂を囲んで、寺人たちの小さな住居が並んでいたが、この寺の建っている場所は、川からかなり高く離れて孤立したところだった。(8) この辺は、すでに谷の源頭の様相を呈し、東西から二つの支流が合流する地点で、その両方向に向かって、チベット国境への道がのびている。

「何故キーロンまで足を延ばさないのかね」とここの人たちから聞かれる。私たちは、その政治的な理由を説明しようとするのだが、どう言っても、これは理解してもらえそうになかった。自分たちが自由に往来しているのだから、同じように行けばいいではないかと言う。ああ、無知なることのなんたる幸せよ!

この僧院の修行僧たちは、私たちが最後の登りを喘ぎながら登ってくるのを見ていたらしく、私たちが着くと、庭に集まってきて、この見慣れない訪問者が何者なのかを知りたがった。パサンがいつものように、私たちが巡礼であることを説明し、この寺の境内以外には、テントを立てるに適した平坦地がないので、是非一晩ここに滞在させて欲しいと頼んだ。ところが一向に返事がなく、彼らはただゼスチュアで、全員沈黙の誓願をたてている最中だということを示した。そこで私たちは、一方的にさらに話をつづけると、彼らは、立ったましきりにうなずくのだった。さんざん指を使ったり頭を振ったりの話合いをしたあと、彼らの中に揉まれながら一軒の家に案内された。そのうちに、別の修行僧と子供が一人やってきた。この二人は、沈黙の行をやっていなかったのか、あるいは私たちのためにそれを破ったのか、この家を使ってもらって結構だと言い、薪と水を持ってきてくれた。僧侶たちは、沈黙の行と共に、その日は断食もやっていて、その次の日の朝早く行なわれる満願の儀式で、彼らの行が解かれる予定だという。断食は、それと並行して行なわれる儀式とともに、ニュンネ（*smyung-gnas*）と呼ばれ、チベット暦十六日に終わりになるように決められていた。この儀式は、僧侶の一般的な戒律を再確認する厳粛な機会をもたせることから始まり、このような僧院儀礼化された戒律への懺悔に発展してきたのである（*pratimoksha*・別解脱戒）。私たちは、別にそれを意図していたわけでもないのに、うまくこの最後の儀式に来合わすことになった。それでパサンは、私たちのいまの立場にとって、これほどめでたいことはないと言って喜んだ。この何か月もの間、あらゆる困苦欠乏に耐えてきた私たちが、数多く訪れたその最後の寺で儀式をやってもらうとすれば、このニュンネの（満願の）儀式ほどぴったりしたものは選び得ないではないかと言うのである。もうすでに私たちはここに来合わせ、僧侶たちがまさにその儀式を行なうのが分かっている。少なくとも一般的な御供えの寄進だけはしなければ、とパサンが言うので、私が適当な金額を彼に示したところ、パサンは、それでは少な過ぎますと、あっさりその倍額を僧侶に手渡したほど、彼はこの話に熱を入れていた。結局この金額は、トルマの下に積み上げて、あとで全員に分配する供えの菓子やビスケットを準備するためのバター、小麦粉、塩などの購入価にほぼ見合うものだった。話をこちらに戻して、私たちは、バター茶を飲んでから、非常に狭い戸口の横にテントを一張りだけは立てることができた。手持ちの食糧も残り少なくなっていたが、僧侶たちが若干の小麦粉、バター、ジャガイモなどを分けてくれた。これでこの旅も終わりだという感慨に浸りながら、その夜は、落ち着いた気分で眠ることができた。

儀式は、翌朝非常に早くから始まった。私は、笛、太鼓、鉦《かね》などの騒々しい音で眼を覚ました。気付くのが遅すぎたが、別に重要な部分を見逃したわけでない。祈禱の大部分は何回も繰り返されるからである。寺の中は、ラチェン・ゴンバとまったく同様な配置だった。祭壇の上には、りっぱな《十一面観音》の青銅像が立ち、三方の壁には、同じような小さなテラコッタの仏像が一面に並んでいた。祭壇には、トルマがうず高く積まれ、燈明や供え物の皿が並んでいた。約三十人の僧侶が、部屋の真ん中に、慣習どおりに、向き合った列をつくってすわり、二人の新入りの信者が、列の間を行き来して、僧侶の鉢に、バター茶を注いでまわった。右の列の一番うしろにすわった私たちの前にも、その鉢が置かれた。その間もずっと儀式は中断されることなくつづいていた。祈禱の一節が、口早やに低い単調な調子で読まれると、つづいて、深く幽幻な響きをもったチベットの御詠歌が歌われる。そのあい間に、笛、シンバル（鐃鈸《にようはち》）太鼓、鉦などがたびたび入って、一層不気味な悪魔的雰囲気をつくり出すのである。私は経本の一部を借り受けて、文字を目で追ってゆくことにした。この祈禱文の内容は、まずはじめの部分が、その意図するところを概述した序文で、昔から行なわれてきたとおりの懺悔の儀式の執行を述べ、さまざまな仏の名前やラマが勧請される。これはその懺悔の儀式が、それらの仏の面前で行なわれねばならないのである。次に観世音菩薩に対する記述や礼讃の特別な経が読まれ、救済祈念の供え物と祈禱が捧げられる。うまく演出されたチベット仏教の儀式は非常に印象的なものである。しかしそれに対する人の感動は、あまりに個人的なものであって、適切に表現することが難しい。あの規則正しい詩型の、簡潔なチベット語の言句は、とてもうまく翻訳できようとは思えない。ヨーロッパの言葉でその意味を伝えるには万語を要することになろう。しかも、その語句の多くが深遠な意味を秘めて使われているので、仏教哲学の知識なくしては到底理解できないものである。ブッダ、菩薩、ラマ、その他の神神は、いわば絶対的な「無」という本来の状態から、この儀式のためだけに実体あるものとして呼び迎えられるのである。それを加持する人びとは、これらの神性をより現実的なものとして扱い、この現象界のすべてが、流れに浮かぶうたかたの如きものとすれば、たとえ夢幻の形にせよこれらの神々のほうに永劫性を信じるのである。と同時に、この儀式が、高い倫理性と、救済者の力に対する信念をもって展開されるとき、万物の資質、すなわち絶対「無」は、直覚的に、すべてを包含する超絶対的善たることが明らかにされる。

「すでに悟れる者、価値ある者、完全なるブッダ、全賢なるものよ。全き力ある象たる男たち、為すべきを知り、知りたるを為し、重荷を解き放ち、その真意を究め、現世のすべての愛着を捨て、口に清く、自由なる心と智慧を得たるもの、いまや、すべてここに集まり、すべて生あるもののために、その恩恵と救済、飢餓と悪疫の除災、悟りに至る資質の完成、そして無上円満の悟りを得んがために、ここに懺悔の式をとり行なうのである。かく、陽の光の消えるに至るまで、我らも同様に、生あるもののために、その究極の悟りのために、懺悔の式を行なうことを許したまえ。」

「殺生をするなかれ」　(不殺生戒)
「他人の物を盗むなかれ」　(不偸盗戒)
「淫邪に浸るなかれ」　(不淫戒)
「嘘言を吐くなかれ」　(不妄語戒)
「飲酒するなかれ」　(不飲酒戒)
「豪奢なる床に眠るなかれ」　(不用高床大床戒)
「許されざる時に食うなかれ」　(不非時食戒)
「飾香美服を用うるなかれ」　(不塗飾香鬘戒)
「軽薄な宴舞を観聴するなかれ」(9)　(不歌舞観聴戒)

「いにしえより、諸々の菩薩のこの戒を守りたる如く、我らまた等しくその戒を守り、我らに無上の悟りを得さしめよ。」

「正しき行ないに欠くことなく
正しき行ないの、全く清澄ならんことを。
自尊を離れたる正しき行ないをもって
正しき心の成就を得ん。」

「熱望と怒りと無知なる力により
我が心と行ないと言葉の上に
如何なる悪のありとも
そのことごとくを懺悔せん

すべてのブッダとその仏性の子らよ
すべての聖なる隠者と僧と信徒たちよ
だれが如何なる功徳を得ようとも
慈悲の心もて共に歓ばん。」

「すべて生ける者の、幸福とその源を失わず、すべて生ける者の、苦悩とその源を絶ち、その苦悩に清められたる至福を彼らに知らしめよ。すべて生ける者の、嫌悪と苦悩を逃れたる安静なる心の中に、彼らを永住せしめたまえ。」

「崇高なるものの王たる《観世音菩薩》、慈悲の宝なるものよ。その眷属の神々共どもに、我らが声に耳を傾けたまえ。我らの願いを聞き入れて、我らと、両親の如く身近き者たち共どもに輪廻の海より救いたまえ。我らは願う。悟りの種子を、いま我らが心に植えつけたまえ。慈悲の水をもって、果てなき昔より堆積されたる汚穢を流したまえ。その慈悲の手をさしのべて、生きとし生ける者のすべてを、極楽浄土に導きたまえ。」

（1） インド測量局図上には、ヌプリ (Nup-ri) の名はなく、バブク (Babuk) の交易市場に対して、ネパール語のラルキャ (Lārkya) の名前が記入されている。西から下ってくると、ヌプリの最後の村はバルツァム (SI : Barcham) である。これは、事実この村の名が「境」という意味なので、普通は、最後のチベット人村であるダン (SI : Deng) までを漠然とヌプリに入れるようであるが、このバルツァムを過ぎると、もうクータンに入っていることになる。地図にあるシアール (SI : Shiār——これは Shar すなわち「東」が正しい) というのも奇妙な音訳の実例である。

（2） この僧については、『ヒマラヤの仏教』二二一―二ページ参照。

（3） この村のチベット名は「ロ」(*ros*) である。

（4） これら日本登山隊には、一九五二年と五三年に学術班が参加し、その調査の成果を次の三巻の報告書にまとめた。

1. *Fauna and Flora of the Nepal Himalaya*, 1955.
2. *Land and Crops of the Nepal Himalaya*, 1956.
3. *Peoples of the Nepal Himalaya*, 1957.

(edited H. Kihara, Japan Society for the Promotion of Science, Tokyo.)

（5） ヨーロッパでこの写本があるのは、ローマのトゥッチ教授の蔵書、および、ロンドン大学の東洋学研究室である。

（6） この四つの儀軌とは、*klong-chen yang-thig, bar-chad kun-sel, dkon-mchog spyi-'dus, yan-'dus* である。

(7) ブリ・ガンダキ上流の地名には、二つの違った名前をもつ場合がしばしばある。一つは本来のチベット語名であり、いま一つは、グルン語（これはチベット起源の言葉である）か、あるいはネパール語である。これらの別名は、付録のリストに挙げた。

(8) ムー僧院は、インド測量局図では、チュム・ゴンパ（Chum Gompa）として記入されている。この Chum は、この全地域を表わすツム（Tsum）のことであろう。これが非常に重要なのは、この僧院が、その本来のムー・ゴンバと同様にツム・ゴンバ（Tsum Gomba）とも呼ばれていることである。ゴンパ（Gompa）よりはゴンバ（Gomba）のほうが好ましい。これは、実際のチベット語の *dgon-pa* の発音は、Gomba のほうがより近いのである。ネパールのインド測量局図には、Gompa と同じく、Gömpa、あるいは Gömpā とも書いている。チベット語では、《ö》の変母音記号を付けたほうが良い場合が多いけれども、この場合は付けるべきでない。

(9) これは古くからの有名な、仏教の修行僧に対する十戒（沙弥戒）である。この場合、不得捉銭金銀宝物戒（金や財宝を受けるなかれ）を省略している。ここに挙げた引用は、次の短い儀軌から翻訳したものである。
jo-bo thugs-rje chen-po la brten-pa'i smyung-bar gnas-pa'i cho-ga gzhan phan snying-po zhes-byas-ba.

7 ネパール谷に帰る

私たちの滞在は非常に短い期間ではあったが、ツム地方の人びとは、別に驚きも、ためらいも見せずに受け入れてくれた。ンガチューの野畑を通り過ぎようとすると、村人たちは仕事の手を休め、友達に呼びかけるように挨拶を送り、私たちのムーでの首尾がどうだったかを問うのだった。私たちは再び、シャプルック・デワの家にとどまることになった。すっかり馴染みになってしまったいまは、至れり尽くせりの歓待を受けた。翌日、ゴルジュを抜けて下ってゆく。ぬめぬめした石とぬかるみで滑りやすく、枯れかけた植物に一面おおわれたところだった。秋ももうこんなに深くなったのか。私たちは川のほとりで眠り、ゴルジュの断崖の上に屹立するクータン・ヒマールの雪峰を見上げながら、数日前に辿ってきたこの道、いまは馴染み深くなった土地をもう一度通り過ぎることが、私には無性に嬉しかった。カトマンドゥには、いつまでに着かねばならないというわけでもなかったし、テントの中で寝そべって、この長い旅の道中のいろいろなことを思い浮かべながら、ふと私はこの本を書くことを思い立った。その翌日はロクワの村の下で止まって、食事の用意を整えた。パサンとタキ・バブが、火をおこしたり、忙しく振舞っている間、私は横になり、西方のヌプリの方を眺めながら、心はいままで通ってきたあの道この道を逆戻りしていたのである。

しかし心の動きがどうであろうと、この旅はいまはもう終末も間近い。はるばるここまで来たという

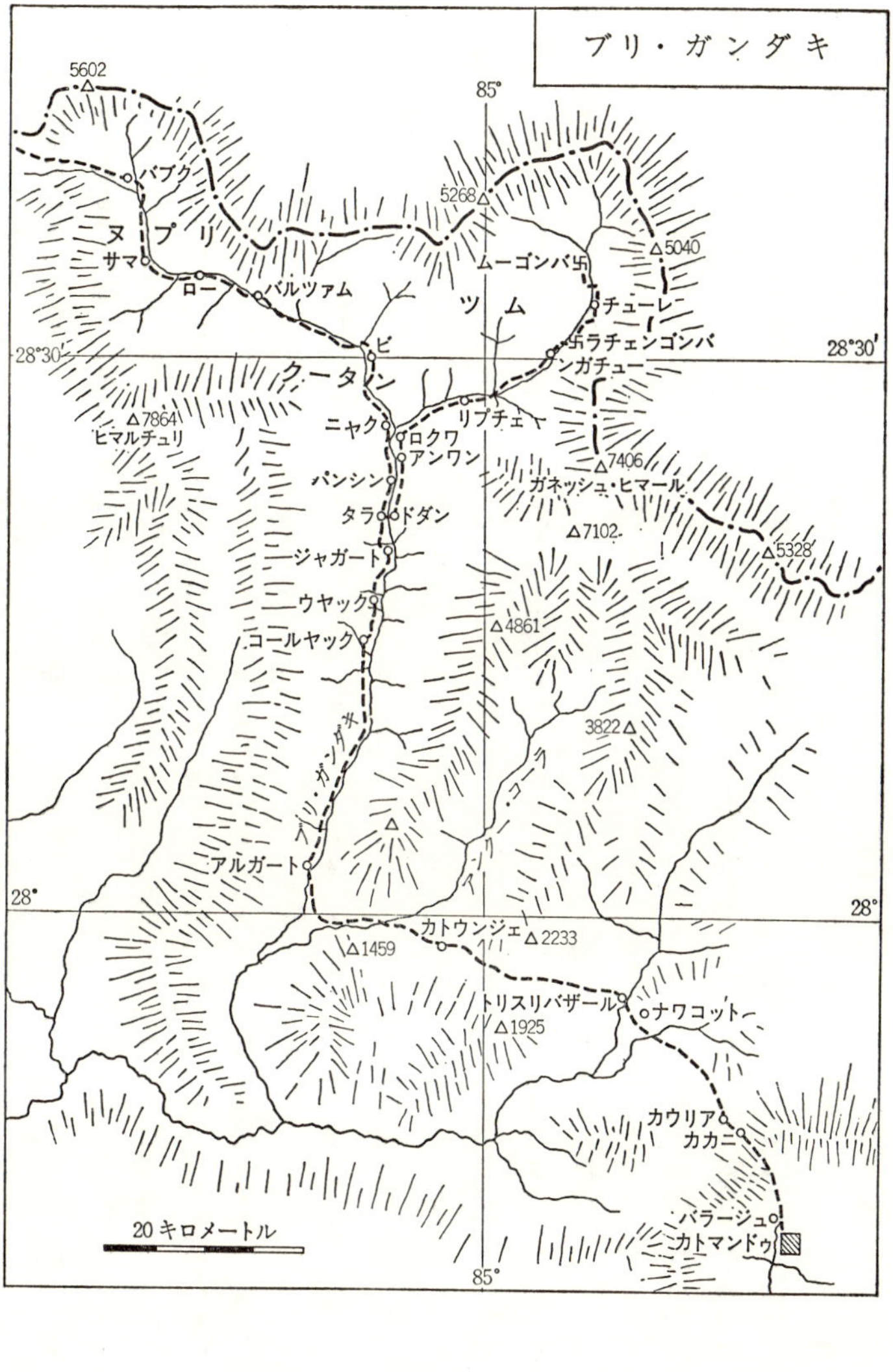
ブリ・ガンダキ
5602
85°
バブク
ヌ プ リ
サマ
ロー
バルツァム
5268
5040
ムーゴンバ
ツ ム
チューレ
ラチェンゴンバ
ンガチュー
ビ
28°30′
クータン
7864
ヒマルチュリ
ニヤク
リプチェ
ロクワ
アンワン
パンシン
7406
ガネッシュ・ヒマール
タラ
ドダン
7102
ジャガート
5328
ウヤック
4861
コールヤック
3822
ブリ・ガンダキ
アンクー・コーラ
アルガート
28°
カトウンジェ
2233
1459
トリスリバザール
ナワコット
1925
カウリア
カカニ
20キロメートル
バラージュ
カトマンドゥ

ことは、予定のことではあったが、気力も資力も尽き果てる寸前のところまできていた。パサンはすでに自分の靴を履きつぶしてしまい、私のスペアを使っていたし、私自身のものは、もうこれ以上履きつづければ修繕もきかないだろう。食糧の蓄えもほとんどなくなったし、日ごろ一番元気の良いタキ・バブさえ、久しぶりで米の飯がたらふく食べられる低地の谷へ一刻も早く着きたいと口にするようになっていた。私たちはタラ（Setibas）の上のなつかしい天幕地にとまって、村長との間で、人夫のための交渉を行なった。彼は、カトマンドゥまではまだ二週間かかると言い張った。私は地図上でほぼ一一〇キロと踏んでいたので、八日か九日間で行けると予想していたが、実際はちょうど十一日かかった。ブリ・ガンダキを下るルートに関しては、一九五四年にここを通った二人の友人から、さんざんおどかされていたし、トルボに入るサンダク・パスについての河口慧海の記述にある断崖の恐ろしさは、読者をして大いに冒険精神を鼓舞させるものであったが、そのいずれもが、けっして誇張ではなかった。[1] 動きの敏捷さと、足もとの確かさがなかったら、一巻の終わりである。しかしネパール中では、この程度の似かよった道ならば、他の地方にもずいぶん沢山ある。たとえば、アナからティブリコットに至るベリ川のゴルジュ沿いの道などは、このブリ・ガンダキよりも易しいとは決して言えないだろう。

次の日、九月二十四日に、私たちは五人のグルン族の村人をポーターとしてここを発った。五人のうち三人はタラ村の男で、残りの二人はウヤック村から来ていた。ウヤックとは、私たちがこれからたどる下流にある村である。この二人は、商売のために谷を上がってきていたらしいが、自分たちの荷物を放置して私たちの人夫となり、余分の稼ぎをするつもりなのである。荷物の区分けや再梱包で遅れ、出発できたのは昼をまわってからだった。ジャガートの北で、支流のはげしい流れがブリ・ガンダキの本流に合するところまで、道は支谷を上り下りして大きく迂回している。ちょうどその地点までたどり着いたときに、チェックポストの役人につかまり、余計に遅れることになってしまった。この日歩いたのはわずか三時間だったが、彼らの温かい申し出を受け入れて、その夜はそこに泊ることにした。翌朝は八時に出て川の流れの縁に沿って下り、そのあとゴルジュの断崖の上まで数時間もかかるきつい登りがつづく。そしてこのあとが、最も厄介で長いところだった。もっと高く登りつめるか、せっかくかち得た高度を再び下げるか、どちらもあまり好ましいものではなかった。しかし結局はもう一本山稜を越えねばならないので、私たちはその高みまで登りつめた。そこからはまた、山腹を大きく迂回するか、七〇〇メートル近く川に向かって急激に下り、その向こう側の同じくらいきつい登り道をとるか、道は二つ。私たちはその決定をポーターに任せることにした。彼らの選択は、登り下りがきつくとも早いほうをとった。山からの下りは山腹の段々畑の中である。これだけの急斜面では、それがまるで果てしなくつづく巨人の階段のように見える。そこかしこのせまい畑で仕事をしていた農夫たちが、手を止めて私たちの動きを珍しげに見まもり、楽しんでいるふうだった。彼らの小さな家のまわりは一面のキュウリでおおわれているのに、みんな留守で分けてもらえなかった。とうとう一本の道に下り立ち、流れを一つ越えると、人夫たちの休憩場所にひょっこり飛び出した。そこは荷を置くための石棚があり、そのうしろには樹の生えていない狭い平地があって、そこがちょうど私たちのテントの敷地にぴったりだった。もっと人通りの多いルートに沿ったこの種の休憩場所(チョウタラ)は、あまり数が多過ぎてついつい日程を遅らせてしまう原因にしかならないものであるが、このように、道中がずっと汚い石ころや泥濘つづきだったり、一面に生い繁った作物の中や、刈株の畑ばかり、というような場所で出食わすと、まるで沙漠のオアシスのように感じられるのである。すでに九時間も歩きつづけたので、どこかに泊らねばならない時刻だった。ウヤックの村はここからあまり遠くない。明日はその村の下を通らねばならないのに、人夫たちは荷を下ろすと村の方に飛んで行った。彼ら自身の食糧の買付けと、村の中の方が快適に寝られるからであろう。

翌日はまたいくつもの畑を横切って、再び本流のゴルジュの頭に出た。ここからは水流の縁に向かって、急な崖の道を下るしかない。この周辺は大きな岩壁で囲まれて、道は岩場の下り道となった。私たちは時を忘れて快適に下りつづけた。岩の下から流れ出る小さな温泉の流れも、それがブリ・ガンダキの冷たい荒れ狂う激流の中に消えてしまうのに興味をもって、ちょっと、立ち止まっただけである。やがてこちら側の岩壁もだんだん少なくなり、私たちは突然に密林からせまい畑に出た。コールラックの部落だった。私は、チャムパックの花の香りが快かったので、ここで一服した。その間にパサンは、グアヴァの実が、樹によく熟れていたのを見ていたので、さっそく買いに行った。コーラックの村のすぐ下流で、もう一本の流れのはげしい支流が本流に合する。流れの半ばまでは、激流の中を腰まで濡らさねばならなかったが、なんとか徒渉できた。十メートルほど進むと、岩が小さな島をつくって、そこから向こう岸へ丸木橋がかかっている。曲がった杖の形をした手摺が、橋の向こうから延びているが、半分しかとどいていない。足を滑らせれば、ほとんど間違いなく生命を失うだろう。直下の激流は、猛り狂うようにあちこちの岩にぶつかり合っている。手持ちのナイロンロープを使うのが賢明なやり方だと思ったのであるが、だれも興味を示してくれない。ポーターのうちの四人は、荷を担いだまま一向に気にもかけずに渡ってしまったが、五人目は駄目だった。そこで先のうちの一人が引き返し、タキ・バブもつづいて犬を渡してやるために戻ってきた。私たちが待機している間に、羊飼いが二人やってきて、羊を一頭ずつ抱いて渡り始めた。毎年何人かの犠牲者が出るといわれているはずなのに、だれも一向に気にしていないようだった。この支流の向こうから、本流のゴルジュはぐんと狭まって、頭上が閉ざされてくる。道は狭い急登で、小さな樹の幹をクサビとして岩に打ち込んであったが、所々に滑りやすい土の斜面があって、草の束をつかむ以外に手がかりになりそうなものはなかった。やっと行く手の安全なところまでたどりついたときは、一安心すると同時に、全員に何事も起きなかったことのほうがかえって不思議な気さえしたくらいだった。そのあと、背丈以上もあるニガヨモギの密生したところを抜け、やっとのこと河岸に出られたときは、もうこの日は七時間歩いたことで沢山だというのが全員の偽らぬ気持であった。

翌朝はまた狭く急峻な道で一日が始まったが、それ以後はだんだんとルートは容易になってくる。住んでいる人びとや家の数も多くなり、稲田も多く見かけるようになった。しかしまだまだ樹林の谷の急な山腹を登り下りする懸崖の道が長くつづくところも越えてゆかねばならない。その次の日、われわれにとって初めての思わぬ災難がおきたのも、ちょうどそんな場所だったのである。道端のきれいな岩盤の上に落下する、すばらしい滝のあるところを通りかかったので、私たちはそこで水浴のために休むことにした。道の向こう側は十メートルくらい切れ落ちて、灌木まじりの岩の急斜面になっていた。私たちが滝壺で水浴をしているときに、突然、崖から転がり落ちたニンカールの鳴き声が聞こえた。自分自身で落下を食い止めたにちがいない。後ろ脚を捻挫しただけで大事はなかったが、その後めっきり歩く速さが鈍り、歩きづらいようだった。私たちと一緒にはついて来られず、いつもポーターの殿りにくっついてくることが多かったので、ひどく不機嫌になり、はっきりとその痛みを私たちのせいだと責めているふうだった。もしだれかが最後尾についてやると、甘えて寝ころがり、動こうとしないので、あとからついてくるままに放っておくよりほか仕方がなかった。昼食の休憩にもびっこを引きながら遅れてきたし、夜の泊り場にはもっと遅れた。次の日に私たちは懸命に励ましてみたが、結果は同じで、遅れてもついてきてくれればいいと願うよりほかになかった。午前中に私たちはアルガートの町に着いた。嬉しいことには、これでネパール中央部の幹線道路にやっと合流したことになる。この道はポカラ、グルカ、ナワコットのような地方の主要な町と、カトマンドゥを結ぶ幹線である。ここまでくると、私たちの旅ももう終わったも同然だ。さっそく一軒の家を借りて食事の用意を整えた。ここに着いてから二時間以上たつのに、まだニンカールは現われなかった。タキ・バブをつけてポーターを先にやり、パサンが先程来た道を引き返している間、私はそこで待った。彼は七キロ近くも引き返したところで子供連れの男に出会い、黒い犬がびっこを引きながら北に向かっているのを見たというのを聞き、その夜は遅かったのでそのままアルガートに帰ってきた。私たちは、非常にゆっくりしたペースで歩いていたポーターたちに追いつき、町から三キロほどで天幕を張った。翌日になって、パサンはもう一度引き返して、ニンカールを探すことにし、他の者はそのまま先に進んだ。

道路はいまや、アンクー・コーラの砂地の岸に沿ってつづき、うんざりするほどの暑さだった。数か月というもの、私たちは三〇〇〇メートル以上の高さでずっと過ごしてきたのである。いまいる六〇〇メートルあたりでの、モンスーンのあとにくるあの暑さと湿気には、この旅でいままで感じたことのない、息づまるような重くるしさで、いまにも参ってしまいそうだった。いつでも水の中に飛び込めるのは助かったが、快く感じるのはほんの束の間だけのことなので、ほとんどやらなかった。タキ・バブが次の村で米と卵を買ったので、食事の仕度をし、いずれパサンが犬と共に追ってくるだろうと思い、彼らの分を残しておいた。橋を一つ渡り、ゆっくりと苦しい坂道をのぼりきると、カトゥンジェの村だった。そこでポーターたちが、もうここから先へは行かないと言い出す。私たちの頼みであてがわれた一軒の家の低い土間に落ち着き、まず他のことはパサンが着いてからということにして、夕食の用意を始めた。パサンが不機嫌なニンカールを連れて着いたのは、夜おそくだった。もう二度と会えないかもしれぬと思っていたニンカールだったが、幸運にもジャガートのチェックポストからグルカへ下る途中だった二人の兵隊に見つけられたらしい。彼らはこの犬のことを知っていたので、犬のほうもロープにつながれる気になったのだろう。いままでなら、どんなに大事にしてやっていても、そんな隷属的な行為に従うなどということはとても考えられないことだった。かくてパサンは彼らと出会い、なつかしさに飛びかかってくるこの犬を、喜んで抱いてやったのである。つづく問題は、もう疲れたので明日はここから先へは行かないと主張するポーターたちのことだった。村の中で代わりを見つけ出すのは、そんなに難しくはなかったし、自分から進んで犬を担いでくれることになった小さな子供も、私たちはポーターの数に加えることにした。

カトゥンジェの上から、ふもとの低い山々のはるかかなたに、ダウラギリとアンナプルナの姿が望まれた。きっとこの旅最後の眺めであろう。この二つの大山塊、この数か月の間、私たちはその向こう側からはるばる旅して来たのである。それからは、もう災難といえるようなことは何もなかったが、カトマンドゥへの道は非常に長かった。ここまでくれば、道は楽になるし、毎日の行程はどんどんはかどるものと、私は思っていたのである。ところが、朝の七時から午後四時ごろまで歩きつづけているのに、地図上では十二〜三キロしか歩いたことにならない。そのようなわけで、さらに四日間の旅をつづけねばならなかったのである。山から谷へ下ると必ず登り返しがあり、次には当然再び下らねばならない。以前の寂しく孤独だった旅のあとだけに、余計に道中は賑やかに感じられた。時には、いろいろな品物を担いだクーリーの行列に出会うことがある。いちばん多い品物はきっと巻煙草にちがいない。ネパールの人たちの煙草好きは病的である。ついで重要な商品は綿布で、ほとんどがインドの製品である。その他に、かなりの束の木材を両肩にかけて、ほとんどせまい道を塞ぐようにして運搬している者もいた。何度も彼らは荷を縦にもちかえて、対向者の邪魔をせぬよう立ち止まらねばならない。これは同じ生計を得るにしても最も労力のはげしいものの一つにちがいない。塩を運ぶ者もいくらかはいるが、砂糖や、練乳、ビスケット缶のようなぜいたく品は少ないようである。ネパール国内で支払われているポーターの賃金の標準は非常に低いにかかわらず、このように商品が人力で運ばれているかぎりは、少し奥地へ入ればすぐ高価になってしまうのである。一人の人夫の肩に、特別な形をした籠をおいて、その中に入って一人の婦人が運ばれているのを見かけたが、旦那のほうは、あとからついて歩いていた。また、私たちを追い越して行ったネパール紳士は、四人の男に担がれた担架のようなものに乗っていたが、私には珍しい風景であった。だれにしたところで、担いでもらって旅をするなら苦労はないだろう。それにしても、他人の肩に乗せられて気持がいいとは、私にはとても思えない。

私たちはやがてトリスリ・バザールを通り抜けた。本当に長い間見なかった商店や、屋台の店などが急に目の前に現われて驚いた。ナワコットは近道をして立ち寄らず、タンディ・コーラを渡し船で渡った。十月四日、ついにカウリアの村に着いた私たちは、周囲をとりまく山並みの一番向こうのはずれに、はるかネパール谷を見ることができ大歓声をあげた。カトマンドゥの西端と、ネワール族の小さな村、キィルティプールがはっきり見えたのである。パサンが先行して、ジープを手配し、自動車道の始まるバラジュまで迎えにきてくれることになった。タキ・バブと私は、ポーターと連れ立って歩いた。ネパール谷をとりまく丘の上にあるカカニで小憩すると、さあ、いよいよ私たちの旅の最後の下りだ。ネパールの心臓部へ、歴史の都ネパールへ、素晴らしい文化の跡をのこす本当のネパールの都へ、それがいま、私たちの目の前にある。バラジュは歴代ネパール国王の中に現われるという、横臥したヴィシュヌー神で有名である。水浸しになった仏像の横たわる池の近くには、長い列をなす噴水があり、そこで私は、重い靴とボロボロになった衣服を脱ぎ捨てて、冷たい噴水の下で水浴びをした。ここで着換えた木綿の服は、このときのためにそれまでとっておいたものである。ジープと、その横にニンカールがちゃんと待っていてくれた。しばらくして、その座席にゆっくりと腰を下ろしたとき、一事をなし遂げたあとのあの幸福感が、じーんと私の胸に泌みわたってきた。カトマンドゥまでの残りの三キロは、まるで魔法のじゅうたんに乗って空を飛んでいる感じだった。そしてディリバザールにある私たちの本拠では、私の友人とその仲間のT・W・クラーク中佐の出迎えを受けたのである。

ネパールという国全体を、簡単な一つの概念に置きかえることは到底無理であろうし、ネパールという名称自身、他のものと違って詳しく定義できないものなのかもしれない。この谷に居住するネワール族やグルカ族の者にとって、ネパールとは、その谷以外の何ものをも意味しないし、谷をとりまく山々の向こうから来た人たちを、自分と同じ国の人間だとはけっして思いはしない。同様に、山に住む人たちは、この谷のことだけをネパールと呼ぶ。その理由は、彼らもまた、ネパールの谷とはまったく別な国の人間であるかの如く生活しているのである。わずかに半日ほどはなれた村の人たちが、ちょっと違った言葉を話しているというだけで、あるいはこのネパール谷の源を越えた向こう側の人たちが、違った種族であるというだけで、どうしてこんなにまで違和感をもつことができるのであろうか。

アルガートでパサンを待っている間、私はこの町の学校の校長先生と連れだって、ブリ・ガンダキのほとりを、ぶらぶら上流に向かって散歩していたことがある。「この道はどこへ通じているのですか」と私は彼に聞いてみた。「チベットです」と彼は答える。「どこかほかのところへも?」「ほかはどこへも行きません。」「でも私はこの道を通って下って来たのですよ」と私はさらに言ったが、彼にはまったく意味がわからないようだった。この本を読まれた読者は、すでに私たちの来たところ、通った道を詳しく御存知である。しかし低地方に住むネパール人にとっては巨大な山々のある地方などは、まったく外国の一部なのかもしれない。このことは別に不思議でもなんでもない。なぜなら、ヒマラヤは二つの文化、ヨーロッパの文化とインドの文化の違いにも等しいほどの大きな差異をもった二つの文化の間に横たわる障壁となっているのであって、事実、政治的にはネパールの国境の内側に住んでいるとはいうものの、もしそのチベット人の一人がこのネパール谷に出てきたとすれば、はじめてここを訪れたイギリス人となんら変わるところなく、彼もまたこの地ではまったくの異国人でしかあり得ないのである。それは、彼がたんに違った言葉を話すからというだけではない。チベット語以外にも、なおまだ数多くの地方語もこの国では使われているのである。したがってこれは言語だけの問題ではなく、双方のもつすべての文化的背景の根本的相違に由来するのである。彼の社会には、まったくカーストという制度はないし、彼の宗教は、仏教であるにしろ、ボン教であるにしろ、チベット種の宗教の範疇に入るものである。ネパール人は彼を「ボティア」と呼び、彼らのカースト制度の掟に従って、最低のカーストの一つとして軽視するけれども、そんなことはチベット人である彼にはなんの関わりあいもないことである。チベット人は自由に生き、そしてどこにでも自由に旅をする。彼の側から言わせるならば、「谷の人」(*rong-pa*) は、宗教ももたない不幸な人びとであると言って憐れみをもつ人さえいるのである。

一方この文明を二つに分ける分水嶺の南に生きる人たちは、非常に錯綜したカースト意識から離れて生活することは不可能であり、彼らもまた、さまざまな宗教儀礼をもってはいるけれども、チベット宗教に見られるような統合性、普遍性は到底もち得べくもない。我が愛するボティアの側も、その文明圏を離れた土地のことについては、はなはだ漠然とした知識しかもち合わせない。しかし同じ文明圏内ならば、他郡のこと、主たる寺院のことなどは、トルボからツムに至るような広大な範囲に住むチベット人のだれもがよく知っている。そしてもちろん彼らが呼ぶのは、インド測量局の与えた名称ではなく、本書に使われているとおりの純正なチベット語名なのである。このような誤りが何故おきたのであろうか。理由は簡単で、測量員にしろ、情報提供者にしろ、みながよそ者だったのである。私たちが低地方に下りてきたのち、私たちの通ってきたところを説明することはけっして易しいことではなかった。大分水嶺の南側で一般に知られている「ボティア」＝チベット人の土地といえば、マナンボット、ムスタンボット、それにムクチナートくらいのもので、これでは私たちが、外国から帰ってきたと思われても致し方のないことなのである。

ネパール谷の仏教は、もともと十三世紀の終わりまではチベット仏教と同一のものであった。しかしその後、統治者によって強行に押し広められたと思われるヒンドゥ教の影響を受けて、非常に大きな方向転換をしはじめた。僧侶たちは、ヒンドゥの形式をとり入れた、厳格なカースト制によって、その最高位のカーストとして形を変え、徐々に姿を消していったのである。そのあとに来るのが、好戦的なグルカの時代であり、真の仏教として残されていたものは片っ端から破壊されていった。その中にいくらか残されてきた仏教の儀礼――それもヒンドゥの方式で表わされているものではあるが――が仏教と言えるかどうかは、その用語の定義の仕方によって決められることである。(2) それはチベットの祭式とは、その概念や形式からして、ずいぶん差のあるものであって、煎じつめれば、基本となる哲学的思想によって、この二者が区別されることになろうが、すでに思想的な範疇においてさえも、両者の接触は失われてしまったと言えるであろう。

しかしながら、このような時代にあっても、ネワール族社会の限られた一部の人たち、すなわち交易者（*udās*）は、ラサとの間に密接な関係を保ちつづけていた。ラサには数世紀もの間、少数ではあったがネワール族が住みついており、そのうちのほとんどが、仏教徒であるチベット人の妻《めと》を娶っていた。これらのチベット人妻たちがネパールに入国することは厳に禁止されてはいたものの、宗教のように実体のない思想を排除するというようなことが容易にできるわけはなく、ヒンドゥ教では、旅からカトマンドゥに帰ってきた者に強制される沐浴の儀式も、けっして身についたチベット仏教までも洗い流してしまうことはできなかった。ことに、ある種の職人、すなわち仏像、儀式用の器具類などチベットとの交易の主要品目の製作に当たる人たちなどの協力もあって、これらのネワール人たちは「ネパール仏教徒」の一団を形成してきたのである。このようにして彼らは、さまざまなカースト制度の制約をうけない宗教の実践を実現しようとしたのである。これは当然、彼ら自身の社会における上層カーストの人びととの間に、絶え間ない思想的な対立をもつことになるが、文明化の進んでゆく社会にとって、交易は常に重要な位置を占めていたためか、彼らが抑圧されてしまうことはけっしてなかったのである。

一九五〇年の革命と、ラナ統治の崩壊以来、この人たちの立場は、その人口的な比率とは無関係に、急激に大きな力をもつようになってきている。何故ならば、すでにいまこの国にひろがりつつある民主主義と個人尊重の思想は、結局は全カースト制度を覆してしまうことになるであろうし、またそれは、仏教こそがこのネパール谷における固有のものであり、普遍性をもった宗教であるとする彼らの立場を擁護することになる。今日、これら交易者以外にも、ネパール仏教徒の間において、チベット仏教の優性を再認識する声も聞かれる。チベット人僧侶や巡礼たちも、冬の間にはこのネパール谷の素晴らしい寺院の数々を訪れるために、かつてはどこか他の世界の得体の知れないところと考えられていたほどの遠方からやってくることも多くなり、しかも、中には、いくつかのサークルに迎えられ、お互いに宗教上での兄弟として温かくもてなされていることもあるという。結局、時々の統治者に承認されないまま、ネパールを、相互に理解し合うことのできない二圏に長い間分断してきたこのような文化上の大障害は、この国の、そのずばり心臓部から変容を始めているのではなかろうか。そして、「ボティア」たちのもつ、まったくカーストに災いされない社会、彼らの普遍的な宗教に対する実践などもまた、将来の共通の文化に統合された、新しいカースト・フリーなネパールへの証拠《あかし》としてうけとられることはできないであろうか。

（1） Showell Styles; *The Moated Mountain*, London, 1955 の一九九ページ以下を参照のこと。河口慧海については、序文の注に挙げた。

（2） 『ヒマラヤの仏教』、第三章を参照のこと。

訳者あとがき

本書は、David L. Snellgrove; *Himalayan Pilgrimage. a study of Tibetan religion by a traveller through Western Nepal*, Bruno Cassirer, Oxford, 1961 の全訳である。この副題からは、チベットの宗教に関するかなり専門的な内容をもった研究書のように想像されるのであるが、原著の序文に述べられている通り、学問的な記述は極力避けて、西部辺境地区での旅の全般的印象を書くことに重点がおかれ、著者が気遣う程の難解な専門用語に退屈させられることもない、学者としての実直さのあふれた好著として高い評価をうけている。

この旅行の行なわれた当時（一九五六年）のネパールは、長い鎖国が解かれ、近代化に向かって大きく歩みはじめた開化の時期で、特に、著者の歩いた北方辺境地区は、まだそのほとんどが外国人の足跡の稀な土地ばかりで、あまり感情を露わにしない著者の文章の中からも、その旅の日々が、労苦の多い、不安と期待、失望と興奮に満ちたものであったことが伺われる。カトマンドゥ周辺は、すでに国際的観光都市として全世界からの人を集め、ヒマラヤ山麓といえども、一部では喧噪を増している現在のネパールであるが、かなり近代化された行政機構が整ってきているとはいうものの、本書に出ているトルボのような、西部奥地の国境地帯では、まだ当時の状態の上に、それほど大きな内政的変革が加えられているとは思えない。ただ、一九六〇年代以降、ネパール王国をとりまく国際情勢の大きな変化が、本書の主題となっているこれらのチベット種の人々の経済的基盤の上に、重大な影響を与えてきていることが伝えられている。本書の著者が、あのカリガンダキ周辺で嘆いたようなチベット文化の衰運が、やがては最奥のトルボ地方にまで及んでゆくのは、もはや時間の問題かも知れない。というより、あの苛酷な自然環境に住む人々の上に加えられる経済的圧迫は、むしろ彼ら自身の土地での生活の転換にはつながらず、時を追って過疎化の道をたどらざるを得ないのではないだろうか。

巨大なヒマラヤ山脈を貫流するガンジス河の大支流は、そのほとんどがヒマラヤ主脈の北側に、地形学的にいう縦谷（この場合は東西に流れる支流）をもつのであるが、ネパール領内でこの地形が見られるのは、カルナリ河の東西の支流、かなり規模は小さいがカリガンダキ、マルシャンディ、ブリガンダキなどの源流で、ネパール中央部以西に限られ、最西北のフムラ（カルナリ河の西支流）地方を除外すれば、はからずも本書の中で著者の歩いたルートと全く合致するのである。その中でも、トルボ（カルナリ河東支流の源流域）の持つ特異性は、他と違って河沿いの交通路を持たないということであろう。南は巨大なダウラギリの連峰に、西はカンジロバ山塊に、東はカルナリとカリガンダキの分水嶺に閉ざされて、しかもムグカルナリの大ゴルジュが河沿いの交通をはばむ。東及び南への交通は、五〇〇〇メートルを超える峻険な峠によらねばならず、北のチベット高原（住民はそこを単にチャン *byang* すなわち《北》と呼ぶ）への峠の方が、はるかに容易なのである。この地域の特性として、谷は非常に浅く、図抜けて高い山もないが、土地の標高は、最も低い所でも海抜三五〇〇メートルを下らず、最も高い村の標高は四二五〇メートルにも達する。南の高いヒマラヤ主脈に遮られて、モンスーンの直接の影響をうけることはないが、本書にもあるように、全く雨が降らないというわけでもなく、樹林のかげは全く見られないにしても、ゆるやかな起伏をもつ山の斜面が、美しい緑に蔽われる時節もある。谷沿いのわずかな土地が拓かれて、大麦を主として、ソバ、それに高度の低い村では、わずかながら小麦も作られる。しかし、住民の生活を大きく支えているのはやはり牧畜と交易であって、その牧畜も、彼ら自身の土地だけでは充分な牧草が得られない。トルボが一面の雪に埋まり、南への峠が完全に閉ざされる冬期には、家畜は雪の少ないチベット高原に、国境を越えて放牧に出される。交易は特定の者だけが行なうわけではない。七月になると、交易品を積んだヤクのキャラバンが各々一斉に動き出す。交易品は北からの岩塩、羊毛、乳製品など、南からの穀類や日用品である。
このように、トルボの経済生活は、牧畜や商業活動を通じて、北のチベット側と密接に結びついて成り立っているのである。彼らの外界への結びつきは、他のどの方面よりもチベット側に、はるかに大きな比重をもっている。しかしながら、昨今のチベット側の変革は、このトルボの経済を根本から覆しつつあることは先に述べた通りである。訳者の体験では、一九七一年にカトマンドゥで働いているツァルカの二人の青年に会ったことがある。彼らは口をそろえてトルボは素晴らしいところだと推奨してくれたが、一旦身につけた都会の生活と、ますます貧窮の度を深めつつある故郷の村の生活を比べれば、彼らが今後どんな道を選ぶであろうかということは、私には自明のことのように思われたのである。

この本の最も基本的なテーマとするチベット仏教について解説を試みるには、訳者にその資格が欠けるのは残念である。著者は英国の仏教学者であり、既に一九五三〜四年をヒマラヤ周辺の古寺で過ごし、チベット仏教の起源と本質を探る研究をテーマとした著作を行なっている（*Buddhist Himalaya; Travels and Studies in quest of the origins and nature of Tibetan religion*, Bruno Cassirer, Oxford, 1957）。この中で、彼が主題の一つにとり上げているのは、インドの仏教が如何にして、ヒマラヤを越えてチベットに伝わったかという問題であった。これには当然のこととして、チベット史に対する綿密な研究が不可欠のものとなる。この調査旅行で彼の訪れたのは、カシミールから西部チベットへの流通路のうちで、最も頻繁な往来のあったと思われるスピティの谷であった。ここには、ネパールの北辺に残る古寺よりも更に古い、タボの寺が残されている。これは十世紀後半から十一世紀にかけて活躍した、有名なリンチェン・ザンポの創建になる古寺である。このようにして、彼の学問的興味は本書の西ネパール紀行に受け継がれて、各地に残るチベット仏教の古寺をくまなく探索し、現在実践されている仏教が如何なるものか、また何時頃、如何なる宗派のチベット仏教がその地で栄えたかを調査して廻ったのである。

その最も有効な手がかりは、古寺の壁にのこる壁画や仏像、タンカなどであり、更に重要なのは寺の古記録とか、ラマの伝記などであった。あちこちの寺を訪ねる度に、壁画や仏像の名が、いささか退屈を感じさせるほど本書にもあらわれる。

今回の旅行で、彼が最も魅せられたのはトルボ地方で、そこに滞在中、彼は初めてボン教に対する彼の認識を、かなり大きく改めることになる。これには、かのサムリンの教養あるラマとの出会いが大きく影響していると思われる。

ボン教に対する一般人の常識的な受け取り方は、チベットに仏教が入る以前にチベット人によって行なわれていたある種のシャーマニズムの一種であり、悪魔の魔術が主たる実体である、といった程度のものであるが、H・ホフマンはこれを、《古代のボン教》、《組織化されたボン教》に分類する（H. Hoffman; *The religion of Tibet*, London 1961）。同様にC・ダスの蔵英辞典でも、《啓示されたボン教》、《邪道にそれたボン教》、《道を正されたボン教》の三段階に、それぞれ神話時代から歴史的な王の統治への区分に従って分け、三番目を以って仏教の公式なチベットへの伝播以後のボン教とする。これは前者の《組織化されたボン教》に当たるものである。古い時代に関する限りは、果たして如何なるものが純粋なボン教であったかはよくわからない。ボン教のもつ伝承のほとんどは、仏教や、それ以前の種々な宗教を構成するものとの混淆以後のものである。R・A・スタンは、ボン教徒（ボンポ）は、古代チベットの数多い聖職者の種類の一つにすぎず、これらの状況は中国の道教の場合とよく似たものだったであろうと述べている（R・A・スタン『チベットの文化』）。道教も、それ自身を体系化させるについて、民間の呪術信仰の多くをとり入れたものである。チベットの初代王ニャチの時代が、種々な民間習俗を脱したボン教の出現の時期であるらしい。そしてチデツェンポの時代までを第一段階、ディクム王からソンツェンガンポまでを第二段とする。このディクム王は、伝説の上で、それまでの王達が持っていた天につながる綱を誤って切断し、地上に墓を作らねばならなかった最初の王といわれ、この神話時代の王統の続いたヤルルンの谷（ラサ南東約一〇〇キロ）を確認したのがイタリアのトゥッチ教授である。やがてソンツェンガンポ王からチソンデツェンの時代に至って、ボン教は「異端宗教」として禁止され、ボン教徒たちは、東方のカム地方やネパールの北部に移ったという。このチソンデツェンの在位は八世紀の終わりである。

一方、仏教は、八世紀の初めになってやっと本格的な国家的支援を再び受けるようになり、この頃には、のちにスタインなどの発掘で有名なコータンを追われた避難僧や、ギルギット方面に更に西から追われてきていた仏教の僧がチベットに入った。本書に随所にあらわれるチベット仏教古派（ニンマ派）で尊敬を集めるパドマサムバーヴァ《蓮華生》がチベットを訪れるのも八世紀の半ばである。この不思議な魔力を持った人物については、種々な伝承があまりに多すぎて、それらの中から、純粋に歴史的な事実を区別するのは難しいといわれる。彼の出生はウッディヤナ（現在のギルギット周辺の国）のインドラブーティ王の王子で、放浪の学僧であった。チベットへの二度の訪問で、わずか十八ケ月しか滞在しなかったにもかかわらず、今なおヒマラヤ北縁一帯ではニンマ派が優勢な勢力をもっていることは、彼の教理の解釈が、ボン教と非常によく似たものであったこと、ボン教に固有のものを巧みに融合させたことで、彼の影響力が如何に大きなものだったかを物語るのである。彼は、これもカシミールの訳経家であるシャーンタラクシタと共に、チベットに最初の大寺院であるサムエ寺を建立させて後、チベットを去った。このニンマ派の基礎になっているのは、各種のタントラで、後の十三世紀に編纂された《チベット大蔵経》には加えられなかった。

追放されたボン教も、決して衰えてしまったわけではなく、その後も仏教と対抗して常に対立的な抗争をもっていたのである。ボン教徒が逆に仏教のものを吸収しはじめたのはもっと以前であったかも知れないが、現在に残るボン教の体系作りは、ほとんどが仏教の模倣であったにしても、この時代から数世紀に亘って行なわれたものであろうと思われる。先述のニンマ派の基礎経典として有名な《古タントラ集》や、《啓示宝蔵》なども、ブルシャ

（ギルギット地方）で作られたものである。ボン教徒の、全く仏教を真似たカンジュルやテンジュルもまた、彼らによればシャンシュン語から翻訳されたものであるとする。彼らがボン教の開祖とするシェンラップも、シャンシュンの生まれであるとするが、本書で著者が述べるように、この開祖は、仏教における釈迦を模倣した作為的人物であろう。スタンは次のように書いている（『チベットの文化』二五九ページ）。「仏教に同化したボン教は、聖典を作るのに仏教のスートラやそのサンスクリットのタイトルを真似しているが、この聖典の中では、翻訳される前のもとの言語として用いられていたのは、たいていの場合シャンシュンの言葉であるか、ブルシャ（ギルギット）の言葉である。これら聖典につけられた外国語による表題は、信仰心から出た後代のつくり変えにすぎない。それとわかるいくつかの単語は、どちらかといえば羌族の言語によって説明がつくのであるが、しかしボン教を西方の外国に関係づけたいと思った気持だけは争われない事実である。従って、ボン教の理論の中に光の発散などという教義があるのをみたりするとき、そこにイランやマニ教やグノーシス派の影響があるのではないかと考えた次第である。しかしこの場合にもインドがイランやギルギットに劣らぬ影響をもったことは十分考えられる。」

ここに出てくるシャンシュンという国については、漠然としかわからない。古い記録では、ソンツェンガンポが四人の妃をもち、二人は有名な中国の文成公王とネパールの王女で、いま一人がシャンシュンの出であったという。当時からこの国がボン教によって有名であったことは事実である。この国は、カイラス山の西からインダス・サトレジの両河の源流を含む範囲で、その都は、カイラス山から西約九十キロにあるキュンルンだという。チベットの史料として名高い《青冊》では、十世紀に強力な王朝（これは廃仏で殺害されたランダルマ王の子孫だといわれる）がトディン（キュンルンの西約一〇〇キロにある）に生まれたが、この国にはグゲという名称が、東はプランン（西北ネパールの一部）までの全地方に適用されている。シャンシュンはこのグゲの国の範囲の一部であろうといわれるが、この《青冊》そのものが十五世紀に書かれたものであり、古い時代の固有名詞の適用には信頼がおけない。それはともかくとして、ボン教はもともとこの地方と深い関係を有するであろうし、仏教も、初期のネパールや中国からの伝播よりは西北インドのカシミール方面からの比重が最も大きく、更にコータンや、ギルギット、そして遠くイランの影響なども、すべてこのシャンシュン地方を通って伝わったものであることを思うと、種々な思想や宗教的習俗がこの地で混ざりあい、融けあってチベットに定着したであろうことは容易に想像できる。それにこの地方には、公式な仏教の伝来以前から、直接南から、あるいは西からのインドの影響が既にかなり及んでいたという資料もあるようである。むしろチベットの仏教に含まれる非アーリヤ的要素などは、カシミールを廻ってきたものよりも、この辺りに直接入ってきていたものの方がはるかに多いのではないだろうかと想像する。

最後に、本書の著者について簡単に略歴を記すことにする。David Llewellyn Snellgrove は一九二〇年六月二十九日ポーツマスに、英国海軍少佐を父として生まれた。ホースハムのクライスト・ホスピタルから、サザンプトンの大学、ケンブリッジのクイーンズカレッジの寮に入る。一九三九年から四五年までの第二次大戦では、歩兵聯隊の将校となり、一九四六年までの数年を、情報将校としてインドで過ごした。この期間に接した東洋思想への興味は、本物となって再びケンブリッジの東洋学研究室に入り、研究のために一九四九〜五〇年をローマで過ごした。一九四九年ケンブリッジ文学士、五三年同文学修士、五十四年ロンドン大学の哲学博士、六九年ケンブリッジ文学博士の号を得て、同年、英国学士院会員となる。

この間、彼は数多くのインドやヒマラヤ周辺の調査旅行を行ない、それは一九五三〜四年、五六年、六〇〜六一年、六四年、六七年の五回に亘っている。一九六〇年以来、ロンドン大学の正規のチベット語講師を勤め、一九六六年には、ヒュー・E・リチャードソンと共に、英国でチベット学協会を創設、ヴァチカン教皇庁からも、非キリスト教部門の事務局顧問に任命されている。

彼の著作については次に掲げるものがある。

（1） *Buddhist Himalaya, Travels and Studies in quest of the origins and nature of Tibetan religion,* Bruno Cassirer, Oxford 1957.

この作品は、彼の最初のインド・ヒマラヤ旅行によるもので、先に述べた通り、ボドガヤ、サルナート、バジャ、アジャンタ等のインド仏教の名蹟を廻り、スピティ地方のヒマラヤの古寺を訪ねて、仏教伝播の経路をさぐる。ネパールでは、エヴェレスト山麓のクーンブ地方の寺で、ニンマ派の実践を調査する。

（2） *The Hevajra-Tantra,* Oxford Univ. Press (London Oriental Series vol. 6) 1959, Part I. & II.

これは彼の専門的研究の業績の一つとして高い評価をうけている『ヘヴァジュラ・タントラ』の梵文、英訳およびチベット訳で、綿密な校訂と解説が加えられている。これは、中国や日本には伝わることのなかった般若・母タントラ系の経典の一つであるが、この経典だけは漢訳も国訳もされている。漢訳『大悲空智金剛大教王儀軌経』法護訳五巻（大正、十八、No. 892）。和訳は『国訳一切経』密教部二、三三七—三九一ページ。

（3） *Himalayan Pilgrimage. A study of Tibetan religion by a traveller through Western Nepal,* Bruno Cassirer, 1961.

これが一九五六年のヒマラヤの旅を記した本書である。

（4） *Four Lamas of Dolpo,* Bruno Cassirer, Oxford, 1967.

一九六〇年から六一年にかけて、彼は再びトルボ地方を訪れ、秋から翌年の春にかけてトルボで越冬する。その間に得たトルボの古寺の記録を基に、十五〜七世紀にかけてトルボに住んだ四人のラマ達の自伝を翻訳したもので、この四人のラマの動きから、当時のチベット中央部の宗教的動静を探ることができ、トルボ周辺の様子もおぼろげながら判断することができる。この時には、前書に出て我々になじみ深いサムリンのラマも、シャンのラマも故人となっていて、興味深いのは、チベット高原を巡行中に死んだシャンのラマの遺骸が、この地の慣習に従ってミイラ化され、金箔を張り、仏像としてその土地の寺に祀られていたものを、トルボの勇敢な男達が、夜陰に乗じてこれを奪い去ってナムグンの寺に持ち帰り、そこに祀ってあるという記述がある。これでトルボの四季を全部体験したことになる著者の、全般的なトルボの概説は、研究者のためには非常に有益である。

(5) *The Nine Ways of Bon*, Oxford Univ. Press, London, 1967.

これは一九六〇～六一年の旅行で、サムリンの僧院で得たボン教経典の翻訳で、この時、ダライ・ラマのインドへの蒙塵と共にチベットから避難した学僧をロンドンに連れ帰り、彼らの助力を得て、その成果を発表したものである。『ボン教の九乗』は、もともとはニンマ派のものである。ボン教はこれを完全に吸収して、著者のいうところによれば、それはもう単なる模倣の段階を超えたものだという。

(6) *A Cultural History of Tibet*, F. A. Prager, New York, 1968.

これはH・E・リチャードソンとの共著である。残念ながら、訳者はまだこの本を参照する機会を得ず、内容を知らないので、紹介を割愛させて頂く。

この他にも、第一作以前に共編として経典の翻訳出版にたずさわったこともあり (*Buddhist Texts through the ages*, Co-ed. with E. Conze, J.B. Horner, A. Waley, Bruno Cassirer, Oxford, 1956)、幾つかの論文寄稿もあるが門外漢である訳者には内容がわからない。

本書の中において使用した地図類は、ほとんど修正せずに原著のものを使用した。ただ名称のみをカナ文字に変えてある。最近の測量の資料によれば、トルボの標高や、その峠の高さなども、本書の中のものとは大分違いがあり、著者の使用した旧インド測量局の地図によるよりは、四〇〇～七〇〇メートルほど低い。本書を、実際のトルボへの旅行の手引きとして利用される方は、その点注意が必要である。付録の末に加えた参考文献は、原著に掲げられているものである。

この本の翻訳を、私の勉強のためにと与えて下さった諏訪多栄蔵氏、ヒマラヤ全般について、幼稚と思える質問にまで時に応じて御教示下さった薬師義美氏、貴重なトルボの写真を口絵に使わせていただいた桑畑茂氏、また、仏教関係には全く門外漢である訳者のために、部分的に校正の労をお願いした、私の山の先輩にもあたる桑原亮三氏にも、深く感謝いたします。

一九七五年九月

吉永定雄

付　　録

西ネパールのチベット語地名について

ネパールの北部国境地区全域の地名は，全部チベット語である．しかし，インド測量局の地図で見るかぎり，これらの地名は，奇妙なネパール語の装いをもつ名称で表わされている．この地図を作った測量官の用いたなんらかの音訳規則を見つけ出すことができる者には，それによって，ある程度正確に近い発音をすることができる場合もあろう．しかし，その地名の綴字の問題となると，ほとんどが誤謬に充ち，判断を狂わせるものが多い．他のチベット人居住地区の全域，すなわちチベット本土のみならず，ラダーク，スピティ，ラフル，あるいはシッキム，ブータンの小国に至るまでを含む地域においては，インド測量局は，これについてまったく違った方法を採用しているのである．これはチャールズ・ベルと，W. F. オコンナーによる『チベット語の音声的英訳規則について』(India, Foreign Dept., P/W 441, Delhi 1903) において案出されたものであって，ネパール北部地域をカバーするインド測量局の地図の上でも，国境よりチベット側のすべての地名は，この規則に従って翻訳されているにもかかわらず，ネパール国境以南のチベット語地名については，ほとんどこの規則に従っているとは認められないのである．

ここで，インド測量局のネパール地図 (1931 edition, scale 1 : 253,440) に示されている二，三の地名に，ベルとオコンナーの規則に基づいた綴字を対比してあげてみよう．

Thyangboche (Khumbu, District no. 3 East)	‘Teng-bo-che’
Syā Gömpā (Chharkābhot, Palpa District)	‘She Gompa’
Jomosom (Thākkhola, Palap District)	‘Dzong-sam’
Chhairogāon (Thākkhola)	‘Tse-ro’
Chharkābhotgāon (Palpa District)	‘Tsarka’

これらのチベット語名のネパール綴りのなかでは

ya は *e* の音で発音される

j は *dz* の音で発音される

ch は *ts* の音で発音される

y, *e*, *i* が後につづく *s* は *sh* の音で発音される

ところが，地図の上では随所にこの規則の当てはまらないものが現われるのである．これらは，測量官たちが，彼らの耳に聞こえたものをそのまま名前として示したものにちがいない．

Chohang (Muktināth 近傍，District no. 4 West)——正確には ‘Dzong’ (砦の意)

Chhego (Muktināth 近傍)——正確には ‘Chönkor’

Thangja (Manangbhot)——正確には ‘Dzong-gyu’

ネパール奥地への外国人の旅行が自由になるに従って，これらの誤った地名のうちのいくつかが，一般にそのまま使用され始めてきているのは困った問題である．私たちの旅行中，助手として雇ったナムギェルとともに，たまたま行先のルートに沿った地名を照合していたとき，彼は次のように述懐した．「その村がナルト (Nartö) という名であるのに，サーブたち（彼が前に雇われていたドイツの登山家たちである）はプーガオン (Phugāon) と呼ぶのです[1]．」

さらに残念に思うのは，これらチベット人地域の地方(郡)名のほとんどが地図に示されていないことであり，ところによっては，文化的に単一のものとは思われないいくつかの地域を包含したすべてに，新しく捏造された地方名が記入されたりしているのである．他のヒマラヤ地域の地図では，インド測量局は，ラダーク，ラフル，スピティ，ザスカールというような名称を締め出しはしなかったはずである．そこで私は，私の旅行中に通った部分の全地域の名称を地図の上に順次，慎重に復元していったのである．

インド測量局の作り出した新しい地方名のなかには，多少重要な町や村の名前に，接尾辞として -bhot（チベット人を意味する）を付加した型のものが多い．この例としては，

MUSTANGBHOT　この本来の地方名は LO である

CHHARKĀBHOT　この本来の地方名は TSHARKA である

MANANGBHOT　この本来の地方名は MANANG である

三番目の場合は，NYE-SHANG という固有の地域名がまったく無視されている．また，地域名が改ざんされた形で川の名前として示されている場合もある．たとえば，ナウル・コーラ (Naur Kholā) は，郡名のナル (NAR) から，パンザン・コーラ (Pānjang Kholā) も同様に，パンザン (PANZANG) から勝手に改ざんされたものである．タラップ (TARAP) という郡名が，その地域のなかの，たんに一つの村として示されているという例もある．この場合は，本来の郡名も，また本来の村名も，ともにその意味が失われているわけであ

る．

このような私のこの地図に対する批判は，あるいは手きびしすぎて，かえって読者を懐疑的にさせることになるかも知れない．しかしながら，私たちは，これらの地域を訪れた外国人のなかでは，小人数ながらも，ネパール語，チベット語，英語の三つの言葉に精通した熟練パーティーだったことを知っていただきたい．

現在利用される地図の上から，不正確で誤りの多い名称を一つ一つ見つけ出すのは，わずらわしいだけであり，現在では，地名の照合には，否応なく，これらの地名を使わざるをえない．そこで私は，本文中にはじめてそれらの村が出てきた個所には，その地図上の名前を（　　）をつけて引用することにした．たとえばティンキュウ＝Ting-Khyu (SI : Tingjegāon)，ツァルカ＝Tsharka (SI : Chharkābhotgān)．（これらの名前には，*-gāon* という接尾辞がついたものが非常に多いが，これは《村》を意味し，地図上の地名としてはまったく余計なものである．）その他のものについては，以下に述べる通りの，私の考案した修正綴字を固執して使用してある．

新しい音訳法について

ここまでは，ベルとオコンナーの定めた規則に従ってきたわけである．しかしながら，彼らの規則では，非常に厳密なある種の音の区別のあることを紹介はしながらも，実際にはそれを故意に省略しているのである．これに関してオコンナーは，「チベット語にある，*p* の無気息音と，*p* の気息音を英語の文字の上で識別しようとするのは無益な試みである」と述べている．もし私たちが，英語を話す人々のみを対象として，英語に翻訳するのならば，私とてそれに賛同するにやぶさかではない．ところが，最近これらのチベット人地域に入ることの多くなったインド人などは，完全にこれを区別して聞き，使い分けることができるし，英国人以外のヨーロッパ人にも同様な人たちがいるのである．したがって，たんに訓練の足らない英語国民の耳がその違いを区別できないからという理由だけで，音の区別を隠蔽してしまってよいものであろうか．

以下のリストでは，ベルとオコンナーが省略した音には＊印を付し，同音を示すものには［　　］印を付した．

発音　a——s*u*n の *u* のように
　[e] ＊ ä——sc*e*nt の *e* のように

b——英語と同じ
ch——pit*ch*er の *ch* で無気息音で（サンスクリット語：c）
[ch] * chh——気息音で *ch*urn の *ch* のように（サンスクリット語：ch）
[ch] * ch'——*ch*urn の *ch* のように，声は低い音度で
d——英語と同じ
e——r*ai*n の *ai* のように
g——常に *g*et の *g* のように激しい音で
h——英語と同じ
i——tw*i*g の *i* のように
j——常に *j*et の *j* のように激しい音で
k——フランス語の *c*abane の *c* のように無気息音で
[k] * kh——英語の *c*abin のように気息音で，あるいは Yor*k-h*am の *k-h* のようにもっと強く
[k] * k'——*c*abin のように，ただし声は低い音度で
l——英語と同じ
m——英語と同じ
n——英語と同じ
o——c*o*ld の *o* のように
ö——f*er*n の *er* か，フランス語の p*eu* の *eu* に近い音で
p——フランス語の *p*eu のように無気息音で
[p] * ph——英語の *p*urr のように気息音か，to*p-h*eavy の *p-h* のようにもっと強く
[p] * p'——*p*urr のように，ただし声は低音度で
r——英語と同じ
s——英語と同じ
[s] * s'——英語と同じ，ただし声は低音度で
sh——英語の *sh*eep の *sh* のように（サンスクリット語：ś）
[sh] * sh'——英語と同じ，ただし声は低音度で
t——フランス語の *t*able のように無気息音で
[t] * th'——英語の *t*able のように気息音か，goa*t-h*erd の *t-h* のようにもっと強く
[t] * t'——英語の *t*able のように，ただし声は低音度で
tr——英語の *tr*ee の *tr* のように，ただし *r* はほとんど発音されない
[tr] * trh——一音節で発音された *trah*erne の *tr-h* のように

[tr] * tr'——上と同じ，ただし声は低音度で

ts——*ts*etse-fly の *ts* のように

[ts] * tsh——ca*ts-h*ome の *ts-h* のように

[ts] * ts'——上と同じ，ただし声は低音度で

u——w*oo*d の *oo* のように

ü——y*u*le の *u* のように，あるいはドイツ語の ü のように

w——英語と同じ

y——英語と同じ

子音については，ほとんどが英語と同じように発音されるが，英語を話す人々に多少の困難さを与えるのは複合子音である．

ch	chh	ch'
k	kh	k'
p	ph	p'
t	t'h	t'
tr	trh	tr'
ts	tsh	ts'

最初の縦列は気息音のないものであり，第二列は全部気息音で，第三列は，わずかに気息音となるものは別として，低音度で発音される．*ph* は本来は *p* の気息音であるが，ときには *f* 音となることもある．気息音の *t* は *t'h* と書くことにしたのは，英語の *th* との混同を避けるのを確実にするためである．

単純母音の a, e, i, o, u, および，変音母音である ä, ö, ü は，ドイツ語とほとんど同様に発音される．

きわめて稀ではあるが，訳語の綴字を改良したものもある．その例としては，私が 'Shey' と綴った重要な僧院の場合である．（これは 'they' と同韻である．）規則に従えば，この綴りは 'She' であるが，古典的な綴字は *Shel* であり，この最後の *l* は，*-y* で表わすのが適当なほどに，わずかに流音となる．

Phijor 村の場合にも，私は，インド測量局の綴字をそのまま残すという例外を作ることにした．規則に従った 'Phi-tsher' よりも，そのほうが良いと思ったからである．最初の音節が *-i* で終わる場合には，次の *ts* が ***j*** と発音されることがしばしばある．

Kāk と T'hāk には，長母音記号をもって示した．

チベット語の名前の音節は，もともとはすべて分離されるべきもので，その間にはハイフンを入れるのが理に適ったやり方である．しかし実際には，厄介で不必要でもある．したがって，私は特にある母音をはっきりさせたいときか，複雑な子音の集合による混乱を避けたいと思うときにのみ，ハイフンを入れることにした．

次の表の第三欄に示した《古典綴字》(訳書ではこれを省略し，代わりに近似カタカナ表記を加えた)は，チベット語の正しい文書体の単語を文字音訳したものである．理想的には，チベット語の地名もこの方法で規則正しく示されるべきであろうが，これはとてもインド測量局に対して推奨できるとは思われない．将来，チベット人が国際的な視野を持つようになったときには，彼ら自身がそれを主張することになるかも知れない．結局は，フランスの地図を作るのに，その地名のすべてを音訳して示すわけにはいかない．そのとき，私たちはフランス語の発音を学ぶしかないのである．チベット語の綴字は，一見非常に奇妙に見えるかも知れないが，その発音の規則を知るのは簡単であって，英語の地名よりもはるかに規則にはずれたものが少ないのである．しかしながら，いくつかの奥地の村では，正しい綴りが忘れ去られてしまったり，そのための特別な音声的綴字に置き替えられてしまっていたりして，本来のものがまったく不明な場合がある．現地の古記録のなかにそれらを発見できる場合もあり，このリストのなかにも，そのようにして得られたものがかなりの数にのぼる．

第四欄(訳書では第三欄)の《郡名》は，この本の本文に使われてるもので，別掲の郡名のリストを参照されたい．

《インド測量局》欄の村名の後に (*nep*) と書いたものは，ネパール名であることを示し，現地でのチベット語名に代わるものとして，それなりに有効な名前である．この場合のネパール名というのは，広い意味であって，ネパールのすべての言葉や方言を含めている．今の場合はマガール語，グルン語，ネパール語（すなわちグルカ語）のいずれかであろう．

次に掲げたのは，私の通った西ネパールの地域（本書の第二章から第六章まで）のすべての地名である．政治的な意味では，これらはすべてネパール国内の地名であるが，言語学的にそれがチベット語であれば，チベット語としてしか正しく綴ることができないのである．

村名および寺院名

〔インド測量局図〕	〔修正地名〕	〔郡　名〕	〔近似カナ音〕
Atāli	Tok-khyu	DOLPO(Tarap)	トッキュー
Bagarchhap	(Bagar-)Tshap[2]	GYASUMDO	(バガール)ツァップ
Baijubāra(*nep*)	P'ar-lä		パーレ
Barcham	Bartsam	NUP-RI	バルツァム
Bih	Bi	KUTANG	ビ
Bimtakothi	Bim-t'hang	GYASUMDO	ビムタン
— —	Bo-dzo	NYE-SHANG	ボゾ
Brāga	Drakar(Buakar)[3]	NYE-SHANG	ダカール(バカール)
— —	Bur-shi	TSUM	ブルシ
Chāhar	Dzar	DZAR-DZONG	ザル
Chame	Tshä-me	GYASUMDO	ツェーメ
Chārāng	Tsarang	LO	ツァーラン
Chelegāon	Tshe-le	Upper Kāli Gandaki	ツェーレ
Chhandul Gōmpa	Sandul Gomba[4]	Upper Bheri	サンドゥルゴンバ
Chhāng	Serang	KUTANG	セラン
Chhairogāon	Tsherok	T'HĀK	ツェロック
Chharkābhotgāon	Tsharka	DOLPO(Tsharbung)	ツァルカ
Chhego	Chhönkhor	DZAR-DZONG	チェンコール
Chhukang	Chhö-khang	TSUM	チョカン
Chho	Sho	NUP-RI	ショー
Chhukgāon	Tshuk	Upper Kāli Gandaki	ツック
	Tr'a-kar		タカール
	Tse-kye	(Tshuk)	ツェキェ
	Kyang-ma		キャンマ
Chimgāon	Chimba	T'HĀK	チンバ
Chohang	Dzong	DZAR-DZONG	ゾン
Chum Gompa	Mu Gomba[5]	TSUM	ムーゴンバ
Chumje	Tsumjet	TSUM	ツムジェ
Dāngarjong	Dankar-dzong	Upper Kāli Gandaki	ダンカルゾン
Deng	Drang	KUTANG	ダン
— —	Doro	DOLPO(Tarap)	ドロ
Dunaihi	Du-ne	Upper Bheri	デュネ
Ghilinggāon	Ge-ling	Upper Kāli	ゲリン

		Gandaki	
Ghyāru	Gyaru	NYE-SHANG	ギャルー
— —	Hrip	KUTANG	リップ
Jomosom	Dzongsam[6]	T'HĀK	ゾンサム
Kāgbeni(*nep*)	Kāgbeni(Kāk)[7]	Upper Kāli Gandaki	カグベニ(カク)
Karāng	Karang	DOLPO(Namgung)	カラン
— —	Karjet	GYASMUDO	カルジェ
Keghagāon	Gyaga	Upper Kāli Gandaki	ギャガ
Kehami	Ge-mi	LO	ゲミ
Khāngsar[8]	Ngaba	NYE-SHANG	ンガバ
Khānigāon	Ka-ne	Upper Bheri	カネ
Khanti(*nep*)	Narshang	T'HĀK	ナルシャン
Khingār	Khyeng-khar	DZAR-DOZNG	キェンカール
Komāgāon	Koma	DOLPO(Panzang)	コマ
	Koya	KUTANG	コヤ
Krok	Gak	KUTANG	ガク
— —	Ku-tsap-ter-nga	T'HĀK	クツァップテルンガ
— —	Lang Gomba	DOLPO(Namgung)	ラングゴンバ
Lar	Lar	TSUM	ラル
Lārjung(*nep*)	Gophang	T'HĀK	ゴパン
Larkya(*nep*)	Babuk	NUP-RI	バブク
Lho	Lö	NUP-RI	ロー
Lho(=Mustangbhot)	Lo		ロー
— —	Lo Ge-kar	LO	ローゲカル
Lidanda(*nep*)	Li	NUP-RI	リ
LOKWA	Lokwa	KUTANG	ロクワ
Lurigāon	Lhori	DOLPO(Panzang)	ローリ
Māhārāng	Marang	LO	マラン
Mājhgāno	Mä	DOLOPO(Panzang)	メ
Manangbhot	Manang	NYE-SHANG	マナン
Mārphā	Marpha	T'HĀK	マルパ
— —	Mö	DOLPO(Panzang)	ムー
Muktināth(*nep*)	Chhu-mik-gya-tsa	DZAR-DZONG	チュミクギャツァ
— —	Murwa	PHOKSUMDO	ムルワ
Mustāng(*nep*) (Lho Mantang)	Mön-t'hang	LO	モンタン
— —	Naktsa Gomba	NUP-RI	ナクツァゴンバ
Nāmdogāon	Namdo	DOLPO(Namgung)	ナムド
— —	Namdru	KUTANG	ナムドゥ
— —	Namgung[9]	DOLPO(Namgung)	ナムグン

Naurgāon	Nar-mä (Lower Nar)	NAR	ナルメ (下ナル)
— —	Nga	TSUM	ンガ
Ngāchu	Nga-chhu	TSUM	ンガチュウ
Ngāwal	Bangba	NYE-SHANG	バンガ
Ngile	Nyi-le	TSUM	ニーレ
Ngyāk	Nyak	KUTANG	ニャク
Nisālgāon	Nyisäl	DOLPO(Panzang)	ニセール
— —	Päl-ding Gomba	DOLPO(Namgung)	ペルディンゴンパ
— —	Pang-dön	TSUM	パンドン
Pāngsing	Pang-sh'ing	KUTANG	パンシン
— —	Phalam	PHOKSUMDO	パラム
Phijorgāon	Phijor	DOLPO(Namgung)	ピジョール
Philam[10]	Angwang	KUTANG	アンワン
Philim	Philön Dodang	KUTANG	ピロン ドダン
Phugāon	Nar-tö (Upper Nar)	NAR	ナルト (上ナル)
Phulbe	Phur-be	TSUM	プルベ
Pisāng(*nep*)	Pi	NYE-SHANG	ピ
Prok(*nep*)	Prok(Trok)[11]	KUTANG	プロック(トロック)
Pudāmigāon	Pungmo	PHOKSUMDO	プンモ
Pura	Purang	DZAR-DZONG	プラン
— —	Putra	DZAR-DZONG	プトラ
— —	Ra-chhen Gomba	TSUM	ラチェンゴンパ
Ringmigāon[12]	Ringmo Tsho-wa	PHOKSUMDO	リンモ ツォーワ
Ripche	Hrip-che	TSUM	リプツェ
— —	Sagaru	T'HĀK	サガルー
— —	Säl Gomba	DOLPO(Namgung)	セルゴンパ
Sāldānggāon	Saldang	DOLPO(Namgung)	サルダン
Sāma(*nep*)	Rö	NUP-RI	ロ
Samargāon	Samar	Upper Kāli Gandaki	サマール
— —	Samling	DOLPO(Namgung)	サムリン
Sangdāh	Sangdak P'a-ling[13]	Upper Kāli Gandaki	サンダク パーリン
— —	Serchung	KUTANG	セルチュン
Setibās(*nep*)	Tara	KUTANG	タラ
— —	Sham-tr'ak Gomba	DOLPO(Namgung)	シャムタックゴンパ
— —	Sh'ip-chhok Gomba	DOLPO(Tarap)	シプチョクゴンパ
Shule	Chhu-le	TSUM	チューレ

Simengāon	Shimen	DOLPO(Panzang)	シーメン
Syā Gömpa	Shey Gomba	DOLPO(Namgung)	シェーゴンパ
Syāng	Shang	T'HĀK	シャン
— —	Ta-hrap Gomba	NYE-SHANG	タラップゴンパ
Tāhmar	Tr'ang-mar	LO	タンマール
Tāngbe	Tangbe	Upper Kāli Gandaki	タンベ
Tārakot(*nep*)	Dzong		ゾン
	Sartara—Ba		サルタラーバ
	Tupara—Tup	TICHU-RONG[14]	ツパラーツップ
	Densa—		デンサ
	Dri-k'ung		リクン
Tarāpgāon	Do	DOLPO(Tarap)[15]	ド
Tegār	Tingkhar	LO	ティンカール
— —	Tengi	NYE-SHANG	テンギ
Tetāng	Te	Upper Kāli Gandaki	テ
Thāngja	Dzong-gyu	GYASUMDO	ゾンキュウ
Thinigāon	{T'hin	T'HĀK	ティン
	Sombo}		ソムボ
Thonje	{Thangjet	GYASUMDO	タンジェ
Tilje	Tiljet}	GYASUMDO	ティルジェ
Tingjegāon	Ting-khyu	DOLPO(Panzang)	ティンキュウ
Tirigāon	Ting-ri	Upper Kāli Gandaki	ティンリ
— —	Tr'ak-lung	GYASUMDO	タックルン
— —	Tsak	KUTANG	ツァク
— —	Tshoknam	Upper Kāli Gandaki	ツォクナム
Tukuchā	Tukchā	T'HĀK	ツクチェ
Tumje	Rinsam	TSUM	リンサム
Yānjar Gömpā[16]	Yang-tsher Gomba	DOLPO(Panzang)	ヤンツェルゴンパ
	Sh'ung-tsher Gomba		シュンツェルゴンパ
— —	Yab-yum Gomba	DOLPO(Namgung)	ヤブユムゴンパ

地方（郡）名

〔地方(郡)名〕	〔インド測量局図の名称又は範囲〕
DOLPO トルボ	
—Namgung ナムグン	Nāngung Kholā と Sibu Kholā の地域 (Dābhansār)
—Panzang パンザン	Pānjān Kholā 地域
—Tarap タラップ	Tarāpgāon, Atāli, その他記入のない村村を含む村や僧院全体
—Tsharbung ツァルブン	Chharkābhotgāon と Barbung Kholā[17]
DZAR-DZONG ザルゾン	Muktināth に登る Kāgbeni の東の谷
GYASUMDO ギャスムド	Dudh Kholā と Marsyandi 河の合流点を中心とする一連の村．インド図では Manangbhot に含まれている
KUTANG クータン	Kutang
LO ロー	Mustangbhot (Lho)
NAR ナル	Naurgāon と Phu Kholā
NUP-RI ヌプリ	Lārkya
NYE-SHANG ニェシャン	Manang を中心とする Marsyandi 上流の村々．インド図では Manangbhot に含まれている
PHOKSUMDO ポクスムド	Phoksumdo Tāl（湖）とその周辺地域
T'HĀK ターク	Thākkhola
TICHU-RONG ティチュロン	Tārakot と周辺の村々
TSUM ツム	Shiār
Upper Bheri ベリ上流地域	
Upper Kāli Gandaki カリ・ガンダキ上流地域	

付録注

1. よく知られたいくつかの地名のなかにも，チベット語とネパール語の二つの名前を持つものがある．このような場合，私はためらわずにネパール語名を使うことにした．たとえば

Muktināth（チベット語名：chhu-mik-gya-tsa）
Mustang　（　　同　　：Mön-t'hang）
Sāma　　（　　同　　：Rö）

などである．もちろんこれらは，現在私たちの使っているどの地図にも昔から使われている名前である．'Phugāon' に関しては 312 ページの注 5 を参照のこと．

2. Tshap ツァップというのはチベット語名であり，Bagartshap バガールツァップはネパール語名である．ネパール語で用うる *chh* の発音が *tsh* となることに注意されたい．

3. Brakar はこの地方の訛りであって，チベット語の Drakar に通ずるもの．

4. 'Gomba' ゴンパについては 343 ページの注 8 参照．

5. これは別名 Tsum Gomba ツムゴンパとしても知られている．

6. これは土地の俗称の形で，本来，チベット人からは Dzong-sarba ゾンサルパと呼ばれ，古典綴字からいえばそれが正当である．

7. Kāk（長母音 ā）というのがチベット語名であり，Kagbeni カグベニはネパール語化された名前だと思われる．

8. Khangsar カンサールというのは，村の背後にある放牧地の名前である．

9. インド測量局の図上では，この名はナムグン地方から流れ下る川の名（Nangung Kholā）として記入されている．

10. この 'Philam'（ピラム）というのは 'Philim' を重複して誤示したものと思われる．なぜなら，Angwang の村では誰も Philam という村を知らないし，本来 Philim にある橋の記号が，地図上 Philam の場所に記入されているのである．

11. 'Prok' というのはグルンの発音である．これに対して，現地のチベット人の 'Trok' という発音は，意外なことながら古典綴字が充分その根拠を示すのである．しかし *Prok* とするのが一般的であろう．

12. Ringmi (-gāon) は，本来のネパール名である Ringmo の誤りである．チベット語名の 'Tsho-wa' とは，たんに《湖のほとり》の意である．

13. この二つの名前については 219～220 ページ参照．

14. Tichu-rong とその一群の村々については 57～58 ページ参照．

15. 村名ではなく，郡名としての Tarap に関しては 217 ページの注 31 参照．

16. インド測量局の地図では，シュンツェル (Sh'ung-tsher) の僧院のある場所に，この僧院の名が記入されている．ヤンツェル (Yang-tser) はニセールの西方約 500 メートルにある．

17. インド測量局図上の 'Chharkābhot' という地方(郡)名は，ツァルカ村，タラップ地方，パンザン地方を含めて示されているように見えるが，どんな意味においても，これらを一郡とするなんの根拠も見当たらない．しかし，ツァルカとバルブンの村は一つにまとめて呼ぶことがあり，これがツァルブン (Tsharbung) である．

参考文献

ボン教関係

Helmut Hoffman, *Die Religionen Tibets, Bon und Lamaismus in ihrer geschichtlichen Entwicklung,* Freiburg/München, 1956.

idem, Quellen zur Geschichte der tibetischen Bon-Religion, Wiesbaden, 1950.

idem, 'Zur Literatur der Bon-po', *Zeitschrift der Deutschen Morgenländischen Gesellschaft,* 94, Leipzig, 1940, pp. 169–88.

René von Nebesky-Wojkowitz, 'Die Tibetische Bon-Religion', *Archiv für Völkerkunde,* II (1974), pp. 26–68.

idem, Oracles and Demons of Tibet, Oxford University Press, London, 1956.

Li An-che, 'Bon : the magico-religious belief of the Tibetan-speaking peoples', *Southwestern Journal of Anthropology,* 4, Albuquerque, 1948, pp. 31–42.

チベット仏教宗派関係

Li An-che, 'A Lamasery in outline', *Journal of the West China Research Society,* xiv, series A, 1942, pp. 35–68.

idem, 'The Sakya Sect of Lamaism', *Journal of the West China Research Society,* xvi, series A, 1945, pp. 72–86.

idem, 'rNying-ma-pa : the early form of Lamaism', *Journal of the Royal Asiatic Society,* London, 1948, pp. 142–63.

idem, 'The bKa'-brgyud-pa Sect of Lamaism', *Journal of the American Oriental Society,* 69, 1949, pp. 51–9.

Hugh Richardson, 'The Karma-pa Sect, A Historical Note', *Journal of the Royal Asiatic Society,* 1958, pp. 139–64, & 1959, pp. 1–18.

西ネパールの旅行一般

Giuseppe Tucci, *Preliminary Report on Two Scientific Expeditions in Nepal,* Rome, 1956.

idem, Tra Giungle e Pagode, Rome, 1953.

H. W. Tilman, *Nepal Himalaya,* Cambridge, 1952.

ヒマラヤ巡礼《新装復刊》

二〇〇二年 九 月二〇日 印刷
二〇〇二年一〇月一〇日 発行

訳 者 © 吉《よし》永《なが》定《さだ》雄《お》
発行者 川 村 雅 之
印刷所 株式会社 理 想 社
発行所 株式会社 白 水 社

東京都千代田区神田小川町三の二四
電話 営業部〇三(三二九一)七八一一
　　 編集部〇三(三二九一)七八二一
振替 〇〇一九〇―五―三三二二八
郵便番号一〇一―〇〇五二
http://www.hakusuisha.co.jp
乱丁・落丁本は、送料当社負担にて
お取り替えいたします。

松岳社(株)青木製本所

ISBN4-560-03040-5

Printed in Japan